高等职业教育"十三五"规划教材

# 思想道德修养与法律基础案例教程

佟颖春　主　编

张　颖　赵亚娟　张　静　副主编

科学出版社

北　京

# 内 容 简 介

本书是以"马克思主义理论研究和建设工程重点教材"《思想道德修养与法律基础》（高等教育出版社2015年修订版）的主要内容和逻辑结构为蓝本，以激活课堂教学、提高"思想道德修养与法律基础"课教育教学的针对性、实效性、吸引力和感染力为理念编写的学生辅学读本。

全书通过"学习指南""案例解析""实践活动""复习思考题""专文赏析""推荐书目""参考答案"等模块设计来实现这一理念，着眼于帮助大学生全面提高思想道德素质，增强社会主义法治观念，融会贯通地解决成长成才过程中遇到的一系列问题；引导大学生积极践行社会主义核心价值观，在实现中国梦的实践中放飞青春梦想。

本书的独到之处在于通过典型案例解析，帮助学生掌握理论知识；通过贴近生活与学生实际的案例，来引导学生将道德认知转化为道德行为、将法律知识运用到生活实际中去。

图书在版编目（CIP）数据

思想道德修养与法律基础案例教程/佟颖春主编. —北京：科学出版社，2016

（高等职业教育"十三五"规划教材）

ISBN 978-7-03-049212-8

Ⅰ．①思…　Ⅱ．①佟…　Ⅲ．①思想修养-高等职业教育-教材②法律-中国-高等职业教育-教材　Ⅳ．①G641.6②D920.4

中国版本图书馆CIP数据核字（2016）第147098号

责任编辑：万瑞达 / 责任校对：刘玉靖
责任印制：吕春珉 / 封面设计：曹　来

**科 学 出 版 社** 出版
北京东黄城根北街16号
邮政编码：100717
http://www.sciencep.com

**新科印刷有限公司** 印刷
科学出版社发行　各地新华书店经销
*
2016年10月第 一 版　　开本：787×1092　1/16
2016年10月第一次印刷　　印张：18 1/4
字数：389 000
定价：36.00元
（如有印装质量问题，我社负责调换〈新科〉）
销售部电话 010-62136230　编辑部电话 010-62135397-2012

# 前言

　　"思想道德修养与法律基础"课是高校德育的重要组成部分，也是大学生思想政治教育的重要课程。在高校开展思想政治理论课，目的在于引导和帮助大学生确立马克思主义信仰，坚定中国特色社会主义的理想信念，树立正确的世界观、人生观、价值观。

　　2015 年 9 月，教育部印发了《高等学校思想政治理论课建设标准》（教社科〔2015〕3 号），对高校思想政治理论课的组织管理、教学管理、队伍管理和学科建设做出具体规范。为适应教育部的新要求，本书的编写充分反映了中国特色社会主义理论与实践的最新成果，充分体现了习近平总书记系列重要讲话精神，充分体现了党的十八大和十八届三中全会、四中全会精神，力求选取的案例能够较好地体现课程的教学内容和要求，又能够贴近学生、贴近实际、贴近生活，从而提高学生阅读的兴趣，使学生在阅读本书的过程中，能够深化对我国道德传统和法律制度的认识，有助于学生在探讨、研究实际问题的过程中，坚定理想信念，明辨是非善恶，自觉砥砺品行，不断完善自我，从而提高自身的思想道德素质和法律素质。

　　本书由佟颖春副教授主持编写，众多一线教师参与了编写工作。具体编写分工如下：绪论由王炜老师编写；第一章由段国鹏老师编写；第二章由康礼芳老师编写；第三章由张静老师编写；第四章、第五章由赵亚娟老师编写；第六章由金秋平老师编写；第七章、第八章由张颖老师编写。

　　在本书编写过程中，我们参阅了许多相关的资料和书籍，在此向相关著作者一并表示感谢。由于编者水平有限，本书在编辑和评析案例方面难免有不当之处，诚望读者批评指正。

本书编写组

2016 年 8 月

# 目录

# 绪论
# 珍惜大学生活  开拓新的境界

世界是你们的，也是我们的，但是归根结底是你们的。你们青年人朝气蓬勃，正在兴旺时期，好像早晨八九点钟的太阳。希望寄托在你们身上。

——毛泽东

青年人正处于学习的黄金时期，应该把学习作为首要任务，作为一种责任、一种精神追求、一种生活方式，树立梦想从学习开始、事业靠本领成就的观念，让勤奋学习成为青春远航的动力，让增长本领成为青春搏击的能量。

——习近平

我提出五项修养。一为博学而学习，二为独立而学习，三为民主而学习，四为和平而学习，五为科学创造而学习。

——陶行知

德可以分为两种。一种是智慧的德，另一种是行为的德。前者是从学习中得来的，后者是从实践中得来的。

——亚里士多德

在巨富中死去对我并没有意义，而临睡前能告诉自己做了多么美妙的事情，这才是最重要的。

——乔布斯

## 学习目标

　　思想道德修养和法律修养，体现人们协调各种关系、处理各种问题时所表现的是非善恶判断能力和行为选择能力。提高修养对一个人的素质乃至整个国家和民族的素质、对提高社会的文明程度起着重要的作用。通过"绪论"部分的学习，应当做到：

　　1. 明确大学是人生新的起点，树立新的学习理念、培养优良学风，并确立正确的成长目标，胸怀国家，关爱社会，提升自己的道德人格，在新环境中塑造当代大学生崭新的形象。

　　2. 把握思想道德与法律的辩证关系，提高思想道德素质和法律素质，培育和践行社会主义核心价值观。

　　3. 了解学习"思想道德修养与法律基础"课的意义和方法。

## 学习重点

　　1. 理论方面的重点是掌握社会主义思想道德与法律的辩证关系，以及"社会主义核心价值体系"的科学内涵，这是学好本课程的基础。

　　2. 知识方面的重点是明确大学生全面发展的素质和成长目标的内容，以及学习"思想道德修养与法律基础"课的意义和方法。

## 学习难点

　　道德与法律是一个社会赖以发展和稳定的两大最基本、最重要的行为准则。理解、体悟社会主义思想道德与法律的辩证关系，"社会主义核心价值体系"的科学内涵，把"知"与"行"统一起来，自觉融入社会，成为合格的社会成员是本章学习的难点。

## 学习方法

　　1. 通过对相关材料的学习和与人交流，使自己尽快适应大学生的学习、生活。

　　2. 结合自己成长的历程，总结自己以往在加强思想道德修养和法律意识方面的经验与不足，确立新的科学的成长目标。

　　3. 积极参与服务社会、服务他人的各种社会公益活动，强化自己对"社会主义核心价值观"的认识与理解，并在实践中努力奉行。

# 第一节 适应人生新阶段

**案例①** 迎新日：单飞生活从这里开始

## 一年一度"百团大战"

大学留给我的第一个深刻印象，大概就是"百团大战"了。

记得去年这个时候，我完成各项报到手续之后，刚想在宿舍里歇一会儿，一位师姐就来敲门了。

还没等我开口发问，师姐就热情洋溢地向我推荐她所在的大学社团，一边说一边在桌子上铺满五颜六色、图文并茂的宣传单。一开始我听得格外认真，但很快发现，宿舍门口陆续围过来不少同样拿着一摞宣传资料的师姐。

渐渐地，我被包围了。她们你一嘴我一嘴地告诉我：A社团有实践机会，B社团活动丰富，C社团有参加国际比赛的机会……坐在狭小宿舍里的我忽然间意识到：这也许就是大学应该有的样子吧。

大学的社团很多，多得足以让我眼花缭乱。也不知是自己真的喜欢还是被这热情冲昏了头脑，我一下子填写了七八个社团的报名表。拿着我递过来的一张张填满信息的表格，师姐们终于满意地离开了。

进宿舍"抢人"只是招新大战的前奏，宿舍楼门口才是竞争的主战场。各个社团和学生会的展板立在两侧，师哥师姐们举着宣传单和报名表大声招呼着懵懵懂懂的新生。很多社团还有"零食诱惑"，展板旁的桌子上摆满了巧克力、糖果、干果，吸引着新生们的视线。

还有更加激烈的"百团大战"——学校里各个社团在广场上一起招新时的火热场面。到了现场才发现，战况远比我想象的热闹得多。师兄师姐们有音响的拿音响，有人偶的拿人偶，每一个社团都使出浑身解数"抢新生"，甚至还没等你反应过来，一大叠资料就已经塞到手里了。

我在"战场"上兜兜转转，本来10分钟的路程，足足走了一个小时才走出去。也不知道是因为现场过于热闹，还是因为之前填的那些报名表让我觉得吃不消，一圈下来，始终没有再报名参加任何一个社团。

说实话，我最想加入的就是学生会了。比起其他社团，学生会的财力更为雄厚，场面自然也显得格外气派，除了每个新生宿舍楼门口都设有报名点，还可以在网上报名。

学生会的招新活动设在全校最大的礼堂，每个到场的人都可以领到精心印制的招新手册，里面有各个部门的详细介绍。身着正装的师哥师姐们引导着穿着花花绿绿衣服的大一新生，按顺序入座。听着一位位学生会干部的精彩演讲，看着一幕幕即将属于我的大学生活在屏幕上绽放，我忍不住开始幻想自己的未来。

过几天，我也将作为学生会的工作人员，加入这一年一度的"百团大战"，将校园里这份火一样的热情与希望，传递给刚刚迈进校门的新生。

（资料来源：袁子涵 《中国青年报》 2015 年 9 月 1 日 11 版）

## 哭出来，才是新生

让一个距离大一已经 9 年的人来回忆往事，略有一丝残酷。这种残酷不仅因为年龄，还包括记忆力。为了回溯那段记忆，我翻出了一部纪录片《大一》。这是当年学院里大四的师兄师姐跟着我们这一届新生拍了一年的作品，据说还获过一些纪录片奖，而迎新是这部纪录片的开头。

如果用电影语言，现在，镜头就该切换到那个红旗招展、人山人海的迎新现场。那年，我 18 岁，从一个安逸的江南小城来到偌大的首都，进校门的一刻，我就被震撼了。

宿舍楼下的空地被辟为迎新点，几十个学院的摊位一字排开，用各种奇葩的装饰争奇斗艳。比摊位更加密密麻麻的是人，确切地说，是学生，更确定地说，是男生。不错，这就是一个在当年男女比例高达 6∶1 的著名大学。一辆一辆从火车站开来的运新生的车，一进校门就会被挥舞着院系招牌的老生们包围。

不过，总是有例外的，比如新闻学院。我们这一届有 8 个男生，已是历史之最，而女生是男生的 5 倍。这样的比例让新闻学院迎新的老生特别有面子。多年后，当电影《致青春》上映，我才发现，原来这架势十几年来都没有变过。

当时的我们并不知道，在新闻学院的迎新摊位后面，藏着偷拍的摄像机，把我们每一个人初进大学的样子都拍了下来。我们来自不同的地方，说着不同腔调的普通话，带着不同规模的亲友团。而相似的，就是现在看来，都比较土——衣服、发型、打扮，都是妥妥的高中生风格。没有人化妆，没有人踩高跟鞋——这些都将是大学时代的"课程"。

报到后，是一系列特别复杂的手续，我也第一次见识到了这所大学的效率之高，果然名不虚传。一切都是流水线，比如，在综合体育馆办理学生卡、洗澡卡、热水卡、饭卡……在没有一卡通的年代，这么多卡能在 5 分钟内办完，还包括拍照——虽然丑得和身份证难分伯仲。再比如，每个新生都要打好几种预防针，于是，每个新生双手叉腰，两边各站一个医生，双管齐下，以前真没见过这么打针的。

忙完这一切，才觉得自己是这个大学的一员了，迎新的师兄师姐们也心满意足地完成了任务。但这时候，别的情绪就弥散开来。

《大一》留下了这样一段影像。一个男生说："我为什么要来这里，我来这里干什么，我在这儿一点儿都不适应。在这里看见这么多新潮的东西，我一点儿都不能接受，我回西安算了。"他的妈妈沉默着。男生送母亲下楼，母亲走了几步，放下行李，回头看儿子，已是泪流满面。这个男生后来成了我们班的班长，如今在北京工作。西安，怕是不回去了。

　　这让我想起我的父母。办完新生入学手续，我送他们到宿舍楼下。他们坐上出租车离开的时候，哭没哭我不知道，反正我泪流满面。我清楚地记得那一天的天气晴好。流泪，并非因为多么伤感，而是对未来的期待、恐惧、迷茫交杂。就像切断了婴儿与母亲连接的脐带，哭出来，才是新生。18 年来，我第一次要独立生活，而谁也不知道，这种独立是否会成为我接下来人生的主题。事实证明，目前来说，还是。

　　这是近 10 年之前的故事，多亏了这部纪录片，让我不靠谱的记忆有了影像的佐证。迎新，是我在首都生活的开头，我猜中了这个开头，但依然不知道结尾。不知道，纪录片里的同学们，你们知道吗？

　　　　　　　　　　　　（资料来源：斌斌姑娘　《中国青年报》 2015 年 9 月 1 日 11 版）

### 思考讨论

　　1. 父母有没有陪你来大学报到？远离父母，你感觉是自由还是孤独？开学第一天，你印象最深刻的是什么事？

　　2. 结合上述材料，谈谈你入学后的感受。

### 案例点评

　　刚踏入大学校门，里面的一切对于向往上大学的人来说都是新鲜的。相信很多同学刚踏进校园时，都有同样的感觉：拎着大包小包，迷茫地走着，摸不清方向。新的校园、新的老师、新的同学带来了一种新的感觉，这种感觉是独一无二的！

　　大多数新生都是第一次将要面对如此独立的生活，入学后多少都有这样的焦虑：习惯了父母为自己安排好的一切，能适应独立的生活吗？新的环境，新的同学，新的老师，新的学习氛围……自己能很好地处理这一切吗？看到上述的材料，你的焦虑会跟以往的师兄师姐们一样，随着时间的推移，会很快冰释。

　　在大学里，可以在安静的自习室里做个学霸，可以在安静的校园里散散步，可以参加丰富多彩的社团活动，结识新的朋友，可以在藏书丰富的图书馆里看自己喜欢的书，也可以待在宿舍里无所事事……一切都看自己怎么安排。

　　通过本案例中主人公的回忆，学生们可产生共鸣，缓解离开亲人焦虑不安的紧张情绪，了解大学生活的特点，从而积极调整心态，尽快适应大学新阶段。

### 案例❷　高职校长寄语新生：大学生活怎么过

#### 你必须为你的选择付出努力

　　你们已经告别了你们的中学时代，将在这里成长为一名需要懂得自我思考、自我选择，并对自己的成长负责的大学生、职业人和社会人。不同于高中，到了大学我们有了更多可以自主选择的时间、课程和活动。是选择追求卓越还是及格就可以，是选择在网上学习还是在网上游戏，是选择学生社团活动、投身公益还是只有两个人的小天地，是选择走上操场还是宅在寝室里。大学为你提供了选择，但你必须为你的选择付出努力！

千里之行、始于足下。军训是你们大学校园的第一课，严格的训练，将磨炼你们的意志，培养你们的团队意识，强化你们的纪律观念，养成你们良好的生活习惯，帮助你们尽快地适应新的环境和新的同伴。希望你们在各位教官的指导下，认真上好这一课。

如何度过你们的三年大学生活，需要你们每一个人作认真的思考，思考大学是什么？思考在大学你将学什么？思考你为什么到大学，你将来要有一个怎样的人生？在这里，我想和各位一起分享我的一些理解。

这是一个物质生活丰富、价值观念多元的时代。可是，生活不是柴米油盐酱醋茶，也不是拥有的财富和成就的清单。你们将在这里获得毕业证书、职业资格证书、技能等级证书、各种荣誉证书，但这还不是大学的全部，更不是生活的全部。生活与生命的价值是需要自主发现的，谁也无法从外部给予。内心的修炼和品格的养成才是大学生活对你们更为重要的内涵。德国哲学家康德说过："这个世界上唯有两样东西能让我们的心灵感到深深的震撼：一样是我们头上灿烂的星空，一样是我们内心崇高的道德律令。"希望同学们能够在大学的学习、生活中，不断坚定自己内心的方向与追求，善待他人、善待自然；作为公民层面的核心价值——爱国、敬业、诚信、友善，也需要每一个人用自己的人生去丰富、去践行，使自己拥有开阔胸襟和理想情怀，承担起自己应该承担的来自家庭、学校以至社会的使命。

这也是一个充满变化、改革转型的时代。面对信息的不断膨胀，技术的日新月异、社会现象的纷繁复杂，如何为一个充满不确定性的未来做好准备？我希望你们能在不断获取信息、强化技能的同时，学会如何学习、如何获取知识、如何培养技能，学会批判性地思考，分清真理与谬误、认清现象与本质，这是一切创新的源泉；虽然今天已是网络的时代，但我仍然希望大家能养成阅读的习惯，能在大学期间坚持阅读经典著作，积极聆听各种讲座与报告，选修更广泛的课程，向不同专业的老师和同学请教，成为既具有精深专业知识和技能，又具备广泛通用知识和能力的人，这样才能更好地迎接职业生涯和社会生活的重重挑战。

这还是一个张扬个性、注重沟通的时代。每一个年轻人都希望能够得到别人的认同，也希望自己能与众不同。学院尊重同学们的个性，鼓励每一名学生能学有所长，能自主探索，也为大家搭建了各种特长培养平台；学院希望每一名学生保持对学院的信任和坚守，更希望每一名学生出类拔萃，不可替代。但学院还希望你们能学会聆听、学会服务他人、学会交流。这不仅是这个人与人之间联系越来越紧密的时代的要求，也是财经类、商贸类等专业从业人员重要的职业素养。

你们带着喜悦、憧憬甚至还有那么一点忐忑来到了这个新家，而我其实也有着与你们同样的心情。因为我们都在思考一个共同的问题，如何在三年的时光、1000 个日子里完成我们共同的使命——这就是如何让你们更好地"成长"。

（资料来源：盛健 《中国青年报》 2015 年 9 月 28 日 11 版，作者系浙江金融职业技术学院院长）

### 请对自己未来的人生负责

　　大学生活"duang"的一下拉开了帷幕，可是，你们真的准备好了吗？高考前，老师们的一句"考上大学就解放了"的励志口号，成了你们拼命学习的动力。但是，考上大学真的就解放了吗？

　　高中老师们口中的"解放"，可以说是一语双关。从前高中老师是把知识"嚼烂了喂给你们吃"，被动式的学习。现在是一整块大骨头放在你面前，"爱啃不啃"。我们很多专业的课程很多，需要自己课后自我巩固和补充提高，自己需要有一套自己的学习方法和学习节奏，所以即将步入大学的你们要做好足够的心理准备，调试好自己的学习方式，更快更好地适应大学的学习生活。

　　你们已是年满18岁的公民，就要对自己的行为负责，就要对自己未来的人生负责。你们从小学到高中，都有父母、老师管着，你们自己也有强烈清晰的目标——考上大学。现在，目标实现了，是不是反而就迷茫了？就可以无所用心、慵懒散漫了？或以屌丝自嘲，自娱自乐？答案显然是错误的。

　　如果说上大学是"解放"，除了没有老师在学习上的随时随地的管束，也少了家长在生活上的管束。高三的时候家长围着我们转，每天要吃好穿暖，你们都觉得理所应当，但是大学什么都要自己来做，可能会边洗衣服边想妈妈。大学生活，是锻炼同学们自理能力的最佳地方。

　　当然，大学的宿舍生活，也是难忘的大学生活中最重要的一部分。"百年修得同船渡，千年修得上下铺"这句大学生间流传的一句玩笑话，足以说明大学三年培养出的舍友感情的珍贵。这些即将与你朝夕相处三年的人，才是能够互相帮助互相照顾的伙伴。我认为大学所交的朋友基本上都是靠得住的。这并不是说大家要天天喝酒联络感情。起码是大学宿舍室友不能因为脚臭就怒目而视，也不能因为口角而恶言相加，更不能因为睡觉打呼噜而大打出手。

　　进入高职院校学习，有些同学会感到无奈，会有一种失落感，认为自己是高考的失败者，认为自己是因为没有上本科线才来到我们学校就读的，并且担心自己在高职院校就读没有出路。在这里，我郑重地告诉大家：进我们学校的都是好学生，学院为有你们而感到骄傲和自豪。英国作家王尔德说过"把人分成好坏是荒谬的，人要么迷人，要么乏味"。要成为一个"迷人"的人，首先要自信。我们坚信一个理念——"人人都能成才"，人才的标准要依据社会、行业企业对大学生、对未来职员的要求和需求来确定，而不仅仅是一个分数。对于咱们职业院校的学生来说，应该努力使自己成为技术技能的"土豪"、做成功的专业技术人才。

　　从今天开始，你们就成为这个校园的主人了。这个校园里的花草树木，这个校园里发生的各种故事，就都与你直接有关了。这个校园，是你的大学；你将在这个校园里度过的三年，是你生命中最宝贵的青春；你会有什么样的大学经历，会有什么样的大学故事，会有什么样的大学回忆，主要取决于你自己。

（资料来源：赵居礼 《中国青年报》 2015 年 9 月 28 日 11 版，作者系西安航空职业技术学院院长）

### HOLD 住底线，HOLD 住梦想，HOLD 住责任

人生需要有目标，因为目标的高度，将决定人生的高度。没有目标，我们将会失去方向、失去机遇；没有目标，我们就不会知道自己到底想要什么，纵使豪情万丈，最后也将一事无成。同学们要记住，不要活在别人的嘴里或眼里，而要把命运的钥匙掌握在自己手中。从现在开始，你们就正式成为一名大学生了，如何度过三年的黄金时光，弘扬正能量，让青春不留白？

面对"毁三观"的喧嚣，请 HOLD 住底线。世界观、人生观、价值观犹如人生航程中的罗盘，掌握着人生前行的方向。但在网络时代，人人都是自媒体，个个都有发音器。面对扶不起的老人、炫富的郭美美和急性短暂性精神障碍，请 HOLD 住自己的底线。按照社会公德、公民道德的基本要求来规范自己的言行，学会拒绝诱惑、自警慎独、敢于担当。在你们未来的每个当下，都要保持理性，懂得节制，控制欲望的上限，坚守道德的底线。如果再有"老人扶不起"，请我们不要做袖手旁观者；如果再有"毁三观"，我们不要是那"剧中人"；如果再有"不平事"，我们也不要是那"键盘侠"。扬在脸上的自信、长在心底的善良、融进血液的骨气、刻进生命的坚强应成为同学们做人的四拼图。

面对"冷无缺"的现实，请 HOLD 住梦想。你们已经告别了"只要学不死，就往死里学"的高中生活，正式进入了大学时代。但要想拥有一个充实的人生，你只有两种选择：一种是"从事自己喜欢的工作"；另一种则是"让自己喜欢上工作"。而从现实情况看，"从事自己喜欢的工作"几率还很小，但我们不能因为现实不如意，就变得"冷漠、无理想、缺信仰"，不能因为眼前的困难停下奋斗的脚步，也不能因为当下的挫折而放弃梦想。如果为失去太阳而哭泣，那么你也会将失去满天的星星。与其专注于搜集雪花，不如省下力气去滚雪球。台湾著名作家龙应台对她的儿子安德烈说："孩子，我要求你读书用功，不是因为我要你跟别人比成绩，而是因为，我希望你将来会拥有选择的权利，选择有意义、有时间的工作，而不是被迫谋生。当你的工作在你心中有意义，你就有成就感。当你的工作给你时间，不剥夺你的生活，你就有尊严。有了成就感和尊严，你就有了快乐。"同学们，无论未来的路有多遥远、多崎岖，都请 HOLD 住自己的梦想，争取选择的权利。

面对"细软跑"的心态，请 HOLD 住责任。进入大学不是进入保险箱，而是有更高的目标、更重的任务在等待着我们。成功的关键不在于起点，而往往赢在转折点。在压力山大面前，我们不能"一瓶饮料一包烟，捧着手机过一天"。更不能逃避责任，"收拾细软赶紧跑"。年轻就是资本，但青春不可浪费，千万不能在犹豫、观望和逃避中度过，请 HOLD 住自己的责任。

青春需要正能量，正能量将会为我们插上翱翔的翅膀，飞向广阔蔚蓝的天空！"道虽迩，不行不至；事虽小，不为不成。"希望同学们，不仅追求职业，也追求事业；不

仅关注今天，也关注未来；不仅注重物质，也注重精神；不仅关心自己，也关心他人。希望你们咬定目标，敢于亮剑。

（资料来源：孙兴洋　《中国青年报》　2015 年 9 月 28 日 11 版，作者系扬州工业技术学院院长）

## 选择一条最适合自己的成长之路

你们可能不止一次地问过自己，为什么要上大学？更会为上一所职业院校而心有不甘！这可以理解，但你想过没有，当你站在大学的门口，站在人生的起跑线上，你是埋怨别人起跑线比你好？还是眼睛向前，盯着人生的目标，做好起跑准备，准备弯道超车！两种态度，就会有两种不同的选择！教育本身它没有层次，只是一个学习的经历，但教育可以使人分出层次，可以使你有更多的选择，为你今后更有尊严的生活奠定基础！

去年是学校建校 50 周年，从去年开始，学校每年都会给每一位新生赠送一份与众不同的礼物——脸盆，和我代表学校写给你们的一封信。这个脸盆，是师兄师姐利用暑假加工制作的，承诺你一辈子用不坏，是我们对生产技术、质量的自信。礼物虽小，但是寄托着学校对你们的深深期望，希望你们将来都能成为一个重诺守信、对质量精益求精、拥有大国工匠精神的社会有用之才，都能成就自己，拥有一个成功、圆满的人生。

如何将期望变成现实？成就最好的你？我想，在此与新同学交流一下我的思考逻辑：

一是要正确认识自己。读高职院校并不是失败，这只是不同人才选拔的结果。只要你愿意放下思想包袱，经过努力，一样也能够成功。在你们当中，有近 70%的同学来自农村，相比于你们的父辈，作为家庭的第一代大学生，你们拥有了更广阔的更新思想观念的空间，拥有了更多的思考、探索、选择自己人生道路的机会，正确地认识自己，自信地面对未来，是你们成就自己的第一步。

二是要学会选择。人的一生充满着变数，人的成长就是在不断选择中前进的。选择太多其实并不是一件好事，有时懂得拒绝、放弃选择往往更能让你集中精力获得成功。所以，有时要学会拒绝，集中有限的精力去选择一条最适合自己的成长之路。大学校园里机会多多，也诱惑多多，面对这些，你们可能目不暇接，也可能不懂取舍。那就拒绝那些无关成长的诱惑，把握那些与自身能力、兴趣匹配的机会，千万不要打赢了网游却丢了学分，奔波于兼职却荒废了学业，获得了机会却丧失了底线。

三是要享受学习生活。这三年的大学生活该如何度过呢？我希望你们不要把学习当成负担，能够去享受大学生活，把学习、阅读作为一种习惯，培育自己健康、积极的心态，锻炼自己强健的体魄。

同学们，青春是用来奋斗的，不是用来消费的。认识自我、学会选择、享受生活，是人生的逻辑，它将周而复始伴随你的一生。大学便是你人生逻辑独立思考的起点，成就最好的自己，需要你去用心体会和感悟。

（资料来源：祝木伟　《中国青年报》　2015 年 9 月 28 日 11 版，作者系徐州工业职业技术学院院长）

### 思 考 讨 论

1. 同学们了解高职院校和本科院校的区别吗？进入高职院校学习，你有没有失落感？为什么？

2. 这四位校长的讲话哪一个对你最有帮助？面对新的学习生活环境，你计划如何适应？

### 案 例 点 评

又是一年开学季，新生开学校长第一讲成为社会关注的焦点，拥有"半壁江山"的高职教育正在发生翻天覆地的变化，高职校长第一讲从一个侧面反映了高职教育重心逐渐发生的变化。

高职学生中，不乏存在着爱学习，期望考上本科院校或更好大学的高中毕业生。因为高考失利，最终不得不选择进入高职院校，从而会出现一种悲观无奈又不得不面对现实的心理。在这种高考失败的阴影影响下，他们难以很快调整心态，理想和现实发生矛盾冲突地区，使得他们缺乏奋斗和学习的动力。

进入大学校园后，大一新生面临着校园环境、生活环境及其个人角色的变化。学生们因来自不同的地域，价值观、生活观都存在很大的差异，因此人际关系比中学要复杂很多。在人际关系建立的过程中，很多新生难免会遭遇一些消极的体验和挫折，从而会产生自我否定的焦虑。此外，部分学生习惯了家中的唯我独大，喜欢以自己的标准去要求别人，会引起他人的反感，从而产生人际和沟通障碍，导致情绪压抑、孤独。本案例中精选了4所国内知名高职院校校长的迎新致辞，可以从不同方面帮助新生解决心理上的种种不适应，帮助他们尽快适应高职的大学生活。

## 第二节　提升思想道德素质与法律素质

### 案例 ③　校园血案引网友热议，人品善良远胜学业优秀

#### 校园血案频发引起网友对大学教育的热议

日前，复旦大学、南京航空航天大学以及江苏沙洲职业工学院连发多起血案、命案。本应是和谐宁静的校园，忽然间变得"刀光剑影"，让人扼腕。类似的事情不仅发生在国内，数年来，美国等地发生的多起伤亡惨重的校园枪击案也曾轰动世界。到底，是什么让这些惨剧发生？我们又该如何应对？请听听众网友的说法。

### 巨大压力不应成为践踏底线的借口

追梦之路 2013：不知道什么时候大学生自杀、大学生犯罪已经悄悄地走进我们这个不堪重负的社会！在我看来，大学时代是人生中最能使人感到灰暗和迷茫的，学业压力、就业压力，感情困扰，同时压在一个根本没有抵抗压力能力的学生身上，这情何以堪呀！

中国之声：人际交往不和谐、学业竞争、就业焦虑，当代大学生背负着巨大压力，但不可沦为如钱理群所言的"精致的利己主义者"，更不能沦为高智商犯罪的候选者。人性难逃自私，利己不能害人，底线更是红线。

正能量 2013V：正面的反面的都需要谨慎处理，都需要给民众一个合理答复，免得从众效应。

相思有你：高智商有高层次，也可能成为践踏底线的可怕者。

时光精神屋：我太怀念那些跟我脾气不和争吵不断的兄弟们了！

我是勃勃：当代大学生有压力吗？睡觉睡到自然醒，游戏玩到手抽筋，挂科跟吃饭一样正常。

巫女桔梗 01：警方公布消息之前，我一直反对媒体的有罪推理，主要是新闻职业道德，没有证据不能胡乱猜测推理，捕风捉影。

李薇薇奋斗 ing：人际交往不和谐，认真分析原因并寻求解决方法；学业竞争大，尽力学习就行了，但不能有害人之心；就业焦虑，这个时代每个人都有的，但我们有解决的方法。

牛牛的美好时代：以前也和舍友有过矛盾，每次吵完之后总是很后悔……，慢慢地发现，这样下去不行，我们是同班同学又是舍友，本该互相关照的，于是，逐渐转变心态从对方的角度考虑问题，关系也逐渐好转！现在反过头来看，那些事情真是不值一提！其实好些事情心里放开了就好。

王卜：最近细看复旦投毒案两位主角的微博，很感慨。他们都是有想法有才华的学生，对专业热爱，对病人也有同情心，是好医生的苗子。可是，一个为房价上涨忧心；一个为家庭的贫困生活纠结，曾想改行去咨询公司。目前高企的房价和生活成本，已很难让年轻的医学生安心追梦。

### 价值观培养比知识更重要

用户 1463728497：一味姑息的结局必然会有反噬，我们更应当反思这十年的道德教育！教育，不仅仅是学校的责任，社会和政府都需要认真反思。

黄培珊 Sam：是时候审视一下我们国家的教育体制了，嘴边天天挂着"先成人，再成才"，如此漠视生命，作为一个人的道德底线都没有了，这不是自扇耳光吗？

月光时生：校园频发血案，不得不引发思考。价值观培养是否比知识培养更为重要？

冷雨轩 Dillon：教书教得再好，育人这方面做不到位，教出来的还是学生吗？

钱塘古海宁：应试教育和教辅产业的道德危机迟早要爆发的。

我叫 Young：首先需要反思的是中国的教育部门，你们在孩子的成长过程中都做了些什么？

zdjsok：如果师道有尊严、有底线、不堕落、洁身自好，当得起灵魂工程师一称，此事会如何？

草根瑜峰：处理好人际关系也是一门必修课。

Mani_Mu：身体健康与心理健康才是素质教育的重中之重，而学校一直很缺乏这方面的辅导课。学业有成而内心极度扭曲，这样的人只会带给这个社会伤痛。

巴吾东 1956：因一点琐事与同学不和，就拔刀相向或投毒杀人，这样的悲剧屡屡出现在大学校园，在令人感到震惊的同时，我们是不是也该反思法制教育的薄弱？在普法教育开展了近 30 年的今天，连高校学子的法律意识都如此薄弱，是不是也该质疑普法的成果？

天山魂_17569：要健全竞争机制，合理诉求，公平竞争，决不可为了自身利益，伤害他人。

美国枪击案的启示：惩罚之后更需关怀。

抑郁症患者美杜莎：最近整个世界都不太平。肆虐的流感、爆炸案、校园血案到大地震。愿这一切早日过去，愿逝者安息。

artisanXu：大多数人都是做过了，然后开始后悔，冲动是魔鬼。

iamHitomi：美国的那次校园枪击案，到现在仍然记忆犹新。每个人的生活都会终结于他所不了解之处。平安原来是最宝贵的人生财富。

细鬼 raintal：对不认识的人进行道德审判很可能会导致另一内心的灾难。把投毒案单纯理解为教育的缺失，似乎是不公平的。那些校园枪击案难道都是教育造成的？

zuoluo001：看事情要理性，不要以极少数人的问题而否定整个中国教育。美国经常发生校园枪击案，为什么不因此而否定美国教育？

袁之昕：只要是有人的地方就难免会有异类，美国的校园枪击案不是也年年频发嘛。

南有嘉鱼宴：美国的大学里有 Crisis Communication 和 Emergency Management 的课程，里面都包括了在突发灾难面前媒体应该如何应对，如何最大化地尊重受害者，怎样把对人的关怀放在第一位的讨论。美国的媒体也是在校园枪击案和很多自然灾害的报道中慢慢成长起来的。

勤奋的：虽然事情真相还未大白，但是复旦大学投毒案，美国麻省理工枪击案，这些发生在大学校园里的事，都在提醒着我们，人性是一个很难捉摸的东西。

黄蕉儿：我看了美国之前校园枪击案的 record，心情久久不能平复。想起日前麻省理工的枪击案，顿时觉得生命就这么的脆弱。

敏感的防霉：希望我们的社会在依法的基础上，有更多的宽容。美国校园枪击案致悼词时，对加害者——那个已经去世的，杀人案犯也进行了哀悼。这样的包容是我们应该学习的精神，惩罚是必需的，但惩罚后的关心和帮助也是必需的。

（资料来源：卜松竹 《广州日报》 2013 年 4 月 26 日）

## 思考讨论

1. 你知道的大学生犯罪案件有哪些？你认为他们犯罪的主因是什么？
2. 如何提高思想道德素质和法律素质？

## 案例点评

大学生是民族的希望和国家的未来，他们的思想道德状况如何，直接关系着国家的前途和民族的命运，关系到社会的稳定和发展。目前大学生的思想道德素质状况的主流是好的，但是不难发现一些令人担忧的现象，尤其是大学生违法犯罪的趋势在不断加剧，从马加爵到林森浩等等无不令人震惊。可见，大学生在提高科学文化水平和专业能力的同时，还需要提高自身的思想道德素质和法律素质。

通过本案例网友的评论，学生们可认识到具备良好的思想道德素质和法律素质的重要性。

### 案例 4　青年学生，你要成为什么样的人

自大学产生以来，在特定的社会转型时期，都会有人从多方面反思大学的人才培养。2012 年，耶鲁大学教授威廉·德雷谢维奇（William Deresiewicz）写了一篇《精英教育的劣势》（*The Disadvantage of an Elite Education*）的文章；2014 年，德雷谢维奇教授又出版了《优秀的绵羊》（*Excellent Sheep：The Miseducation of the American Elite and the Way to a Meaningful Life*，2015 年，九州出版社）一书，该著作一经问世，就迅速引起了美国社会的广泛讨论。因为作者提出了一个似乎令人难以接受的判断，作者认为："当前的美国精英教育已经陷入了误区，这套系统下培养出来的学生大都聪明，有天分，斗志昂扬，但同时又充满焦虑、胆小怕事，对未来一片茫然，极度缺乏目标感，他们被包裹在一个巨大的特权泡泡里，所有人都在老实巴交地向着同一个方向前进。他们非常擅于解决手头的问题，却不知道为什么要解决这些问题。"

读罢该书，不由令人想起北京大学钱理群教授讲的一段话："我们的大学，包括北京大学，正在培养一大批'精致的利己主义者'。"当时这段话在国内引发热议。近期，我国有不少学者将钱理群教授提及的"精致的利己主义者"与德雷谢维奇在书中提及的"常青藤的绵羊"联系在一起讨论，或产生共鸣，或存有分歧，或支持，或反对，将该话题推向一个新的高潮。

实际上，在大学培养人的问题上，关于此类的反思乃至"批判"很多，例如我国著名建筑学家梁思成先生 60 多年前所讲的"半面人"。1948 年，梁思成先生在清华大学作了一次题为"半个人的时代"的讲座，对大学的人才培养提出了质疑。当时，梁先生是从大学文理分家导致人的片面化谈起的，他提倡教育要走出"半个人的时代"。梁先生的观察，以及 20 世纪 50 年代英国学者 C.P.斯诺言及的"两个集团"等论述，都是中外学者对大学人才培养的反思与"批判"。我们应该培养什么样的学生，不应该培养什么

样的学生，这在中外高等教育发展过程中是一个被持续讨论的话题，类似的表述也非常多。

## 应该培养什么样的大学生

爱因斯坦曾指出："用专业知识教育人是不够的。通过专业教育，他可以成为一种有用的机器，但是不能成为一个和谐发展的人。要使学生对价值有所理解并且产生热烈的感情，那是最基本的。他必须获得对美和道德上的具备鲜明的辨别力。否则，他连同他的专业知识就更像一只受过很好训练的狗，而不像一个和谐发展的人。"

时至今日，大学中出现"驯服的绵羊""精致的利己主义者"，如何培养"高情感的"大学生，仍是世界各国大学面临的难题。1995 年 3 月，日本的奥姆真理教成员在东京地铁站投放"沙林"毒气，造成 5000 多人受伤，15 人死亡，震惊了世界。后来警方调查，在奥姆真理教成员中，有相当一部分成员是大学生。在科学技术十分发达的今天，反科学、反社会的活动在世界范围内也没有熄灭。也正是因为这种情况，世界未来学家托夫勒、奈斯比特等人提出："高科技时代需要高情感的人。"

我们该培养什么样的学生，之所以会引起人们这么大的兴趣与热议，无外乎大家对当下大学人才培养过程中产生的一些问题与矛盾有质疑，长期积压在人们心中对人才培养质量的担忧与不满，在遇到这样一个话题之后得到了一个释放。但是，仅仅一味地观望、呼吁或是抱怨，都是远远不够的，在对待该问题上，要理性分析背后的深层原因，并需要对我们当下大学的人才培养模式和目标进行一个清晰的、符合时代需求以及符合人才培养规律的认识和界定。

如果将"驯服的绵羊""精致的利己主义者"理解为世故老道、善于利用体制谋一己私利而将自己置身于国家命运与人类幸福之外，那么显然这样的人是不完整的，是缺乏基本人文素养和道德情怀的。不得不承认，当下由于整个社会大环境的浮躁以及大学内部存在的各种庸俗化现象，使得一些学生急功近利，缺乏自身理想和目标，导致大学在人才培养过程中出现了所谓的"精致的利己主义者"。但我认为，"驯服的绵羊""精致的利己主义者"并不是大学生中的主流，尽管如此，我们对此现象仍然需要多加关注，在学生的价值观上积极引导，坚持立德树人，不仅要培养学生高尚的道德操守，而且还要培养其社会担当和责任意识。

## 高等教育大众化时代重新界定人才培养目标

值得一提的是，在人们对"精致的利己主义者"进行抨击的同时，还有一些人作为回应而呼唤大学的另一种"回归"，即开始憧憬象牙塔式的中世纪大学，向往纽曼的绅士大学，怀念洪堡的柏林大学，仰慕蔡元培主政时期的北京大学以及抗战时期的西南联合大学，进而生发出一种对大学的念旧情怀。但是事实上，高等教育大众化的到来，已经冲破了理想中古典大学的边界，高等教育的地位、作用、功能以及高等教育的内外部环境，都发生了翻天覆地的变化。正如美国学者弗莱克斯纳在牛津大学演讲时所说："大学像其他（如社会、政府、慈善等人类）组织一样，处于特定时代的社会结构之中而不是之外。大学不是孤立的事物，不是老古董，不会将各种新事物拒之门外；相反，它是时代的表现，是对现在和未来都会产生影响的一种力量。"现在人们在面对高等教育中产生的问题时怀念过往，殊不知，理想中的古典大学已经是落日余晖，今天的大学已很难再回到古典大学时代。

在我国高等教育早已突破精英化，并正在从大众化迈向普及化，我们需要重新对大学的人才培养目标进行认识和界定。今天，我们的大学究竟应该培养什么样的人才？关于这个问题，或许不同的人有不同的看法，正所谓仁者见仁，智者见智。我认为，当代大学至少应该培养具备以下素养的人才：具有高尚道德操守的人才，具有社会担当和责任的人才，具有批判性思维的人才以及具有跨学科背景的复合型人才。

（资料来源：邬大光 《光明日报》 2016 年 5 月 17 日，作者系厦门大学副校长）

**思 考 讨 论**
如何理解思想道德素质和法律素质对大学生成长成才的作用？

**案 例 点 评**
在网络上有两个与高校学子相关的热词，一个是"精致的利己主义者"，这是对国内学子的担忧；一个是"常青藤的小绵羊"，这是耶鲁某教师对国外名校学生的批评。差异的词汇背后，是相同的思考。

"精致的利己主义者"之说，出自 2012 年 4 月 22 日著名学者、北京大学钱理群先生在"理想大学"专题研讨会上的发言。教授指出："我们的一些大学，包括北京大学，正在培养一些'精致的利己主义者'，他们高智商，世俗，老到，善于表演，懂得配合，更善于利用体制达到自己的目的。这种人一旦掌握权力，比一般的贪官污吏危害更大。"钱理群提出了一个很尖锐的观点，引起人们对教育体制的广泛议论。对此，北京大学校长林建华就"北大在培养精致的利己主义者"的质疑回应称，并不认为这是学生中的主流，但是，是一种需要高度关注的倾向。本案例正是对此观点的一个深入思考，更加认识到培养学生的思想道德素质的重要性。

通过本案例使学生们树立正确的成长目标，在大学里努力成为"具有高尚道德操守的人才，具有社会担当和责任的人才，具有批判性思维的人才以及具有跨学科背景的复合型人才"，而不是一个"精致的利己主义者"。

# 第三节　培育和践行社会主义核心价值观

**案例⑤　最高人民法院公布关于弘扬社会主义核心价值观的典型案例**

为充分发挥司法裁判对社会价值的重要示范引领作用，进一步促进全社会积极培育和践行社会主义核心价值观，最高人民法院公布了以下几起典型案例。

### 高某诉上海某大学不授予学位案

高某系上海某大学本科生，因在考试中作弊，被学校给予行政记过处分，该门课程成绩无效。学校学位评定委员会因此决定对高某不授予学士学位，高某不服，向人民法院提起行政诉讼。人民法院经审理认为，高某因考试作弊被取消课程成绩，不符合授予学士学位的规定，被告学校学位评定委员会不授予高某学位，符合国家法律法规和学校的规定，遂判决驳回高某的诉讼请求。

**思考讨论**

你认为高某作弊的原因是什么？从本案例中，可以看他有怎样的价值观？

**案例点评**

诚实信用，是社会主义社会的重要核心价值，也是中华民族的优秀道德传统。对每一个人而言，诚信乃立身之本。本案原告高某作为在校大学生，是国家的未来建设者，在考试中作弊，不仅违背诚信原则，更违反了国家法律法规和学校的规定，学校对其作出不授予学位的处理，人民法院依法予以支持。

《中华人民共和国刑法》第二百八十四条：在法律规定的国家考试中，组织作弊的，处三年以下有期徒刑或者拘役，并处或单处罚金；情节严重的，处三年以上七年以下有期徒刑，并处罚金。

为他人实施前款犯罪提供作弊器材或者其他帮助的，依照前款的规定处罚。

为实施考试作弊行为，向他人非法出售或者提供第一款规定的考试的试题、答案的，依照第一款的规定处罚。

代替他人或者让他人代替自己参加第一款规定的考试的，处拘役或者管制，并处或者单处罚金。

《中华人民共和国学位条例》第八条：学士学位，由国务院授权的高等学校授予；硕士学位、博士学位，由国务院授权的高等学校和科学研究机构授予。

授予学位的高等学校和科学研究机构及其可以授予学位的学科名单，由国务院学位委员会提出，经国务院批准公布。

《普通高等学校学生管理规定》第十六条：学生严重违反考核纪律或者作弊的，该课程考核成绩记为无效，并由学校视其违纪或者作弊情节，给予批评教育和相应的纪律处分。给予留校察看及以下处分的，经教育表现较好，在毕业前对该课程可以给予补考或者重修机会。

本案例弘扬诚实守规的价值。

### 金某伪证案

在公安机关侦查胡某涉嫌故意伤害案件过程中，被告人金某以证人身份，在接受侦查人员询问时，两次作出虚假证言，证明自己看见胡某往王某脸上殴打两拳，导致胡某先后被刑事拘留、逮捕，并被移送起诉。金某接受检察人员询问时，推翻了以前关于自己看见胡某殴打王某的证言，承认自己在公安机关侦查期间作了伪证。人民法院认为，金某在刑事诉讼过程中，对与案件有重要关系的情节，故意作虚假证明，意图陷害他人，其行为构成伪证罪。鉴于金某认罪态度较好，如实供述了自己的罪行，可从轻处罚，故判处其有期徒刑六个月。

**思 考 讨 论**

如果金某作伪证的行为没有受到法律的严惩，会产生怎么的社会影响？金某违背的是哪种社会主义核心价值观？

**案 例 点 评**

在诉讼中如实作证，是作为每一个公民都应当履行的义务，是维护司法正常秩序，确保司法裁判公平公正的重要因素。虚假作证不但严重影响裁判结果的公正性，危害司法权威，而且直接侵害当事人合法权益，损害社会诚信建设。本案金某在诉讼中故意作伪证，严重违背诚实信用原则，违反了法律义务，受到了应有的刑事制裁。

《中华人民共和国刑法》第三百零五条在刑事诉讼中，证人、鉴定人、记录人、翻译人对与案件有重要关系的情节，故意作虚假证明、鉴定、记录、翻译，意图陷害他人或者隐匿罪证的，处三年以下有期徒刑或者拘役；情节严重的，处三年以上七年以下有期徒刑。

本案例弘扬诚实守法的价值。

### 周某诉某公安分局拖延履行法定职责案

原告周某居住在长沙市某社区，部分社区居民经常在晚上8点左右到其楼下的人行道上跳广场舞，音响器材音量过大，严重影响其安静生活。周某报警要求某公安分局依法进行处理。某公安分局接警后，多次到现场劝说跳舞居民将音响音量调小，或者更换跳舞场地，但一直未有明显效果。此后，原告向人民法院起诉，要求某公安分局依法处理。人民法院经审理认为，某公安分局对于原告报警所称的部分居民在原告楼下跳广场舞并使用音响器材这一行为是否存在违法事项，是否需要进行行政处罚等实质问题并未依法予以认定，遂判决某公安分局依法对周某的报案作出处理。判决生效后，该公安分局又数次对跳舞的人们进行劝解、教育，并加强与当地社区的合作，引导广场舞队转移至距离原处百米之外的空坪上。原告所住的社区也在政府部门的积极协调和支持下，与长沙某汽车站达成一致，将在车站附近建设一块专门用于广场舞等娱乐活动的健身场所，既避免噪声扰民，又给跳舞健身爱好者自由活动的场所。

**思考讨论**

你生活中有没有发生过类似的案例？是如何处理的？

**案例点评**

"文明健身、和谐生活"，既是社会主义精神文明的体现，也是法治精神的体现。广大群众积极参加健身活动，有利身心健康，增强体魄，但不能因此损害他人的合法权益。本案原告周某因社区居民在其楼下跳广场舞，严重影响生活安宁，向某公安分局报案处理未果后提起行政诉讼。人民法院依法判决该公安分局对周某的报案作出行政处理。本案也提醒广大群众：强身健体，也要尊重他人权利，这样才能真正保证健身的"幸福指数"，提升和谐共处的"文明指数"。

《中华人民共和国环境噪声污染防治法》第五十八条：违反本法规定，有下列行为之一的，由公安机关给予警告，可以并处罚款：违反当地公安机关的规定，在城市市区街道、广场、公园等公共场所组织娱乐、集会等活动，使用音响器材，产生干扰周围生活环境的过大音量的。

《中华人民共和国治安管理处罚法》第七条：国务院公安部门负责全国的治安管理工作。县级以上地方各级人民政府公安机关负责本行政区域内的治安管理工作。

治安案件的管辖由国务院公安部门规定。

第五十八条：违反关于社会生活噪声污染防治的法律规定，制造噪声干扰他人正常生活的，处警告；警告后不改正的，处二百元以上五百元以下罚款。

本案例弘扬社会公德的价值。

### 刘某诉刘某某、周某某共有房屋分割案

原告刘某系两被告的独生女。2012年11月，原、被告共同购买重庆市某小区的房屋一套，大部分房款由两被告支付，双方就房屋产权约定原告占90%份额，两被告各占5%份额。该房是两被告的唯一居住房屋。后原、被告双方因房屋装修产生矛盾，原告向法院提起诉讼，请求判决将两被告所占房屋产权份额转让给原告所有，原告补偿两被告房屋款2.8万元。被告认为该房屋主要是自己出资购买，不同意向原告转让产权份额。人民法院经审理认为，虽然本案讼争房屋系原告和两被告按份共有，并约定原告占房屋

产权90%的份额，但两被告与原告系父母子女关系，双方以居住为目的购房，两被告支付了大部分房款，并出于对子女的疼爱，将90%产权登记在原告名下。现原告要求被告转让产权份额，但被告不同意。依物权法第七条之规定，原告要求父母将所占房屋份额转让于己的诉求与善良风俗、传统美德不符，依法不予支持。

### 思考讨论

你认为中华传统美德与社会主义核心价值观是怎样的关系？

### 案例点评

孝敬父母，是中国社会传承几千年的重要家庭伦理道德。父母含辛茹苦将子女培养成人，子女长大后理应善待父母，为他们营造安定的生活环境。本案中，父母为购房支付了大部分房款，并从子女利益考虑，让女儿占有房屋产权90%的份额，但作为女儿，原告刘某却意图将父母占有的份额转让给自己，从而占有房屋的全部份额，损害了父母的利益，人民法院依法不予支持。

《中华人民共和国物权法》第七条：物权的取得和行使，应当遵守法律，尊重社会公德，不得损害公共利益和他人合法权益。

本案例弘扬家庭美德的价值。

### 张某诉某商贸有限责任公司买卖合同纠纷案

张某先后在某商贸有限责任公司（以下简称商贸公司）处购买大瓶史记牌香油5瓶、小瓶史记牌香油47瓶，支付价款654元，商贸公司出具了购物发票。数月后，张某向某市食品药品监督管理局举报上述二种香油为"三无"食品。某市食品药品监督管理局经查证属实，对商贸公司因涉嫌经营"三无"食品给予行政处罚。之后，张某向人民法院起诉，要求商贸公司退还货款654元并支付货款十倍的赔偿金6540元，人民法院在查明事实的基础上，依法支持了张某的这一诉求。

### 思考讨论

诚信在社会主义核心价值观建构中有何重要意义？

### 案例点评

诚实守信不但是基本道德准则，也是市场活动应当遵循的基本原则。针对当前一些地方假冒伪劣产品屡禁不止的现象，应当旗帜鲜明地倡导、褒扬诚实守信，坚决谴责、制裁和打击不诚信行为，努力营造让人民群众"买的放心、吃的安心、用的顺心"的食品安全环境。本案被告出售"三无"食品，原告主张退还货款并支付货款十倍的惩罚性赔偿金，人民法院依法予以支持。

《中华人民共和国食品安全法》第四条：食品生产经营者对其生产经营食品的安全负责。

食品生产经营者应当依照法律、法规和食品安全标准从事生产经营活动，保证食品安全，诚信自律，对社会和公众负责，接受社会监督，承担社会责任。

第一百四十八条第二款：生产不符合食品安全标准的食品或者经营明知是不符合食品安全标准的食品，消费者除要求赔偿损失外，还可以向生产者或者经营者要求支付价款十倍或者损失三倍的赔偿金；增加赔偿的金额不足一千元的，为一千元。但是，食品的标签、说明书存在不影响食品安全且不会对消费者造成误导的瑕疵的除外。

本案例弘扬诚信经营的价值。

（资料来源：《人民法院报》 2016 年 3 月 10 日）

# 第四节　学习本课程的意义和方法

**案例❻　杭州 4 名大学生替考被识破——没想到要负刑责**

杭州萧山区警方日前破获一起浙江省高等教育自学考试作弊案，为了 300 元报酬，女大学生小珍在国家考试中充当"枪手"替考被当场发现，进而牵出多名涉案人员。

澎湃新闻获悉，组织小珍等替考的犯罪嫌疑人周某已因涉嫌考试作弊罪被刑事拘留，包括小珍在内的 4 名替考人员、2 名家长、4 名考生也因涉嫌同罪被警方采取取保候审的刑事强制措施。该案是《中华人民共和国刑法修正案（九）》（以下简称《刑法修正案（九）》）实施以来浙江警方查处的首例考试作弊案。

2016 年 4 月，浙江省高等教育自学考试举行。4 月 16 日下午开考后，小珍走进杭州萧山区某考场，监考老师在核对准考证时发现，她的相貌和准考证上的照片差别很大。考务处人员、考场监管民警先后询问小珍，她坚称自己就是考生本人，准考证上的照片是多年前的。由于已过开考时间，为慎重起见，工作人员先让她参加考试，待考试结束后进一步调查。女孩交卷后被监考老师拦下，并带往办公室接受警方调查。

很快，小珍承认替人考试的事实。她 19 岁，江西人，杭州某高校在校大学生，是被同学小青（化名）叫来替考的，小青答应给她 300 元。

小青 21 岁，浙江人，交代称"替考业务"是朋友周某介绍的。

周某 26 岁，安徽人，曾是杭州某高校合同工，在校自考部办公室工作。据周某交代，2015 年 4 月，一名女考生的家长找到他，希望找人替女儿参考。周某以每门课 2000 元的价格，收取对方 5 万元，找来小青替这名考生参加当年的自考（校考）。

2016 年 3 月，周某又收取对方 1.2 万元，以 1600 元一门的报酬，找小青代替这名考生参加 4 月 16 日的自考（统考）。

此外，周某还从其他 3 名考生（家长）处收取 4.3 万元。为了找人替考，周某找到小青，小青又联系同系同学小珍和另两名男生，答应付给小珍 300 元，两名男生各 500 元，代替 3 名考生参加 4 月 16 日的省高等教育自学考试。

警方在案件侦办中发现，涉案考生、家长和替考人员的法律意识淡薄。一名参与替考的大学生告诉民警："完全没意识到事情这么严重，只当赚外快，就像做兼职。"一名家长表示："早知道这事犯法，宁肯让儿子跟我打工也不会这么做。"

2015 年 11 月起施行的《刑法修正案（九）》规定：在《刑法》第 284 条后增加一条：在法律规定的国家考试中，组织作弊的，处三年以下有期徒刑或者拘役，并处或单处罚金；情节严重的，处三年以上七年以下有期徒刑，并处罚金。……代替他人或者让他人代替自己参加第一款规定的考试的，处拘役或者管制，并处或者单处罚金。

（资料来源：澎湃新闻 http://www.thepaper.cn/newsDetail_forward_1470490 2016 年 5 月 17 日）

**思 考 讨 论**

1. 以前你知道替人考试是犯法的吗？听说过《刑法修正案（九）》吗？学过本案例，你有何感想？

2. 大学生如何增强自身的法律观念？

**案 例 点 评**

本案例中的四个大学生因为一时贪念，一点蝇头小利就不惜以身试法，耽误了自己美好的前程，令人惋惜。这一案例告诉我们，人不仅要有一定的文化知识水平，也应该培养自己的法治观念。法律素质也是人必备的素质之一，是现代公民素质的重要组成部分。

大学教育就是要培育各种各类专门人才，满足社会的不同需要，当今社会需要具备各种素质的人才，思想政治素质是人的素质中的核心和灵魂，它决定了一个人怎样做人、做怎样的人、怎样才能拥有一个现代公民所具备的独立精神和法律素质。法律素质是当代公民必不可少的一种素质。现代法治社会要求每个社会成员都应该学法、知法、懂法、守法，依照法律从事生产和生活，一切活动必须纳入法律的轨道。这就要求每个社会成员具备相应的法律素质，才能在行为上做到严格依法办事。如今社会成员的法律意识普遍地提升，不论哪个层次上，也不论对于个人、人群、社会、国家和民族都显得格外的重要，格外迫切。法律素质的提高有赖于法制教育，特别是大学生这一特殊群体法律素质的提高，对于保证国家的长治久安、实现依法治国、建设社会主义法治国家，具有重大的现实意义，法律素质的培养已成为社会和学校所共同关心的问题。这个案例告诉我们，一名合格人才的培养，知识不是唯一的衡量标准，健全的法治观念也是一个极其重要的方面。前事不忘，后事之师。切实加强大学生的法律意识已迫在眉睫。

本案例通过这四个大学生身上不应该发生的事，说明了法律意识、法治观念的培养在人生成长过程中的重要性。合格的大学生不仅要有渊博的科学文化知识，还要有一定的法律知识和法治观念。本案例中可以看到，由于法治观念淡薄而带来的严重后果；要树立正确的金钱观，要通过正当的渠道、辛勤的劳动来获得报酬，不要走歪门邪道而耽误了自己美好的前程。

# 实 践 活 动

## 课内实践——计算大学学习费用

### 1. 目的要求

通过认真学习计算大学期间家庭所支付的学习费用，引导学生珍惜来之不易的学习机会，珍惜大学宝贵的学习时光，时刻不忘父母的培养和国家的期望，奋发学习。

### 2. 实施步骤

（1）任课教师讲述开展大学学习成本核算的目的、意义和具体做法，学生们可以从学费、住宿费、保险费、书费、生活用品、装备费（包括手机、电脑等）、基本生活费、服装费、休闲娱乐费等方面，根据自己的实际情况对大学期间所花费用做一个总预算。

（2）查阅网上有关资料，了解一个大学生平均每年的学习费用。

（3）学生们根据自己家庭的经济情况，对照自己算出的费用，体谅家长为自己上大学的辛苦付出，写出自己的感受。

## 课外实践——制定大学生活规划

### 1. 目的要求

围绕制订大学生活规划，促进新老生之间的交往，帮助大学新生尽快熟悉和适应大学生活，明确大学期间成长成才的目标和路径，让大学生活过得充实而有意义。

### 2. 实施步骤

（1）通过新老生见面会、联欢会、座谈会等多种形式，积极开展新生与高年级同学之间的接触与交往，并就大学生活的适应、大学生活的目标选择和规划制订等问题进行深入探讨与交流。

（2）要求学生们在一个月内，结合自己的特点，制订出切合实际的、操作性强的"大学生活规划"。每个同学根据自己的实际情况，制定不同阶段自己的学习目标和职业目标。

（3）每个同学把"大学生活规划"寄给父母亲，并请父母亲回信反馈意见。

# 复习思考题

## 一、单项选择题

1. "思想道德修养与法律基础"课程定位不确切的是（　　）。
   - A．是一门公共必修课
   - B．是一门思想政治理论课程
   - C．是一门理论课程
   - D．是一门专业课

2. 下列不属于大学学习特点的是（　　）。
   - A．学习内容的专业性和综合性
   - B．学习方式的自主性
   - C．学习途径的单一性
   - D．学习方法的创新性

3. 提高思想道德素质和法律素质，最根本的是要学习和践行（　　）。
   - A．社会主义核心价值观
   - B．社会主义荣辱观
   - C．建设和谐社会
   - D．建设小康社会

4. 人才素质的灵魂是（　　）。
   - A．德　　　　B．智　　　　C．体　　　　D．美

5. "独学而无友，则孤陋而寡闻"，这句名言教育大学生在学习上要树立（　　）的理念。
   - A．全面学习　　B．创新学习　　C．终身学习　　D．合作学习

6. （　　）是一种以求真务实为基础，采取创造性方法，积极追求创造性成果的学习。
   - A．全面学习　　B．创新学习　　C．终身学习　　D．自主学习

7. 衡量大学生全面发展的一个重要标准是（　　）。
   - A．理想远大　　B．勇于创新　　C．德才兼备　　D．视野开阔

8. 大学生适应新的学习、生活环境，最重要的是（　　）。
   - A．锻炼组织和交往能力
   - B．培养自主学习独立思考问题、分析问题、解决问题的能力
   - C．养成独立处理学习生活中遇到的各种实际问题的能力
   - D．培养和提高独立生活的能力

9. "一个人做点好事并不难，难的是一辈子做好事，不做坏事，一贯的有益于广大群众，一贯的有益于青年，一贯的有益于革命，艰苦奋斗几十年如一日……才是最难最难的呵!"这说明了（　　）。
   - A．人才成长的道路
   - B．实现人生理想的途径
   - C．个人修养是一个不断的长期的曲折的实践过程

D．修养的境界是一个人修养所达到的实践水平或程度

10．"吾日三省吾身：为人谋而不忠乎？与朋友交而不信乎?传不习乎?"这句话强调了，进行自我修养要（　　）。

    A．认真读书，求得真知        B．躬行实践，知行统一
    C．常思己过，有则改之        D．学习榜样，积极进取

二、多项选择题

1．"思想道德修养与法律基础"课的显著特点有（　　）。
    A．政治性      B．知识性      C．实践性      D．社会性

2．"思想道德修养与法律基础"课是帮助大学生树立正确（　　）的一门课程。
    A．世界观      B．人生价值观    C．道德观      D．法制观

3．与中学生活相比，大学生活发生了显著的变化，主要表现为（　　）。
    A．学习要求的变化          B．生活环境的变化
    C．家庭要求的变化          D．社会活动的变化

4．大学生适应新的学习、生活环境，要从下列哪些方面提高独立生活的能力（　　）。
    A．确立独立生活意识       B．虚心求教，细心体察
    C．提高明辨是非善恶的能力   D．大胆实践积累生活经验

5．现代人才的素质包括（　　）。
    A．思想道德素质  B．专业素质    C．文化素质     D．身心素质

6．《荀子·劝学》中说："积土成山，风雨兴焉；积水成渊，蛟龙生焉；积善成德，而神明自得，圣心备焉。故不积跬步，无以至千里；不积小流，无以成江海。"这段话对我们进行道德修养的启示有（　　）。

    A．脚踏实地，从小事做起，从近处做起

    B．自知之明，解剖自己，意志坚强，控制自己

    C．一个动作一个动作地去做，一次一次地经常去做

    D．精心地保持自己的善行，"勿以善小而不为，勿以恶小而为之"

7．大学生培养的优良学风主要包括（　　）。
    A．勤奋      B．严谨      C．求实      D．创新

8．作为一名大学生，应树立哪些全新的学习理念（　　）。
    A．自主学习的理念        B．全面学习的理念
    C．创新学习的理念        D．终身学习的理念

9．学习"思想道德修养与法律基础"课的正确方法是（　　）。
    A．学好科学理论        B．掌握基本知识
    C．注重联系实际        D．坚持学以致用

10．社会主义核心价值体系是建设和谐文化的根本，它的基本内容包括（　　）。
    A．马克思主义指导思想

    B．社会主义荣辱观

C．以爱国主义为核心的民族精神和以改革创新为核心的时代精神

  D．中国特色社会主义共同理想

## 三、判断题

1．大学生活的中心内容是参加各种社会活动，锻炼各种能力。　　　（　　）

2．"思想道德修养与法律基础"课对于促进大学生德智体美全面发展具有重要意义。

                     （　　）

3．只有社会主义社会才有自己的核心价值观。　　　　　　　　　（　　）

4．在大学阶段，学习是同学们的主要任务，是大学生活的中心内容。（　　）

5．道德与法律是调节人们思想行为、协调人际关系、维护社会秩序的重要手段。

                     （　　）

6．"思想道德修养与法律基础"课包含着丰富的人生哲学、伦理道德和法律知识。

                     （　　）

7．自由、平等、公正、法治是社会层面的价值要求。　　　　　　（　　）

8．中国特色社会主义共同理想是社会主义核心价值体系的主题。　（　　）

9．社会主义思想道德为社会主义法律提供了思想基础和价值目标；社会主义法律为社会主义思想道德提供了制度保障。　　　　　　　　　　　　　（　　）

10．马克思主义是我们立党立国的根本指导思想。　　　　　　　（　　）

## 四、简答题

1．大学生怎样尽快适应大学新生活？

2．社会主义核心价值观的基本内容是什么？

3．培育和践行社会主义核心价值观的重大意义是什么？

## 五、论述题

结合自身实际谈谈学习"思想道德修养与法律基础"课的意义和方法。

# 专 文 赏 析

### 今天如何传承中华传统价值观

陈来（清华大学国学研究院院长、中央文史研究馆馆员）

《中国青年报》（2016 年 1 月 11 日 2 版）

### 传统价值观的四个特色

中国传统的具体的价值观念跟西方近代的观念有很大不同，整体地讲，我们的特点

叫"责任先于自由"。

第一，中国人很强调个人对他人、对社群甚至对自然所负有的那一份责任，是在一个更大的社会范围里提出的。西方近代观念是突出个人、自己的需求，天下大事不是我的责任。

第二，"义务先于权利"。近代西方社会非常强调个人的权利，但是中国的思想，特别是儒家思想里强调义务，"仁义礼智信"中也包括了义务。

第三，"群体高于个人"。西方近代的人本主义更多的是以个人为本，中国的"以人为本"不是以个人为本，而是以群体为本，群体是高于个人的。如果说家庭关系是中国人的基本关系，中国人早就把家的概念、家的关系扩大、扩充了。

第四，"和谐高于冲突"。人类文化史充满了冲突、斗争、流血，但是中国文化比起西方文化，更强调人间的和谐，以"和"为贵。西方历史上的宗教战争非常残酷，中国没有出现过这样的宗教战争。甚至，两次世界大战的根源都在西方，日本近代也接受了西方的那种帝国主义文化。古代中国也有个别皇帝到外面搞侵略，但总体来讲，这是违反中国的主流价值观的，也是受到批判的，中国是"以安土为先"。

## 传统价值观需要现代性的转化

中国传统价值观有几个"先于"，如责任先于自由、义务先于权利。我认为，这些"先于"今天还是要坚持，但是不要把它变成"忽视"。比如，今天我们讲"以德治国"，还要讲"以法治国""依法治国"，在中国毕竟对法律有一种轻视的倾向。

再比如讲"以民为本"，我们古代倾向于认为民生比民主更重要，总是认为民生是最基础的。政府已经提出"以民生为先"，要将这一传统价值观加以现代性的转化，那么民主要加强，法治也要加强。

此外，孔夫子和儒家思想强调社会和谐，比较重视公平和平等，认为平等比财富重要，但是经过了人民公社时代，经过了"文革"，对平均的这种价值追求，也不能变成"只要社会主义的草，不要资本主义的苗"，不能变成穷过渡、穷平均主义，而完全忽视社会发展。否则，这跟十一届三中全会以来"让一部分地区、一部分人先富起来，最终实现共同富裕"的主张还是有距离的。

中国的传统美德形成于西周春秋时代，定型在孔孟早期儒家思想。春秋后期比较流行的道德，一个是"忠信"，一个是"仁智勇"。"义"在春秋时的地位不太突出，墨子很突出"义"，影响到孟子，孟子就把"义"提高到跟"仁"并列。"仁义礼智"经过汉代推崇，加了"信"，由此成为历史上中国人道德生活中最有影响的"仁义礼智信"。"孝"不在"五常"里，可是没有人能够否认"孝"在中国人的道德生活里面占有重要而且非常突出的地位。

在古代，不管是"忠、孝"，还是"仁、义、礼、智"，每一个道德的条目，既有特定的、具体的意义，还有扩大的、普遍的意义。比如，"忠"的特定意义是指君臣关系中臣的道德，能够犯颜直谏也是忠，还指忠于政务、忠于社稷，到了春秋战国还指尽心为人。

孔子还讲"仁"，把"仁"变成人与人基本关系的一个最重要的道德；"义"就是要坚持道义;"礼"本来是强调仪式、礼节,作为道德就是要遵礼、守礼,要守礼敬让;"智",则要求明智明辨。

除了以上这些道德条目以外,还有很多跟它们有密切关系的养成功夫,比如克己、反身、正心诚意、慎独等。

### 社会主义核心价值观的实践

在中国历史上,从古代到近代,"孝、悌、忠、信、礼、义、廉耻"在不同时段一直都被提倡,作为当时基本的社会道德。这些传统美德的传承和转化,在近代以来也一直是思想家和政治家们共同关切的一个论题。但是,改革开放以来的近几十年里,我们对这些传统美德重视得还不够,有时甚至不恰当地批判其中某些品德。

2014年4月1日,习近平主席在比利时布鲁日欧洲学院发表重要演讲,指出:"2000多年前,中国就出现了诸子百家的盛况,老子、孔子、墨子等思想家,上究天文、下究地理,广泛探讨人与人、人与社会、人与自然关系的真谛,提出了博大精深的思想体系。他们提出的很多理念,如"孝悌忠信、礼义廉耻、仁者爱人、与人为善、天人合一、道法自然、自强不息"等,至今仍然深深影响着中国人的生活。中国人看待世界、看待社会、看待人生,有自己独特的价值体系。中国人独特而悠久的精神世界,让中国人具有很强的民族自信心,也培育了以爱国主义为核心的民族精神。"

现代社会对于个人的道德要求增加了,比如说要爱国、守法,这是近代国家和社会发展在个人公德方面所提出的一些新要求。当然,价值的范围有时候比较广,很多价值并不是道德,比如说自由、平等。现在所强调的讲道德、守道德,都是要落实在个人身心实践上的道德,这是在实践社会主义核心价值观的时候,在理论上要讲清楚的重要之点。2001年国家公布了"二十字"《公民基本道德规范》,开始突出强调中华传统美德。近年讲的加强道德建设、形成道德规范、树立道德理想,都是主要就个人道德讲的。

现在的社会主义核心价值观提出三组内容,要贯彻习近平总书记近年来一系列讲话的精神,就要进一步认清社会主义核心价值观的培育跟中国文化、中华美德的关系。我认为,首先,社会主义核心价值观以中国文化的主流基本价值观作为基础、源泉、命脉。习总书记2014年就明确强调,社会主义核心价值要以中华传统价值做基础,他讲了六条,即"讲仁爱、重民本、守诚信、崇正义、尚和合、求大同"。其次,社会主义核心价值观的实践,具体的操作,一定要从个人基本道德做起,只有这样,道德和社会风俗的改善才能有一个扎实的社会基础,遵道德、守道德才能落到实处。

## 推 荐 书 目

1. 朱光潜:《谈修养》,北京大学出版社,2011年版。
2. 托马斯·沃特曼:《心灵咖啡》,现代出版社,2004年版。

3. 陈书凯：《动物实验人生启示》，哈尔滨出版社，2004 年版。

# 参 考 答 案

一、单项选择题

1. D  2. C  3. A  4. A  5. A  6. B  7. C  8. D  9. C  10. C

二、多项选择题

1. ABC  2. ABCD  3. ABD  4. ABCD  5. ABCD  6. ABCD  7. ABCD
8. ABCD  9. ABCD  10. ABCD

三、判断题

1. ×  2. √  3. ×  4. √  5. √  6. √  7. √  8. √  9. √  10. √

四、简答题

1. 要点

①树立自立自强自律的生活意识；②提高明辨是非善恶的能力；③虚心求教，细心体察；④大胆实践，积累生活经验。

2. 要点

①倡导富强、民主、文明、和谐；②倡导自由、平等、公正、法治；③倡导爱国、敬业、诚信、友善。

富强、民主、文明、和谐是国家层面的价值要求。

自由、平等、公正、法治是社会层面的价值要求。

爱国、敬业、诚信、友善是公民层面的价值要求。

3. 要点

①实现中华民族伟大复兴的中国梦的价值支撑；②协调推进"四个全面"战略布局的精神动力；③引导大学生进德修业、成长成才的根本指针。

五、论述题

学习本课程的重要意义：有助于认识立志、树德和做人的道理，选择正确的成长之路；有助于掌握丰富的思想道德和法律知识，为提高思想道德素质和法律素质打下知识基础；有助于摆正德与才的位置，促进自身全面发展。

学习本课程的基本方法：学好科学理论；掌握基本知识；注重联系实际；坚持学以致用。

# 第一章
## 追求远大理想　坚定崇高信念

人，只要有一种信念，有所追求，什么艰苦都能忍受，什么环境也都能适应。

——丁玲

世界上最快乐的事，莫过于为理想而奋斗。

——苏格拉底

人有了物质才能生存，人有了理想才谈得上生活。你要了解生存与生活的不同。动物生存，而人生活。

——雨果

每个人都有一定的理想，这种理想决定着他的努力和判断的方向。在这个意义上，我从来不把安逸和快乐看作是生活目的本身——这种伦理基础，我叫它猪栏式的理想。照亮我的道路，并且不断地给我新的勇气去愉快地正视生活的理想，是善、美和真。

——爱因斯坦

## 学习目标

通过本章的学习，帮助大学生认识理想和信念在人生中的作用，树立科学的理想信念，了解中国特色社会主义共同理想，引导大学生坚持社会理想与个人理想的统一，坚定为实现中华民族伟大复兴而奋斗的信念。

## 学习重点

1. 理想信念对大学生成长成才的重要意义；
2. 树立中国特色社会主义共同理想。

## 学习难点

确立马克思主义的科学信仰；认清实现理想的长期性、艰巨性和曲折性。

## 学习方法

1. 通过对本章的学习，使大学生了解并掌握理想、信念的含义和特征。
2. 通过对案例的学习和讨论，分析理想信念对于青年大学生的成长成才的作用。
3. 了解理想与现实的关系，正确理解实现理想的长期性、曲折性和艰巨性。

# 第一节　理想信念与大学生成长成才

### 案例 ① 人因梦想而伟大

雷军，1969 年出生于湖北仙桃，小米科技创始人、董事长兼首席执行官；金山软件公司董事长；著名天使投资人。

2012 年 12 月，荣获"中国经济年度人物新锐奖"。雷军曾任两届海淀区政协委员，2012 年当选北京市人大代表，2013 年 2 月当选全国人大代表。2013 年 12 月，再次荣获"中国经济年度人物"及"十大财智领袖人物"。

2014年2月，雷军首次以280亿元财富进入"胡润全球富豪榜"，跃居大中华区第57名，全球排名第339位。

梦想的种子在各个领域存在，创业的激情在很多人身上勃发。只要怀抱梦想、敢于创业、持之以恒，就有无限可能。梦想能激发一个人的斗志，进而使人约束自己的行为。所以，从一定意义上来说，有远大梦想的人所付出的努力一定比梦想渺小的人所付出的多。梦想有多大，成功的可能就有多大。

不管梦境是否破灭，不管现实如何无情，人总要寻找精神寄托，寻找心灵慰抚。即便知道，梦想只是人一种本能的渴望与奢求，在现实中难以实现，或者根本就是不存在的空想，却也心甘情愿地做一个美丽的梦。雷军说："人因梦想而伟大，只要我有这么一个梦想，实现这一个梦想，我就此生无憾。通过个人努力，实现不了，我也心安了。"

雷军在大学时代就树立了做一家世界一流公司的梦想。那时他的大学成绩相当优异，尤其是专业课，老师和同学都非常欣赏他的才华。他大一时写的Pascal程序，被老师选作了下一版教材的示范程序。后来，雷军的师弟告诉他，雷军是系里二十年来拿过"汇编语言程序设计"满分成绩的仅有的两名学生之一。雷军在大三时通过开发软件，赚到了人生的"第一桶金"，这让他对自己的梦想更加坚定。

为了实现自己的梦想，他曾经多次创业，在大学时还和同学尝试着创办了一家小公司。大学毕业后，雷军进入中国最早也是最知名的软件公司——"金山"。在"金山"这些年，雷军为自己的梦想打下了一个坚实的基础，他带领自己的团队成功推出了我们熟悉的金山快译、画王、毒霸、单机游戏、网游等。正是雷军和自己的团队坚持着自己的梦想，如今的"金山"成为了国内名列前茅的多元化民族软件企业。

2007年，"金山"刚刚成功上市，雷军做出了一个让人惊讶的决定，他宣布因个人原因辞去"金山"总裁兼CEO的职位。很多人对他的这个决定感到费解，雷军自己说："这是我真正人生梦想舞台的开始。"他的博客名字就叫"人因梦想而伟大"，离开"金山"的梦想家雷军需要一个更好的切入点来继续追梦，雷军在一次采访时说："我十八岁时就有个理想，世界因我而不同，今天我是不是还坚持这个理想？是不是还想做一个与众不同的人？我特意查了一下，柳传志是四十岁创业，任正非是四十三岁创业，我觉得我四十岁重新开始也没有什么了不起的。"

当时正是互联网大热的时候，百度、阿里巴巴、腾讯等公司在互联网领域风生水起，雷军决定在这里继续他的梦想之旅。后来，雷军成功投资了乐讯社区（移动互联社区）、UC优视、多玩游戏网、语音IM（语音即时通讯）、拉卡拉支付终端、杀毒客户端、网页游戏、网络游戏、3G社区、凡客诚品等等，成为名副其实的投资明星。联创策源创始合伙人冯波这样评价雷军："他就是我们的财神，我们都很尊重雷总。"二十年的从业生涯中，雷军努力实现着自己的梦想，而现在的他更充实了。

（资料来源：http://www.bayueju.com/Book/23913/）

### 思考讨论

1. 雷军创业的成功给了我们什么启示？
2. 为什么说梦想对人的成功十分重要？

### 案例点评

洛克菲勒说："不指望机会降临在自己身上的人，其实是承认自己无能。机会只会降临在有梦想的人身上，实现梦想的渴望越迫切，成功的概率就越高。没有什么比'有梦想'更接近成功了。有梦想，就能克服任何困难，甚至可以改变与生俱来的性格。"每个人，都有自己的梦想，而每个人的梦想与现实的距离，究竟有多长、有多远，是各不相同的。但有一点是共同的，当你不甘于现实的处境，不甘生活的无奈，不愿屈服于现实的迷惘和落寞，幻想自己能够拥有美好而又前途光明的未来时，就会希望借助梦想，摆脱困境，在梦想与现实的边缘寻找心理平衡。用雷军的话说就是："想实现什么梦想，就可以放手去干。"

作为一个创业者，首先要给自己一个梦想。的确，企业家应该具有某种梦想，雷军正是循着自己梦想的召唤，才能在成功的道路上得以坚持下去。

一个人如果想成功，就必须先有梦想，并时常以肯定的、正面的、积极的自我宣言不断地自我暗示、自我激励、自我塑造。

没有梦想的人就如同行尸走肉。人只要活着，就不能没有梦想。那些经历彷徨、最后还是找回了自己梦想的人，是很幸运的。可现实中，大多数人还是因缺乏改变现状的勇气而选择依照现实情况去调整自己的梦想。有梦想才能有作为，有行动才能有成功。文学大师林语堂说："梦想无论怎样模糊，总潜伏在我们心底，使我们的心境永远得不到宁静，直到这些梦想成为事实为止。"一个优秀的人不是被动地等待别人告诉自己应该做什么，而是应该主动去了解自己做什么，并且认真地规划，然后全力以赴去完成。

### 案例② 永不放弃的律师梦

他是一个专科生，却梦想成为研究生；他学的是工商企业管理，却梦想成为律师。为了梦想，他孤独前行，愈挫愈勇。永不放弃，因为激情；激情澎湃，因为梦想。

"2012年4月16日，广州，傍晚，人车混杂，街面吹来一阵阵湿湿的暖风，典型的南方雷阵雨前的潮湿闷热。漫天的密云被整排整排的霓虹灯照出一团一团的黄晕来，羊城万家灯火照旧。在这儿进行了三天的复试，我搭乘回天津的火车即将离开。作为一名自考生，我的第一次研究生复试随着这一次的离开而失败了，我并没有被学校录取。"在研究生复试失败后，熊克弟在日记里这样写道。

熊克弟祖籍江西，却孤身一人于2008年来到了千里之外的北方重镇天津，就读于某职业院校。九月按时来学校报到，和很多新生一样，对于即将到来的新的大学生活，他充满了期待和憧憬。然后，没过多久，他就发现，对于所学的工商企业管理专业，自己并不太喜欢。虽然自己还是认真对待，努力争取学好，但是，学非所好的苦恼却一直伴随着他。

一次偶然的机会，在与学长的聊天当中，他了解到自学考试，拿到一张宣传自考的宣传单，上面印有几个自考专业的培训宣传。"我一眼便注意到了法律专业，我当时就感到兴奋不已。出于对法律的兴趣，而且还能提升自己的学历，我立马决定要自学法律。"回忆起这次改变了自己整个大学和以后生活的经历，熊克弟记忆犹新。

打听完考试的相关手续和程序，拿到书后，熊克弟便迫不及待地开始投入到法律的学习当中。

虽然已经做好了足够的心理准备，然而自学面临的艰辛和困难还是让他有些始料不及。熊克弟依然清晰地记得自己自学的第一门法律课叫"婚姻家庭法"。作为一个门外汉初学法律，大量的专业术语，严密的逻辑结构，繁复的法律理论，让他无从下手。最艰难的时候，每天近八个小时的学习只能看完几页书。虽然有些困难，但他的兴趣没有因此而减少。这反而更加激发了他要把法律学好的决心。一个术语一个术语地抠，一点一点地去记忆和理解，慢慢地，他逐步走进了法律的大门。

与学习相比，更大的困难来自于孤独；与没有老师相比，更大的困难来自于没有同学。因为学校没有法律专业，他只能一个人在学习法律的路上前行。没有同伴的学习是很难坚持下来的，困难无人分担，喜悦无人分享。他只能自己给自己打气，每当遇到困难想退却的时候，他就告诉自己，自己并不孤单。因为陪伴自己的还有一个梦想，一个成为律师的梦想。

经过两个月的学习，2009年1月，熊克弟第一次走进自学考试的考场。因为准备充分，第一次考试很顺利，成绩也不错，良好的开端使他信心百倍。于是，他为自己制定了一个宏伟的目标——在一年内完成自学考试的所有课程。很多人都说他疯了，严重质疑他的目标能否实现。对于质疑，熊克弟决定用行动来回应。为了实现这个目标，他制定了严密的学习计划，每一天的日程都排得满满的，除了上好自己的专业课，参加学院青年志愿者协会的活动，他把几乎所有能利用的时间都用来自学。

2010年1月，他顺利地完成了高自考所有课程考试，实现了自己的目标。

2011年毕业的时候，与其他同学相比，他不仅拥有所学专业的专科文凭，还多了一个本科证书。他没有为自己祝贺，而是迫不及待地全身心投入到了复习当中，因为他所追求的不是一个本科证，而是律师梦。

要实现自己的梦想，他要做的事情还有很多，首先就是备考同年9月份的司法考试。暑假的两个月里，他和同学租住在外面的公寓里。天气炎热，房间拥挤，这都没有阻挡他学习的热情。然而天不遂人愿，因为各种原因复习并没能够按计划完成。仓促走上考场的熊克弟并没有取得理想的成绩。

司法考试遇挫后，熊克弟没有来得及失望难过，甚至也没有来得及休息，便开始计划起备考南开大学研究生了。

在这个时候，系里主管学生工作的唐书记了解到他的情况以后，为了减轻他的生活压力，便极力推荐他回到学校担任临时宿舍辅导员，这让他有更充足的精力和时间来进行研究生考试准备。除了完成工作任务外，他把剩下的时间都倾注于研究生考试的复习。

2012年2月底，研究生初试成绩出来了，成绩并不理想。尝试调剂，但是在广州的复试再次遇到挫折。于是便有了开篇那一幕。

在日记的后半部分，熊克弟这样写道："坐在火车里，我静静地看着窗外。回想起这三年的努力，我告诉自己，这只是自己人生当中的一道坎。天道酬勤，不可放弃！无论现实情况如何，都不可背离追求最初梦想的心。没有人确切地知道人的成长过程中到底有多少变数，或多或少，或好或坏。我只知道不会变的是追求梦想的信心、毅力和勇气！"

为了实现考上研究生、成为律师的梦想，熊克弟只会更加努力！

（资料来源：http://www.qggzszk.org/index.php/Home/Article/shows/id/344）

**思考讨论**

1. 通过熊克弟的故事，请同学思考什么是理想信念。
2. 如何理解大学是每个人理想信念形成的关键时期？

**案例点评**

理想是对美好未来的设想，是有根据的、合理的、可以实现的想象或期望，是人们的世界观、人生观和价值观在人生奋斗目标上的集中表现。信念是指人们对现存的或可能的事物、观念等的正确性和正义性坚定不移的确认和笃信，是人们在生活实践中实际地体验了怎么想和怎么做才有益、有效的基础上，自然地形成的一些思考和行动的模式。当它成为人的一定的总体性、普遍性的观念和态度时，信念就成为信仰，并为人们以此作为自己行动的榜样或指南。

大学时期正是富于理想的年龄，也是信念形成的关键时刻。大学生是祖国的未来，是全面建设小康社会的重要力量，是全社会精神文明建设的一支重要力量。大学生的信仰如何，将直接关系到全面建设小康社会和中华民族的伟大复兴能否实现。我国高等教育的一项重要使命是对大学生进行思想政治教育，其核心是开展理想信念教育，使大学生把握社会发展规律，认清国家前途命运，认识自身的社会责任，确立走中国特色社会主义道路，坚定为实现中华民族伟大复兴而奋斗的远大理想。

**案例③ 河北科技大学李东炎事迹**

李东炎，男，汉族，1991年5月出生，中共党员，河北科技大学建筑工程学院建筑环境与设备工程专业2010级学生。曾获国家奖学金、国家励志奖学金、校一等奖学金；全国数学竞赛预赛一等奖、河北省数学竞赛一等奖；在《河北暖通》杂志上发表论文；是河北省"优秀三好学生"、校"优秀三好学生"。

李东炎是一个出生在山里的孩子，从小在山脚下生活，每天看着巍峨的大山，一直梦想着去看看"山的那边"。"小炎，想去上学吗？"李东炎想都没想就说"去！"就这样，6岁的李东炎被妈妈送上了一直梦寐以求的"上学路"，同时也向"山的那边"迈出了人生的第一步。

13岁这年李东炎升入了初中，家庭的贫困、身体的虚弱并没有让他选择退缩，为了梦想毅然决然地选择了寄宿。第一次离家的时候父亲说："好好活。"当时也不懂，不知道什么是"好好活"，只是默默地记住了这句话，但李东炎明白也感知到了他离"山的那边"更近了。

16岁那年中考，李东炎是村里唯一一个通过自己实力来市里上中学的孩子，很为自己骄傲，也很开心，因为离山的那边不远了。离高考就剩3个月了，李东炎却得知爸妈离婚了。一直以来的后盾突然消失了，不知道自己要去做什么，继续努力下去的动力是什么，每每走在街上看见父母拉着孩子，幸福洋溢的样子，顿时眼泪盈满眼眶。只记得那段日子天空很阴霾，心里也找不到以前的那种风和日丽。还好，就在不久后的一个下午数学老师找他谈话，谈到梦想时老师第一次说到了"不抛弃，不放弃"，还说"一个人应该懂得承担和坚强"，李东炎恍然大悟，他得去撑起这个家，让父母过上好日子，此时心里久违的火焰又再次燃起，而且他自信会越烧越旺。

19岁，高考如期而至，虽说没考出自己应有的实力，但李东炎依旧满怀信心地去迎接自己的大学生活，当得知被河北科技大学录取时，他高兴了整整一天。只记得那时天空很蓝，心里也暗暗地为自己鼓劲，这就是他要的"山的那边"，终于可以去看看属于那边的风景了。

2010年金秋，李东炎如愿走进大学校园，带着一丝懵懂与一腔热血迎来"山的那边"的第一道风景——学习。至今仍旧清晰地记得开学第一天校党委计书记对所有新生说，"每个人都应该把学习当成自己的生活方式和精神追求"，李东炎心里默念着这句话，似乎明白了些什么。一个偶然的机会，他看到了《士兵突击》，许三多淳朴的心与对理想的执着触动了他心里的那根弦，这时终于明白了中学老师的那句"不抛弃不放弃"，也懂得了老爸的那句"好好活"就是做有意义的事。对，李东炎要做有意义的事！这时的他，已不再是那个刚离开大山徒有抱负的热血少年，而是变成了一个对大学生活有目标有方向的有志青年。李东炎在心底呐喊着：我要学习！我要努力学习！

大一看到学长学姐申请国家奖学金的场面，李东炎被他们的优秀与风采深深地震撼了。国家奖学金评的不是奖项本身，而是一种实力，一种学习、生活乃至成长中的收获。他知道，那便是他的目标，是他人生中另一座山，一座荆棘丛生却风景秀丽的大山。于是他便决心一步步去欣赏沿途的风景，这途中不乏煦日晴空，大学四年综合测评专业排名第一，被评为河北省"优秀三好学生"。也曾阴云密布，但一想到"不抛弃，不放弃"，李东炎顿时信心倍增，有了追梦的勇气。最终，通过不懈的努力，他收获了这一路的风景——制图大赛、数学竞赛、节能减排大赛奖台上留下了他的身影……

然而，每一道亮丽的风景背后都会隐藏一段令人心酸的往事。因为害怕没钱上学，李东炎曾几次偷偷躲在被窝里哭。因为要凑集生活费和学费，他曾拼命做兼职、当保安、做家教、做促销。正当他在担忧过多的兼职会影响学习时，国家资助为他展开了可以依靠的臂膀，在学校老师的帮助下，李东炎在 2012 年获得国家励志奖学金，2013 年获得国家奖学金，他终于可以踏实地坐在教室里上自习，也终于可以像其他同学一样在课余时间步入图书馆享受知识的滋养。李东炎明白，国家资助不是单向的给予，而是需要自己用奋斗去回馈的精神希望，需要每一个受资助者用自己的行动去照亮别人的精神阳光。国家资助在向每一位寒门学子身上诠释着"不抛弃，不放弃"的最高精神境界。

走出大山，是小时候一直的梦想，在实现这梦想的过程中，李东炎却意外地发现人生其实就是一座座荆棘丛生却又风景秀丽的山。从大一那个青涩懵懂的男孩，逐渐成长为一个有理想有目标的青年，这一路，他经历了无数山峰，也收获了无限风景。现在，他决心考研，继续他追寻梦想的路程。也许途中满布荆棘，但他心中的希望不会熄灭，只因那一句"不抛弃，不放弃"。

（资料来源：http://v.hebnews.cn/2014-08/21/content_4121704.htm）

### 思 考 讨 论

李东炎的事迹告诉我们理想对于大学生成长成才至关重要，但那句"不抛弃，不放弃"反映出在实现理想的过程中不仅要有远大的目标，还需要有坚定不移的信念支撑，结合案例谈谈理想信念之间存在着怎样的关系。

### 案 例 点 评

在人的生命历程中，理想和信念总是如影随形、相互依存。理想是信念的根据和前提，信念则是实现理想的重要保障。

毛虫化蝶的故事我们听过许多次，给我们最大的启发就是：即使自己像一只小毛虫一样平凡，但是只要拥有梦想，并为之去奋斗，就有了把梦想变成现实的可能。生活中并不是每个人的梦想都能顺利实现，必须有战胜种种艰难险阻的坚定不移的信念和坚忍不拔的毅力。正确看待和理解理想和信念的关系，有助于青年大学生坚定不移为实现人生理想而奋斗。

## 第二节　树立科学的理想信念

### 案例④　树立崇高的信仰

徐川，男，中共党员，1982 年 7 月生于山东济宁。2008 年入职南京航空航天大学，现任南京航空航天大学能源与动力学院党委副书记，兼任团中央学校部特约评论员等。近 5 年来在全国百所高校开展讲座 100 余场，辅导学生逾 20 万人，发表诗歌、散文等

200 余篇。

2015 年 1 月 1 日，"南航徐川"微信公众号正式开通，一年来回答学生提问 10 万余条，并持续高居全国高校辅导员微信号原创排行榜榜首。《一二•九里谈青年》《建军节里谈英雄》《青年节里谈中国》等节日系列文章，浏览量达 1000 多万次。

2016 年 4 月 27 日，"南航徐川"微信公众号发表《我为什么加入中国共产党》，随后被 300 多家微信平台转载，阅读量突破 10 万次，引发社会良好反响。

1982 年出生的徐川个子不高，瘦瘦的，戴副黑框眼镜。无论在教室还是走在路上，学生们看到他，总喜欢亲切地喊他一声"川哥"。

一些关于"川哥"的传说也被粉丝们口口相传。研究生毕业后，徐川曾在新东方任教，其间担任过女足世界杯翻译官，曾为弗吉尼亚大学等多所国外大学教授中文、书法。工作 3 年后，面对几十万的年薪，以及眼看就要拿到的上海户口，他却选择辞去工作，来到高校当一名普通的辅导员老师。

"相比培训机构，我更喜欢跟大学生在一起，没有功利和商业气息地聊成长、说人生，陪着一群学生从大学到毕业，参与他们的人生。"徐川说。

8 年来，从辅导员到学生处处长助理，再到校团委副书记，如今已经是学院党委副书记的徐川，一直没有离开过学生思政工作，这也是他最喜欢的职业。

为什么要加入中国共产党？作为一名思想政治教育工作者，我通过微信公众号将自己内心的感悟分享给学生，为他们讲述党员应有的素质，没想到这篇文章会引起这么大的反响。我的初衷只是给学生一个答案，也为自己寻找一个答案，给自己的内心一个交代。

在徐川看来，"为什么要入党"是一个值得深思的问题。

上大学的时候成绩太差，没有资格入党。徐川拼命提高成绩，到大三才符合条件。而符合条件只能说明有资格入党，思想上入党还需要一个过程，他开始思考，为什么要加入中国共产党？

对徐川来说，虽然家里基本都是党员，但给他震撼最大的不是家人，而是本科就读学校所在学院的时任党委书记毕可友。

毕书记的亲侄女小毕在徐川班读书，同学们都特别羡慕她有个"书记亲戚"。后来，一直保持专业前三的小毕参加学院保研面试。大家都说小毕成绩好，书记又是她亲戚，一定没问题。小毕却说你们不了解我大爷，他不会为任何人走后门。结果小毕竟然真的没有保上，那天她把眼睛都哭肿了。

有一次采访毕书记，徐川提到了这个话题。毕书记说，升学考学对每个人来说都是天大的事情，小毕并没有特别傲人的成绩，而且，当个人利益和别人的利益冲突时，党员本来就要做出牺牲和让步，入党不是为了给自己获得更多的利益！

徐川当时就想，我愿意跟这样的人在一起。所以，他决定加入中国共产党。

（资料来源：http://news.xinhuanet.com/politics/2016-05-25/c_129013925.htm）

**思考讨论**

徐川为什么重新审视入党动机？对大学生有哪些启示？

**案例点评**

"我为什么入党？"对于这个问题，不同的人给出的答案也各异。有人说，是"要给自己的内心一个交代"，有人说，是因为"党给了我艺术生命，给了我今天的一切，我要永远跟党走"，还有人说，是想"拥抱饱满的人生，实现自己的人生价值"。

从1921年的57名共产党员发展到如今的8700万之众，当一个国家从四分五裂走向独立统一，从饥饿贫穷走向小康富足，从满目疮痍走向欣欣向荣，在事实面前，你没有理由不敬畏它，没有理由不相信它。如果说，时间会告诉你一切真相，那么，人民已经作出了选择，历史也已经给出了答案。

从西方走向东方，从一国走向世界，从一个世纪走向另一个世纪，马克思主义是当之无愧的人类有史以来最为先进、最为科学的信仰。将马克思主义作为理论武装的中国共产党，始终秉承为人民服务的宗旨，为实现中华民族的伟大复兴不懈努力。她是合格的先锋队，是人民根本利益最佳的代言人。

当前，我们面对的世界比过去更加复杂，我们面对的思潮比过去更加纷繁，我们面对的选择比过去更加多元，正因此，我们才比以往更加需要"意义"。没有梦想，何必远方？没有"意义"，何以存在？在信仰的荒漠上，立不起伟大的民族。在"意义"的废墟上，同样立不起优秀的个体。信仰叩问的是终极价值，但它依旧能赋予日常生活以实践的质感和超越的快乐。

有信仰，青春才不会无处安放；有信仰，人生才不会随波逐流；有信仰，理想才不会被迷茫驱散。追问"我为什么入党"，其实就是在寻找一种人生的正确打开方式，确定一种意义和方向，选择一种价值观和世界观。只有明确了出发的意义，我们的步伐才会更加坚定，永远向前。

**案例⑤ 为国争光胡铃心**

胡铃心，男，南京航空航天大学2005级硕士研究生，中共党员。投身航天科技发明创造，曾受到温家宝总理的亲切接见，"挑战杯"全国大学生课外科技作品竞赛和创业计划大赛中均获最高奖，在国际创新竞赛中为国家争得荣誉。

2005年12月，根据中央先进性教育活动办公室的要求，胡铃心作为全国先进典型和时代先锋接受了新华社、人民日报、光明日报、经济日报、中央人民广播电台、中央电视台等11家中央新闻媒体的集中采访。那么，究竟是什么成就了胡铃心，在这些荣誉的背后又有哪些不一样的故事呢？

他，从儿时开始立志报国。1982年冬天，胡铃心出生在福州市的一个普通知识分子家庭，在他的成长过程中，身为共产党员的母亲给了他很大的影响，他现在所能记得的母亲所有的教诲当中，印象最深的一句话就是："国家要和平，必须要强大，长大后要做一个对祖国、对党、对社会有贡献的人。"也许是出于天赋，也许是出于童心，儿时的胡铃心早早地就表现出了对航空航天的热爱。那时候，每当听到头顶上有飞机飞过的声音，他都会一个劲儿地从屋里冲出去，看上很久，想上很久，然后就会自言自语地说："长大后，我也要开飞机、造飞机"。

胡铃心从小就有许多奇思妙想。中学阶段有十多项发明创造，其中，十五次获得全国、省、市科技比赛发明奖，拥有三项国家实用新型专利，被评为福建省首届小科学家、福建省三好生、全国发明创造之星。他常利用课外业余时间大量阅读航空航天类书籍，成功完成了一万多字的创新设计方案"21世纪空天飞机展望"，荣获首届福建省创新设计大赛一等奖第一名。对此，2001年的《南航报》作了报道："胡铃心构想的空天飞机外形独特，各项指标也非常前卫。然而，令学习飞机设计的大学生及教授们折服的，不仅仅是他大胆的想象力，而是他在文章中使用的那些老道的专业术语，以及广博的知识面。他熟练运用这些新知识的程度，超过了一些在校的本科生甚至研究生。"胡铃心对航空的热爱也使得"飞豹"歼击轰炸机总设计师陈一坚院士对他欣赏有加，并把签有自己名字的"飞豹"模型赠送给他，并勉励其不断进取。

他，从国际航天竞赛开始为国争光。2005年3月，胡铃心作为队长组建了南航创新团队，参加了"飞向未来——国际太空探索创新竞赛"。该竞赛是美国海茵莱茵基金会开展的一项全球范围的航天竞赛活动。胡铃心的参赛作品是一种新概念的航天器，名叫"多面手太空线缆系统"，它综合利用了空间中的多种能源，可以大幅度地降低航天器对化学燃料的依赖，从而明显地减少航天费用，并且具有产生人造重力和清除太空垃圾等独特功能。在决赛中，胡铃心和来自清华大学、中科大、上海交大等知名高校以及中科院等研究机构的众多一流作品同台竞技，面对许多博士、博士后等高水平的竞争对手，胡铃心毫不退缩。"多面手太空线缆系统"由于具有较强的创新性和研究深度，受到专家们的一致好评，最终以绝对优势获得了亚洲赛区第一名。我国探月工程首席科学家欧阳自远院士对胡铃心的航天作品给予了很高评价："胡铃心的作品很有创意，对于未来航天器的发展有着独特的意义。"在大赛的颁奖晚会上，美国海茵莱茵基金会负责人激动地握着胡铃心的手说："这是我见到的特别好的作品，中国小伙子了不起！"第一次从外国人手中接过奖杯，第一次听到这样的赞赏和肯定，胡铃心真实感受到了作为中国人的无比自豪。

而令胡铃心自豪的是，他的这件航天作品还受到了温家宝的关注。2005年10月23日，胡铃心受到了温家宝的亲切接见。温家宝和胡铃心面对面地交谈，热情地询问了作品的创新点和应用前景。同时，温家宝还饶有兴趣地和胡铃心讨论起了空间碎片的危害问题以及相应对策。陪同温家宝视察的江苏省委书记李源潮同志也高兴地向温家宝介绍起了胡铃心："南京航空航天大学的胡铃心同学是我省的优秀共产党员，是我们保持共产党员先进性教育的典型代表。"温家宝与胡铃心的交流时间持续了约5分钟，并语重心长地鼓励胡铃心再接再厉，在航天领域继续努力，争取为祖国的航天事业作出贡献。

（资料来源：http://news.xinhuanet.com/school/2006-11/20/content_5351354.htm）

### 思考讨论

1. 案例中的胡铃心从小就树立了远大的理想，并坚持理想的目标为之奋斗。请同学们思考，理想信念对于大学生的成长的重要意义？

2. 为什么说大学生应树立崇高的理想信念？

### 案例点评

苏格拉底曾说："世界上最快乐的事，莫过于为理想而奋斗"。因此，如果说社会是大海，人生是小舟，那么理想信念就是引航的灯塔和推进的风帆。理想信念能够指引人生的奋斗目标，提供人生的前进动力，提高人生的精神境界，所以，树立正确远大的理想信念对我们大学生具有重要意义。

崇高的理想信念能够指引大学生前进的道路。大学时期，我们都普遍面临着一系列人生课题，如人生目标的确立、生活态度的形成、知识才能的丰富、发展方向的设定、工作岗位的选择，以及如何择友、如何恋爱、如何面对挫折、如何克服困难，等等。这些问题的解决，都需要一个总的原则和目标，这就需要确立科学、崇高的理想信念。只有这样，才能使将来的人生道路越走越宽，使宝贵的一生富有价值，卓有成效，充满自豪。

崇高的理想信念能够指引大学生为什么学。对当代大学生而言，为什么学的问题，是与走什么路、做什么人的问题紧密联系在一起的。大学生只有树立崇高的理想信念，才能明确学习的目的和意义，激发起为国家富强、民族复兴和自身成才而发奋学习的强烈责任感于使命感，努力掌握建设祖国、服务人民的本领。把今天的学习进步同祖国明天的繁荣昌盛紧紧联系在一起，是理想信念之花结出丰硕的成长成才之果。总之，理想信念是激励人们迎接挑战、克服困难的精神支柱和强大力量，理想信念越坚定，克服困难的勇气和意志就越坚定。当代大学生所处的时代和所承担的任务与以往不同了，但同样会遇到各种各样的困难和挫折，同样需要坚定理想信念，培养克服困难和应对挑战的坚强意志。

## 第三节　在实践中化理想为现实

### 案例 6　屠呦呦与青蒿素

屠呦呦，女，1930 年 12 月 30 日生，药学家，中国中医研究院终身研究员兼首席研究员，青蒿素研究开发中心主任。屠呦呦是第一位获得诺贝尔科学奖项的中国本土科学家、第一位获得诺贝尔学医学奖的华人科学家。

2015 年 10 月 5 日，从瑞典斯德哥尔摩传来令人振奋的消息：中国女科学家屠呦呦获得 2015 年诺贝尔生理学或医学奖。理由是她发现了青蒿素，这种药品可以有效降低疟疾患者的死亡率。10 月 6 日上午，一直不愿意接受采访的屠呦呦终于把记者请进家门，一再强调"也没什么好讲的"，她还通过央视发表获奖感言，她说，作为一名科技工作者，获得诺贝尔奖是一项很大的荣誉，青蒿素这项生物研究成功是多年研究集体公关的成绩，青蒿素获奖是中国科学家集体的荣誉。

在诺贝尔奖之前，大部分人或许都不知道屠呦呦是何人，一夜之间她蜚声国内外，而以她为领导的研发小组研制的新型抗疟疾药青蒿素也被大家所熟知。

屠呦呦 1930 年 12 月 30 日出生于浙江省宁波市。"呦呦鹿鸣，食野之苹"，《诗经·小雅》的名句寄托了屠呦呦父母对她的美好期待。她自幼耳闻目睹中药治病的奇特疗效，立志探索它的奥秘。1951 年，屠呦呦如愿考入北京大学医学院药学系，选择了当时一般人缺乏兴趣的生药学专业。在专业课程中，她对植物化学、本草学和植物分类学最感兴趣。大学毕业后，屠呦呦就职于中国中医研究院。那时该院初创，条件艰苦。屠呦呦在设备简陋连基本通风设施都没有的工作环境中，经常和各种化学溶液打交道，一度患上中毒性肝炎，但她心无旁骛，埋头从事中药研究，取得了许多骄人的成果。其中，研制用于治疗疟疾的药物——青蒿素，是她最杰出的成就。当年轻的屠呦呦开始这项研究的时候，她当然不会意识到，在漫长而曲折的研究"抗疟"的道路上，有一顶金光闪闪的王冠正在等待她来摘取。

疟疾是一种严重危害人类生命健康的世界性流行病。世界卫生组织报告，全世界约 32 亿人面临疟疾风险，每年约 2 亿人患疟疾，百余万人被夺去生命。特别是 20 世纪 60 年代初，全球疟疾疫情难以控制，当时正值美越交战，在越美军因疟疾减员众多。美国不惜投入，筛选了 20 多万种化合物，却未找到理想的抗疟新药。因疟原虫对喹啉类药物已产生抗药性，所以，防治疟疾重新成为各国医药界攻克的目标。继美国之后，英、法、德等国也花费大量人力物力，寻找有效的新结构类型化合物，但一直未能如愿。我国从 1964 年重新开始对抗疟新药的研究，从中草药中寻求突破是整个工作的主流，但是，通过对数千种中草药的筛选，却没有任何重要发现。在国内外都处于困境的情况下，1969 年，39 岁的屠呦呦临危受命，出任该项目的科研组长。她从整理历代医籍着手，四处走访老中医，搜集建院以来的有关群众来信，编辑了以 640 方中药为主的《抗疟单验方集》。然而，筛选的大量样品，对抗疟均无好的苗头。她并不气馁，经过 200 多种中药的 380 多个提取物进行筛选，最后将焦点锁定在青蒿上。但大量实验发现，青蒿的抗疟效果并不理想，她又系统查阅文献，特别注意在历代用药经验中提取药物的方法。当她再一次转向古老中国智慧时，东晋名医葛洪《肘后备急方》中称："青蒿一握，以水二升渍，绞取汁，尽服之"可治"久疟"。琢磨这段记载，她认为很有可能在高温的情况下，青蒿的有效成分被破坏了。于是她改用乙醇冷浸法，所得青蒿提取物对鼠疟的效价显著提高；接着，用低沸点溶剂提取，效价更高，而且趋于稳定。终于，在经历了 190 次失败后，青蒿素诞生了。这剂新药对鼠疟、猴疟疟原虫的抑制率达到 100%。

疟疾，一个肆意摧残人类生命健康的恶魔，被一位中国的女性科学家制服了。屠呦呦，以百折不挠的拼搏精神在中华科技史上谱写了一部精彩的人生传奇。

（资料来源：语文网 http://yuwen.chazidian.com/yuedu52262/ 2015年10月26日）

**思考讨论**

1. 屠呦呦对青蒿素的研究历程说明了理想与现实之间存在怎样的关系？
2. 屠呦呦漫长而艰苦的研究经历说明什么问题？

**案例点评**

人生理想的实现，就是把理想从观念转变为现实。所以要实现人生理想，就要正确认识理想与现实的关系，创造理想向现实转变的条件。

理想与现实的辩证关系是：一是理想和现实是一对矛盾，它们之间的关系既对立又统一；二是理想来源于现实，是对现实的反映，但它不等于现实，而是现实的升华，理想的材料来源于现实，理想的可能性来源于现实，理想的动机也来源于现实，一句话，"理想只能是现实的某种反映"；三是理想高于现实，是现实的升华，但它并不脱离现实，与现实是相互统一，必然联系的；四是在一定条件下，理想可以转化为现实，旧的理想实现了，又会有新的理想鼓舞和激励着人们。理想转化为现实，现实产生理想的过程会循环往复，无终无止，由此，人类才会不断发展和进步。但理想转化为现实是有条件的，是一个艰苦奋斗的实践过程，需要人们全身心地去开拓进取。

理想的追求和实现是一个长期艰苦奋斗的过程。在这个过程中，追求者会遇到各种困难和艰苦的环境，不可避免地会吃苦头。如果没有吃苦耐劳的精神，没有在艰苦的环境中奋斗的精神，理想的实现仍然是不可能的。贪图享乐，只知坐享其成的人绝不可能实现某种理想，而且事实上这样的人根本不会有什么远大的理想。

**案例 7　在社会实践中放飞青春梦想**

暑假，她没有选择回家，而是和同学们一起来到贫穷的云贵高原支教，本来一个月的支教期，她却再也没有走出来，21岁的生命，永远长眠在大山深处的布依族苗族山寨。她叫赵小亭，江苏如皋市人，武汉大学大二学生。2010年7月21日，她在贵州支教期间，在崎岖山路上行走时，不幸被一块巨石砸中头部，当场遇难。而两个月前的21日，她刚刚度过20周岁生日。

登录武汉大学校园BBS"珞珈山水"发现，论坛内被一种浓浓的悲伤气氛笼罩着，来自江苏的武大二年级学生赵小亭永远离开了她还未能充分享受的这个世界。同学和素不相识的网友纷纷缅怀这位漂亮而又乐于奉献的女孩，祈祷她在另一个世界能活得幸福快乐。

赵小亭是如皋市人，家中的独生女，2008年从如皋中学毕业，并考取武汉大学电气工程学院电气工程与自动化专业。今年7月上旬放暑假后，刚刚度过20岁生日的赵小亭和去年一样，并没有选择回家和久别的父母团聚，而是第二次报名参加了武汉大学的暑期社会实践活动。2010 年 7 月 12 日，她和学院的 18 名同学来到贵州省黔南布依族苗族自治州贵定县马场河乡中心小学开展暑期义务支教，时间为一个月。

这已经是武汉大学电气工程学院第四年来到贵定县支教了。每年，大学生们带来的音乐、舞蹈、体育、朗诵等课程，都深受当地孩子们的喜爱。

贵定县马场河乡中心小学位于距离县城几十公里之遥的大山中，人烟稀少，举目四望都是茫茫大山，这所学校是一所留守农民工子女学校。此次支教，活泼开朗的赵小亭担任学校安全课和合唱课老师，一旦站上讲台，"开心果"赵小亭就变成了一位严肃认真的老师。下课铃一响，她又恢复了笑嘻嘻的面容，和学生们一起玩耍，山里孩子们都特别喜欢这位笑吟吟的"赵老师"。

然而，2010 年 7 月 21 日下午，一场灾难却永远夺走了他们的"赵老师"。近期贵定县遭遇了连续多日的降雨，山体滑坡等自然灾害频发，走路时，山上不时落下石块。与赵小亭一起支教的同学沈讯介绍，2010 年 7 月 21 日下午 5 时许，19 名队员与往常一样，分头进行实践活动。但当赵小亭走在一段崎岖的山路上时，突然，一块巨石从高高的山上滚落，不幸砸中了躲闪不及的赵小亭，巨石从她的头部滚落，身材娇小的赵小亭顿时倒在地上，当场遇难。

仅仅 10 天，贵州大山中留下她青春足迹。从 2010 年 7 月 12 日奔赴贵州山区，到 2010 年 7 月 21 日遇难，赵小亭只在这个陌生的地方呆了 10 天，但这里的苗族、布依族群众却记住了她——这位清秀内敛、不怕吃苦的江苏女孩。

她支教的马场河乡中心小学条件十分艰苦，教室，白天是支教大学生为学生上课的课堂，晚上将课桌拼凑起来，则成了他们的宿舍；学校没有自来水，吃饭要走十多分钟来到一户农家，洗澡要去学校里唯一的水管接山上流下来的溪水，并且还经常遇到断水的情况。但面对如此艰苦的环境，这位从没在贫穷大山里生活过的女孩，不仅从没叫苦，还站出来为同来的同学加油打气："我们既然来了，就要好好教好孩子们，让他们看到走出大山的希望。虽然这里艰苦一点，但是乐观地来看，这里有城市里看不到的秀美风景，呼吸不到的新鲜空气。大家加油！"一番朴实而真切的话语感动了前来的很多队员。

赵小亭在支教时发现，这里的留守农民工子女，不仅存在着学习上的困难，更面临着生活上的困惑和心理上的障碍。于是，支教队除课堂授课外，由一部分典型的农民工子女和留守儿童与支教队员构建双向互动的"结对子"关系，开展长期无间断的，涵盖学习、生活、心理辅导等全方位深层次的支教活动。

给孩子们上课前，她总要认真备课，在她遇难后，其他同学整理她的笔记本时发现，每页纸上都工整地记录了每堂课的教学内容，每次上课前还要在寝室里面演练几遍，获得大家的一致通过后才去课堂上正式教学。很快，山里的孩子都喜欢上了这位课上严肃认真，课下平易近人的老师，到了晚上学校关门的时间，很多学生都还迟迟不肯离开，要和赵老师多待一会。

除了支教，她还不忘村里的那些"空巢"老人，她利用课余时间带领队员们去了村里的老人院，帮助那些老人们打扫卫生，陪他们聊天，为他们表演文艺节目，鼓励老人们热爱晚年生活，给老人们带去了久违的欢笑。临别时，好几位老人都掉下了不舍的眼泪。

其实，这已不是赵小亭第一次放弃暑假去边远地区支教了。2009年她上大学后的第一个暑假，她就去了湖南邵阳支教，闲暇时，她就去村民家中帮助修理家用电器。临别，那里的孩子同样是依依不舍。

永留遗憾，家乡同学原计划给她补过生日。赵小亭不幸遇难的噩耗从遥远的贵州山区传到武汉大学、传到家乡如皋，伴随着悲伤和怀念，人们都在深切追思这位人生短暂但却给人留下美好回忆的女孩。

翻开她的履历，在她短短的21年的人生中，却写着长长的荣誉：中共预备党员，中国青年注册志愿者，学院社团活动积极分子，武大新生丙等奖学金获得者，她还当过学生会体育干部、女生干部和班级副班长。

她生前的大学同学对赵小亭最深的印象，就是无论在炎热的酷暑还是数九寒天，她那略显单薄的身影总是最早出现在教室中。上课总是坐在教室前排，专心听讲。遇到难题喜欢向同学虚心请教。她学习成绩一直不错，各科成绩都基本达到85分以上，并顺利通过英语四六级、计算机二级。在同学们眼中，赵小亭就像一台"永动机"，除了学习，她在课余时间总是积极参与学校、学院各项活动。在学校，有些男生干的活，她同样会做。一次寝室的水管坏了，她竟像个男生一样，爬上爬下，将水管修好。

在赵小亭的母校如皋中学，听说她遇难的消息，从校长到老师，无不扼腕叹息。在如皋中学，她生活了三年，大大的眼睛，圆圆的脸蛋，一张可爱的笑脸，她的任课老师依然记得这位性格活泼、乐于助人的女孩。她的任课老师告诉记者，赵小亭与同学关系相处得非常好，学习成绩出类拔萃，不仅自己学习好，还乐于帮助同学。她的集体荣誉感也非常强，高中阶段，大多数人都忽视了体育锻炼，但是每次学校运动会上，都能看到赵小亭拼搏的身影，为班级争得荣誉。

就在这个暑假前，她的高中同学就和她约定，回家后给她补过生日。但这个约定，却成了同学们心中永远的遗憾。

（资料来源：《扬子晚报》 2010 年 7 月 25 日）

## 思考讨论

1. 如何理解坚持个人理想与社会理想的统一？

2. 赵小婷的事迹感动了无数青年大学生，如何理解在实现中国梦的实践中放飞青春梦想？

## 案例点评

禅语云，每个人心中都有一株妙法莲花。一朵莲花，刹那芳华；亭亭玉立，浅笑嫣然；灼灼绽放，播撒清香。她被清风带走，却把灵魂留在高处，恍如天边的莲花，无限温暖。

她还留下了许多许多的梦，那是关于青春浪漫的梦，关于人生跋涉的梦，还有无数关于爱的梦。里面有挚爱亲情，里面有胶漆相投，里面有扶老携幼……所有所有，浓缩着一名志愿者所有的爱与热。

人生如花，花开花谢，不灭的是飞翔其上的精神。

志愿精神是一股道德的清流。它从遥远的历史中蜿蜒而来，儒家的"仁爱"，佛家的"慈悲"，墨家的"兼爱"，慈善精神一脉相承，生生不息；它向无限的未来不断延伸，融会现代人文关怀思想，贯通中外，超越国界地域，超越贫富贵贱。这股清流，汩汩滋养了一代代青年的心田，千千万万中国青年志愿者一直在行动，将爱的花蜜从珞珈山播撒到贵州苗岭大山的赵小亭，正是其中一朵寻常而又别致的小花。

终生从事慈善志愿事业的印度德兰修女说过："我们都不是伟大的人，但我们可以用伟大的爱来做生活中每一件平凡的事。"一粒沙里藏着一个世界，一滴水里拥有一片海洋。志愿事业的崇高伟大，是无数青年志愿者用无法计量的无偿服务构筑而成；一滴平凡的水滴，也是悄然润泽他人生命的暖流。

山里的孩子肯定记得，这朵小花曾留下的一串串快乐的音符；珞珈的学子不会忘记，这朵小花曾以血的鲜艳擦亮青春的色彩；更多的人们，流着泪水，再次用心灵感触这朵花的洁质。它与心相连，与爱相通。唯愿志愿之花更加茂盛，开遍原野，落英缤纷，长伴大地。

一朵小花开过，魂香万古青山。

# 实 践 活 动

## 课内实践——"我的梦想"主题活动

### 1. 目的要求

通过大学生对理想信念的学习，培养大学生树立科学的、积极向上的人生理想信念，从而使大学生能够为自己的理想信念而奋斗，充实大学生的大学生活，调动学习积极性。

### 2. 实施步骤

以讨论的方式，教师首先讲述自己的人生理想，或者通过对一些典型案例的分析，抛砖引玉，激发大学生对理想信念的兴趣，进而鼓励大学生讲述，之后教师进行归纳和总结，提升大学生的理想品质和人生追求。

### 课外实践——有志者，事竟成

**1. 目的要求**

通过辩论活动，提高大学生树立人生理想信念的重要性，启发大学生树立科学的理想信念。

**2. 实施步骤**

以小组形式开展，组成正反两方，按照辩论赛规则，层层晋级。

# 复习思考题

### 一、单项选择题

1. 人的精神世界的核心是（　　）。
   A．思想道德　　　　B．理想信念　　　　C．爱国主义　　　　D．人生价值

2. （　　）是人们的世界观、价值观和人生观在奋斗目标上的集中体现。
   A．理想　　　　　　B．情感　　　　　　C．信念　　　　　　D．观念

3. （　　）是人们认知、情感和意志的统一体。
   A．理想　　　　　　B．道德　　　　　　C．思想　　　　　　D．信念

4. 人们追求理想目标的强大动力是（　　）。
   A．道德　　　　　　B．信念　　　　　　C．需要　　　　　　D．自我价值

5. （　　）是信念最集中、最高的表现形式。
   A．信仰　　　　　　B．理想　　　　　　C．信心　　　　　　D．崇拜

6. 当代大学生应树立的远大理想是（　　）。
   A．实现自我价值　　　　　　　　　　B．实现国家昌盛
   C．实现民族振兴　　　　　　　　　　D．实现共产主义

7. "哲学家们只是用不同的方式解释世界，而问题在于改变世界。"这句话表明（　　）。
   A．马克思主义具有持久的生命力　　　B．马克思主义注重实践
   C．马克思主义是科学的　　　　　　　D．马克思主义注重创新

8. 理想通往现实的桥梁是（　　）。
   A．实践　　　　　　B．奋斗　　　　　　C．信心　　　　　　D．信念

9. "志不强者智不达"一语出自是（    ）。

    A. 孔子          B. 孟子          C. 墨子          D. 荀子

10. "理想很丰满，现实很骨感"句话的意思是（    ）。

    A. 正确理解理想的含义         B. 正确认识理想和现实的关系

    C. 正确区分各种理想的异同     D. 正确对待实现理想的艰巨性

## 二、多项选择题

1. 理想的特征包括（    ）。

    A. 阶级属性               B. 理想源于现实，又超越现实

    C. 理想就有预见性         D. 理想必然会实现

2. 理想与信念的关系（    ）。

    A. 如影随形               B. 相互依存

    C. 信念亦是理想          D. 理想与信念无关

3. 关于理想的含义，说法正确的有（    ）。

    A. 理想在实践中形成

    B. 有实现可能性

    C. 理想高于并脱离现实

    D. 理想是人们的世界观、人生观和价值观在奋斗目标上的集中体现

4. 个人理想与社会理想的关系（    ）。

    A. 相互区别，相互制约      B. 相互联系，相互影响

    C. 个人理想规定、指引社会理想   D. 没关系

5. 下列关于励志方面的警句有（    ）。

    A. "志不强者智不达"        B. "志存高远"

    C. 为中华崛起而读书       D. 有志者，事竟成

## 三、判断题

1. 理想是人类社会实践的产物。                             （    ）

2. 只要努力，个人理想就一定可以实现。                 （    ）

3. 理想是与奋斗目标相联系的未来的现实。               （    ）

4. 任何理想都可以给人们提供不竭的精神动力。           （    ）

5. 理想从实践中来又指导实践。                        （    ）

6. 信念是人类特有的一种精神现象。                     （    ）

7. 信念的稳定性是绝对的。                           （    ）

8. 不同的人会形成不同的乃至截然相反的信念。          （    ）

9. 社会的公共信念的形成基于人们各种觉得信念存在共同之处。  （    ）

10. 高层次的理想信念代表了一个人的基本社会信仰。        （    ）

11．信仰不存在正确与错误。　　　　　　　　　　　　　　　（　　）

12．在很多情况下，理想和信念可以交换使用。　　　　　　　（　　）

13．理想信念在任何时代背景中都具有十分重要意义。　　　　（　　）

14．理想的实现一般都不是一帆风顺的。　　　　　　　　　　（　　）

**四、简答题**

1．理想的含义是什么？信念的含义是什么？理想信念的重要意义是什么？

2．什么是个人理想？什么是社会理想？人生理想与社会理想之间的辩证关系？

3．如何正确理解理想与现实的关系？

4．如何树立科学的理想信念？

5．如何树立中国特色社会主义共同理想？

**五、论述题**

"少年智则国智，少年富则国富，少年强则国强，少年独立则国独立，少年自由则国自由，少年进步则国进步，少年胜于欧洲，则国胜于欧洲，少年雄于地球，则国雄于地球。"

结合自身实际，谈谈在实现中华民族伟大复兴的中国梦历史使命中大学生应树立怎样的理想信念。

# 专 文 赏 析

### 在同各界优秀青年代表座谈时的讲话
（2013 年 5 月 4 日，上午）
习近平

青年朋友们，同志们：

今天是五四青年节。在这个属于青春的日子里，很高兴来参加"实现中国梦、青春勇担当"主题团日活动，同各条战线的优秀青年代表一起交流，聆听大家抒发与祖国共奋进、与时代齐发展的青春感受。

首先，我代表党中央，向全国各族各界青年，致以节日的问候！向荣获中国青年五四奖章的青年朋友们，向中国大学生和全国高校辅导员年度人物、中国青年创业奖获得者、全国农村青年致富带头人标兵、"西部计划"优秀志愿者等优秀青年代表，表示热烈的祝贺！向各行各业的先进青年典型，表示由衷的敬意！

我们同青年朋友们到航天城来，就是要实地感受载人航天精神，激励包括广大青年在内的全国各族人民为实现中华民族伟大复兴的中国梦而奋斗。

刚才，不同领域的优秀青年代表作了很好的发言。在你们身上，充分体现了当代青年报效祖国的远大志向、朝气蓬勃的精神风貌、自强不息的意志品格、甘于奉献的思想境界，也充分体现了广大青年对中国特色社会主义的坚定信念、对实现中华民族伟大复兴的必胜信心。

　　青年最富有朝气、最富有梦想。近代以来，我国青年不懈追求的美好梦想，始终与振兴中华的历史进程紧密相连。在革命战争年代，广大青年满怀革命理想，为争取民族独立、人民解放冲锋陷阵、抛洒热血。在社会主义革命和建设时期，广大青年响应党的号召，向困难进军，向荒原进军，保卫祖国，建设祖国，在新中国的广阔天地忘我劳动、艰苦创业。在改革开放历史新时期，广大青年发出团结起来、振兴中华的时代强音，为祖国繁荣富强开拓奋进、锐意创新。在最近的芦山抗震救灾中，大批青年临危不惧、顽强拼搏，广大青年心系灾区、无私奉献，为抗震救灾作出了重要贡献。

　　历史和现实都告诉我们，青年一代有理想、有担当，国家就有前途，民族就有希望，实现我们的发展目标就有源源不断的强大力量。

　　党的十八大描绘了全面建成小康社会、加快推进社会主义现代化的宏伟蓝图，发出了向实现"两个一百年"奋斗目标进军的时代号召。根据党的十八大精神，我们明确提出要实现中华民族伟大复兴的中国梦。现在，大家都在谈论中国梦，都在思考中国梦与自己的关系、自己为实现中国梦应尽的责任。

　　中国梦是历史的、现实的，也是未来的。中国梦凝结着无数仁人志士的不懈努力，承载着全体中华儿女的共同向往，昭示着国家富强、民族振兴、人民幸福的美好前景。

　　中国梦是国家的、民族的，也是每一个中国人的。国家好、民族好，大家才会好。只有每个人都为美好梦想而奋斗，才能汇聚起实现中国梦的磅礴力量。

　　中国梦是我们的，更是你们青年一代的。中华民族伟大复兴终将在广大青年的接力奋斗中变为现实。

　　在革命、建设、改革各个历史时期，中国共产党始终高度重视青年、关怀青年、信任青年，对青年一代寄予殷切期望。中国共产党从来都把青年看作祖国的未来、民族的希望，从来都把青年作为党和人民事业发展的生力军，从来都支持青年在人民的伟大奋斗中实现自己的人生理想。

　　现在，我们比历史上任何时期都更接近实现中华民族伟大复兴的目标，比历史上任何时期都更有信心、更有能力实现这个目标。行百里者半九十，距离实现中华民族伟大复兴的目标越近，我们越不能懈怠，越要加倍努力，越要动员广大青年为之奋斗。

　　展望未来，我国青年一代必将大有可为，也必将大有作为。这是"长江后浪推前浪"的历史规律，也是"一代更比一代强"的青春责任。广大青年要勇敢肩负起时代赋予的重任，志存高远，脚踏实地，努力在实现中华民族伟大复兴的中国梦的生动实践中放飞青春梦想。

　　第一，广大青年一定要坚定理想信念。"功崇惟志，业广惟勤。"理想指引人生方向，信念决定事业成败。没有理想信念，就会导致精神上"缺钙"。中国梦是全国各族人民的共同理想，也是青年一代应该牢固树立的远大理想。中国特色社会主义是我们党带领人民历经千辛万苦找到的实现中国梦的正确道路，也是广大青年应该牢固确立的人生信念。

广大青年要坚持用邓小平理论、"三个代表"重要思想、科学发展观武装头脑，把理想信念建立在对科学理论的理性认同上，建立在对历史规律的正确认识上，建立在对基本国情的准确把握上，不断增强道路自信、理论自信、制度自信，增强对坚持党的领导的信念，永远紧跟党高高举起中国特色社会主义伟大旗帜。

第二，广大青年一定要练就过硬本领。学习是成长进步的阶梯，实践是提高本领的途径。青年的素质和本领直接影响着实现中国梦的进程。古人说："学如弓弩，才如箭镞。"说的是学问的根基好比弓弩，才能好比箭头，只要依靠厚实的见识来引导，就可以让才能很好发挥作用。青年人正处于学习的黄金时期，应该把学习作为首要任务，作为一种责任、一种精神追求、一种生活方式，树立梦想从学习开始、事业靠本领成就的观念，让勤奋学习成为青春远航的动力，让增长本领成为青春搏击的能量。

广大青年要坚持面向现代化、面向世界、面向未来，增强知识更新的紧迫感，如饥似渴学习，既扎实打牢基础知识又及时更新知识，既刻苦钻研理论又积极掌握技能，不断提高与时代发展和事业要求相适应的素质和能力。要坚持学以致用，深入基层、深入群众，在改革开放和社会主义现代化建设的大熔炉中，在社会的大学校里，掌握真才实学，增益其所不能，努力成为可堪大用、能担重任的栋梁之材。

第三，广大青年一定要勇于创新创造。创新是民族进步的灵魂，是一个国家兴旺发达的不竭源泉，也是中华民族最深沉的民族禀赋，正所谓"苟日新，日日新，又日新"。生活从不眷顾因循守旧、满足现状者，从不等待不思进取、坐享其成者，而是将更多机遇留给善于和勇于创新的人们。青年是社会上最富活力、最具创造性的群体，理应走在创新创造前列。

广大青年要有敢为人先的锐气，勇于解放思想、与时俱进，敢于上下求索、开拓进取，树立在继承前人的基础上超越前人的雄心壮志，"以青春之我……，创建青春之国家，青春之民族"。要有逢山开路、遇河架桥的意志，为了创新创造而百折不挠、勇往直前。要有探索真知、求真务实的态度，在立足本职的创新创造中不断积累经验、取得成果。

第四，广大青年一定要矢志艰苦奋斗。"宝剑锋从磨砺出，梅花香自苦寒来。"人类的美好理想，都不可能唾手可得，都离不开筚路蓝缕、手胼足胝的艰苦奋斗。我们的国家，我们的民族，从积贫积弱一步一步走到今天的发展繁荣，靠的就是一代又一代人的顽强拼搏，靠的就是中华民族自强不息的奋斗精神。当前，我们既面临着重要发展机遇，也面临着前所未有的困难和挑战。梦在前方，路在脚下。自胜者强，自强者胜。实现我们的发展目标，需要广大青年锲而不舍、驰而不息的奋斗。

广大青年要牢记"空谈误国、实干兴邦"，立足本职、埋头苦干，从自身做起，从点滴做起，用勤劳的双手、一流的业绩成就属于自己的人生精彩。要不怕困难、攻坚克难，勇于到条件艰苦的基层、国家建设的一线、项目攻关的前沿，经受锻炼，增长才干。要勇于创业、敢闯敢干，努力在改革开放中闯新路、创新业，不断开辟事业发展新天地。

第五，广大青年一定要锤炼高尚品格。中国特色社会主义是物质文明和精神文明全面发展的社会主义。一个没有精神力量的民族难以自立自强，一项没有文化支撑的事业难以持续长久。青年是引风气之先的社会力量。一个民族的文明素养很大程度上体现在青年一代的道德水准和精神风貌上。

广大青年要把正确的道德认知、自觉的道德养成、积极的道德实践紧密结合起来，自觉树立和践行社会主义核心价值观，带头倡导良好社会风气。要加强思想道德修养，自觉弘扬爱国主义、集体主义、社会主义思想，积极倡导社会公德、职业道德、家庭美德。要牢记"从善如登，从恶如崩"的道理，始终保持积极的人生态度、良好的道德品质、健康的生活情趣。要倡导社会文明新风，带头学雷锋，积极参加志愿服务，主动承担社会责任，热诚关爱他人，多做扶贫济困、扶弱助残的实事好事，以实际行动促进社会进步。

为实现中华民族伟大复兴的中国梦而奋斗，是中国青年运动的时代主题。共青团要在广大青少年中深入开展"我的中国梦"主题教育实践活动，为每个青少年播种梦想、点燃梦想，让更多青少年敢于有梦、勇于追梦、勤于圆梦，让每个青少年都为实现中国梦增添强大青春能量。要用中国梦打牢广大青少年的共同思想基础，教育和帮助青少年树立正确的世界观、人生观、价值观，永远热爱我们伟大的祖国，永远热爱我们伟大的人民，永远热爱我们伟大的中华民族，坚定跟着党走中国道路。要用中国梦激发广大青少年的历史责任感，发扬"党有号召、团有行动"的光荣传统，在党和国家工作大局中找准自身工作的切入点和结合点，组织动员广大青少年支持改革、促进发展、维护稳定。要积极为广大青少年实现梦想提供服务，切实改进作风，深入基层、走进青年，想青年之所想，急青年之所急，代表和维护青少年普遍性利益诉求，努力为广大青少年成长成才创造良好环境。

青年模范人物是广大青少年学习的榜样，肩负着更多社会责任和公众期望，在青少年中乃至全社会都有着很强的示范带动作用。希望青年模范们再接再厉、严于律己、锐意进取，用自身的成长历程、精神追求、模范行动为广大青少年做好表率。

青年兴则国家兴，青年强则国家强。我们党自成立之日起，就始终代表广大青年、赢得广大青年、依靠广大青年。各级党委和政府要充分信任青年、热情关心青年、严格要求青年，为青年驰骋思想打开更浩瀚的天空，为青年实践创新搭建更广阔的舞台，为青年塑造人生提供更丰富的机会，为青年建功立业创造更有利的条件。各级领导干部要关注青年愿望、帮助青年发展、支持青年创业，做青年朋友的知心人，做青年工作的热心人。

青年朋友们，人的一生只有一次青春。现在，青春是用来奋斗的；将来，青春是用来回忆的。人生之路，有坦途也有陡坡，有平川也有险滩，有直道也有弯路。青年面临的选择很多，关键是要以正确的世界观、人生观、价值观来指导自己的选择。无数人生成功的事实表明，青年时代，选择吃苦也就选择了收获，选择奉献也就选择了高尚。青年时期多经历一点摔打、挫折、考验，有利于走好一生的路。要历练宠辱不惊的心理素质，坚定百折不挠的进取意志，保持乐观向上的精神状态，变挫折为动力，用从挫折中吸取的教训启迪人生，使人生获得升华和超越。总之，只有进行了激情奋斗的青春，只有进行了顽强拼搏的青春，只有为人民作出了奉献的青春，才会留下充实、温暖、持久、无悔的青春回忆。

青年朋友们，我坚信，在党的领导下，只要全国各族人民紧密团结，脚踏实地、开拓进取，到本世纪中叶，我们必将建成富强民主文明和谐的社会主义现代化国家，我国广大青年必将同全国各族人民一道共同见证、共同享有中国梦的实现！

（资料来源：中央政府门户网站　http://www.gov.cn/ldhd/2013-05/05/content_2395892.htm）

# 推 荐 书 目

1. 龙应台：《亲爱的安德烈》，广西师范大学出版社，2015 年版。

2. 刘建军：《信仰书简：与当代大学生谈理想信念》，中国青年出版社，2012 年版。

3. 肖川：《教育的理想与信念》，岳麓书社，2002 年版。

4. 郑双庆：《我是老三届》，新华出版社，2015 年版。

5.《习近平关于实现中华民族伟大复兴的中国梦论述摘编》，中央文献出版社，2013年版。

6. 李俊伟：《中国共产党人的理想信念》，红旗出版社，2013 年版。

7.《中国特色社会主义理论体系学习读本》，学习出版社，2009 年版。

8. 檀传宝：《信仰教育与道德教育》，教育科学出版社，1999 年版。

9. 刘建军：《马克思主义信仰论》，中国人民大学出版社，1998 年版。

10. 音像资料：《高考 1977》《我的 1919》《东方中国梦》《建国大业》《复兴之路》《建党伟业》《列宁在十月》《列宁在 1918》《勇敢的心》《中国合伙人》《阿甘正传》。

# 参 考 答 案

一、单项选择题

　1. B　2. A　3. D　4. B　5. A　6. C　7. B　8. A　9. C　10. B

## 二、多项选择题

1．ABC　2．ABC　3．ABD　4．AB　5．ABCD

## 三、判断题

1．√　2．×　3．√　4．×　5．√　6．√　7．×　8．√　9．√　10．√
11．×　12．√　13．√　14．√

## 四、简答题

1．要点
①理想是人们在实践中形成的，有实现可能性的、对未来社会和自身发展目标的向往与追求，是人们的世界观、人生观、和价值观在奋斗目标上的集中体现；②信念是认知、情感和意志的有机统一体，是人们在一定的认识基础上确立的对某种思想或事物坚信不移并身体力行的心理态度和精神状态；③理想信念的重要意义：理想信念指引奋斗目标；理想信念提供前进动力；理想信念提高精神境界。

2．要点
①个人理想是指处于一定历史条件和社会关系中的个体对于自己未来的物质生活、精神生活所产生的种种向往和追求；②社会理想是指社会集体乃至社会全体成员的共同理想，即在全社会占主导地位的共同奋斗目标；③二者之间的关系：它们之间既相互联系、相互影响，又相互区别、互相制约。社会理想规定、指引着个人理想；社会理想是对社会成员个人理想的凝练和升华。

3．要点
①辩证看待理想与现实的矛盾；②实现理想的长期性、艰巨性和曲折性；③艰苦奋斗是实现理想的重要条件。

4．要点
①认识大学生的历史使命；②确立马克思主义的科学信仰；③树立中国特色社会主义共同理想。

5．要点
①坚定对中国共产党的信任；②坚定中国特色社会主义信念；③坚定实现中华民族伟大复兴的信心。

## 五、论述题

大学生肩负实现中华民族伟大复兴的中国梦的历史重任，只有把实现理想的道路建立在脚踏实地的奋斗上，才能放飞青春梦想，实现人生理想。

1．立志当高远
这里的"志"具有双重含义：一是对未来目标的向往，二是实现奋斗目标的顽强意志。这就是要大学生要放开眼界，不满足于现状，也不屈服于一时一地的困难与挫折，更不要计较个人的私立多少与得失。

2．立志做大事

新时代的大学生应该把个人的命运与国家和人民的民运联系在一起，立为国奉献之志，立为民服务之志，为祖国和人民的利益而奋斗，在为实现社会理想而奋斗的过程中实现个人理想。

3．立志须躬行

漫长的征途需要一步一步地走，崇高理想的实现需要一点一滴地奋斗。雄心壮志只能建立在踏实的基础上，否则就不叫雄心壮志，雄心壮志需要有步骤，一步一步地，踏踏实实地去实现，一步一个脚印，不让它有一步落空。

中国梦，是中华民族的振兴之梦，也是每一个大学生的成才之梦。中国梦让生活在这个时代的大学生与祖国人民一起共同享有出彩的机会，共同享有梦想成真的机会，共同享有同祖国和时代一起成长与进步的机会。青春只有在为祖国和人民的真诚奉献中才能更加绚丽多彩，人生只有融入国家和民族的伟大事业才能闪闪发光。

# 第二章
# 弘扬中国精神　共筑精神家园

少年智则中国智，少年富则中国富，少年强则国强，少年独立则国独立，少年自由则国自由，少年进步则国进步……少年雄于地球，则国雄于地球。

——梁启超

我荣幸地从中华民族一员的资格，而成为世界公民。我是中国人民的儿子。我深情地爱着我的祖国和人民。

——邓小平

热爱祖国，这是一种最纯洁、最敏锐、最高尚、最强烈、最温柔、最有情、最温存、最严酷的感情。一个真正热爱祖国的人，在各个方面都是一个真正的人。

——苏霍姆林斯基

## 学习目标

　　通过本章内容的学习，了解爱国主义是中华民族的传统美德，是民族精神的核心。在新的历史时期，面对风云变幻，始终高举以爱国主义为核心的民族精神和以改革创新为核心的时代精神两面旗帜，是实现中华民族伟大复兴中国梦的精神力量。通过本章学习要做到以下几点：

　　1. 了解重精神是中华民族的优秀传统，掌握中国精神的主要内容，理解爱国主义的科学内涵，明确爱国主义的时代价值，正确认识和把握新时期爱国主义的主题。

　　2. 培养学生的民族自尊心和自豪感，自觉推进祖国统一，促进民族团结，增强国家安全意识，履行维护国家安全的义务，担当起实现中华民族伟大复兴中国梦的历史使命。

　　3. 了解改革创新的重要性，在学习中自觉提高改革创新的本领。

## 学习重点

　　1. 理论方面的重点是掌握重精神是中华民族的优秀传统，以及中国精神的主要内容。

　　2. 知识方面的重点是掌握中国精神的主要内容，爱国主义的含义和基本内容。

　　3. 能力方面的重点是正确理解爱国主义的时代价值，明确经济全球化形势下更要发扬爱国主义精神，大学生爱国热情要理性表达。

## 学习难点

　　大学生要把爱国主义的"知"与"行"统一起来，做一名忠诚的爱国者；立足专业人才培养方案使学生树立主动改革创新的意识，注重在改革创新中奉献服务社会，实现人生价值，提高将改革创新的思想理念转化为实际行动的能力和本领。

## 学习方法

　　1. 通过学习，理解爱国主义的科学内涵和基本要求。

　　2. 阅读爱国主义文章或观看爱国主义影片，了解爱国主义相关理论和爱国主义典型人物事迹。

　　3. 参观爱国主义教育基地，结合我们今天的现实，当代大学生应如何践报国之行。

# 第一节　中国精神的传承与价值

**案例①　爱国让你想起了什么**

十月一日是中华人民共和国国庆日，在随后为期一周的休假中，人们往往只记得黄金周的休闲、商业意义，却慢慢淡忘设立这一日子的本源。

继 2012 年央视推出"你幸福吗"采访后，2013 年的国庆周，中央电视台策划节目"爱国让你想起了什么"，走遍全球各地，采访各个阶层的人民，提出的问题都与爱国有关，包括"你对别人说过爱国吗？""哪一种爱国方式打动过你？""说到爱国，你会想起哪一首歌？哪一个人？"等等。

受访人：黑龙江哈尔滨中央大街巡逻的民警

民警：快到"十一"了，我感觉作为我们基层民警，爱岗敬业、忠于职守，就是最大的爱国。

受访人：南京小学生

小学生：爱国就是扶老奶奶过街，还有一些，让座位，基本上我让了快十次了。

受访人：市民

记者：如果说到爱国，您会想到哪句话或者哪首歌儿吗？

市民：哎哟妈呀，爱国，爱祖国呗。

记者：会唱吗？唱两句？

市民：傻丫头，姨不唱了。爱祖国，爱人民，那指定得爱。从小就是共产党把我抚养大的。我在孤儿院长大的。所以说，共产党和国家那就甭说了。比什么都重要，比我儿女都重要。

受访人：罗占文（北京人，15 年前来到哥伦比亚）

罗占文：你说，要是在国外生活时间长了，你要是把国家忘了，你就忘本了嘛。我们以后都是要落叶归根的，都要回到中国去。我们就是希望中国富强，家里的老人都健康，然后，全国人民都幸福，就行了。

（资料来源：朝闻天下　国庆特别调查："爱国"让你想起什么？　2013 年 10 月 1 日）

**思考讨论**

1. 看完以上材料，你的感受是什么？爱国主义的基本要求是什么？
2. 中国精神的内容是什么，弘扬中国精神有何重大意义？
3. 结合个人实际，请回答做一个忠诚的爱国者需要在哪些方面作出努力。

**案例点评**

爱国是人类共同的情感。爱国主义是中国精神的重要组成内容之一，是中华民族精神的核心；是对祖国最纯洁、最高尚、最神圣的情感，是一种尊严，更是一种信念。它要求我们要热爱自己的国家、热爱祖国的大好河山、热爱自己的骨肉同胞、热爱祖国的灿烂文化。在新的历史时期，我们要实现中国梦，就必须弘扬以爱国主义为核心的民族精神，以改革创新为核心的时代精神。它是凝心聚力的兴国之魂、强国之魄。然而，爱国主义不是抽象和空洞的，它是具体和务实的，体现在千千万万的人的平凡工作学习生活中。他们的几十年如一日的工作坚持，是对爱国主义内涵的完美诠释。当代学生要认清自己肩负的神圣使命，倍加珍惜宝贵的青春年华，在学习中充实自我，奋发成才，不辜负祖国和人民的殷切希望，努力成为中国特色社会主义现代化建设的栋梁之才，为中华民族的伟大复兴贡献自己的智慧和力量。

# 第二节　以爱国主义为核心的民族精神

**案例❷　身在美国，心系中国**

2008年4月4日下午15点，刚刚回到北京的姚明在短暂休息了一宿之后，马上在中国篮协的安排下举办了新闻发布会。在应对各路媒体的轮番轰炸时，舟车劳顿的姚明不仅没有露出丝毫疲态，反倒显得神采奕奕，在回答提问时妙语频出，让在场的媒体和球迷又一次领略到了这位体坛巨星的非凡魅力。

在新闻发布会伊始，姚明首先拿起话筒来向媒体做了一番简单的介绍，不料由于工作人员的失误，他的话筒居然没有打开，在现场主持的于嘉只好要求他再说一遍。尽管如此，姚明并没有表现出任何不耐烦的神情，他老老实实地把刚说过的话又重复了一遍。

在简介之后是记者提问环节，有媒体问他为什么越进行身体训练还越容易受伤，姚明的嘴角一咧："年纪大了呗！"又有人问他什么时候回美国，这本来是一个大家都能理解的问题，没想到姚明马上不答应了，他当即纠正了这位记者的语病。姚明说："不是回美国，是去美国。回中国，去美国。"于嘉也忍不住赞叹了一句："你还真是爱国。"

（资料来源：腾讯体育 http://sports.qq.com/a/20080404/000321.htm　2008年4月4日）

**思考讨论**

1. 你如何看待姚明的"去"和"回"的回答？
2. 爱国主义的科学内涵是什么？爱国主义的优良传统是什么？
3. 结合材料，谈谈在经济全球化背景下为什么更要弘扬爱国主义精神。

### 案例点评

　　爱国之心，人应皆有之。爱国主义体现了人们对自己祖国的深厚情感，反映了个人对祖国的依存关系，是人们对自己故土家园以及民族和文化的归属感、认同感、尊严感和荣誉感的统一。爱国主义是中华民族的优良传统，包括热爱祖国、矢志不渝；天下兴亡、匹夫有责；维护统一、反对分裂；同仇敌忾、抗御外侮。爱国主义是中华民族继往开来的精神支柱，是维护祖国统一和民族团结的纽带，是实现中华民族伟大复兴的动力，是个人实现人生价值的力量源泉，具有十分重要的时代价值。姚明作为公众人物，在回答时先强调是"去美国"而不是"回美国"，可以看出他的强调并不是在作秀，而是他的心里话。在姚明心里，他的根在中国，他的家在中国，所以只能用"回"，到美国时永远只能用"去"。姚明的"去"和"回"彰显了他对祖国的爱恋，对国家的忠诚，表达了他的直率和真诚。爱国之心应该是每个人都有的。天下兴亡，匹夫有责！祖国强大了，我们中国人才能真正的强大，别人也才会更加尊重我们。在经济全球化条件下，国家仍然是本民族整体利益的最具权威的代表者，国外敌对势力妄图西化和分化我国的战略未改变，爱国主义仍然是民族、国家，特别是发展中国家始终保持团结的一面旗帜，是激发民族国家奋发向上的力量源泉。对于当代大学生而言，我们要努力做好自己的工作，学好自己的专业，这样我们才能真正立报国之志，增建国之才，践爱国之行，成为真正的强者！

### 案例❸　理性爱国，才是真正的爱国

　　2012 年 9 月 10 日，日本政府不顾中方强烈反对，宣布"购买"钓鱼岛及其部分附属岛屿。这是日方公然侵犯中国领土主权、伤害中国人民感情、损害中日关系的一次严重事件。日本政府及某些右翼分子对待钓鱼岛的态度，激起了中国人民的强烈愤慨。中国政府在第一时间提出强烈抗议和严正交涉，并采取了一系列相应的措施。

　　连日来，各地民众纷纷表达了捍卫领土主权及谴责日方非法行径的强烈爱国热情。但这种热情，必须建立在理性的基础上，理性爱国才是真正的爱国。

　　理性爱国，意味着爱国热情的表达不应悖逆公序良俗，更不能超越法律界限。就像广大网友呼吁的：你有抵制的权利，但你没有打砸的权利，更没有毁坏和掠夺他人物品的权利。我们应当保持理性，做一个真正的爱国者。

　　苏州是一个国际化程度很高的城市，外资企业很多，外国人也很多，我们应该很好地处理好表达爱国热情与维护正常社会秩序的关系。同时，苏州作为一个全国文明城市，我们的每一位市民，作为守法公民与文明市民，更应当体现出良好的素养，主动维护好改革开放的发展环境。

　　同时应该看到，我们的国家是法治国家，我们的社会是法治社会，绝不允许有人借机行破坏社会秩序的不法之事。不论从国家层面，还是从城市角度，安定团结与社会和谐的局面都来之不易。我们尊重与保护民众正常表达爱国热情的合理行为，但坚决反对

毁坏公私财物、妨碍交通等违法行为。爱国是一种美好情操，但爱国绝不能成为极少数人践踏法律的借口，否则就会异化为违法犯罪，必将受到社会舆论的共同谴责和法律的惩处。

我们呼吁：你有抵制日货的权利，但你没有打砸日货的权利；你有烧毁自己日货的权利，但没有烧毁他人日货的权利。抵制日货可以，但要做到：不砸车，不砸店，不砸人。

（资料来源：王攀 《河南商报》 2012 年 9 月 15 日）

**思 考 讨 论**

1. 结合材料谈谈什么是爱国？
2. 当代大学生如何做到理性爱国？

**案 例 点 评**

这是一个开放的时代，每一种爱国方式的表达、爱国情怀的抒发都得到了理解和赞许。"爱国不一定就要喊口号""在表达爱国情感上更趋于理性"，我们允许年轻人在表达爱国情怀的时候更加彰显这个时代的鲜明特征，他们充满"个性"的表达冲破了过去"仪式感"很重的爱国方式而显得"色彩斑斓"。我们知道，中国珍惜和平，不希望战争，但并不害怕战争。其实在这个时代，国与国之间的交锋，早已不只是你死我活的战争，还有比战争更厉害的，比如经济。而中国民间的反日情绪，正在形成对日本的一场战争。但也必须看到，爱国需要理性表达。理性爱国才是真正的爱国。理性爱国首先是合法爱国，而不是违法爱国。违法爱国不叫爱国，叫害国。假如爱国表达不能在一个理性和合法的范围内，那么就等于日本右翼作恶，引发国人互殴，岂不亲痛仇快？那些偏激的、带有强烈破坏性的行为，不仅起不到任何爱国的作用，反而正中他方的下怀。因此，我们在表达爱国情感和诉求时要戒急用忍，着眼于维护国家根本利益、核心利益的大局，以理性爱国为基准，选择理智的行为和恰当的方式，做一个真正的爱国者。值得欣慰的是，在表达爱国情怀的时候，越来越多的年轻人开始珍爱自己的公民意识，表达爱国时更趋理性。其实最真实的爱国表达，莫过于做一个合格的现代公民。这应该是现阶段最有价值的爱国方式。

### 案例④ 一个人决不可以与国家违约——致《中国青年报》社领导的一封信

尊敬的《中国青年报》社领导：

你们好！我是中南大学 2004 届毕业的国防生邓拓，现在广州军区服役。看了你们组织的刘开奉事迹报道和"地方大学生在基层能不能有所作为"的讨论后，对我触动很大，刘开奉在军营的成长经历如声声远钟敲打着我，使我久久不能平静下来。

回想自己成为一名国防生，以及踏入军营后的岁月和走过的历程，往事历历在目，其中的体会和感触很深。说实话，也曾彷徨、动摇过。如在毕业时，看到大学里不如自己的同学找到了薪水优厚的工作，而且工作地域大多在沿海发达城市，想象自己踏入军营后微薄的收入，艰苦的工作环境等，心中曾怀疑当时的选择是否正确。

然而，回想起自己当时申请加入国防生时的豪情和义气，为国防强大贡献自己力量的决心时，心中又不免生起万丈豪情。人生的道路既然选择了，就应坚定地走下去。如果此时退出，那不是男子汉所为，对不起当时热情洋溢的申请书；对不起父母和自己在合同上按下的手印；对不起老师和领导的教育与培养。一个人绝不可以与国家违约。国家和军队需要人才，而且当初也是自愿加入的，为何要后悔自己的选择，为何不能坚持自己对国家和军队的承诺呢？违约的行为是一种不负责任，没有诚信的行为。没有责任感和诚信的人在社会上也同样难以立足。

部队是一个锻炼人的地方，而自己有这个进部队锻炼的机会，如果放弃了岂不可惜？常说"当兵后悔三年，不当兵后悔一辈子"，我可不想日后留下人生的遗憾。

在我一年多的军旅生活中，收获颇多的。思想更加成熟，环境适应能力和组织协调能力都增强了，吃苦耐劳的精神也进一步强化，军事素质尤其是身体素质有了明显的提高，这些都为我下一步工作的开展打下了坚实的基础。

有一次听说我的一个同学从军校退出了，真的难以想象在学校里曾是那么优秀、那么坚定的学生也退出了。毕业后的这一年多来，虽然我也面临失落，彷徨，但在艰辛、苦累和汗水背后，我看到了希望，品尝了收获，更体会到了意想不到的改变——一种让我脱胎换骨的力量。我想这一切应该都来源于我的无悔选择。从军路上，我会更加坚定地走下去。

此致
敬礼

邓拓

2005 年 11 月 8 日

（资料来源：《中国青年报》 2005 年 12 月 9 日）

**思考讨论**

1. 邓拓为什么认为"一个人绝不可以与国家违约"？
2. 当代大学生如何做一名忠诚的爱国者？

**案例点评**

违约，可以说是当下社会中经常出现的高频词。社会诚信遭受着前所未有的挑战和冲击。在这嘈杂喧嚣中，一个高亢凛然的声音对违约说"不!""一个人绝不可以与国家违约"，是一个当代大学生对国家承诺的兑现，是当代大学生精神风貌的展示。案例中的大学生通过自己的经历，从一个侧面反映了爱国既需要情感的基础，也需要理性的认识，更需要实际的行动。我国的国防是全民的国防，强大的国防是国家生存和发展的安全保障。在当今时代，维护世界和平，国家安全、统一和发展，需要建立强大稳固的国防；增强国防观念，是大学生报效祖国、弘扬爱国主义精神的重要体现；增强国防观念，是大学生履行国防义务，关心支持国防和军队建设的必然要求；增强国防观念，是大学生提高综合素质，促进自身全面发展的迫切要求。大学生是社会现代化建设的有用人才和国防建设的后备人才，必须具有很强的国防观念和忧患意识，自觉接受国防和军事方面的教育训练，始终关心国防、了解国防、热爱国防、投身国防，积极履行国防义务，成为既能建设祖国、又能保卫祖国的优秀人才。当代大学生只有把国家安全、荣誉和利益放在高于一切的地位，始终做到爱国的深厚情感、理性认识和实际行动相一致，与祖国同呼吸、共命运，才是真正的爱国者。

# 第三节　以改革创新为核心的时代精神

**案例⑤　做属于中国的全世界最好的搜索引擎**

创业，需要豪迈的激情，也需要冷静的头脑，在今天经济全球化趋势影响下，新一代知识分子，要开创一番事业，须立足于创新民族品牌，有勇于面对世界的大气，李彦宏，正是这样一个人。"爱国主义"，一个古老而又常新的话题。1999年李彦宏带着"第二代搜索引擎程序"离开8年之久的美国华尔街，创建了百度搜索，直到2004年，期间一直因资金问题投入不足，虽然占有市场份额，却没有盈利，2005年百度艰难奋斗，终于上市，新经济时代的传奇故事诞生了。

李彦宏，一个冷静选择的人，一个专注执著的人，一个勇于创新的人。他用他的百度事业成就了一个"海归"派的创业奇迹，为当代大学生应对国际化、经济全球化形势树立了一个楷模。他的成功不但取决于才华与智慧，品质与理念，更在于他有着"做属于中国的全世界最好的搜索引擎"的宏伟抱负。只有敢于开拓、敢于创新，才能使中华民族立于世界民族之林。

有人评价百度的成功在于：目标明确，市场定位准确。领导者头脑冷静，不跟风，不抢潮。他知道自己想要得到的是什么，他一直坚信ASP商业模式必将获得成功，他知道自己所专注的，而别人做不到同样程度的就在搜索领域；在互联网高潮时，他能预言对于国内公司的烧钱做法，国外的投资人要吃亏，在互联网低谷时他能鼓励员工不要看到眼前利益要把眼光放得长远些。

（资料来源：唐山雨《李彦宏的专注智慧》浙江大学出版社　2010年12月）

**思考讨论**

1. 李彦宏"做属于中国的全世界最好的搜索引擎"成功给了我们什么启示？

2. 经济全球化给中华民族的复兴带来了机遇和挑战，大学生如何把握机遇，将自己理想与国家强盛、民族振兴结合起来应对挑战？

### 案例点评

"爱国主义"，一个古老而又常新的话题。"爱国"让大学生的思想得到升华，让大学生的肩上责任增大，让大学生行动更加坚定。世界经济全球化，为中华民族的伟大复兴带来了机遇，也带来了挑战。国家强盛、民族振兴、个人理想，这三者从表面上看似乎离得很远，其实是密切联系的。实现自己的理想需要机遇，但更重要的是个人内在修为。现在经济全球化给我们带来了一个多元化的社会，给予个人的发展带来了很多的选择和机遇。经历恶风巨浪，李彦宏承受了来自各方的压力，掌舵百度一路乘风破浪。可是大学生如何积极应对，借助机遇实现人生价值的升华，最关键的是做自己最擅长的事业。而我们看到李彦宏的成功不仅取决于才华与智慧，品质与理念，更在于他有着"做属于中国的全世界最好的搜索引擎"的宏伟抱负。只有敢于开拓，敢于创新，才能使中华民族立于世界民族之林。在当前科学技术迅猛发展的氛围中，创新的希望在青年。只有拥有创新的过硬本领，善于把握机遇，锐意进取，才能成为真正的强者。当代大学生是国家创新型人才的重要后备军，他们勇于创新、敢于创新、善于创新，具有创新意识、创新锐气和创新精神。而关键还在于大学生要通过不断学习扎实系统的专业知识、积极培养创新型思维方式、主动投身社会实践等途径，具备把握机遇的资本，将改革创新的思想理念转化为实际行动的能力和本领，将自己的理想与国家强盛、民族振兴紧密联系起来。

### 案例⑥　营销创新是金星啤酒发展的核心动力

金星啤酒集团近年来保持着强劲的发展势头，自 1998 年以来，在先后新建立的贵州、山西、周口、陕西分公司的基础上，2002 年新建了安阳、信阳、漯河三个外地分公司，2003 年新建了南阳和昆明两个分公司，2004 年南京、成都分公司相继开张，和世纪第一大啤酒集团美国 AB 公司的战略合作正在紧张进行之中。目前集团已经成立下属 11 家啤酒分公司和玻璃、原料、化工等 10 余家配套的分公司，年啤酒生产能力 120 万吨，规模位居河南第一，连续四年进入全国四强的跨行业、跨地区经营的国家大型企业。在继 2001 年获得钓鱼台宾馆国宴特供酒的基础上，2002 年又获得了"中国名牌"这一国家最高级别的质量荣誉。

营销力是金星集团发展的核心动力。为了保证营销力这个推动企业发展的核心力量最大化，金星集团较早地导入了全员营销的思想，建立了营销导向型的管理体制，企业的一切工作围绕营销这个中心开展，一切工作以营销为出发点，以营销为落脚点，以最好的产品和服务最大限度地满足市场需求，并引导市场需求的新发展。

创新是金星集团营销力不断提升的动力之源。具体地讲，就是金星集团在营销工作中的观念创新、机制创新、营销战略创新、营销网络创新、品牌创新、客户关系创新、管理创新等。

观念创新就是金星集团不断根据市场外部环境的变化不断创新，使自身始终保持超前的营销理念。在河南同行业内较早导入以顾客为中心、品牌营销、服务营销、关系营销、概念营销等先进的营销理念，总是抢先一步占领市场先机。

机制创新就是在管理机制上成立自负盈亏、独立核算的营销总公司，不但要实现市场份额的最大化，还要实现市场利润的最大化，坚持走质量效益型营销之路；在用人机制上实行岗位竞聘制度，后进经理随时会被淘汰，优秀业务员随时会成为经理，把每个人的积极性和主动性发挥到了极致。

营销战略创新就是在市场发展战略上做几个转变，即从低档酒市场向中高档酒市场转变、从价格竞争向品牌竞争转变、从农村市场向城市市场转变，从区域市场向全国市场转变。

营销网络创新就是一方面实现客户网络的扁平化，对重点一批积极培养，转变其观念，促使实现了公司化经营，同时增加一批二批数量，减少三批数量，积极开展终端营销，加强终端控制力；另一方面实现营销网络模式的多元化，积极加强直销营销网络的发展。

品牌创新就是加快品牌整合步伐，一方面加强产品整合，淘汰进入衰退期的产品，加强钓鱼台国宴系列、中国名牌系列、小麦啤、苦瓜啤特色系列这些主导产品的推广；另一方面加强品牌整合传播，加强媒体广告、户外广告投放的同时，加强了终端 POP 广告投放，同时强调品牌形象的同一化，突出品牌的鲜明个性、丰富内涵，全力塑造品牌的良好形象。

客户关系创新就是积极建设双赢的战略伙伴关系，强调与客户共成长，加强相互沟通，提高服务质量，加强业务培训，加强市场开发和配送支持，加强过程管理，确保客户利润，增强了客户信心，提高了客户素质，巩固和发展了客户关系。

（资料来源：互联网 http://www.959.cn/school/2010/0729/15058.shtml　2010 年 7 月 29 日）

## 思 考 讨 论

1. 结合本案例分析什么是创新。
2. 创新的重要意义是什么？

## 案 例 点 评

创新是一个民族进步的灵魂，是国家兴旺发达的不竭源泉，也是中华民族最鲜明的民族禀赋。我们的先人不仅早就有"苟日新，日日新，又日新"等创新理念，而且发明了造纸术、火药、印刷术、指南针，创造了天文、算学、医学、农学等多个领域的累累硕果。但明代以后的近代中国，由于封建统治者闭关锁国、夜郎自大，同世界科技发展潮流渐行渐远，屡次错失富民强国的历史机遇。"不创新就会落后，落后就会挨打"，这是历史经验，也是历史教训。新中国成立以来我国科技事业取得了辉煌成就，但也要正视我国科技创新基础还不牢、自主创新特别是原创力还不强、关键领域核心技术受制于人的格局并没有从根本上改变。如果自主创新能力上不去，一味靠技术引进，就永远难以摆脱技术落后的局面。一个没有创新能力的民族，难以屹立于世界先进民族之林。因此，习近平总书记高度重视创新，总是从国家前途、民族命运和我们党治国理政的政治使命的战略高度来把握创新的紧迫性和必要性，突出强调"创新是引领发展的第一动力"。要求我们把握认识、适应、引领发展新常态的大逻辑，以发展理念、发展思路、发展路径、发展方式、发展政策、发展机制、发展体制、发展制度创新的新常态，应对速度变化、结构优化、动力转化的发展新常态。

## 案例⑦ 创新是海尔文化的灵魂

海尔集团是在 1984 年引进德国利勃海尔电冰箱生产技术成立的青岛电冰箱总厂基础上发展起来的集科研、生产、贸易及金融等于一体的国家特大型企业。总部坐落于青岛市东部高科技工业园海尔工业园，海尔工业园占地 800 亩，是国内最大的家用电器成品开发基地。在张瑞敏总裁提出的创"海尔世界知名品牌"的思想指导下，海尔从一个亏空 147 万元的集体小厂迅速成长为拥有白色家电、黑色家电和米色家电的中国家电第一品牌，产品包括 42 大门类 8600 多个品种，企业销售收入以平均每年 82.8% 的速度高速、持续、稳定增长，1998 年，集团工业销售收入实现 162 亿元，新产品贡献率达 70%。集团现拥有专利 1000 多项，1998 年，海尔平均每个工作日开发一个新产品，每天申报两项专利。目前集团总资产 66.6 亿元，拥有职工 20601 人，下设企业 100 多家。

海尔现已在海外发展了 62 个经销商，30000 多个经销点，产品批量出口到欧美、中东、东南亚等世界十大经济区域，共 87 个国家和地区，1998 年，海尔品牌出口创汇 7665 万美元。企业还在菲律宾、马来西亚、印尼、原南斯拉夫等国家设厂，向国际化大企业的目标迈进。

1997 年 8 月，海尔被国家经贸委确定为中国六家首批技术创新试点企业之一，重点扶持冲击世界 500 强。

海尔现象引起国外众多媒体的关注，美国《家电》《财富》《华尔街日报》，英国《金融时报》等报道了海尔的情况。1998 年 3 月 25 日，海尔集团总裁张瑞敏应邀登上哈佛大学讲坛，"海尔文化激活休克鱼"的案例正式写进哈佛大学教材。

这一切都源于创新。海尔认为，发明不一定是创新，只有把发明转化为社会经济活动并产生经济效益，发明才可以说是创新，市场的难题是创新的课题。过去人们往往把发明等同于创新，使科研机构和生产严重脱节，许多科研成果被束之高阁，难以形成生产力。科研院所作为创新的上游，很难让下游的企业受益，在海尔看来却不是这样，市场的难题才是科研的课题。该课题应当围绕市场来做，北京中关村有一种"卖出去才是硬道理"的说法。

20 世纪四五十年代的市场是美国人的天下，那时瞄准市场就如同打固定靶，市场是固定的，只要把成本降下来就行。到了 60 年代，日本开始崛起，他们把市场细分化，就如同射击中的打游动靶，你的产品跟着变化着的市场转。现在即将进入知识经济时代，瞄准市场就如同打飞靶，需要有超前性，有预见性，必须不断地创新才可能有生命力。

所以海尔要求技术人员必须明白，设计的价值就是为市场服务。有的企业关起门来搞创新，海尔兼并过许多这样的企业。也有一些经营困难的企业领导说，他那儿有多少硕士，多少博士，技术力量如何强，为什么还干不好。海尔回答说，你的优势是技术力量强，劣势就是你的技术力量太强，强大到不知市场在哪里。关起门来搞创新，创新就失去了方向，因此我认为创新的第一要求就是和市场结合。海尔大地瓜洗衣机的故事在中央电视台新闻联播、焦点访谈等节目都播出过，《远东经济评论》杂志也对这件事进行报道并给予高度评价，但国内一些媒体却不理解。我想，这种现象正好反映了海尔和其他企业在认识上的差别，大地瓜洗衣机销量并不大，但它验证了海尔的创新理念，给消费者以信心。设想，海尔连这样的市场需求都能满足，还有什么做不到的呢？2015 年，海尔销售了 200 万台冰箱，海尔的冰箱价格比普通的冰箱高，为什么海尔的冰箱卖得这么好呢？因为我们的冰箱满足了不同消费者需求。其他的企业冰箱产量不小，但型号单一，消费者没有选择的余地，海尔去年投放市场的冰箱有 30 多个规格型号，平均每个型号产量不足 1 万台。

市场是检验创新的唯一标准。技术创新最重要的是要有市场效果，这是检验技术创新成果成功与否的唯一标准，通过技术创新开发的新技术新成果最终要通过商品化回到市场，即技术创新的出发点是市场，落脚点仍是市场。海尔集团 1998 年完成新产品新技术 262 项，有 236 项成果实现商品化，商品化率达 90%。如在家电产品健康技术这一国际家电发展趋势课题的研究上，海尔没有满足于在技术理论上攻克这一难题，而是将这一技术迅速应用到系列家电产品上。

（资料来源：金柚网 http://www.joyowo.com/renshizixun/163870.html　2016 年 2 月 11 日）

**思考讨论**

1. 创新是海尔文化的灵魂，你是怎么看的。
2. 结合案例，谈谈当代大学生应如何真正成为改革创新的生力军。

**案例点评**

创新是全面的创新。在当代中国，社会发展离不开创新，创新是社会发展的重要动力。对于企业而言也是如此，因此企业成功的关键在于能够利用多少技术资源，而不仅仅是拥有多少技术资源。技术创新是创新中的一个非常重要的因素，实现技术创新的研发、转化和利用关键在于科技人才。因此，人才创新潜能的开发，激励他们发挥自己的特长，将他们的力量汇聚成共同完成企业发展目标的推动力是企业成功管理的重要体现。创新能力是人们发现新问题、解决新问题、创造新事物的能力，它包括发现问题、分析问题、发现矛盾、提出假设、论证假设、解决问题以及在解决问题的过程中进一步发现新问题、新方法，从而推动事物发展的能力。创新能力是一个人综合素质的最高体现，是一个人全面发展潜质的必然结晶，具有综合性、发展性、创见性和开拓性的特点。当代大学生是我国社会主义现代化建设的接班人和建设者，肩负着光荣而艰巨的历史使命。新时期的大学生置身于实现中华民族伟大复兴的时代洪流之中，应当以时代使命为己任，把握时代脉搏，树立改革创新的自觉意识，培养改革创新的责任感，增强改革创新的能力本领，勇做改革创新的实践者，将弘扬改革创新精神贯穿于实践中体现在行动上。

# 实 践 活 动

## 课内实践——演讲 祖国在我心中

1. 目的要求

通过撰写文章和演讲，对爱国主义有更加深刻的认识。同时对自身爱国主义情感进行挖掘。

2. 实施步骤

时间：90 分钟
地点：教室
步骤一：教师说明演讲的目的和意义，进行动员。
步骤二：学生在 45 分钟内撰写 1000 字左右的文章。
步骤三：按组（5 人一组为宜）选派代表进行演讲，40 分钟。
步骤四：学生评委打分，教师点评。
学生评委根据演讲情况，给予得分。
90～100 分：主题鲜明，结构完整，层次清楚，内容丰富，感情饱满，语言流利，形态大方。
80～89 分：主题鲜明，结构完整，层次清楚，内容较丰富，感情较饱满，语言流利。
70～79 分：主题鲜明，结构较完整，层次较清楚，内容相对完整，有感情色彩。
60～69 分：主题清楚，基本符合演讲的要求。
59 分及以下：观点不正确。

## 课外实践——参观爱国主义教育基地

1. 目的要求

通过参观爱国主义教育基地，激发学生的爱国主义情感，促成爱国主义意识转化为实际行动，从而达到爱国主义教育的效果。

2. 实施步骤

时间：一天（自选）

地点：天津市爱国主义教育基地

步骤一：教师介绍爱国主义教育基地的基本情况和历史意义，明确参观的目的和意义。

步骤二：学生利用周末的时间参观。在条件允许的情况下拍照或摄像。

步骤三：撰写观后感提交。

步骤四：教师点评，课上交流讨论总结。

教师根据学生参观的表现及观后感的撰写情况给予评分。

90～100 分：按照要求参观，态度认真，遵守秩序，观后感结构完整，主题明确，内容充实，感情真挚，图文并茂。

80～89 分：按照要求参观，遵守秩序，观后感主题明确，结构较完整，内容较充实，感情真挚。

70～79 分：按照要求参观，遵守秩序，观后感主题明确，结构较完整，内容较充实，感情较真挚。

60～69 分：按照基本要求完成作业。

59 分及以下：态度不端正，没有参观和没有完成观后感撰写。

# 复习思考题

## 一、单项选择题

1. 中华民族精神的核心是（　　）。
　　A. 团结统一　　　B. 勤劳勇敢　　　C. 爱国主义　　　D. 自强不息

2. 实现中华民族伟大复兴的中国梦，必须弘扬（　　）。
　　A. 文化传统　　　B. 中国精神　　　C. 思想传统　　　D. 历史传统

3. 常常被称为国家和民族的"胎记"，是一个民族得以延续的"精神家园"，是培养民族心理、民族个性、民族精神的"摇篮"，是民族凝聚力的重要基础的是（　　）。
　　A. 文化传统　　　B. 爱国主义　　　C. 儒家思想　　　D. 集体主义

4. 关于爱国主义是维护祖国统一和民族团结的纽带，下列说法错误的是（　　）。
　　A. 在中华民族的发展史上，爱国主义精神对于维护祖国统一和民族团结起到了十分重要的作用

B．什么时候团结统一，国家就积贫积弱，什么时候分裂内乱，国家就强盛安宁

C．维护国家主权和领土完整，是国家的核心利益

D．祖国统一和民族团结，始终是代表了中国社会历史的发展方向，代表了中国各族人民的共同心愿

5．新时期爱国主义的主题是（　　）。

　　A．走社会主义道路　　　　　　　B．实现国家统一

　　C．建设和发展中国特色社会主义　　D．维护国家主权

6．关于爱国主义，下列说法错误的是（　　）。

　　A．爱国主义并非是个人实现人生价值的力量源泉。

　　B．爱国主义体现了人们对自己祖国的深厚感情。

　　C．是人们对自己故土家园以及民族和文化的归属感、认同感、尊严感和荣誉感的统一。

　　D．它是调节个人与祖国之间关系的道德要求、政治原则和法律规范，也是民族精神的核心。

7．钱学森是功勋卓著的科学家，又是心系祖国的赤子。新中国成立后，他放弃国外的优越工作和生活条件，回到祖国，投身祖国建设，受到了国家的表彰。在荣誉面前，他是这样说的"说是表彰我的工作，我想这里面'中国'两个字是最重要的。"这段话标明（　　）。

　　A．科学和科学家都是有国界的　　　B．科学没有国界，但科学家有国界

　　C．科学和科学家都没有国界　　　　D．科学有国界，但科学家没有国界

8．"禾苗离土即死，国家无土难存"，反映了爱国主义科学内涵的（　　）主题。

　　A．爱祖国的大好河山　　　　　　　B．爱自己的骨肉同胞

　　C．爱祖国的灿烂文化　　　　　　　D．爱自己的国家

9．关于爱国主义与爱社会主义的关系，下列说法错误的是（　　）。

　　A．爱国主义与爱社会主义不具有一致性。

　　B．爱国主义与爱社会主义的统一是中国历史发展的必然结果。

　　C．社会主义制度的建立，为祖国的繁荣发展提供了可靠的保障。

　　D．社会主义在中国不是一句空洞的口号，而是集中代表着、体现着、实现着国家、民族和人民的根本利益。

10．时代精神的核心是（　　）。

　　A．民族精神　　　B．爱国主义　　　C．与时俱进　　　D．改革创新

11．破除社会发展障碍、激发社会发展活力的引擎是（　　）。

　　A．创新　　　　B．改革　　　　C．科技　　　　D．教育

12．真正的爱国者，在任何时候、任何情况下都要把（　　）放在第一位，把民族自尊心和民族自豪感体现在爱国的实际行动中。

　　A．维护集体和个人的利益　　　　　B．维护国家的社会主义制度

C．维护国家安全、荣誉和利益　　　D．维护个人利益

13．把握经济全球化趋势与爱国主义的相互关系的问题上，需要着重树立一些观念，其中不包括（　　）。

A．人有地域和信仰的不同，但报效祖国之心不应有差别

B．科学没有国界，但科学家有祖国

C．经济全球化是世界经济发展的必然趋势

D．经济全球化等于全球政治、文化一体化

14．以下表述正确的是（　　）。

A．经济全球化既是机遇，也是挑战

B．为维护国家主权，要坚决抵制经济全球化

C．可以用一种政治制度、价值观念和意识形态来衡量世界

D．政治一体化和文化一体化在经济全球化过程中是必要的

15．以下表述错误的是（　　）。

A．时代精神是民族精神的时代性体现

B．体现了社会在一定历史时期的思想观念、价值取向、精神风貌和社会风尚

C．时代精神的核心是爱国主义

D．它反映社会进步的发展方向，引领时代的进步潮流，是社会的主旋律和时代的最强音

16．邓小平曾经指出："港澳、台湾、海外的爱国同胞，不能要求他们都拥护社会主义，但是至少也不能反对社会主义的新中国，否则怎么叫爱祖国呢？"这说明，在当代中国（　　）。

A．爱国主义与爱社会主义是一致的

B．爱国主义与拥护祖国统一是一致的

C．爱国主义与爱中国共产党是一致的

D．爱国主义与爱马克思主义是一致的

17．（　　）作为兴国强国之魂，是实现中华民族伟大复兴不可或缺的精神支撑和精神动力。

A．中国精神　　　B．中华文明　　　C．道德规范　　　D．传统文化

18．关于经济全球化过程中爱国主义并没有也不会过时，下列说法错误的是（　　）。

A．经济全球化是一把双刃剑，既是机遇，又是挑战

B．在经济全球化背景下，发展中国家在获益的同时，也要面对经济、政治和文化等多方面的挑战

C．西方发达国家利用经济、科技和军事等方面的优势，竭力输出自己的政治观、价值观、文化观和生活方式，力图主导经济全球化进程

D．爱国主义是狭隘的民族主义，也可能是大国沙文主义

19．在中国传统文化中，重视并崇尚精神生活，是古代思想家们的主流观点。下列

说法不包含的是（　　）。

    A．"不义而富且贵，于我如浮云"

    B．"一箪食，一瓢饮，在陋巷，人不堪其忧，回也不改其乐"

    C．"先义而后利者荣，先利而后义者辱"

    D．"为天地立心，为生民立命，为往圣继绝学，为万世开太平"

20．关于爱国主义与个人实现人生价值的关系，下列说法错误的是（　　）。

    A．爱国主义体现了每个中华儿女对祖国的责任，这种责任是社会发展的客观要求，也是每个人自身发展的客观需要

    B．一个人能够成为什么人，应该成为什么人，在很大程度上依赖于个人的奋斗

    C．祖国给个人的成长发展创造条件

    D．祖国为个人实现人生价值提供舞台、指明方向

21．关于民族精神和时代精神的关系，下列说法错误的是（　　）。

    A．民族精神为时代精神提供生长根基和发展动力，是时代精神形成的重要基础和依托

    B．时代精神则是民族精神的时代性体现，牵引着民族精神的发展方向，并赋予民族精神以时代内涵

    C．一切时代精神都曾经是一定历史阶段中带动潮流、引领风尚、推动社会发展的民族精神

    D．一切时代精神都将随着历史的变迁逐步融入民族精神之中

22．中国精神是兴国强国之魂，下列说法错误的是（　　）。

    A．实现民族复兴的精神引领　　　B．凝聚中国力量的精神纽带

    C．提升综合国力的重要保证　　　D．促进经济发展的重要保障

23．戚继光抗击倭寇，郑成功收复台湾，三元里人民抗英，体现了爱国主义优秀传统中的（　　）。

    A．维护祖国统一，促进民族团结　　B．抵抗外来侵略，捍卫国家主权

    C．心系民生苦乐，推动历史进步　　D．开发祖国山河，创造中华民族

24．由于历史和现实的一些原因，生活在祖国大陆之外的一些同胞对大陆缺乏了解，对他们的行为应当具体分析、具体对待。下列说法错误的是（　　）。

    A．站在拥护祖国统一的立场上　　B．深明中华民族的大义

    C．能够在经济上求同存异　　　　D．在爱国主义的旗帜下团结起来

25．伟大的实践孕育伟大的精神，改革开放 30 多年的伟大实践孕育了以改革创新为核心的伟大"时代精神"，下列选项不属于"时代精神"的是（　　）。

    A．在抗击自然灾害过程中形成的"九八"抗洪精神

    B．在筹备和举办重大活动中形成的奥运精神

    C．爱岗敬业、争创一流、艰苦奋斗、勇于创新、淡泊名利、甘于奉献的劳模精神

D．保我国土、爱我家乡的爱国主义情怀

**二、多项选择题**

1．爱国主义的时代价值有（　　　）。
　　A．维护祖国统一和民族团结的纽带
　　B．实现中华民族伟大复兴的动力
　　C．实现人生价值的力量源泉
　　D．实现个人利益的工具手段

2．爱国主义的基本要求有（　　　）。
　　A．爱祖国的大好河山　　　　　　B．爱自己的祖国
　　C．爱自己的骨肉同胞　　　　　　D．爱祖国的灿烂文化

3．中华民族的爱国主义优良传统内涵极为丰富，包括（　　　）。
　　A．热爱祖国，矢志不渝　　　　　B．天下兴亡，匹夫有责
　　C．维护统一，反对分裂　　　　　D．同仇敌忾，抗御外辱

4．促进民族团结，必须（　　　）。
　　A．深化对党的民族理论和民族政策的认识
　　B．牢固树立正确的祖国观、民族观，增强国家意识、公民意识、中华民族共同
　　　体意识
　　C．努力增进各个民族之间的相互了解、相互尊重、相互包容、相互欣赏、相互
　　　学习、相互帮助
　　D．认清藏独和疆独等各种分裂主义势力的险恶用心和反动本质

5．民族精神的基本内容有（　　　）。
　　A．团结统一　　　B．爱好和平　　　C．勤劳勇敢　　　D．自强不息

6．爱国主义与拥护祖国统一的一致性，是对（　　　）的要求。
　　A．生活在中国内地的中国公民　　B．港澳同胞
　　C．台湾同胞　　　　　　　　　　D．海外侨胞

7．（　　　）充分体现了中华民族在处理民族问题上的宽宏胸襟。
　　A．礼仪之邦　　　B．亲仁善邻　　　C．协和万邦　　　D．讲信修睦

8．关于改革创新说法正确的是（　　　）。
　　A．改革创新是时代精神的核心
　　B．改革创新是进一步解放和发展生产力的必然要求
　　C．改革创新是建设社会主义创新型国家的迫切需要
　　D．改革创新是全面深化改革、推动经济社会全面发展的重要条件

9．关于树立改革创新的自觉意识，下列说法正确的是（　　　）。
　　A．树立突破陈规陋习的自觉意识
　　B．树立大胆探索未知领域的信心和勇气

C．树立以创新创造为目标的志向

D．发扬"一万年太久，只争朝夕"的奋发精神

10．关于培养改革创新的责任感，下列说法正确的是（　　）。

A．改革创新表现为一种不甘落后、奋勇争先、追求进步的责任感和使命感

B．改革创新是推动社会发展进步的动力源泉

C．没有一种推动社会进步、造福苍生的强烈责任感和使命感，很难支撑人们克服和战胜改革创新过程中的艰难困苦

D．当代大学生理当培养起以改革创新推动社会进步，在改革创新中奉献服务社会、实现人生价值的崇高责任感和使命感

11．自强不息作为中华民族精神的重要内涵，具体体现在（　　）。

A．"精卫填海""大禹治水""愚公移山"等不屈不挠的精神

B．"富贵不能淫，贫贱不能移，威武不能屈"的坚贞、刚毅品德

C．"因时而变""随时而制""与时偕行""与日俱新"等与时俱进精神

D．"和为贵""化干戈为玉帛"的团结统一理念

12．关于增强创新的能力本领，下列说法正确的是（　　）。

A．扎实系统的专业知识是增强改革创新能力本领的基础

B．培养创新型思维方式是增强改革创新能力本领的前提

C．积极投身实践是增强改革创新能力本领的关键

D．成为一个有道德的人是增强改革创新能力本领的目标

13．"你对国家的热爱更高于你对职业和薪水的追求。"这是某媒体对姚明回国参加奥运会的高度评价。姚明的行为体现了我国公民（　　）。

A．积极履行公民义务，维护国家荣誉和利益

B．坚持个人利益与国家利益相一致的原则

C．坚持享受权利与履行义务对等的原则

D．把个人命运与国家荣誉紧密联系在一起

14．促进两岸关系发展取得更多积极成果，推进祖国统一要做到（　　）。

A．坚持一个中国原则　　　　　B．推进两岸交流合作

C．促进两岸同胞团结奋斗　　　D．反对"台独"分裂图谋

## 三、判断题

1．国防是国家生存与发展的安全保障。　　　　　　　　　　　（　　）

2．科学没有国界，但科学家有祖国。　　　　　　　　　　　　（　　）

3．国家竞争力的核心是文化创新。　　　　　　　　　　　　　（　　）

4．在经济全球化的形势下，国家仍是民族存在的最高形式，是国际社会活动中的主体。　　　　　　　　　　　　　　　　　　　　　　　　　　　　　（　　）

5．"舍生取义"体现了中国古人对道德修养和道德教化的重视。　（　　）

6. "君子""圣人""真人""新民"体现了中华民族重视人生境界和理想人格。
（　　）

7. 人有地域和信仰的不同，故报效祖国之心也应有不同。（　　）

8. 经济全球化是世界经济发展的必然趋势，因此也要实现全球政治、文化一体化。
（　　）

9. 勤劳是一切事业成功的保证，是兴家立国之本。（　　）

10. 和平统一最符合包括台湾同胞在内的中华民族的根本利益。（　　）

## 四、简答题

1. 中国精神的主要内容是什么？
2. 在经济全球化背景下为什么要弘扬爱国主义精神？
3. 新时期的爱国主义有哪些主要内容？
4. 为什么说重精神是中华民族的优秀传统？
5. 为什么说中国精神是兴国强国之魂？
6. 爱国主义的科学内涵及基本要求有哪些？
7. 简述改革创新的重要意义。
8. 民族精神的含义和基本内容有哪些？

## 五、论述题

1. 如何做一个忠诚的爱国者？
2. 结合自身实际，谈谈学生应如何真正成为改革创新的生力军。

# 专 文 赏 析

**人民日报评论员文章：让爱国主义焕发时代的光芒**

新华社北京 2009 年 4 月 14 日电，为庆祝新中国成立 60 周年，我们将在全国范围内深入开展群众性爱国主义教育活动。中宣部今天召开电视电话会议进行动员部署，标志着这项活动拉开序幕。

在五千年的历史长河中，作为民族精神的核心，爱国主义始终是中华民族团结统一的精神纽带，始终是凝聚力和向心力的基本源泉，始终是推动中国社会发展进步的巨大力量。这种精神，寄托着对民族命运的拳拳之心，倾注了对中华大地的兹兹之念，凝聚了对国家富强的殷殷之望。国家强盛，百姓幸福，这是爱国主义最为朴素的价值指向，也是无数仁人志士孜孜以求的奋斗目标。

从这个目标看，中国共产党领导中国人民经过长期浴血奋战，实现了民族独立和人民解放，建立了新中国，结束了国家四分五裂、民族蒙受屈辱、人民灾难深重的局面。中国人民从此站起来，中国从此走上了独立、民主、统一的道路，中华民族从此开启了新的历史纪元。这场中国历史上最广泛最深刻的社会变革，奏响了爱国主义最为雄浑激荡的伟大乐章。

从这个目标看，新中国成立 60 年特别是改革开放 30 年来，中国社会取得了巨大进步，综合国力大幅提升、人民生活不断改善、国际地位显著提高。中国人民的面貌、社会主义中国的面貌、中国共产党的面貌发生了历史性变化。60 年来特别是改革开放 30 年中国取得的伟大成就，本身就是爱国主义最生动的教材。这一中华民族发展史上的巨大跨越，书写了爱国主义最为壮丽辉煌的历史篇章。

今天我们弘扬爱国主义，就是要从历史的财富中寻找源头，从社会的进步中汲取力量，从一代又一代人的奋斗中获得启示。没有共产党就没有新中国，就没有国家的富强和民族的振兴；只有社会主义才能救中国，只有改革开放才能发展中国。这是我们理解爱国主义的历史基点，也是我们弘扬爱国主义的现实依据。爱国从来就不是抽象的。爱国主义，是爱国、爱党、爱社会主义的统一，是社会主义核心价值体系与中国特色社会主义道路的统一，是民族精神与时代精神的统一。这是当代爱国主义精神最本质、最重要的表现。

爱国主义既有历史的继承性，又有鲜明的时代性。我们所面临的时代，是经济全球化趋势日益深入的时代，是国与国之间的综合国力竞争日趋激烈的时代，也是中华民族的伟大复兴展现出灿烂前景的时代。

在这样的时代，我们需要增强民族文化的认同感和归属感，让爱国主义的当代价值更加凸显。一个民族只有保持特性，才能在国际交流中保持独立的自我，才能在现代化进程中找到精神支柱。我们弘扬爱国主义，就要进一步增强民族自尊心、自信心和自豪感，以民族精神的传承和弘扬，奠定我们走向世界走向未来的基础。

在这样的时代，我们需要拥有一个大国所应有的精神高度，让爱国主义的时代内涵更加丰富。正在走向复兴的中华民族，其前途和命运已经融入世界格局。30 多年改革开放的伟大实践，使中国人民有了开阔的国际视野。我们弘扬爱国主义，就要以宽广的胸怀融入世界，让理性、开放、包容，成为我们的主动选择和自觉心态。

在这样的时代，我们需要强化社会责任感和历史使命感，让爱国主义的实践特性更加鲜明。爱国主义作为情感、理智和行动三者交融的有机整体，是爱国之情、强国之志和报国之行的统一。在国际竞争日趋激烈的今天，爱国主义的现实要求更加强烈。我们弘扬爱国主义，就要把个人的行动融入推动国家发展、民族振兴的时代洪流中去，使爱国主义成为促进社会进步的巨大力量。

在漫长的历史演进中，中华民族屡经挫折而不屈，屡遭坎坷而不衰，外来势力冲不散，帝国主义打不垮，成为世界历史上唯一文明不曾中断的伟大民族。其重要原因就在于，千百年来爱国主义传统已深深融入我们的民族意识中。在历史的诸多重要关口，在社会进步的漫漫征程上，我们都能看到爱国主义迸发的精神力量，是如何挺立起一个民族的脊梁，铸就了一个国家的尊严，壮大着五千年中华薪火相传的文明血脉。

我们相信，在新中国成立 60 周年之际，在全国范围内深入开展群众性爱国主义教育活动，必将激发爱国热情，振奋民族精神，使爱国主义转化为迎接挑战、战胜困难的坚定信心，转化为推动科学发展、促进社会和谐的实际行动，转化为全面建设小康社会、实现中华民族伟大复兴的强大精神力量。

心系民族命运，心系国家发展，心系人民福祉。让爱国主义旗帜高高飘扬，焕发新的时代光芒！

（资料来源：中央政府门户网站 www.gov.cn 2009 年 4 月 14 日）

### 神州处处跳动着行进中国的脉搏
### 《"这是一个讲改革开放的地方"》采访手记

走进中国浦东干部学院，已是暮色四合。那被"中国红"巨型钢构包裹的建筑还是从夜色中跳脱而出，一眼难忘。

这里，似乎并不是我心目中的"基层"。记忆拉回 2011 年秋冬，我作为光明日报"走转改"小分队成员走山村小学、进乡间诊所、访农家橘园，眼前尽是憨朴笑脸，脚下沾满黄泥黑土。一个个"地气十足"的故事，伴随着脚步俯仰皆是。而此刻，这个"气派敞亮"的所在，有什么故事可以诉说？

第一个讲述者是常务副院长冯俊。讲至兴味盎然处，他一言以蔽之："这是个讲改革开放的地方！"

其后两天的见闻，印证了这句话。

这是个讲改革开放的地方，课程创新、教法改革一直处于"进行时"。在"演播室"开发布会，练习媒体沟通；以模拟实战的形式制定预案、应对危机"就是要让学员们觉得新鲜、好玩又管用"。

这是个讲改革开放的地方，目标只有一个——培养适应改革开放要求的干部。跟"青海"班，听到的多是发达市县经验，"踮起脚尖还是够得到"；跟"海归"班，则多了对国情国策的完整勾画。确是"改革要什么讲什么，干部缺什么补什么"。

这是个讲改革开放的地方，络绎不绝的"洋学员"来了又去，触摸到一个精彩而友善的中国，留下超越国别种族的爱与尊重。这所学院为其打开一扇观察中国的大门，也用中国故事、中国风采、中国力量，推开了他们心中的信任之门。

还疑惑什么呢？我释然了。基层是火热的，更是多彩的。在中国的每一个角落，或繁华或闭塞，或城市或乡野，总有可敬可爱的人们用心演奏着自己的音符；这些音符或激越或舒缓，或轻快或凝重，汇总起来，便是一首恢宏磅礴的中国进行曲。对每个恳切的观察者而言，农民手中捧起的丰收喜悦是中国；画家笔下流淌的五彩斑斓是中国；党员干部坚守的风清气正、自我提升是中国；面向世界敞开的坦荡胸襟、友善情怀同样是中国。我们深知，一个大国的筑梦之路上，有多少"天翻地覆慨而慷"的喜悦辉煌，就会有多少"雄关漫道真如铁"的艰辛悲壮；有多少琐细温暖的平凡收获，就会有多少荡气回肠的宏伟奇迹。因此，走基层的意义，或许不只在于我们所到之地的大或小、"土"或"洋"，更在于我们心中的标尺是否够公正，躬下的身子是否够贴近，笔下的记录是否够真诚。生活是世间最精彩深刻的艺术品。在其面前，我们的笔力总是有限的，那么，至少，让我们葆有一颗向生活学习、为人民而歌的初心。

中国故事越来越精彩，中国声音越来越洪亮，中国记者心中的世界和脚下的舞台，也越来越宽广。让我们以此景共勉——享受它，是一种深刻真实的幸福；记录它，是一种不可轻慢的责任。

（资料来源：节选自《光明日报 读者之窗》中"讲好中国故事 弘扬中国精神 传播中国声音" 2015年2月8日）

### 关于周恩来总理的爱国故事

周恩来同志是伟大的马克思主义者，伟大的无产阶级革命家、政治家、军事家、外交家，党和国家主要领导人之一，中国人民解放军主要创建人之一，中华人民共和国的开国元勋，是以毛泽东同志为核心的党的第一代中央领导集体的重要成员。周恩来同志的卓著功勋、崇高品德、光辉人格，深深铭记在全国各族人民心中，在国际上也享有很高威望。周恩来感动世人的经典语录和故事众所周知，中华人民共和国开国总理周恩来为国家和民族建立的丰功伟绩彪炳青史。他不仅为中国人民所敬仰，同样赢得了世界人民的尊敬。他敏捷机智和人格魅力可以说，无处不在。

情景1：

一位西方记者问周总理："请问总理先生，现在的中国有没有妓女？"不少人纳闷：怎么提这种问题？大家都关注周总理怎样回答。周总理肯定地说："有！"全场哗然，议论纷纷。周总理看出了大家的疑惑，补充说了一句："中国的妓女在我国台湾省。"顿时掌声雷动。

中国大陆解放以后封闭了内地所有的妓院，原来的妓女经过改造都已经成为自食其力的劳动者。这位记者想：问"中国有没有妓女"这个问题，你周恩来一定会说"没有"。一旦你真的这样回答了，就中了他的圈套，他会紧接着说"台湾有妓女"，这个时候你总不能说"台湾不是中国的领土"。周总理一眼就看穿了他的伎俩，这样回答当即识破了分裂中国领土的险恶用心。

情景2：

外国记者问总理："在你们中国，明明是人走的路为什么却要叫'马路'呢？"周总理不假思索地答道："我们走的是马克思主义道路，简称马路。"

这位记者的用意是把中国人比作牛马，和牲口走一样的路。如果你真的从"马路"这种叫法的来源去回答他，即使正确也是没有什么意义的。周总理把"马路"的"马"解释成马克思主义，恐怕是这位记者始料不及的。

美国代表团访华时，曾有一名官员当着周总理的面说："中国人很喜欢低着头走路，而我们美国人却总是抬着头走路。"此语一出，四座皆惊。周总理不慌不忙，脸带微笑地说："这并不奇怪。因为我们中国人喜欢走上坡路，而你们美国人喜欢走下坡路。"

情景3：

一位美国记者在采访周总理时，看到总理桌子上有一支美国产的派克钢笔，便以带有几分讥讽的口吻问道："请问总理阁下，你们堂堂的中国人，为什么还要用我们美国产的钢笔呢？"周总理听后，风趣地说："谈起这支钢笔，说来话长，这是一位朝鲜朋友的抗美战利品，作为礼物赠送给我的。朝鲜朋友说，留下做个纪念吧。我觉得有意义，就留下了这支贵国的钢笔。"美国记者一听，顿时哑口无言。

情景4：

一个西方记者说："请问，中国人民银行有多少资金？"周恩来委婉地说："中国人民银行的货币资金有18元8角8分。"他看到众人不解的样子，又解释说："中国人民银行发行的面额为10元、5元、2元、1元、5角、2角、1角、5分、2分、1分的10种主辅人民币，合计为18元8角8分。"

情景5：

1971年，美国国务卿基辛格博士为恢复中美外交关系秘密访华。在一次正式谈判尚未开始之前，基辛格突然向周恩来总理提出一个要求："尊敬的总理阁下，贵国马王堆一号汉墓的发掘成果震惊世界，那具女尸确是世界上少有的珍宝啊！本人受我国科学界知名人士的委托，想用一种地球上没有的物质来换取一些女尸周围的木炭，不知贵国愿意否？"

周恩来总理听后，随口问道："国务卿阁下，不知贵国政府将用什么来交换？"基辛格说："月土，就是我国宇宙飞船从月球上带回的泥土，这应算是地球上没有的东西吧！"

周总理哈哈一笑："我道是什么，原来是我们祖宗脚下的东西。"基辛格一惊，疑惑地问道："怎么？你们早有人上了月球，什么时候？为什么不公布？"

周恩来总理笑了笑，用手指着茶几上的一尊嫦娥奔月的牙雕，认真地对基辛格说："我们怎么没公布？早在5000多年前，我们就有一位嫦娥飞上了月亮，在月亮上建起了广寒宫住下了，不信，我们还要派人去看她呢！怎么，这些我国妇孺皆知的事情，你这个中国通还不知道？"周恩来总理机智而又幽默的回答，让博学多识的基辛格博士笑了。

情景6：

1954年，周恩来参加日内瓦会议，通知工作人员，给与会者放一部《梁山伯与祝英台》的彩色越剧片。工作人员为了使外国人能看懂中国的戏剧片，写了15页的说明书呈周总理审阅。周恩来批评工作人员："不看对象，对牛弹琴。"工作人员不服气地说："给洋人看这种电影，那才是对牛弹琴呢！"

"那就看你怎么个弹法了，"周恩来说，"你要用十几页的说明书去弹，那是乱弹，我给你换个弹法吧，你只要在请柬上写一句话："请您欣赏一部彩色歌剧电影，中国的《罗密欧与朱丽叶》就行了。"电影放映后，观众们看得如痴如醉，不时爆发出阵阵掌声。

1954年6月25日开始，周恩来总理对印度进行了访问。访问期间，他同印度总理尼赫鲁举行了会谈，两国总理发表联合声明，重申了两国签订的《关于中国西藏地方和印度之间的通商和交通协定》中所规定的两国之间关系的五项原则：互相尊重领土主权；互不侵犯；互不干涉内政；平等互利；和平共处。声明指出，这些原则不仅适用于中印两国之间的关系，而且也适用于一般的国际关系问题。

情景7：

1960年4月下旬，周恩来总理与印度谈判中印边界问题，受到美国支持的印方提出一个挑衅性问题："西藏自古就是中国的领土吗？"周恩来总理说："西藏自古就是中国的领土，远的不说，至少在元代，它已经是中国的领土。"对方说："时间太短了。"周恩来总理说："中国的元代离现在已有700多年的历史，如果700多年都被认为是时间短的话，那么，美国到现在只有100多年的历史，是不是美国不能成为一个国家呢？"

情景8：

在日内瓦会议期间，一个美国记者先是主动和周恩来握手，周总理出于礼节没有拒绝，但没有想到这个记者刚握完手，忽然大声说："我怎么跟中国的好战者握手呢？真不该！真不该！"然后拿出手帕不停地擦自己刚和周恩来握过的那只手，然后把手帕塞进裤兜。这时很多人在围观，看周总理如何处理。周恩来略略皱了一下眉头，他从自己的口袋里也拿出手帕，随意地在手上扫了几下，然后——走到拐角处，把这个手帕扔进了痰盂说："这个手帕再也洗不干净了！"

情景9：

一个美国记者刁难周总理，问："中国现在有四亿人，需要修多少厕所？"这纯属无稽之谈，可是，在这样的外交场合，又不便回绝，周总理轻轻一笑回答道："两个！一个男厕所，一个女厕所。"

美国前总统尼克松称赞周恩来：他的敏捷机智大大超过了我所知道的其他任何一位世界领袖。中国如果没有毛泽东就可能不会燃起革命之火；如果没有周恩来，就会烧成灰烬。

联合国前秘书长哈马舍尔德于1955年在北京会见过周总理后，说过一句广为流传的话："与周恩来相比，我们简直就是野蛮人。"

美国前总统肯尼迪夫人杰奎琳说："全世界我只崇拜一个人，那就是周恩来。"

前苏联总理柯西金说："像周恩来这样的同志是无法战胜的，他是全世界最大的政治家。"柯西金在会见日本创价协会会长池田大作时说："请你转告周总理，周总理是绝顶聪明的人，只要他在世一天，我们是不会进攻的，也不可能进攻的。"

加拿大著名学者罗纳德赞叹：周恩来是本世纪最伟大的外交家，国际上公认完美的外交家。

1971年美国《时代》杂志两名记者受邀访问中国，其中摄影师菲施贝克同意他们一行人的普遍的看法：周恩来"口才好，很漂亮，很机智"。有一次周恩来通过译员对美国人说："请对我们的国家提出批评吧。"但是谁也没有提出批评。于是周恩来说："好吧，我可以提出批评。那边那些摄影师甚至不让我走过去。我不得不叫人把他们推开。"大家都笑了。菲施贝克认为，中国人通过对美国乒乓球队的款待发出的一个主要信息是：

欢迎世界各国人民到中国去。他说："总起来说，这是在一个幅员广大的国家以很快的速度展开的一个大规模的满面微笑的运动。"

# 推 荐 书 目

1．《爱国主义教育实施纲要》1994 年 8 月 23 日中共中央发布。

2．钱学敏：《钱学森在美国的 20 年》，《光明日报》2006 年 6～7 月连载。

3．樊天顺等主编：《中华精神》，海洋出版社，1991 年版。

4．江泽民：《爱国主义和我国知识分子的使命》，《江泽民文选》第 1 卷，人民出版社，2006 年版。

5．习近平：《在第十二届全国人民代表大会第一次会议上的讲话》，《习近平谈治国理政》，外文出版社，2014 年版。

6．中共中央宣传部宣传教育局、教育部思想政治工作司、国家民委政策法规司：《民族团结教育通俗读本》，学习出版社，2009 年版。

# 参 考 答 案

**一、单项选择题**

1．C  2．B  3．A  4．B  5．C  6．A  7．B  8．A  9．A  10．D  11．B  12．C  13．D  14．A  15．C  16．B  17．A  18．D  19．D  20．B  21．C  22．D  23．B  24．C  25．D

**二、多项选择题**

1．ABC  2．ABCD  3．ABCD  4．ABCD  5．ABCD  6．ABCD  7．BD  8．ABCD  9．ABC  10．ABCD  11．AC  12．ABC  13．AD  14．ABCD

**三、判断题**

1．√  2．√  3．×  4．√  5．×  6．√  7．×  8．×  9．√  10．√

**四、简答题**

1．要点

中国精神是民族精神和时代精神的统一。主要包括以爱国主义为核心的团结统一、爱好和平、勤劳勇敢、自强不息的伟大民族精神和以改革创新为核心的时代精神。

2．要点

在经济全球化背景下，科学技术的发展和利用是跨国界的，商品在全世界销售，资本跨国界流动，信息得以共享，各国经济交往中需要遵循共同规则，跨国公司本土化的程度不断提高，不仅利用当地的自然资源，而且还充分利用当地的人力资源。在经济全球化的条件下，国家仍然是民族存在的最高组织形式，是国际社会活动中的独立主体。只要国家继续存在，爱国主义就有其坚实的基础和丰富的意义。我们在参与经济全球化的过程中，必须坚定地捍卫自己国家的利益，这就更需要爱国主义的支撑。

对于当代大学生来说，在如何把握经济全球化趋势与爱国主义的相互关系的问题上，需要着重树立这样一些观念。人有地域和信仰的不同，但报效祖国之心不应有差别。科学没有国界，但科学家有祖国。经济全球化过程中要始终维护国家的主权和尊严。

3．要点

新时期的爱国主义主要包括：

（1）在经济全球化条件下，必须坚持和弘扬爱国主义。

（2）坚持爱国主义与爱社会主义的统一。在当代中国，爱国主义首先体现在对社会主义中国的热爱上，这是中华人民共和国每一个公民必须坚持的立场和态度。爱国主义与爱社会主义的统一是中国历史发展的必然结果。社会主义制度的建立，为祖国的繁荣发展提供了可靠的保障，它集中代表着、体现着、实现着国家、民族和人民的根本利益。

（3）坚持爱国主义与拥护祖国统一相结合。要坚持爱国主义与拥护祖国统一的一致性，这是对全体中华儿女包括港澳台同胞以及海外侨胞的基本要求。在这里，爱国与否是最基本的政治原则。任何旨在制造国家分裂、损害国家主权和领土完整的言行，都会遭到具有强烈爱国主义精神的海内外中华儿女的坚决反对。

4．要点

（1）表现在对物质生活与精神生活相互关系的独到理解上。

（2）表现在中国古人对理想的不懈追求上。

（3）表现在对道德修养和道德教化的重视上。

（4）表现在重视人生境界和理想人格。

（5）中国共产党是中华民族优秀传统的忠实继承者和坚定弘扬者。

5．要点

（1）习近平强调指出，实现中国梦必须弘扬中国精神。这就是以爱国主义为核心的民族精神，以改革创新为核心的时代精神。

（2）实现民族复兴的精神引领。

（3）凝聚中国力量的精神纽带。

（4）提升综合国力的重要保证。

6．要点

（1）爱国主义体现了人们对自己祖国的深厚感情，反映了个人对祖国的依存关系，是人们对自己故土家园以及民族和文化的归属感、认同感、尊严感与荣誉感的统一。它是调节个人与祖国之间关系的道德要求、政治原则和法律规范，也是民族精神的核心。

（2）爱祖国的大好河山。

（3）爱自己的骨肉同胞。

（4）爱祖国的灿烂文化。

（5）爱自己的祖国。

7．要点

（1）在当代中国，社会发展离不开改革创新，改革创新是社会发展的重要动力。

（2）进一步解放和发展生产力的必然要求。

（3）全面深化改革、推动经济社会全面发展的重要条件。

（4）建设社会主义创新型国家的迫切需要。

（5）只有坚持弘扬以改革创新为核心的时代精神，才能使全体人民始终保持昂扬向上的精神状态，不断推进中国特色社会主义伟大事业。

8．要点

（1）含义：民族精神是指一个民族在长期共同生活和社会实践中形成的，为本民族大多数成员所认同的价值取向、思维方式、道德规范、精神气质的总和。

（2）基本内容：团结统一、爱好和平、勤劳勇敢、自强不息。

## 五、论述题

1．要点

爱国主义是维护祖国统一和民族团结的纽带；实现中华民族伟大复兴的动力；实现人生价值的力量源泉。

做忠诚的爱国者必须做到：

① 推进祖国统一：坚持一个中国原则；推进两岸交流合作；促进两岸同胞团结奋斗；反对"台独"分裂图谋。

② 促进民族团结。

③ 增强国家安全意识：确立总体国家安全观；增强国防意识；履行维护国家安全的义务。

2．要点

（1）树立改革创新的自觉意识：进一步解放和发展生产力的必然要求；全面深化改革、推动经济社会全面发展的重要条件；建设社会主义创新型国家的迫切需要。

（2）培养改革创新的责任感。

（3）增强改革创新的能力本领：扎实系统的专业知识是增强改革创新能力本领的基础；培养创新型思维方式是增强改革创新能力本领的前提；积极投身实践是增强改革创新能力本领的关键。

# 第三章
## 领悟人生真谛　创造人生价值

人们活在世上不是为自己而向生活索取什么，而是试图使别人生活得更幸福。

——奥斯勃

人的一生中，最光辉的一天并非是功成名就那天，而是从悲叹与绝望中产生对人生的挑战，以勇敢迈向意志那天。

——福楼拜

## 学习目标

通过本章内容的学习、思考和实践，使学生自觉识别和抵制错误的人生观，积极追求高尚的人生目的；树立积极进取的人生态度，以豁达、开朗、进取的心态面对人生中的各种境遇；学会人生价值观的正确选择与评价，在承担责任中努力创造、体现自己的人生价值。通过本章的学习，应当做到：

1. 知识与能力目标：识记如何创造和实现人的价值。使学生领悟和认识实现人的价值的正确途径，形成劳动和奉献的意识。

2. 过程与方法：通过教学，使学生正确把握评价人生价值的标准和实现人生价值的条件，在实践中创造有价值的人生。

3. 情感态度价值观目标：让学生正确认识处理个人与社会之间的关系，让学生走出自我，走向成功。

## 学习重点

1. 理论方面的重点是认清错误的人生观的实质与危害，理解为人民服务的人生价值观的时代内涵。

2. 知识方面的重点是人生价值评价的标准，人生价值实现的方法和条件。

## 学习难点

深刻体会协调利益关系，处理个人与他人、个人与社会关系的关键。

## 学习方法

1. 通过对本章和相关材料的阅读，理解人生观、人生价值的基本概念。

2. 阅读相关著作，梳理中西思想史上有代表性的人生观。

3. 通过现实观察，列举个人与社会关系的典型事例，阐述个人与社会应确立怎样的合理关系。

4. 通过本章和相关材料的阅读，掌握人生价值的选择和评价原则、方法。

# 第一节　树立正确的人生观

**案例 ❶　故事："我哪去了"**

从前有个和尚犯了法，被判去远方充军，官府派了个士兵押解和尚，这士兵有个特点，记忆力很差，为了不出差错，士兵编了首口诀："文书钥匙枷，雨伞和尚我"，一路都在念。和尚看出了门道，就在晚上吃饭时，设法将士兵灌醉。然后从他身上取出钥匙，打开了自己脖子上的枷，将它戴在士兵的脖子上，并将他剃了光头，自己就逃跑了。第二天，士兵醒来，按口诀逐一查对，发现文书、钥匙、枷、雨伞都还在，但和尚呢？他一不小心摸到了自己的光头，松了一口气说："幸好和尚还在。"可是最后一项呢？"我到哪去了？"

**思 考 讨 论**

1. 人是什么？人的本质是什么？

2. 人生为了什么？人与人、人与社会是如何联系的？怎样才能正确地把握这些关系？

**案 例 点 评**

在东方，道家主张自然的人性论。道家创始人老子认为："人法地，地法天，天法道，道法自然"，"自然"是人的本性。法家主张性恶论。要使人向善，就必须以严刑峻法约束人，控制人的恶欲，才能保证社会的平安，政权的稳定。墨家认为，人与动物的区别在于动物不用劳动，只要从自然界中取得现成的食物，就能生存，而人要生存，就必须不断地辛勤劳作，"赖其力者生，不赖其力者不生"。儒家孔子说："性相近也，习相远也。"

古希腊哲学家苏格拉底借用德尔菲神庙上的一句古老的格言来表达自己的思想，这句著名的格言就是："认识你自己。"短短的一句格言，蕴含了无穷的真理，表达了古希腊人，乃至人类，对自身探索的真正开始。他是西方最早把人与动物从哲学上区别开来的人。古希腊智者普罗泰格拉曾说："人是万物的尺度，是存在者存在的尺度，也是不存在者不存在的尺度。"

柏拉图认为只有人的精神或理念才能代表人本身。他说："人是长着两条腿的没有羽毛的动物。"亚里士多德则认为，人不仅仅是个体的存在，他更是社会的动物，缔造国家的生物，人实际上是政治动物。法国著名的理性主义代表人物笛卡儿曾提出了"我思故我在"的著名哲学命题，他认为，世界上的一切都是值得怀疑的，但是无论我们怎样怀疑，我们却不能怀疑"我在怀疑"这一事实本身，由此，他把人的理性看作人的本质存在。

一个个关于"人是什么的"讨论似乎让我们彻底迷失了，是的，我们究竟是什么，人究竟是什么呢？

到了 19 世纪中叶，马克思和恩格斯运用辩证唯物主义和历史唯物主义的立场、观点和方法，揭开了人类社会历史本质之谜，从而使人的本质问题在人类历史上第一次得到了科学的说明。1845 年马克思在《关于费尔巴哈的提纲》中提出人的本质的科学论断："人的本质并不是单个人所固有的抽象物。在其现实性上，它是一切社会关系的总和。"马克思指出人的本质是一切社会关系的总和，社会属性是人的本质属性，人的自然属性也深深打上了社会属性的烙印。人的存在不仅仅是个体的存在，在一定意义上，人首先应该是社会的人。从人类的起源上看，劳动创造了人，而劳动本身即是一种社会性的人类活动；从人的现实存在角度看，人必须与他人、社会发生关系才能生存。

我们说社会性是人存在的前提条件，从本质上讲，人实际上是各种社会关系的总和。马克思的这个科学论断，为考察人的本质提供了科学的思维方法。我们不应当根据善恶之类的抽象原则去规定人的本质，而应当根据现实的社会关系的总和去确定人的真正的本质，这种方法才是科学的方法。一个人，其社会关系全面性发展的程度越高，他作为人的发展水平就越高，就越接近、最终脱离动物界。

## 案例② 苦难是人生另一种幸福

一个特困大学生唐勇军，为了完成自己的大学学业，骑着自行车不停地穿行于都市之间，做家教、跑业务，挣钱维持生活。上大学时，他仅仅带着 1070 元钱来到学校，此后再也没有向家里要过 1 分钱。去年，他父亲生病，他将自己积攒的 2200 元寄给父亲治病。因为贫困，他是不幸的，也正是因为贫困，锻炼了他的能力，让他更加自信地面对今后的生活。一年一度的高考结束了，"考完儿子考老子"，家境困难的考生和家长忧心忡忡。家境困难的同学和家长，不必过于担心，唐勇军的故事告诉我们：一个意志坚强、勤奋进取的人，家境再困难也不能阻碍他完成大学学业。

### 贫寒孩子，一心要圆大学梦

唐勇军生活在桂林市全州县的一个偏远山村，从镇上到县城只有一趟班车，每天早上车子从镇上开出，下午开回。不便利的交通对应的是山村的贫困。相比山村里的居民而言，唐勇军的家庭则更加贫困。在唐勇军上高中的时候，他的爷爷、奶奶相继去世，办理丧事花了近 8000 元。在 1999 年至 2000 年，唐勇军的姐姐生病，由于没有钱持续住院治疗，她在 2000 年 10 月底死去。"破船偏遭迎头风"，由于欠债太多、压力过大，唐勇军的妈妈就在他读高二的那一年从楼上掉下来，不幸去世。巨大的家庭变故，没有压倒唐勇军，反而让他认识到，只有继续上学这一条路可走，并下决心走出这个贫寒的小山村。但此时，年老的父亲已无力给唐勇军交学费，亲戚和邻居也不愿再帮助他们。

就这样，唐勇军在 2001 年因无力缴纳学费而被迫辍学。经历过痛苦的煎熬之后，他决定以旁听自学的方式继续他的高中课程。为了方便旁听，他在县城租房居住。租房给唐勇军的老婆婆知道他的家庭情况后，原本每月 50 元的房租只收他 15 元。为了报答老婆婆，唐勇军时常帮她维修房屋。为了交房租和维持自己的生活，唐勇军找了一份在建筑工地做电焊工的活。忙一天下来，眼睛累得见光就流泪。有段时间，唐勇军没有多余钱买米做饭，他就去买三元钱一斤的萝卜，一斤有三个，卖萝卜的人见他可怜，就多给他一个。买回来之后，他把萝卜从中间切开，一顿吃半个。尽管如此，他仍然坚持学习。在自学的一年里，唐勇军跑遍了县城的 3 所高中，见缝插针地旁听，搞不懂的问题，就请同学帮自己去问老师。一次，在一所中学旁听时，他穿着仅有的一双拖鞋，违反了学校规定，被校长缴了。唐勇军不敢说出真相，只好光着脚回到了租住的房间。2002 年高考前夕，出租屋被小偷"光顾"，他的身份证、好不容易积攒下来的 100 多元现金和仅有的一支钢笔被盗走，他欲哭无泪。所有的这些痛苦，他无人倾诉，都留在了自己的日记本里。2001 年 9 月 13 日，他在日记中这样写道："从今天开始，我开启了自学的航船，不得不这样，因为我没钱；我去学校旁听，那是我渴望自己有渊博的知识；我窃书，因为我无法提供任何钱换来书；我每天饿着肚皮只吃两餐，因为我为了节省钱，只要饿不死就是我最大的希望；我要学习，我脸皮厚，吃别人的，因为我母亲过世，家里没有钱，不得不这样。"苦心人，天不负，2002 年夏，他以"社会考生"的身份参加高考，以超出本科线 30 多分的成绩考上了广西工学院计算机工程系。

人生苦难，也是一所好大学。

考上了大学，他并没有兴奋，因为他心里很明白：得到大学录取通知书并不意味着苦难的结束，而是一个新的挑战的开始，前行的路上，他还有很多困难要去面对。临行前，唐勇军和父亲东拼西凑，终于筹得了 1070 元钱，与要交给学校的学费还有很大差距，他想，吃了这么多的苦好不容易考上大学，也总得学校去看看吧，好歹也算进了一趟大学的门。于是，唐勇军只有抱着试试看的心理来到学校。幸好，学校针对贫困生开通的"绿色通道"接纳了他，不仅批准他缓交学费，还赠送了被子给他，叫他安心学习，有困难就和学校一起想办法解决，唐勇军这才松了口气。入学的当晚，唐勇军彻夜难眠。他谋划着，如何能在这座陌生的城市生活下去，同时还要完成学业。第二天，唐勇军就在老乡处借了一辆自行车，开始熟悉柳州，看到哪里有建筑工地、有招工启事、有废旧收购点，他都一一记了下来，他知道，以后要生活下去，可能要用到这些"资源"。他天天骑着自行车，花了半个月时间，把柳州走了个遍。发新书了，别人把书抱回宿舍，他却一直守到最后，收集包书的纸皮拿去卖。第一次卖，他就得了 30 多元钱。后来，他看到教室里别人丢下的纸张也收集了起来；学校招人在夜里守自行车，看到信息后他立即报了名，从晚上 10 点守到凌晨 2 点；双休日，别人去逛街、在宿舍打游戏，他在学校附近的建筑工地搬砖头、灌砂浆。刚开始的日子，唐勇军就是这样过来的。既要赚钱，还要学习。

后来，唐勇军想，守单车、捡废纸、搬砖头、灌砂浆这些工作，虽然能养活自己，但和社会接触不多，应该多学习一下如何创造性地挣钱。他想到了做家教，在教孩子学习的时候了解城市里的家长是如何教育孩子的、学习与人接触的礼仪。于是，他在柳钢附近找到一份教高三学生的家教，教完之后在学生家吃晚饭，这个学生的家长是一家公司的老板，这位家长经常在饭桌上教孩子为人处世、待人接物的方法，唐勇军听在耳里，记在心里，为他后来的打工打下了基础。那时候的唐勇军，有两份家教做，一份在柳北片，一份在柳南片，相距 20 多公里。一天的家教，光骑自行车的时间就要花 3 小时，为了生活，唐勇军坚持着。有一次，晚上 10 点多钟，唐勇军从学生家回来，已经很累的他撞上前面的三轮车跌了下来，唐勇军忍着剧痛慢慢爬起来，连忙问正在扶自行车的三轮车师傅："我的自行车坏了没？"知道原因后，三轮车师傅说："你真是要钱不要命啊！"

唐勇军对笔者说，读大学期间，他有很大一部分时间是在自行车上度过的。3 年来，他骑坏了 3 辆自行车。"我要先考虑挣钱，再考虑学习，因为我无法生活就无法学习。"唐勇军的学习在班上保持中等水平。在广西工学院计算机系学生会，唐勇军先后任勤工部部长、外联部部长。在接触社会的过程中，他学会了如何与人交际，还为系里举办的活动拉得了不少赞助。通过他的联系，电信、移动、联通、老人头服饰等近 10 个单位赞助了计算机系组织的学生活动，还成功地组织了"微星校园行"活动。往往拉一次赞助，先要做好策划方案，然后就要跑数十家单位，和老板讨价还价，他乐此不疲。自从上大学时带来 1070 元钱之后，3 年来，唐勇军没向家里要过一分钱。去年 7 月，唐勇军的父亲胃出血住院，家里无钱可用，唐勇军把自己积攒的 2200 元钱全部寄给了父亲治病。

### 自己脱困，更要兼济他人

没有钱还能继续读书？唐勇军的父亲唐敦税虽然为儿子能给钱给自己治病感到很欣慰，但他一直不相信唐勇军是在大学校园里读书。5 月 26 日，是唐勇军和 80 名同学获得国家助学贷款的日子，唐敦税作为家长代表第一次来到柳州、来到广西工学院。唐敦税亲眼看到儿子和其他同学一样，较好地完成着学业，终于露出了欣慰的笑容，在发言台上，唐敦税哽咽着说不出话来，他明白儿子的艰辛，他为自己帮不上儿子而内疚，也为有这样一个懂事、自强的儿子感到由衷的自豪。唐敦税患有坐骨神经痛，行路艰难，但是，他坚持要在唐勇军的搀扶下，在校园里走走。学校很大，很漂亮，他感到这里比山里的任何地方都漂亮，儿子的坚强让他无比欣慰。唐勇军扶着父亲，他没感到生活对他不公，他工作后第一个愿望就是要将父亲接到城里，和他一起生活。"穷则独善其身，达则兼济天下。"唐勇军说，有了中国银行的 6000 元助学贷款，即使大四这一年全年不打工，也能够用到毕业。唐勇军想的，是要让校园里更多的贫困生能够通过自身的努力读完大学，他要创办一个"贫困生互助协会"。唐勇军告诉笔者，广西工学院的贫困生比例在 25%左右，其中特困生比例占 6.5%，也就是说该校有 3000 多名贫困生。虽然学校已经建立了以奖学金、勤工助学、特殊困难补助和学费减免为主体，多元化地资助经济困难学生的体系，但是更多的学生需要在学校的帮助下自食其力。而目前来看，学生当中私下"卖"一个家教岗位就要几十上百元，其他岗位收费也很高，给贫困学生打工增加了负担，对这种行为，唐勇军很看不惯，唐勇军要利用自己锻炼出来的交际能力，帮学生免费提供家教等打工岗位，如把家教联系点设在社区，请社区工作人员帮忙收集家教需求信息，再用义务劳动的方式对社区进行回报等。目前，唐勇军"互助协会"创办事宜正在操作中，暂取名"扬帆社"。唐勇军努力生活着、学习着，贫困让他比别人懂得了更多的东西。

（资料来源：《柳州日报》）

**思考讨论**

1. 唐勇军，一个特困大学生，为了完成自己的大学学业，骑着自行车不停地奔波，做家教、跑业务，挣钱维持生活，他用自己的行动证明：一个意志坚强、勤奋进取的人，家境再困难也不能阻挡他实现自己的梦想。从大学特困生唐勇军的奋斗历程中你得到的最大人生感悟是什么？

2. 把苦难理解为人生的另一种幸福，这体现了一种积极的人生态度。你认为大学阶段如何才能做到用积极进取的态度指导人生？

**案例点评**

人生没有绝对的事。在某些时候，失去的同时也得到了，而且得到的远远比失去的要多。英国的伟大诗人弥尔顿，最杰出的诗作是在双目失明后完成的；德国的伟大音乐家贝多芬，最杰出的乐章是在他的听力丧失以后创作的；世界级小提琴家帕格尼尼是个用苦难的琴弦把天才演奏到极致的奇人。他们被称为世界文艺史上"三大怪杰"，居然都是残疾人！他们之所以有那样的成就，正是因为他们有一颗平常心，不计较利害得失。科学家贝弗里奇说过："人们最出色的工作往往是处于逆境下做出的。思想上的压力，甚至肉体上的痛苦，都可能成为精神上的兴奋剂。"其实，"残缺"并不可怕，可怕的是不能够正视现实。不要感叹命运多舛不公。命运向来都是公正的，在这方面失去了，就会在那方面得到补偿。当你感到遗憾失去的同时，可能有另一种意想不到的收获。

### 案例  2011 "中国大学生年度人物"候选人事迹

#### 2011 年"中国大学生年度人物"候选人何平事迹

何平，女，1991 年生，中共党员，湖南科技大学外国语学院 2009 级对外汉语专业学生。

何平同学孝老爱亲，在父亲中风瘫痪在床、母亲患间歇性精神病、弟弟患先天性心脏病等家庭灾难面前，以超乎常人的毅力，坚持勤工俭学，长期照顾家人，20 岁带着弟弟上大学；她勇于担当，尽己所能关爱他人、捐献灾区，用真诚和行动诠释并践行着一名当代大学生的社会责任；她乐观进取，面对常人难以承受的厄运，坚持对党和政府、对社会、对未来充满信心，始终用愉快的歌声和热情的行动感染他人；她追求卓越，坚持用高标准严格要求自己，政治上积极上进，学习上勤奋努力，全面提高自身的综合素质，先后获得国家励志奖学金、学校十佳大学生等荣誉。

何平同学身上，集中体现了一名 90 后大学生高尚的道德品质、强烈的责任意识、积极的人生态度和顽强的拼搏精神。她的优秀事迹得到各级领导的高度重视，受到人民日报、新华社、中央电视台、中国教育报等新闻媒体的广泛关注，在社会各界和高校师生中引起了热烈反响。何平同学被誉为"最有担当的 90 后大学生"、"向日葵女孩"等。许多同学在网上留言，对照何平，要好好反省自己，好好孝敬父母，好好完成学业，做社会的有用之才。

### 她孝老爱亲，显现出高尚的道德品质

何平的童年是在贫困和艰辛中度过的，这让她比同龄的孩子懂事早。在成长的道路上，她毅然用赢弱的肩膀扛起生活的重负，尤其是面对接二连三的家庭变故，不遗余力地照料患病的家人，演绎出一段段人间真情，高扬起孝老爱亲的中华民族传统美德。

1991 年，何平出生在浏阳市澄潭江镇吾田村一个贫病交加的家庭，母亲患有脑膜炎后遗症，后来发展成间歇性精神病；父亲因车祸后失去劳动能力；弟弟患有先天性心脏病。虽然政府有一些救济，但在巨大的生活压力下，何平从小就跟村里的婶婶、婆婆到花炮厂插引线、做"巴巴"、卷筒子，帮父母挣药费，给自己挣学费。

在 2008 年紧张备战高考之际，家庭两大灾难接踵而至：年初，父亲突发脑出血瘫痪在床；8 月，弟弟何君心脏病突发生命垂危。巨额的手术费全压在了这个 17 岁女孩的肩上。何平一个人撑起了家庭的"顶梁柱"，想方设法联系亲友、各级民政部门、慈善部门和社会团体筹集巨额医药费，甚至在村上负责人的带领下，挨家挨户募捐。那段时间，何平根本没有钱吃饭，也没有时间合一下眼。在精神和经济的双重压力下，何平晕倒了好几次。最后，爸爸和弟弟成功得救。

尽管照顾家人耽误了很多时间和精力，但勤奋的何平把这片孝心亲情转化为求学的动力，仍然以优异的成绩考取了湖南科技大学。学校对她落实了一系列帮扶政策，她自己利用课余时间打工为父亲和弟弟积攒医疗费，情况正在好转。然而，弟弟何君由于先天性心脏病加上长期营养不良，8 岁发育仅及正常 5 岁儿童水平，而且血铅严重超标。看着身高只有 1 米零几、体重才 30 来斤的弟弟，何平心急如焚。2011 年 4 月，她经过慎重思考，做出了人生中一个重要的选择：将父母无力照顾的弟弟带到身边读书。

能够一边读书一边照料弟弟，何平非常高兴。虽然学校减免了弟弟何君的学杂费，但为了改善弟弟的营养，何平依然面临着更大的经济压力。于是，她决定多去打工，暑假时最多做了七份兼职，以保证弟弟每天吃到荤菜、每两天一个苹果一杯牛奶，而她自己偷偷吃着一块钱的"无荤餐"。弟弟入学之后，特别胆小，甚至有自闭的倾向。为了解决他的心理问题，何平经常向有孩子的老师请教，怎么样让弟弟开朗起来，怎么样让弟弟愿意多说话，怎么样哄弟弟喝牛奶、吃药等。在何平的精心照料下，何君身高增长

到 1.21 米，体重增加到 43 斤。上学期期末考试，语文 97 分，数学 96 分。姐弟俩的生活充满了欢声笑语。

回忆起这些往事，何平爸爸总是老泪纵横，"没有女儿，这个家早就垮了"，而何君经常说，"我的姐姐像爸爸。"

### 她勇于担当，表现出强烈的责任意识

2008 年 7 月，何平在报纸上偶然看到有个男孩因母亲身患重病无钱医治，准备辍学打工。何平感同身受，记下了救助热线电话。当时何平的存折里只有 3000 多元，这是爸爸后续治疗的费用，她拿出 1600 元，亲自送到男孩家里。同样的事情也发生在汶川地震时，何平把学校发的 1000 元救助款捐了出来，被班主任发现追回后，她还是瞒着班主任捐了 100 元，而当时她一天的生活费只有 3 元钱。大学寝室同学宁泽艳说，每次只要学校有募捐，何平都会积极参与。去年艺术学院有个同学的父亲得了癌症，她捐出了当时身上仅有的 50 元，回寝室还发动大家去捐助。外国语学院有个女生父亲得了白血病，何平在募捐会上蹭地站起来，动情地说："你经历的那些困难我都经历过，你要坚强些，我一定会尽力帮助你。"

何平特别懂得体谅关心同学，总是把好处让给别人。今年 9 月班上组织评选新一学年度的贫困生补助，只有 8 个名额。何平听说有 9 个同学报名之后，悄悄把申请表收了回来。何平的大学室友、同学都得到过何平的热情帮助。前段时间，有位网友了解何平的生活经历后，给她寄来了 47 件衣服，何平把 30 多件衣服送给了贫困同学。对此，何平坦言，有好东西要跟大家分享。事实上，她的衣服基本上都是别人给的，或者在大四学生开设的跳蚤市场上买的二手衣。

何平曾经担任英语语言艺术团（简称 ELAA）副团长，对工作投入了很多心血。有次下大雨，天气又很冷，何平大清早就起床洗漱准备去领读。看着室外的雨点，室友都劝她别去算了。但是何平说，"既然我在做这份工作，我就应该尽自己的最大努力，把工作做好。"何平冒着大雨赶过去，衣服都打湿了，冻得瑟瑟发抖，还因此得了感冒，但是何平并没有抱怨。

媒体报道之后，很多人通过微博、QQ、电话表达了捐助意愿。对于学校、地方政府和社会各界给予的每一笔资助，哪怕是一块钱，何平都会用心记下来，并在自己的 QQ 空间里公布。面对各种关心和帮助，何平觉得身上的责任更重、压力更大，她希望靠自己的能力让家人过上好日子。她现在最大的愿望，就是弟弟健康快乐成长，自己考上研究生，将来有能力延续人间最温暖的善意与爱心。看着何平长大的邻居杨瑞华说，"她是一个最知好歹的妹子。"

### 她乐观进取，追求卓越，展现出顽强的拼搏精神

何平被媒体誉为"向日葵女孩"。她认为向日葵代表着一种乐观进取的生活态度，人也应该如此，一直面向太阳，将苦难的阴影抛在脑后。何平说："最艰难的日子已经

过去了，一切都在慢慢变好。我要像向日葵一样，迎着太阳生活！"

尽管要照顾弟弟、勤工俭学，何平在学习上没有丝毫懈怠。在何平房间墙壁上，贴着一张写得密密麻麻的作息表：6:00 起床晨读；12:00 打扫卫生；12:40 辅导何君功课；19:30 带何君晚自习……2:00 前睡觉。对于何平而言，时间总是不够用。由于睡眠不足，上课时怕自己睡着，何平很多时候干脆站着上课，这让很多任课老师都记得她。两年下来，何平的平均成绩达到 85.6 分，一直名列前茅。受到她勤奋学习的影响，全班 27 名同学大二没有一人挂科，平均成绩在 80 分以上的有 20 人，打算考研的有 23 人，班级学习氛围也日渐浓厚。

何平乐观进取的精神品质，深深影响了周围的同学和老师。她还总是鼓励性格内向、不敢在公共场合说话的同学克服心理障碍。"有时我不够自信，她就会推我一把，让我站起来回答问题。如今，我的表达能力、演讲水平都有了很大提高。"同学小艺说起何平来很感激。

何平这种乐观进取的人生态度，既源于她个人坚强的意志品质，也根植于党和政府、社会、学校对她的关爱和帮助。她始终对党和政府、对社会、对未来充满信心，感激之情溢于言表。正如她在思想汇报中写到的，"滴水之恩当涌泉相报。党和政府对我和家人的恩，又岂止滴水？我能拿什么作为回报？这是我必须用行动来回答的问题。"

## 2011 中国大学生年度人物候选人杜双庆事迹

杜双庆，男，中共党员，兰州大学教育学院教育技术学专业 2008 级本科生。

先后担任兰州大学教育学院教育技术学班班干部、兰州大学文史学社主席、《梦想星周刊》杂志记者，兰州大学学生社团联合会常务副主席（执行主席），兰州大学青年传媒集团副理事长，兰州大学教育学院团委学生副书记等学生职务。

### 自强之路：天行健，君子以自强不息

杜双庆，出生于甘肃省陇南市文县尖山乡核桃坪村，家境贫寒，9 岁就因意外导致右臂臂丛神经坏死，成了一个残疾学生。2008 年，以优异的成绩考入以"自强不息，独树一帜"为校训的兰州大学，曾经的飞来横祸已经让这个本就贫寒的家庭更加一贫如洗；上大学的费用对这个家庭来说无疑又是一个天文数字，当时又恰逢"5·12"汶川大地震，灾难让这个家庭更是雪上加霜。

面对这样的困难，杜双庆没有退却，而是选择了自立自强。他宽心地为父母"打气"，"办法总比困难多，既然有办法考上大学，就肯定有办法读完大学。离开了家乡，没有了你们的照顾，我会自己照顾自己；家里经济不宽裕，我就自己供自己。"而后，杜双庆就带着家里仅有的 600 余元钱来到了他梦寐以求的"象牙塔"。考虑到其家境困难的情况，学校批准了他的助学贷款申请，接下来生活费就是摆在他面前最大的难题。

"穷人的孩子早当家"，杜双庆同学无疑是属于那种"早熟"的学生，如何才能解决自己的生活困境呢？思考之后，他在日记本里写下了这样几个字："家中无一物，我就

自谋路。"从此开始了他的兼职生涯。

大学三年来，他做过家教、校园代理、推销员；摆过地摊，送过面包等，因为其自立自强、艰难付出，总算有了回报。从大一第二学期开始，他就没有问家里要过一分钱。相反，还经常把省出来的钱拿一部分补贴家用和供妹妹读书。

杜双庆说，"因为我只有一只胳膊，所以做很多兼职都不方便，刚开始做家教的时候，很多小孩的家长就怕自己左手写字会误导孩子，都不敢聘用我，但是，还好，我坚持下来了，用我的付出和责任新赢得了信任，解决了自己的生活困难，更收获了面对困难和未来的自信与感动！"

夜深人静处，正是读书时。各种各样的兼职，并没有影响杜双庆的学习成绩，相反更加让他学会了时间方面的自我管理，他除了学好专业课外，还旁听了十余门自己感兴趣的课程。加上自己"自立自强"的学习精神和"艰苦钻研"的学习拼劲儿，他还荣获了"兰州大学科研创新一等奖学金""兰州大学优秀学生奖学金"等。

杜双庆在学习之余也不忘积极投入党的怀抱，经过积极申请、努力学习，于 2011 年光荣地加入了中国共产党成为了一名共产党员。为了纪念这一自己的重大的人生开端，他还特意在《中国青年报》上撰文《像个党员一样活着》。他说，"在党的 90 华诞之际，自己能光荣地成为一名共产党员，实在是没有比这更激动人心的了。党员，不仅是一种光荣身份，更是一种生活的方式和状态。"因为其扎实过硬的政治素质，以及在学生工作等方面的努力和成绩，他还荣获了"兰州大学十佳优秀共青团员标兵""兰州大学优秀学生团干部"等多项荣誉。

同时由于杜双庆同学自立自强的不屈精神，面对困难的不畏勇气，自信乐观的生活态度和优秀不忘卓越的孜孜追求态度，2011 年其被团中央授予"2010 中国大学生自强之星"荣誉称号。

**公益之路：老吾老以及人之老，以公益的姿态回报社会**

杜双庆这个在别人眼中应该受到社会关爱的弱势大学生，用他自己的"自强"精神和行动解决了个人生活中的重重困难后，铭记感恩与别人给予的关爱。从一个别人眼中也该得到社会帮助的"受助者"转身成为了一个助人者。

2010 年 9 月，在《旅游卫视》主播的"2010 联想青年公益创业计划"大赛舞台上，他从全国 18000 余名参赛者中脱颖而出，最终夺得了该项公益真人秀比赛的全国十强（金奖），并获得主办方提供的 10 万元奖金，以此他开始了自己漫长的"公益之旅"。

杜双庆用自己获得的 10 万元奖金，招募了甘肃高校近 300 名大学生志愿者开始了他的"夕阳公益"。他说，"随着城市节奏的加快，更多的城市家庭无暇贴心地关怀老人；大量的农民工进城，更多的农村家庭空巢老人更是难有可靠的依靠。这个时候就需要我们青年群体挺身而出，面对这个国家庞大的人口基数，我们能帮助的人或许九牛一毛，但是这是一次集结号，一个开端，相信会有更多的青年人听到我们的心声而被召唤、老吾老以及人之老，不仅是传统美德和爱心奉献，更是青年人应该用肩膀来扛的社会责任。"

杜双庆和他的团队自 2010 年 11 月至今，其"夕阳关怀"的足迹已经走过 18 个省的 71 个市县，在祖国的 116 个村庄关怀了 1024 名农村空巢老人、264 位农村老人，团队累计服务时长达 122100 个小时。

正如《创业家》杂志对杜双庆同学以《从断臂少年到公益创业者》为题报道里说的那样，"杜双庆虽然举不起自己的右臂，却用自己的心举起了一个又一个公益项目"。除了这个"夕阳公益"外，杜双庆在环境、社区、三农、助老、农民工子女等公益领域里，也带给了很多需要帮助的人最温暖的关怀，并且先后获得国家或社会类公益奖项 14 项，成了一名兰大师生眼中的"小雷锋"。

《中国青年报》曾经专题报道了杜双庆同学的感人公益事迹，亲切地称他为"大学校园里的独臂公益达人"，也因为其在平凡的大学生活里，以"自强、感恩和奉献"所做出的努力，杜双庆被提名为"2011 感动甘肃·十大陇人骄子"的候选人。

他说，"我都可以做一些对社会有意义的事，更多比我身体好的人，肯定能做得更好！""做公益，永远带着一颗尊重和关怀的心，而不是怜悯！只要愿意贡献出来和生命等值的时间，实现生命与生命的互动，就是一个优秀的公益人，公益需要牵手，需要更多的人加入，这样的爱心才会更有力量！"

**毕业之路：放弃优越的就业机会，我想到西部基层去服务**

毕业季临近，因为其参加的一些社会活动和公益项目，加之电视节目和媒体报刊的宣传报道，很多招聘单位都愿意向杜双庆同学伸出"就业援助之手"，然而他却一一友好而感恩地回绝。他说自己热衷于创业，特别是希望自己能够走上公益创业之路。

2011 年是杜双庆同学自己的"创业丰收年"，他不仅将自己的创业项目运营得很好，同时也为学校和团队抱回一堆"创业奖项"。这一年，他先后获得"吉利杯"全国学生创业大赛二等奖，2011 全国大学生技术创业大赛二等奖，2011 第三届中国大学生励志创业大赛亚军及"最具投资潜力项目奖"等。目前，他所合伙的公司和自己运营的创业项目都进展良好。他说希望自己能够创业成功，这样自己就会有能力去做更多有益于团队和社会的事情。

但是，当他听说团中央启动了"优秀大学生西部基层建功计划"的消息时，却喜出望外、激动不已。他说，团中央启动的这个计划正好契合自己一直想要公益创业的梦想，去西部基层锻炼学习，去西部基层创新创业。自己来自于西部农村，对农村基层有着特殊的感情，希望自己能够扎根西部，走到祖国最需要的基层去，服务基层，用自己的大学所学和青春岁月，去西部基层服务，为人民去建功。

## 后　　记

少小身疾我志远，自强公益载梦飞。

杜双庆说，贫困的家庭，不是自己抱怨的资本。幼年的痼疾，也不是自己退缩的说辞。在志愿服务中锻炼方能够无悔青春，到祖国最需要的西部基层能最能证明价值。

（资料来源：2011 中国大学生年度人物候选人事迹—人民网教育频道　http://stu.people.com.cn/GB/241217/17679113.html）

## 思考讨论

1. 对于何平、杜双庆对待人生的态度你如何评价？

2. 生命对于每个人是平等的，但人的生命价值却不尽相同，有的重如泰山，有的轻如鸿毛。请结合本案例说明应如何评价一个人的人生价值。

## 案例点评

一个人有什么样的人生观就有什么样的人生态度，当一个人对自己的人生观做出了明确的选择，实际上就在主要方面决定了他将如何对待生活，决定了他在实践中以怎样的方式处理各种人生问题。

价值观是人们关于什么是价值、怎样评判价值、如何创造价值等问题的根本观点。评价一个人的价值，应该看他对人民、对社会贡献了什么，而不应看他取得了什么。今天，我们在改革开放和社会主义现代化建设中，应当摆正贡献与索取在人生价值中的位置，全心全意为人民服务，努力为促进社会生产力的解放和发展，为社会的进步、国家的发展和人民群众生活水平的提高多做贡献。

# 第二节　创造有价值的人生

**案例④　走近"2011 感动中国人物"刘伟**

"我的人生中只有两条路，要么赶紧死，要么精彩地活着。"这是无臂钢琴师刘伟的励志名言。

刘伟 10 岁时因一场事故而被截去双臂；12 岁时，他在康复医院的水疗池学会了游泳，两年后在全国残疾人游泳锦标赛上夺得两枚金牌；16 岁他学习打字；19 岁学习钢琴，一年后就达到相当于用手弹钢琴的专业七级水平；22 岁挑战吉尼斯世界纪录，一分钟打出了 233 个字母，成为世界上用脚打字最快的人；23 岁他登上了维也纳金色大厅舞台，让世界见证了中国男孩的奇迹。

颁奖词：当命运的绳索无情地缚住双臂，当别人的目光叹息生命的悲哀，他依然固执地为梦想插上翅膀，用双脚在琴键上写下：相信自己。那变幻的旋律，正是他努力飞翔的轨迹。

推选委员陆小华说：脚下风景无限，心中音乐如梦。刘伟，用事实告诉人们，努力就有可能。今天的中国，还有什么励志故事能赶上刘伟的钢琴声？

当一名职业足球运动员是刘伟的青葱梦想，但 10 岁那年的一次触电事故，不仅让他失去了双臂，更剥夺了他在绿茵场奔跑的权利。

耽搁了两年学业，妈妈想让刘伟留级，他死活不干。在家教的帮助下，刘伟利用暑假将两年的课程追了回来，开学考试，他拿到班级前三名。重回人生轨道的刘伟，一直对体育念念不忘，足球不行，那就改学游泳。12 岁那年，他进入北京残疾人游泳队，两年后在全国残疾人游泳锦标赛上夺得两金一银。

"在 2008 年的残奥会上拿一枚金牌。"刘伟跟母亲许诺。谁知厄运又来纠缠，过度的体能消耗导致免疫力下降，他患上了过敏性紫癜。医生警告说，必须停止训练，否则可能危及生命。无奈之下，刘伟与游泳说再见，走进了后来带给他成功的音乐世界。

练琴的艰辛超乎常人的想象。由于大脚趾比琴键宽，按下去会有连音，并且脚趾无法像手指那样张开弹琴，刘伟硬是琢磨出一套"双脚弹钢琴"的方法。每天七八个小时，练得腰酸背疼，双脚抽筋，脚趾磨出了血泡。三年后，刘伟的钢琴水平达到了专业七级。

"我的人生中只有两条路，要么赶紧死，要么精彩地活着。"在《中国达人秀》的舞台上，刘伟演奏了一首《梦中的婚礼》，全场静寂，只闻优美的旋律。曲终，全场掌声雷动，他是当之无愧的生命强者。去年，刘伟又登上了维也纳金色大厅。同学们，请珍惜生命，珍爱生活，用心过好我们的每一天，让生命和刘伟一样充满阳光，充满传奇！

## 思 考 讨 论

1. 刘伟的人生有价值吗？刘伟的人生价值体现在哪里？
2. 为什么是刘伟而不是别的人成为了"达人秀"的冠军？

## 案 例 点 评

价值最初是一个经济学问题，指的是凝结在商品中的劳动，就是商品的价值。后来运用到各个领域，不同的领域对价值含义的理解各有不同。如这部作品的理论价值、审美价值如何，或是可能带来多少经济价值；有的文物不一定有多少经济价值，但具有很深厚的考古研究价值或收藏价值，等等，说的都是不同语境中的价值。价值观是指人们关于什么是价值、怎样评价价值、如何创造价值等问题的根本观点。人生价值是人的生活实践对于社会和个人所具有的作用和意义，它包含两个方面，即人生的自我价值和社会价值。人生的社会价值，是个体的人生活动对社会、他人所具有的价值，主要表现为个体对社会和他人所做的贡献；人生的自我价值，是个体的人生活动对自己的生存和发展所具有的价值，主要表现为个体对自身物质和精神需要的满足程度，人生价值是自我价值和社会价值的统一。人生价值的评价与标准主要是看他（她）为社会创造了什么社会价值。刘伟的一生是有价值的。因为他感动了所有中国人，为社会创造了巨大的精神财富。同时他也得到了社会对他的尊重与认可，实现了社会价值与自我价值的统一，这正是他人生价值的体现。

实现人生价值，需要有坚定的理想信念，需要有正确的价值观指引。要实现人生价值必须先为自己的人生确立一个正确的目标导向，带着梦想上路。实现人生价值需要努力发展自己的才能，全面提高个人的素质。要有梦，但不能只做梦，不去实现，要把自己的梦想付诸实际行动。努力学习，努力增长才干，提高自身的素质，你的梦想才会离你越来越近，才有可能实现人生价值。实现人生价值需要充分发挥主观能动性，需要顽强拼搏、自强不息的精神。我国当代著名的教育改革家魏书生老师说："人如果不背叛自己的童年、少年时心灵深处真善美的一面，坚持自己那时勤奋上进的好习惯，那么每个人都会成为杰出的人。遗憾的是，人都有过勤奋的时候，但经受不住安逸的诱惑，向往无所事事，又觉得太问心有愧，于是又踱回勤奋，生命便在这勤与懒的忧郁与踱来踱去中过去了一大半。"人生中有很多诱惑和困难，有些人面对诱惑与困难放弃了自己的梦想，而成功属于坚持的人。

要在劳动中创造和证明自己的价值。"劳动创造美好生活。"你想美梦成真，想有美好幸福的生活，你要用自己的劳动去创造。而且你到底有没有价值，有多大的价值也不是靠你的空口白话说出来的，需要你靠自己的劳动去证明。你劳动了，你创造了有价值的东西，你的价值才能得到证明，得到认可。

### 案例⑤　村官的酸甜苦辣咸滋味

保虎，男，云南富源人，回族，毕业于云南师范大学，硕士研究生学历。2001年9月~2004年7月，因家庭贫困而辍学，从此开始自学高中课程；2004年9月~2009年7月，就读于云南师范大学；2009年7月至今，云南西双版纳勐腊县易武乡纳么田村大学生村官（村党总支副书记）。

保虎是边境一线的一名大学生村官，村民们都叫他"小宝"，大学生村官朋友们称"虎哥"，一是取自他名字的谐音，另一重意思是他身上有股虎虎生气，敢闯敢干。

保虎将自己的青春融入一片泥土的芬芳中，成为中国梦亮丽的一部分。他说："农村青年也是中国梦的参与者、书写者，我的梦想还有很长的路要走。我坚信，唯有奋斗才能踏进梦想之门，唯有在农村大地上一步一个脚印苦干实干，才能将带着泥土芬芳的人生梦想在广阔田野尽情飞扬！"

今天是我来边境当村官的第六年的最后一天，和往常一样，天刚刚亮，就有很多村民来办事情，他们并不知道我今天任期已满。我早习惯了异乡的春、夏、秋、冬这样的早晨。其实，尽管生活在边境他乡，是常人难想象中的不容易，但一想起六年来为这里做的一切，又接触了那么多的淳朴的各民族农民，心也欢快了起来。

这六年，是我步入社会的又一阶段，很苦很累，但也还好，毕竟尝到了人生酸甜苦辣味。和傣、瑶、彝、哈尼等民族相处六年，总的感受是：工作在这里的人很不容易，这里的村民生活很难。其实生活何处不累呢？最近看到一句话："生，容易；活，也容易，但生活不容易！"当然，每个人对生活的标准要求不一样，平凡的生活或许很容易，但那不是村民们想要的！自己累些倒也无妨，或许真的可以"是"苦尽甘来"吧！有些话安慰自己还可以，但交通不便、信息不灵、经济落后、文化不发达等不幸，客观而又真实地降临在这里时，却总也找不到一个安慰他人、解脱自我的方式。

村官六年，酸甜苦辣咸，各种滋味都有，可称村官生活有百味。

### "酸"的滋味

村官六年，虽说为民办的每一件事情，不过是自己的职责所在，没有什么值得夸奖的，但哪怕是一件小事情做了，责任也就跟着来了，做得好有人来捧场；出了问题，就得挨骂挨咒，弄不好把自己送进了监狱。往往农村的事情又那么多，在别人休息时，还得加班加点，眼睛脖子手腕甚至全身都发酸。

人生不如意的事本来就太多。遭误会，受委屈，背黑锅，被冤枉，有口难言，流泪难堪，让人心酸不已。情场、考场、商场、战场，人并非都是一帆风顺，马到成功。失意在所难免，千百万次的挫折和失败，真令人满腹酸楚。不过，酸也是一种调味的佳品。酸得浓郁芳香，美味可口，必能刺激人，感染人，激励人。令人有一种百折不挠的骨气，有一种咬定青山不肯放松的毅力。酸，给予人的独特魅力，也许为你所欣赏，情有独钟。

### "甜"的滋味

甜是人们梦寐以求的滋味。村官六年，农村的艰苦岁月，锻炼了我们的平民作风，使我们获得了多种美誉。在农村艰苦而又充实的生活，是我们人生历程中一笔宝贵的精神财富。我们接触了农村的老百姓，懂得了什么叫苦，什么叫乐；为什么生活，为谁工作，这比什么都重要。在六年村官生活当中，它本身也给了我们许多财富，我们逐渐掌握了与人进行沟通的一些技巧，逐渐克服了性格上的弱点。在丰富认识、提高能力的过程之中，我们的品质和意志也得到了进一步的磨砺和锻炼。因为当村官，认识了不少少数民族朋友，这下可开了眼界，跟着傣族的村主任和村民一起插秧，跟着瑶族的村民一起跳瑶族舞蹈，还跟着佤族的村民茶水泡饭。

饮甘露品琼浆，含在嘴里，甜在心里，多么幸福快乐。人活着的真正的甜味，就像辛勤的蜜蜂那样，是用自己的汗水酿造甜蜜。有付出劳动的代价，自然有收获的季节，我们每一个人都会品尝到真正的甜蜜。

### "苦"的滋味

苦难、痛苦、辛苦，也许我们无力拒绝，但它的存在，自有它的道理。因为它是一味苦口的良药，一道清凉的滋味，它利于人的健康。每一次在工作繁重的情况下，会发点牢骚，说乡镇和村党委有点偏心，总是安排我到处跑，虽说是能者多劳，也不能这么使唤人！有些事情，总让自己苦不堪言。

"天将降大任于斯人，必先苦其心志，劳其筋骨，饿其体肤"。在人们受苦难，受磨炼的日子里，这种滋味是最令人难忘的，因而成为最珍贵的人生。"梅花香自苦寒来"，人生的福都是从苦中来的。乐因苦生，顿悟这一道理，我们不妨自觉吃苦，吃得苦中苦，方为人上人。

### "辣"的滋味

六年的村官生活具有苦辣的味道，尽管如此，但我们的内心却有一股很强的力量，因为我们要把任职所在的乡村向美好的蓝图一步步推进。每当我们成功往前迈向一步时，我们会十分激动，因为我们的辛苦，我们的努力终于有果实了！

### "咸"的滋味

咸，泪水是咸的，血液也是咸的。流血流泪，伤心伤感，悲痛苦楚。人生贫穷和苦难有时也是一种财富。广阔的农村大地就是一本很好的教材，它教会我们书本上学不到的东西，让我们的潜质不可估量地得以发挥。从中，我们学会了与为人处世的道理和人活着的真正价值，我们便会更加珍惜得来不易的成功与幸福。

六年，是一个点，也囊括了一个面，可以是一个结束，也可以是一个开始。世间是循环的，但时间却是消逝着。珍惜时间的方法或许只有一个，那就是"珍惜"！阴影总是与阳光同时存在，乌云，不可能永远遮住太阳的光辉。无需抱怨，无需逃避。经过拼搏，时间定会给我们烟消云散，拨云见日之功。

六年的大学生村官生活是多彩的，就像人生的调味料一样。人的一生总会有酸、甜、苦、辣、咸的其中的一些经历，当经历过后，总会发现，奉献的人生是多么的精彩！

悠悠六载村官情，难忘酸甜苦辣咸滋味。

（资料来源：中国青年网　http://www.dangjian.cn/sy/tjq/dxscg_15867/201506/t20150626_2697316.shtml）

### 思考讨论
通过案例分析人生的自我价值与社会价值关系。

### 案例点评
人生的自我价值和社会价值，既相互区别又有密切联系、相互依存，共同构成人生价值的矛盾统一体。人生的社会价值和人生的自我价值既有区别，又有联系，并且与社会对个人的尊重和满足相互关联。人生的社会价值和自我价值的主要区别，是它们的价值主体不同。人生社会价值的主体是人类、集体和个人，而人生自我价值的主体是自我。

人生的社会价值离不开自我价值。因为，如果一个人的一生，一点也不能自己满足自己，完全靠社会来满足。那么，这个人不仅没有人生的自我价值，也不可能有社会价值。如果一个人的一生有些创造，但是不能完全自己满足自己，还需要社会来满足。那么，这个人虽然有一定的自我价值，却不可能为社会做出任何贡献，也就不可能有什么社会价值。所以，只有在人一生能够满足自己生存和发展的基本需要的基础上，才可能为社会做出贡献。也就是只有在具有了一定的自我价值的基础上，才可能有人生的社会价值。但是，有的人一生的创造恰好满足自己一生的消费，这种人自己直接满足了自己，也回报了社会对自己的尊重和满足，具有不小的人生自我价值。但是，他没有对社会做出任何贡献，也就没有人生的社会价值。这种人虽然无损于社会，但是也无益于社会。这种人认为，自己既不吃亏，也不沾光，很合算。如果所有人都像这种人一样，人类社会的进步就会停止，也就不会发展到现在。

人生的自我价值也不能离开社会价值。一个人，在处于婴幼儿和青少年时期时，是价值的主体。在处于丧失劳动能力的老年时期，也是作为价值的主体。只有在进行劳动创造的青壮年时期，才作为价值的客体，通过劳动创造，一方面自己满足自己，另一方面偿还对人生价值的享用，这两方面是在实现人生的自我价值。再一方面，通过更多的劳动创造，为社会做出贡献，实现人生的社会价值。由此可以看出，一个人是在享用前人的人生社会价值的基础上，才成长起来的。并且，在丧失劳动能力之后，还要享用后人的人生社会价值。一个人不能只享用他人的人生社会价值，而自己却没有人生的社会价值。如果只享用他人的社会价值，而不创造社会价值，就会遭到社会的反对，也就不能很好地实现人生的自我价值。因为，任何人自己满足自己，都不是离开社会而独立实现的。离开了社会，个人就无法满足自己，实现人生的自我价值。

在人类的历史长河中，许多人一生的创造颇多，不仅满足自己，而且回报了社会对自己的尊重和满足，还为社会做出了贡献。这样的人生既有较大的自我价值，又有很大的社会价值，同时实现了人生的社会价值和自我价值的高度统一。人类社会发展的历史事实证明，广大的劳动人民和杰出的历史人物对人类社会做出了许多的贡献，而自己却消费的很少。他们人生的社会价值大于自我价值。正是由于他们的社会价值，才推动了人类社会的进步和发展。每个人都应该实现人生的社会价值和自我价值的高度统一，并且努力使人生的社会价值大于自我价值。

### 案例6 追逐阳光生活

天津交通职业学院物流工程系 08 级学生房晓龙同学身残志坚，自强不息，勇挑家庭重担。以惊人的毅力、刻苦学习；以乐观的生活态度，不断追逐生活的阳光。他的故事感动着同学、老师和身边的每一个人。

在天津市文明办、团市委、市教委和市学联联合主办的"感动校园"——天津市大学生 2009 年度人物评选活动中，通过组委会初评、现场演讲终评、网络投票等综合评选，房晓龙同学以第四名被评为"感动校园"——天津市大学生 2009 年度人物。

同年，在团中央学校部、全国学联秘书处组织开展 2009 年度寻访"中国大学生自强之星"活动中，再次提名为 2009 年度"中国大学生自强之星"。

有人曾说过不幸也是财富，正因为我有这样的"财富"，才塑造了我的意志品质，才成熟了我的心灵，才教会了我勇敢，当遇到困难的时候才会不服输，不放弃，始终用一颗坚强、真诚、感恩的心，去爱生活，去品味生活，去面对生活给我带来的一个又一个挑战，去追逐生活的阳光。

## 笑对困难，做自强不息的挑战者

20 年前，我的出生没有给父母带来幸福与快乐，刚一出生我就被无情的宣判为右腿先天性残疾，这对本来就困难重重的家庭无疑是雪上加霜。父亲因为小儿麻痹落下残疾不能正常生活，母亲也没有工作，靠打零工维持生计。望子成龙的父母四处奔波，最后决定为我进行手术，截掉先天缺陷的右腿。当时只有 4 岁的我并不懂得截掉右腿后的生活意味着什么。

懵懵懂懂地上了小学，争强好胜的我，看着同学们在操场上奔跑跳跃，我不甘示弱，把自己当做正常人，和同学们一起玩耍，在老师、同学眼里我是一个阳光快乐的男孩。小学 3 年级，通过选拔我参加了市残联组织的残疾人运动会，获得了男子 100 米和 200 米跑步亚军。

当我一天天的长大，家里的生活稍有眉目，却又被无情的现实打破了——父亲原本残疾的腿因为意外事故骨折，丧失了劳动能力，导致全家的经济来源没有了！过于困难的家庭生活，过于沉重的家庭负担，使我的母亲患上了焦虑症，面对残酷的事实，我没有退缩，担起了生活的重担。无论春、夏、秋、冬，无论严寒酷暑，我不停地打工挣钱，常常是回到家中早已疲惫不堪。可是每当我想到父母为生活所累，不再挺拔的身躯时，我知道他们需要我，需要我挑起这个家，所以不管多忙、多累、多疼，我都会一直坚持着为他们尽可能去努力去分担，因为我坚信阳光总在风雨后。

## 学海无涯，做奋勇拼搏的跋涉者

"书山有路勤为径，学海无涯苦作舟。"我的求学过程是一条充满艰辛的求学之路。原以为安上假肢我会方便很多，然而一家人报以重望的手术并没有想象中的成功，随着我一天天的长大，腿上长出的骨刺越来越严重，直接影响了假肢的佩戴。由于家庭生活困难，不合适的假肢不能及时更换，我就拖着这条疼痛无比的腿，坚持着我的大学路。白天长时间的走动磨破了截肢的右腿，伤口变得红肿，开始发炎，流出脓血，脱下的假肢常常是脓、血、皮混在一起。为防止感染要用酒精消毒，剧烈的疼痛让我无法忍耐，我咬破了毛巾，咬破了嘴唇，为了不让父母担心，总是一个人承受着这样的痛苦。

家中的父母需要照顾，加上住校生活不便。虽然学院为我安排了宿舍，但我还是选择了走读。我的家住在河东区中山门，从家到学院要跨越河东区、和平区、南开区、红桥区、西青区，但我从不坐公交车，无论什么样的天气，都是骑电动车来上课，为的是省下路费，贴补家用。

坚强，勇敢，倔强的我得到了学院，老师和同学们的认可、赞许。以年均综合素质成绩排名第一，专业成绩排名第三，总成绩排名第五的优异表现先后获得了"国家励志奖学金""国家级奖学金"，并获得了先进个人，优秀团员，优秀志愿者，市级优秀大学生等荣誉称号。2009 年被评为"感动校园——天津市大学生人物"和"中国大学生自强之星"。每日新报，天津日报，渤海早报，城市快报，中国青年报，天津生活广播"夜访百家"访谈栏目等对我的情况都给予了报道。

### 感恩回报，做无私奉献的进取者

入学的时候，学院领导知道了我情况，便为我提供了一切可以享受的资助。这一系列的帮助感动着我，教育着我，我要用自己的行动回报，感恩！

作为曾经拓展就业协会的部长，我们积极组织了一次又一次的就业面试会议，帮助很多同学走上了工作岗位。不定期，我们还组织干事们制作宣传板报，宣传大学生先进事迹，帮助同学们自强、自信、自立地生活。我们的努力得到了老师同学们的支持、肯定、赞扬。

尽管家庭生活拮据，但是当我看到的玉树同胞因为大地震而无家可归承受痛苦的时候，当我看到西南旱灾使得灾区的同胞过着滴水贵如油的生活时，我毫不犹豫地捐出了打工挣来的生活费。虽然，所有的节假日都要用来打工，可是只要稍有时间，我就会参加各种各样的志愿服务工作。今年，我更是加入到了无偿献血的行列中。我一直深深地觉得："社会和身边的人们给了我莫大的帮助，我要用加倍的行动去回报、去感恩。"

生活中很多时候，老师，同学，朋友并不知道我是个残疾人，连我自己也忘记了自己是一个需要被照顾的人，入校以来无论是篮球赛，主持人大赛，晚会准备，歌手大赛，演讲比赛都会出现我的身影，因为我从不沉浸在自己的不幸里，因为我不愿意，更不想因为这些放弃梦想，作为一个拥有"特殊"财富的学生。我想要用我的经历告诉大家：当遇到困难的时候，不要轻易地放弃自己，该面对的事情总是要去面对，命运掌握在自己手中，要相信自己可以去改变它！让生活充满阳光！

虽然我的生活有不便之处，但对于未来的我仍然充满信心，我坚信通过我的努力，我的父母会得到幸福，我的愿望会得到满足，我的人生价值会终究实现。因为别人能做到的事情我也能做到，甚至能做的更好。

作为一名当代大学生，我愿意用亲身经历去帮助、激励那些和我有同样遭遇的人，我愿意用我的阳光、乐观去感染对生活失去信心的人，我愿意在志愿者的队伍中继续贡献力量！因为我们一样，一样的青春，一样的坚强，一样的全力以赴追逐着梦想。坎坷的经历是鼓动意志的风帆，关爱的滋润是托起希望的梦想，我懂得感恩，我要去回报。面对困难，我不会退缩，面对伤痛，我不会妥协，我会坚强，更加坚强，永远去追逐我生活中的阳光。

（资料来源：天津交通职业学院　http://www.tjtvc.com/info/1047/2363.htm　2010年1月5日）

### 思考讨论

一个没有右腿的残疾青年，活出了如此精彩的人生，作为四肢健全的我们，应该如何向房晓龙同学学习呢？

### 案例点评

**1. 人生应乐观，人生要进取**

面对生活的磨难和打击，房晓龙没有悲观、没有抱怨，而是乐观积极地面对人生，用坚韧顽强的毅力、不屈不挠的精神不断开拓自己的人生，不断提升自己的人生价值。

在现实生活中，类似房晓龙这样的案例不胜枚举，老一辈作家史铁生、张海迪，用脚弹奏钢琴的中国达人秀冠军刘伟，英国科学家霍金、澳大利亚励志演讲家尼克等等。他们用感人至深的经历告诉世人：无论人生多么艰难困苦，一定要有正确的人生观，要有乐观、进取的人生态度，每天乐观积极地生活，就会拥有快乐幸福的人生。

**2. 人生的价值在于贡献**

"劳动以及通过劳动对社会和他人做出的贡献，是社会评价一个人的人生价值的普遍标准。一个人对社会和他人所作的贡献越大，他在社会中获得的人生价值的评价就越高。"房晓龙在照顾父母、担起家庭重担的同时，热心关爱同学、努力回报学校、积极向社会奉献爱心，实现了自己的人生价值，最终成长为当代大学生的楷模。

### 案例⑦  残疾生乔科和他的 31 名"书童"

在扬州大学扬子津校区，经常可以看到这样一幅场景：一群大学生推着一个轮椅，轮椅上坐着一个男孩，与大家谈笑风生一路前行。坐在轮椅上的这个男孩是该校信息工程学院软件 1101 班的乔科，与他一路相伴而行的是他的同班同学。

"如果用一个词形容我对大学的理解，我会用'完美'。"今年 21 岁的乔科，来自江苏沭阳的一个普通家庭。1994 年，3 岁的乔科不幸患上了小儿麻痹症，从此，他的生活再也离不开轮椅。2011 年夏天，乔科凭借顽强的毅力，以优异成绩考上了扬州大学。

学校报到前夕，面对即将开始的大学生活，乔科感到自卑和忧虑。但是，当热情的同学手捧鲜花，带着专门为他准备的轮椅到车站迎接他时，他很快释然了。进校当晚的班会上，乔科坐在轮椅上自我介绍，大家为他身残志坚的精神所震撼，报以热烈的掌声。

正式学习生活开始了，可是上课的地方离宿舍有一段距离，还要上下楼梯，这对乔科来说实在太难了。然而，他所担心的事，同学们早就为他想好了。正式上课的前一天，班主任丁杰召开班会，主题就是讨论乔科上课的一些事宜。会上，男生们纷纷表示愿意每天接送乔科上下课，女生也不甘示弱，想和男生争这份工作。最终，班长确定："我们班有 6 个男生宿舍，先让每个宿舍轮流接送乔科一周。"

从此，这些大男孩每天早上 6 点半准时走进乔科的宿舍，4 个人抬着乔科，慢慢走下宿舍长长的楼梯，走向食堂，然后帮乔科买好早餐。早饭后，同学们推着轮椅向教室出发。

课堂上，大家认真听课，课间休息，有的同学和乔科讨论上节课的内容，有的则围在他的旁边，聊聊天，开开玩笑。"乔科，说几句，看看普通话进步没有？"乔科装作一本正经的样子回答："当然喽，你们这么好的师傅，怎么会有差的徒弟呢？"

下课铃响后，同学们都没有要走的意思，大家心里都明白，门就那么小，大家都在等着乔科先走，等乔科先走，大家才陆陆续续走出教室。这些细节深深地感动着乔科，他在日记中写道："你们是世界上最称职的'书童'，谢谢你们！"

时光飞逝，大学的第一个学期很快结束了。在 31 名"书童"的帮助下，乔科以班级专业课总分第二名的成绩交上了自己的答卷。放假回家的那天早上，"书童"们自发来到车站与乔科话别。现在，同学们都把帮助乔科作为生活的一部分，这份责任已经深深融入到他们的生活中。

现在，"书童"们不仅在生活上照顾乔科，就是平时班级、学院的集体活动也不会把乔科落下。同学们说："乔科，你虽然不能走路，但我们愿当你的双腿，陪你走过大学时代，陪你经受和体会生活的点点滴滴。"

今年 3 月，当软件 1101 班的 31 名同学无私帮助乔科的事迹传遍校园时，所有人都由衷地称赞他们为"身边的活雷锋"。

3 月 2 日，乔科在当天的日记上写下新的一行字："雷锋在哪儿？雷锋就在我的身边。"

（资料来源：《中国教育报》 2012 年 4 月 2 日第 12 版   http://www.jyb.cn/high/gdjyxw/201204/t20120402_486349.html）

**思考讨论**

通过本案例反映出个人与他人和谐相处应把握怎样的原则？

**案例点评**

通过案例主要从以下四个方面进行总结。

1. 平等原则。平等是人与人之间建立感情的基础，交往是平等的，尊重他人，才能赢得他人的尊重。在与他人进行交往时，要把双方放在平等的位置上，即不能觉得低人一头，也不能高高在上。同时，要对自己有信心，对别人要有诚心，平等互利的交往，才可能持久。

2. 诚信原则。诚信包含着诚实和守信两方面，诚信是处理个人和他人关系的基本准则。诚信要求在交往中，彼此应当抱着心诚意善的动机和态度，相互理解、接纳和信任，重信用、守信义。

3. 宽容原则。宽容和诚实、勤奋、乐观等价值指标一样，是衡量一个人气质涵养、道德水准的尺度。宽容表现在对非原则性问题不斤斤计较，能够以德报怨，心胸宽广，大度容人。宽容别人是对对方的一种尊重、一种接受、一种爱心，有时候宽容更是一种力量。宽容本身也是一种沟通、一种美德。

4. 互助原则。互助表现在交往的双方相互关心、相互帮助、相互支持，既满足了双方各自的需要，又促进了相互之间的联系。

### 案例⑧　养心八珍汤

有人说，七十年代送礼送点心；八十年代送保健品；九十年代送鲜花；新世纪送健康，送健康最好的就是养心八珍汤。

"养心八珍汤"是真正健康心灵的八珍汤，有"八味药"。

第一味药，慈爱心一片。对世界充满爱心，爱心是做人的根本，现在的希望工程就是爱心工程，幸福工程也是爱心工程。同时，爱国也是很重要的，邓小平同志说："我深情地爱着我的祖国和人民"；冰心老人说："只要有了爱就有了一切，一个人如果对世界没有爱心，那这个人不能做人，千万不能跟他交朋友。"

第二味药，好肚肠二寸。人必须善良，善有善报，恶有恶报，你对人好，同样人家对你也好。这个道理是古今中外一样的，身体健康要维生素，心理健康也是需要维生素，善良就是心理健康最好的维生素。要善良，就要对世界充满爱心，乐于助人。

第三味药，正气三分。人都要有正气，人必须要做好人，绝不能做坏人，不能贪污，不能腐败，腐败对健康有着不利影响。科学家有一个研究，研究了 583 个贪官和 583 个廉洁的人，发现贪官死得很早，二者有很显著的差异。有 16 个人一起贪污腐败，结果一起被撤职，他们的平均寿命只有 41 岁。所以得出一个结论，越是腐败对生命健康越不利，越是廉洁越是健康。当前反腐倡廉关系到党和国家生死存亡，所以廉洁就有了正气三分。

第四味药，宽容四钱。宽容比正气要多些，因为人非圣贤，多有不足。人必须度量大，要宽容。人如果心胸狭隘不团结，那是什么事都做不成的，要做大的事情必须要有大的心胸。

第五味药，孝顺常想。调查表明，影响老年人幸福最主要的因素不是金钱、地位。有一个孝顺的子女在身边，是所有老年人最幸福的首要条件。一位香港经理选人最重要是标准是看其是否孝顺，凡是孝顺，必是好人，他不做违背道德的事。

第六味药，老实适量。人不能不老实，但太老实变傻子也不行。老实要看情况，适量掌握。因为社会复杂，害人之心不可有，防人之心不可无。

第七味药，奉献不拘。奉献越多越好。一个人既要奉献社会，还要学会享受生活，要有更多的业余爱好及更宽广的知识面。心理健康需要心理要平衡，一个人的业余爱好越多，他的心理越容易平衡。张学良将军，1932 年就是国民党军副总司令，海陆空的副总司令，仅次于蒋介石，1936 年却成为阶下囚，如果心理不平衡，度量小，可能不会有后来的高寿。

第八味药，不求回报。做了好事不求回报，这就是雷锋的精神。只要你不断地做好事，自有好结果。

把这八味药放在"宽心锅"里炒，文火慢炒不焦不燥。就是慢慢经常思考，还放在"公平钵"里研，精磨细研，越细越好，做成菩提子大小，用"和气汤"送服。"三思为末"，"淡泊为引"，清风明日，早晚莫忘。做事要三思而行，还要淡泊宁静，净化心灵，升华人格。

"养心八珍汤"有六大功效：第一，诚实做人；第二，认真做事；第三，奉献社会；第四，享受生活；第五，延年益寿；第六，消灾去祸。

（资料来源：《益寿文摘》 2012年12月合订本）

**思考讨论**

根据上述材料以及你的切身体验，并结合所学知识，回答下列问题。

1. 健康是什么？生理健康和心理健康的关系是怎样的？
2. "养心八珍汤"对我们提高心理健康素质有什么重要启示？

**案例点评**

世界卫生组织给健康下的定义为："健康是一种身体上、精神上和社会适应上的完好状态，而不是没有疾病及虚弱现象。"从世界卫生组织对健康的定义中可以看出，与我们传统的理解有明显区别：它包含躯体健康、心理健康、具有社会适应能力三个基本要素；具有社会适应能力是国际上公认的心理健康首要标准，全面健康包括躯体健康和心理健康两大部分，两者密切相关，缺一不可，无法分割。这是健康概念的精髓。

不少人认为生理健康和心理健康是两个没有关系的概念。实际上，这是不正确的。在现实生活中，心理健康和生理健康是互相联系、互相作用的，心理健康每时每刻都在影响人的生理健康。如果一个人性格孤僻，心理长期处于一种抑郁状态，就会影响激素分泌，使人的抵抗力降低，疾病就会乘虚而入。一个原本身体健康的人，如果老是怀疑自己得了什么疾病，就会整天郁郁寡欢，最后导致一病不起。

因此，在日常生活中，一方面应该注意合理饮食和身体锻炼；另一方面更要陶冶自己的情操，开阔自己的心胸，避免长时间处在紧张的情绪状态中。如果感到自己的心情持续不快时，要及时进行心理自我调试，必要时到心理门诊或心理咨询中心接受帮助，以确保心理和生理的全面健康。

随着自然科学的飞速发展并伴随信息时代的到来，我们所处的社会也在发生着前所未有的变化。工业化、现代化、社会化、一体化程度在不断提高；人们的生活节奏不断加快，时间越来越宝贵，人们越来越为效益所驱使；自主的、创造性的劳动和高级的智力劳动越来越多；人们的活动范围在不断拓展，人与人的交往越来越多，处理微妙复杂的人际关系为每个人所不可避免；各种各样的竞争强度也越来越巨大，人与人之间的收入、社会地位等差异越来越显著。

我们每一个人本应处于心理健康的状态，但由于我们在生命历程中难免受到心理伤害导致很多人并不是最佳状态，只是处于人的最佳状态与疾病之间的亚健康状态。我们离自然赋予我们的能力有很大的差距。

生活在这样一个纷繁复杂和扑朔迷离的大环境里，就要求人必须具备较高的心理素质来适应时代与社会的要求。现在人们已经开始意识到了心理健康的重要性，越来越关注自己及亲友的心理健康。

让我们运用心理科学保持我们自己和亲戚朋友的心理健康，以较好的身心状态工作、生活，享受人生。

## 第三节　科学对待人生环境

### 案例❾　乔丹的眼泪

多年前的一场 NBA 决赛中，NBA 中的一位新秀皮蓬独得 33 分，超过乔丹 3 分，而成为比赛得分首次超过乔丹的球员。比赛结束后，乔丹与皮蓬紧紧相拥，两人泪光闪闪。

这里有一个乔丹和皮蓬鲜为人知的故事，当年乔丹在公牛队时，皮蓬是公牛队最有希望超过乔丹的新秀，他时常流露出对乔丹不屑一顾的神情，还说乔丹哪方面不如自己，自己一定会把乔丹推倒一类的话等。这时，乔丹没有把皮蓬当作潜在的威胁而排挤，反而对皮蓬处处加以鼓励。

有一次，乔丹对皮蓬说："我俩的三分球谁的好？"皮蓬有点心不在焉地回答："你明知故问，当然是你。"因为那时候乔丹的三分球的命中率是百分之二十八，而他的是百分之二十六。但乔丹微笑着纠正，不，是你！你投的三分球的动作规范，自然，很有天赋，而我投三分球还有很多弱点。并且还对他说我扣篮都用右手，左手也是辅助一下，而你却能左右都行。这一细节连皮蓬他自己也不知道，他深深地为乔丹的无私所感动。

从那以后，皮蓬和乔丹成了最好的朋友，皮蓬也成了公牛队 17 场比赛得分首次超过乔丹的球员。而乔丹的这种无私的品质为公牛队注入了难以击破的凝聚力。从而公牛队创造了一个又一个的神话。乔丹不仅以球技，还用他那坦然无私的广阔胸襟赢得了所有人的拥护和尊重，包括他的对手。

（资料来源：明飞龙 《少年读者》 2005 年 11 期）

### 思考讨论

1. 从乔丹的行为中你得到什么启示？
2. 如何正确地认识和处理竞争与合作的关系？

### 案例点评

在一个集体中做任何事情都要顾全局，不能只顾个人利益。人与人之间要和谐相处，要有集体荣誉感，要有团结一致的精神，要有一颗包容的心。

竞争与合作是社会最基本的人际关系，无论社会处在哪个阶段、哪个领域、哪项活动，都存在着竞争与合作。竞争与合作是对立统一的。在合作中有竞争，在竞争中有合作。两者相互渗透相辅相成。未来必定是一个竞争日益激烈的社会，所以只有跟善于合作的人才能够有生存的空间。

### 案例⑩ 北大"山鹰社"自我挑战

我们的心里都有一座山，山是理想的化身，山是梦幻的影子。因为山在那里，所以我们还得出发，人生如登山，只是高峰在面前，我们的位置就在后面，我们的脚步不能停止。

因为山在那里，我们发现自己位置的渺小，山的神奇和伟大吸引我们走进它，征服它。因为有了对山的向往，对现状的不满，我们意气风发，我们壮志满怀，要改变位置，要锐意进取，要迈向人生的凯旋门。

北大登山队——"山鹰社"是全国首家以登山、攀岩等为主要活动的民间团体，成立十几年来，先后15次攀登过西藏、青海、新疆的12座雪山。2002年7月登山队一行15名队员（其中3名女队员）开始攀登海拔8012米的希夏邦马峰。由于山区气候恶劣，强烈的东南季风导致暴雨频繁，云雾弥漫，冰雪肆虐无常，给攀登行动带来极大的不便，以致其中五名队员不幸遇难。

（资料来源：电影《巅峰记忆》）

### 思考讨论

1. 对"山鹰社"队员来说，登雪峰征服自然的理想是没有客观现实基础的空想吗？
2. "山鹰社"队员的登山活动是不是一种纯粹的冒险活动？"探险"和"冒险"的界限何在？
3. 如何看待注重安全、爱惜生命与挑战灵肉极限、超越自我的关系？

### 案例点评

他们不是空想，是经过自己考察和验证的。冒险是盲目的没有经过考察和实践总结的，探险是有一定的经验和准备。他们是作为一个人来挑战自我、挑战极限的，而这种挑战精神是今后生活、工作中极为可贵的进取精神。这种精神不会幸运地光顾某个人身上，而是需要不断培养、不断实践才具备的。

进行挑战极限运动时，一定要考虑到相应危险因素，并根据自身情况进行准确的判断，为运动做好充分的准备。但天灾人祸有时不可避免，真正的探险家不会因为危险而止步不前。大学生虽不是探险家，但他们探索未知世界的热情仍值得肯定。

探险既是人类对未知世界的探寻，也是人类对自身的挑战。其间有成功的欣喜，也有失败的悲壮。探险过程中的任何艰难险阻都遏制不住人类探索未知世界的激情，阻挡不了人类迈向全新领域的脚步。我们应不断武装自己，去探寻无穷的未知世界！

# 实 践 活 动

### 课内实践——我们的梦想

1．目的要求

结合自身谈谈我们的梦想是什么。每个人都有自己的梦想，或大或小，我们的梦能否和国家的梦联系起来。

2．实施步骤

（1）浅谈我的梦、你的梦、我们大家的梦。
（2）浅谈当代大学生如何践行自己的梦想。
（3）以小组为单位，结合当今大学生对人生价值、目标、理想、信念。每组写一篇不少于1000字的总结，每组选派代表进行发言。

### 课内实践——以"和谐"为主题开展班会

1．目的要求

创建和谐班级，学会合作共处，促进健康成长。

2．实施步骤

（1）起草主题班会的方案。
（2）采用多媒体展示。
（3）如何建设和谐班级。
（4）由班长及班委成员组成，班委成员提出创建方案，在以班级为单位进行展演。

### 课外实践——奉献爱心，从你那我做起

1．目的要求

通过帮助贫困山区的孩子领悟人生的价值，在奉献爱心中体会助人为乐。

2．实施步骤

（1）以班级为单位资助贫困学生。

（2）了解自己班级同学是否家庭困难需要帮助。

（3）到孤儿院当义工。

（4）以班级为单位开展活动，总结交流体会。

### 课外实践——寻找身边的好人好事

1. 目的要求

通过对身边的好人好事的寻找给自己树立一个榜样。

2. 实施步骤

（1）以学院、班级、宿舍为单位进行发掘搜集。

（2）自己通过观察写一篇身边好人事。

# 复习思考题

**一、单项选择题**

1. 人生观的核心问题是（　　）。

    A. 人生目的　　　　B. 人生态度　　　　C. 人生道路　　　　D. 人生理想

2. 对人生态度正确的理解应该是（　　）。

    A. 人生态度就是人生价值观　　　　B. 人生态度就是低层次的人生观

    C. 人生态度就是指人为什么活着　　D. 表明人应当怎样活着

3. 作为个体的人生对社会和他人所具有的意义是（　　）。

    A. 自我价值　　　　B. 社会价值　　　　C. 内在价值　　　　D. 潜在价值

4. 评价人生价值的根本标准是（　　）。

    A. 掌握知识的多寡　　　　　　　　B. 拥有金钱的多少

    C. 官位权势的高低　　　　　　　　D. 对社会发展和人类进步是否有利

5. 人的本质属性是（　　）。

    A. 自然属性　　　　B. 社会属性　　　　C. 地缘属性　　　　D. 业缘属性

6. 在现实生活中，由于人们的立场和观点不同，对人活着的意义理解也不同，存在着各种不同的人生观。人生观是（　　）。

    A. 人们对美好未来的向往和追求

    B. 人类社会中人们之间的相互需要关系

    C. 人们对整个世界最根本的看法和观点的总和

D．人们对人生目的和意义的根本看法和态度

7．下列不属于人生价值实现的个人条件的有（　　　）。

　　A．良好的经济、政治社会环境

　　B．不断提高的自身能力，增强实现人生价值的本领

　　C．立足现实，坚守岗位做贡献

　　D．要有自强不息的精神

8．马克思说过："真正现实人的存在，就是他为别人的存在和别人为他的存在。"这说明（　　　）。

　　A．人的价值就是人自身的存在

　　B．人可以受限制地创造出自己的价值

　　C．人生价值的本质是社会对个人的尊重和满足

　　D．人与自身的任何关系，只有通过人同其他人的关系才能得到实现和表现

9．人生目的在人生实践中的作用，说法不正确的是（　　　）。

　　A．人生目的决定人生道路　　　　B．人生目的决定人生态度

　　C．人生目的决定人的世界观　　　D．人生目的决定人生价值标准

10．我们应当确立的高尚的人生目的是（　　　）。

　　A．享乐主义的人生目的　　　　　B．金钱拜物教的人生目的

　　C．为人民、为社会服务的人生目的 D．为个人和全家求温饱的人生目的

11．正确的人生观是（　　　）。

　　A．自保自利的人生观　　　　　　B．及时享乐的人生观

　　C．为人民服务的人生观　　　　　D．合理利己主义的人生观

12．人民群众是推动历史前进的真正动力，是历史的主人。这种群众史观反映到人生观上必然是（　　　）。

　　A．为人民服务　　　　　　　　　B．为个人谋福利

　　C．人生短暂，及时行乐　　　　　D．主观为自己，客观为他人

13．在社会主义初级阶段，我们所提倡的高尚的人生目的是（　　　）。

　　A．"一切向钱看"的人生目的

　　B．为个人求权力、求享乐的人生目的

　　C．"平生无大志，但求足温饱"的人生目的

　　D．以天下为己任、服务人民、奉献社会的人生目的

14．无论竞争还是合作，都要处理好自己与他人的关系。为此，要（　　　）。

　　A．宽容自己，苛求他人

　　B．积极担当主角，拒绝担当配角

　　C．充分发挥个人的积极性，不顾整体的利益和目标

　　D．学会欣赏别人，发现别人的长处，虚心地向别人学习

15．在社会主义条件下，当你在为人民服务时，人民中的其他成员也在为社会包括

为你服务，因此，处理个人与他人的关系时应当遵循的准则是（　　）。

  A．"利己不损人"

  B．"我为人人，人人为我"

  C．"主观为自己，客观为他人"

  D．"各人自扫门前雪，莫管他人瓦上霜"

16．人与人之间的交往应该遵循平等、真诚、友爱、互助的原则。下列与人交往的心态中，正确体现了人际交往基本原则的是（　　）。

  A．事不关己、高高挂起     B．诚实待人、宽容大度

  C．自以为是、目中无人     D．心胸狭窄、斤斤计较

17．为人民服务低层次的要求是（　　）。

  A．人人为我，我为人人     B．全心全意为人民服务

  C．毫不利己、专门利人     D．人人为自己上帝为大家

18．伟大的德国音乐家贝多芬相貌平平，但他给人们留下了许多美妙的乐章。尤其是他在耳朵全聋以后继续作曲，完成了一生中最著名的《第九交响曲》。贝多芬这种顽强拼搏，与厄运抗争的精神赢得了广泛的崇敬，向世人展示了一种（　　）。

  A．自然美   B．艺术美   C．人生美   D．社会美

19．人生态度是指人们通过生活实践所形成的对人生问题的一种稳定的（　　）和基本意图。

  A．心理问题   B．心理矛盾   C．心理倾向   D．实际行动

20．人生价值观是（　　）。

  A．产生于主体的需要和客观满足主体需要的关系中

  B．自我价值与社会价值的统一

  C．对人为什么活着的基本观点

  D．是人的生活实践对于社会和个人所具有的作用和意义

21．下列选项中，体现了人际交往中互助原则的是（　　）。

  A．"我今天帮助你，你明天必须报答我"

  B．"各人自扫门前雪，莫管他人瓦上霜"

  C．一人有难，众人相帮；一方有难，八方支援

  D．平等相待，一视同仁，自尊自爱，不卑不亢

22．在与人交谈的行为举止中，正确体现了人际交往基本方法和技巧的是（　　）。

  A．不时地伸懒腰，打哈欠

  B．目光游离不定，不时地看手表

  C．随意插言，贸然打断对方的话题

  D．虚心倾听对方讲话，对自己认可的观点报以赞许的微笑

23．"个人的脆弱性和种种限制使得他无法单独地达到自己的目标；只凭个人的力量来应付自己的问题，他必然无法保持自己的生命，也无法将人类的生命延续下去。"

这说明，个人的生存、人类的发展都离不开人与人之间的（　　　）。

　　　A．激烈竞争　　　B．良好合作　　　C．相互封闭　　　D．紧张冲突

## 二、多项选择题

　1．促进个人与他人的和谐应坚持的原则有（　　　）。

　　　A．诚信原则　　　B．平等原则　　　C．互助原则　　　D．宽容原则

　2．促进个人与社会的和谐应正确认识（　　　）。

　　　A．个体性与社会性的统一关系

　　　B．个人需要与社会需要的统一关系

　　　C．享受个人权利与承担社会责任的统一关系

　　　D．个人利益和社会利益的统一关系

　3．人生价值评价的基本方法是做到（　　　）相统一。

　　　A．坚持完善自身与贡献社会

　　　B．坚持动机与效果

　　　C．坚持物质贡献与精神贡献

　　　D．坚持能力大小与贡献须尽力

　4．人生价值实现的条件有（　　　）。

　　　A．从社会客观条件出发

　　　B．人生价值目标要与社会主义核心价值体系相一致

　　　C．从个体条件出发

　　　D．不断增强自身的能力，增强实现人生价值的本领

　5．保持心理健康的途径和方法主要有（　　　）。

　　　A．积极参加集体活动，增进人际交往

　　　B．树立正确的世界观、人生观、价值观

　　　C．合理调控情绪

　　　D．掌握应对心理问题的科学方法

　6．人生观决定着人的（　　　）。

　　　A．实践活动的目标　　　　　　B．人生道路的方向

　　　C．待人接物的态度　　　　　　D．对待生活的态度

　7．人生观主要是通过（　　　）体现出来。

　　　A．人生目的　　　B．人生态度　　　C．人生价值　　　D．人生信仰

　8．市场经济带来了人们价值观的冲突，使一些人陷入误区。以下不正确的价值取向有（　　　）。

　　　A．主观为自己，客观为别人

　　　B．注重眼下的利益得失，不计长远

　　　C．每个人都有自己的价值标准，无所谓对错

　　　D．谁拥有财富多谁的人生价值就大

9. 科学对待人生环境主要就是要协调好（　　）。

　　A．自我身心的和谐　　　　　　B．个人与他人的和谐

　　C．个人与社会的和谐　　　　　D．人与自然的和谐

10. 人生价值是自我价值和社会价值的统一。下列选择是指人生的社会价值的有（　　）。

　　　　A．表现为对自身需要的满足程度

　　　　B．社会对个人的尊重和满足

　　　　C．个体的人生活动对社会、他人所具有的价值

　　　　D．个人通过劳动、创造对社会和人民所做的贡献

11. 人生实践中人们往往会遇到各种矛盾和挫折，这就需要端正人生态度。以下不正确的人生态度是（　　）。

　　　　A．人生是一次冒险的游戏

　　　　B．人生苦短，当及时享受

　　　　C．人生就是选择，个人当为自己的行为负责

　　　　D．人不能同命运抗争，当顺其自然

12. 关于竞争与合作的关系中正确的说法有（　　）。

　　　　A．竞争需要借助合作才更有可能获胜，合作增强了竞争的能力

　　　　B．竞争中有合作，合作中竞争，二者相互渗透，相辅相成

　　　　C．合作是为了更好地竞争，合作愈好，竞争中成功的可能性就愈大

　　　　D．竞争层次的客观性决定了无论何种竞争都离不开合作，合作的基础在于竞争

13. 现代生活中人与人之间需要真情，需要友谊，良好人际关系中离不开真挚的友谊。下列对友谊的理解中，正确的有（　　）。

　　　　A．君子之交淡如水

　　　　B．财富不是朋友，而朋友却是财富

　　　　C．真正的友谊是一种崇高的道德力量

　　　　D．友谊是心灵的联姻，是两个有感情的和善良的人之间的契约

14. 人生价值是自我价值和社会价值的统一。下列选项是指人生的社会价值的有（　　）。

　　　　A．个体无法脱离社会而存在和发展

　　　　B．社会对个人的尊重和满足

　　　　C．个体的人生对于社会和他人的意义

　　　　D．作为客体的人满足作为主体的人的需要的关系

15. 下列对人生价值评价标准和原则的说法中，正确的有（　　）。

　　　　A．人类生存和发展的利益是对人生价值进行评价的客观标准

　　　　B．个人为社会提供的物质财富是对人生价值进行评价的唯一标准

　　　　C．评价人生价值时，既要看动机，也要看效果

　　　　D．尽管个人能力有大小，但只要为社会为人民尽职尽责，做出了应有贡献，都是有价值的

### 三、判断题

1. 人生观是人们在实践中形成的对于人生目的和意义的根本看法。　　（　　）
2. 人生目的规定了人生活动的大方向，对人们所从事的具体活动起着定向的作用。　　（　　）
3. 一个人有什么样的价值观就有什么样的人生态度。　　（　　）
4. 人生观包括三个方面的内容：人生目的、人生意义、人生价值。　　（　　）
5. 人生价值的评价标准是看他为社会贡献了多少？　　（　　）
6. 正确的人生观、世界观、价值观、能够使大学生正确认识社会发展规律。　　（　　）

### 四、简答题

1. 简述人生价值的标准（尺度）。
2. 简述自我价值和社会价值的关系。
3. 保持心理健康的途径和方法主要有哪些？
4. 错误的人生观有哪些？它们的共同特点是什么？

### 五、论述题

1. 论述人生价值的实现条件。
2. 如何正确处理个人与他人，个人与社会的关系？
3. 如何科学的对待人生环境？

# 专 文 赏 析

### 积极心态，阳光人生

台湾漫画家蔡志忠说："如果拿橘子来比喻人生，一种橘子大而酸，一种橘子小而甜，一些人拿到大的就会抱怨酸，拿到甜的又会抱怨小，而我拿到了小橘子会庆幸它是甜的，拿到酸橘子会感谢它是大的。"

我很赞成这位漫画家的态度，我也始终相信积极的人生态度最终会帮助人取得成功。

爱柯夫是一位美国汽车业的超级巨星，曾为福特公司创造了上亿美元的销售额，但由于老板的妒贤而被开除，但他没有灰心，仍旧以积极的态度面对生活，他以平常心来到濒临倒闭的克莱斯勒公司，经过多年努力，终于带领公司渡过了难关。仅 1984 年一年，便为公司取得了 24 亿美元的利润，成为了美国汽车业巨头。试想一下，如果爱柯夫在被福特公司开除后心灰意冷，一蹶不振，结果又会是怎样的？恐怕难以想象，然而他并没有灰心，没有失望。而是以积极的态度面对他所遭遇的这一切，重新振作起来，终于向世界证明了他的成功。

拿破仑是一位法国的英雄。他曾被放逐到厄尔巴岛上，在此期间，他没有萎靡堕落，仍就洞察着王朝复辟后的每一点举动。他始终抱着这样一种心态：军队需要他这样一位皇帝来唤醒他们，需要他这样一个有才智的领导者。他的人生就是抱着这样积极的心态才有了转折，东山再起，没用一颗子弹就重新拥有了法国，和那高呼"皇帝万岁"的被他深爱的勇士。而路易十八的暴行注定不会得到军队的拥护和人民的支持。

项羽，他在战败后乌江自刎，其实大可不必。他完全可以重新振作起来，打败刘邦，夺回原本可以属于自己的江山。但是他却没有积极地调整心态，最终遗恨万年。与之相反，勾践虽沦为亡国奴，但他却能卧薪尝胆，没有放弃，终于重见天日，成就一番伟业。

高尔基以一句"让暴风雨来得更猛烈些吧！"写出了他对革命的无比忠诚。让世人为之倾倒，他也以他这种刚强无畏的心态，铸就了他辉煌的文学人生。就像一个"0"可以将它看成是一个向前滚动的车轮，如果你是个乐观者，会对它微笑，一切从它开始了；如果你是个悲观者面对它，你会沮丧，一切都结束了。

让我们以积极的态度面对人生，把所有的痛苦都变成我们前进的动力，做一个乐观的人。

坎坷与不幸是乐观者的进升阶梯，悲观者的无底深渊，让我们做一个乐观的人吧！让快乐离我们更近！

## 爱因斯坦：《我的人生观》

我们这些终有一死的人的命运是多么奇特呀！我们每个人在这个世界上都只作一个短暂的逗留，目的何在，却无所知，尽管有时自以为对此若有所感。但是，不必深思，只要从日常生活就可以明白：人是为别人而生存的，首先是为那样一些人，他们的喜悦和健康关系着我们的全部幸福；然后是为许多我们所不认识的人，他们的命运通过同情的纽带同我们密切结合在一起。我每天上百次地提醒自己：我的精神生活和物质生活都依靠着别人（包括活着的人和已死去的人）的劳动，我必须尽力以同样的分量来补偿我所领受了的和至今还在领受着的东西。我强烈地向往着俭朴的生活，并且时常为发觉自己占有了同胞的过多劳动而难以忍受。我认为阶级的区分是不合理的，它最后所凭借的是以暴力为根据。我也相信，简单淳朴的生活，无论在身体上还是在精神上，对每个人都是有益的。

我完全不相信人类会有那种在哲学意义上的自由。每一个人的行为，不仅受着外界的强迫，而且还要适应内心的必然。叔本华说："人能够做他所想做的，但不能要他所想要的。"这句话从我幼年时代起，就对我是一个非常深刻的启示，在我自己和别人生活面临困难的时候，它总是使我们得到安慰，并且永远是宽容的泉源。这种体会可以宽大为怀地减轻那种容易使人气馁的责任感，也可以防止我们过于严肃地对待自己和别人，它还导致一种特别给幽默以应有地位的人生观。

要追究一个人自己或一切生物生存的意义或目的，从客观的观点来看，我总觉得是愚蠢可笑的。可是每个人都有理想，这种理想决定着他的努力和判断的方向。就在这个意义上，我从来不把安逸和快乐看作是生活目的本身，这种伦理基础，我叫它猪栏理想，照亮我的道路，并且不断地给我新的勇气去愉快地正视生活的理想，是善、美和真。要是没有志同道合者之间的亲切感情，要不是全神贯注于客观世界——那个在艺术和科学工作领域里永远达不到的对象，那么在我看来，生活就会是空虚的。人们所努力追求的庸俗的目标——财产、虚荣、奢侈的生活，我总觉得都是可鄙的。

　　我对社会正义和社会责任的强烈感觉，同我对别人和社会直接接触的淡漠，两者总是形成古怪的对照。我实在是一个"孤独的旅客"，我未曾全心全意地属于我的国家、我的家庭、我的朋友，甚至我的亲人。在所有这些关系面前，我总是感觉到有一定距离并且需要保持孤独——而这种感受正与年俱增。人们会清楚地发觉，同别人的相互了解和协调一致是有限度的，但这不足惋惜，这样的人无疑有点失去天真无邪和无忧无虑的心境。但另一方面，他却能够在很大程度上不为别人的意见、习惯和判断所左右，并且能够不受诱惑地把内心平衡建立在这样一些不可靠的基础之上。

　　我的政治理想是民主主义。让每一个人都作为个人而受到尊重，而不让任何人成为崇拜的偶像。我自己受到了人们过分的赞扬和尊敬，这不是由于我自己的过错，也不是由于我自己的功劳，而实在是一种命运的嘲弄。其原因大概在于人们有一种愿望，想理解我以自己的微薄绵力通过不断的斗争所获得的少数几个观念，而这种愿望有很多人却未能实现。我完全明白，一个组织要实现它的目的，就必须有一个人去思考，去指挥，并且全面担负起责任来。但是，被领导的人不应当受到强迫，他们必须有可能来选择自己的领袖。在我看来，强迫的专制制度很快就会腐化堕落。因为暴力所招引来的总是一些品德低劣的人，而且我相信，天下的暴君总是由无赖来继承，这是一条千古不易的规律。就是这个缘故，我总是强烈地反对今天我们在意大利和俄国所见到的那种制度。像欧洲今天所存在的情况，使得民主形式受到了怀疑，这不能归咎于民主原则本身，这是由于政府的不稳定和选举学制度中与个人无关的特征。我相信美国在这方面已经找到了正确的道路，他们选出一个任期足够长的总统，他有充分的权力来真正履行他的职责；另一方面，在德国的政治制度中，我所重视的是，它为救济患病或贫困的人作出了比较广泛的规定。在人类生活的壮丽行列中，我觉得真正可贵的，不是政治上的国家，而是有创造性的、有感情的个人。只有个人才能创造出高尚的和卓越的东西，而群众本身在思想上总是迟钝的，在感觉上也总是迟钝的。

　　讲到这里，我想起了群众生活中最坏的一种表现，那就是我所厌恶的军事制度。一个人能够洋洋得意地随着军乐队在四列纵队里行进，单凭这一点就足以使我对他轻视。他所以长了一个大脑，只是出了误会，单单一根脊髓就可满足他的全部需要了。文明国家中的这种罪恶的渊薮应当尽快加以消灭。由命令而产生的勇敢行为，毫无意义的暴行，以及在爱国主义名义下一切可恶的胡闹，所有这些都被我深恶痛绝！在我看来，战争是多么卑鄙、下流！我宁愿被千刀万剐，也不愿参与这种可憎的勾当。尽管如此，我对人类的评价还是十分高的，我相信，要是人民的健康感情没有被那些通过学校和报纸而起作用的商业利益和政治利益加以有计划的败坏，那么战争这个妖魔早就该绝迹了。

我们所能有的最美好的经验是神秘的经验。它是坚守在真正艺术和真正科学发源地上的基本感情。谁要是体验不到它，谁要是不再有好奇心也不再有惊讶的感觉，他就无异于行尸走肉，他的眼睛是迷糊不清的。就是这种神秘的经验，虽然掺杂着恐怖，产生了宗教。我们认识到有某种为我们所不能洞察的东西存在，感觉到那种只能以其最原始的形式为我们感受到的最深奥的理性和最灿烂的美，正是这种认识和这种情感构成了真正的宗教感情，在这个意义上，而且也只是在这个意义上，我才是一个具有深挚的宗教感情的人。我无法想象一个会对自己的创造物加以赏罚的上帝，也无法想象它会有像在我们自己身上所体验到的那样一种意志。我不能也不愿去想象一个人在肉体死亡以后还会继续活着。让那些脆弱的灵魂，由于恐惧或者出于可笑的唯我论，去拿这种思想当宝贝吧！我自己只求满足于生命永恒的神秘，满足于觉察现存世界的神奇的结构，窥见它的一鳞半爪，并且以诚挚的努力去领悟在自然界中显示出来的那个理性的一部分，即使只是其极小的一部分，我也就心满意足了。

# 推 荐 书 目

1. 傅佩荣：《哲学与人生》，上海三联书店，2009 年版。

2. [古罗马]马可·奥勒留：《沉思录》，湖南文艺出版社，2016 年版。

3. （德）艾克哈特·托尔著，张德芬译：《新世界：灵性的觉醒》，南方出版社，2008 年版。

4. 季羡林：《季羡林谈人生》，武汉出版社，2011 年版。

5. 威尔·鲍温著，陈敬旻译《不抱怨的世界》，陕西师范大学出版社，2009 年版。

6. [美]戴尔·卡耐基著，达夫编：《人性的弱点全集》，中国华侨出版社，2011 年版。

7. 芭芭拉·安吉丽思：《活在当下》，文化发展出版社，2014 年版。

8. 牛顿著，王振洪译：《365 日静心课》，万卷出版公司，2009 年版。

# 参 考 答 案

一、单项选择题

1. A  2. D  3. B  4. D  5. B  6. D  7. A  8. D  9. C  10. C  11. C  12. A

13．D　14．D　15．B　16．B　17．A　18．C　19．C　20．D　21．C　22．D　23．B

二、多项选择题

1．ABCD　2．ABCD　3．ABCD　4．ABCD　5．ABCD　6．ABD　7．ABC
8．ABCD　9．ABCD 10．CD　11．ABD　12．ABCD　13．ABCD　14．ACD　15．ACD

三、判断题

1．√　2．√　3．√　4．×　5．√　6．√

四、简答题

1．要点
① 人生价值评价的根本尺度，是看一个人的生活是否符合社会发展的客观规律，是否通过实践促进了历史的进步；
② 劳动和贡献的尺度作为社会评价人生价值的基本尺度。

2．要点
① 人生的社会价值和自我价值，既相互区别，又密切联系、相互依存，共同构成人生价值的矛盾统一体；
② 人生的自我价值是个体生存和发展的必要条件；
③ 人生的社会价值是实现人生自我价值的基础，没有社会价值，人生的自我价值就无法存在。

3．要点
① 树立正确的世界观、人生观、价值观；
② 掌握应对心理问题的科学方法；
③ 合理调控情绪；
④ 积极参加集体活动，增进人际交往；
⑤ 积极参加体育锻炼；
⑥ 保持身体健康。

4．要点
拜金主义人生观，享乐主义人生观，个人主义人生观。
共同特征：
① 反映的都是狭隘的剥削阶级利益人生观；
② 它们都没有把握个人和社会的正确关系的个人主义人生观；
③ 它们对人的需求的理解都是片面的，夸大了人生的某方面追求，比如只注重金钱。

### 五、论述题

1. 要点

人生价值实现既需要个人条件，又需要社会条件，更需要个人条件和社会条件的完美结合。

① 社会条件是个大前提。没有良好的社会条件，个人成才和价值实现就会困难重重和大打折扣，导致英雄无用武之地；有了良好的社会条件，就会呈现英雄和时事和谐共舞的精彩局面，所谓时势造英雄。

② 个人条件是人生价值实现的内在主因。没有强大高效和卓越的自己，自身价值太小，纵使再好的社会条件，也无价值可以实现；犹如没有良种再肥沃的土地也长不出很好的庄稼。

③ 有了良好的个人和社会条件，结合不好也不行。这就要发挥个人的能动性寻找机会，抓住机遇，施展个人才能，服务社会潮流，乘势而上，奋发图强，把个人的天赋和才能在社会的广阔天地里大有作为，发挥到极致。

那么，以上三个方面都具备了，人生价值就有了实现的坚强保障和根基。

2. 要点

人的社会价值是指个人通过自己的实践活动为满足社会的需要所做出的贡献，简单地说就是个人对社会的贡献。人的个人价值是指社会在社会生活和社会活动中为满足个人需要所做的给予，简单地说就是社会对个人的满足。人的价值是社会价值与个人价值的统一，也就是贡献与满足的统一。

个人价值与社会价值是相互统一的，不可分割的。这要求我们：一方面，社会应尽可能地创造条件，满足个人的合理需要；另一方面，个人也必须努力对社会尽义务、担责任，尽可能地为社会多作贡献。我们主张社会价值与个人价值的统一，贡献与满足的统一。只讲对社会的贡献而不讲满足个人合理需要，或只讲满足个人需要而不肯为社会贡献，都是对人的价值的片面理解。

个人价值同社会价值除了相互统一、相互一致之外，也有不一致、相冲突的一面。我国目前正处于并将长期处于社会主义初级阶段，一方面，社会主义的优越性为个人价值的实现创造了旧社会无可比拟的条件和可能；另一方面，初级阶段相对落后的生产力和尚不完善的社会制度还不能为个人价值的实现提供充分的保证。这就要求我们必须把为社会做贡献、为人民服务放在第一位，特别是当个人价值同社会价值发生矛盾时，尤其提倡个人价值自觉地服从社会价值，有时甚至还要牺牲个人价值，去维护和实现社会价值。

3. 要点

生活就要我们学会能屈能伸，能够在恶劣的环境中寻找自己的出路。虽我们不能做到不以物喜、不以己悲的境界，但我们可以做到，改变不了的不如去适应它。人生要靠自己去创造，也许我们现在所经历的、学习的、锻炼的，可能都是些平平凡凡的事情，但是经过时间的积累，今天我所掌握的知识终有一天会变成我人生一笔丰富的财富。人生就像打扑克牌，拿到一手好牌的人，不一定能赢，拿到一手烂牌的人，也不一定会输。人生的牌局也需要胆识，需要技巧，需要烂牌也要打出好结果的精神和行动。如果不幸拿到一手烂牌，就要充分发挥每张牌的最大作用，尽量打出自己最好的结果。

人活着就像在泥地上行走，太过云淡风轻，回过头就会遗憾什么都没留下，连个脚印都没有。但是心里装的东西太重，一不小心就会陷进去，难以自拔。如果每个人的内心，都像是锁了很多秘密的仓库。那么如果你够幸运的话，在你一生当中，你会碰到几个握有可以打开你内心仓库的钥匙。就算我们生活得很苦，可是我们还要活着。但很多人终其一生，内心的仓库却始终未曾被开启。而当我接触到她冰冷的手指时，我发觉那是把钥匙。有难过，也有开心，虽然可能都只是回忆。就是我们想笑的时候笑不得，想哭的时候却又不敢哭出声。就是我们没得到的时候费尽心机去得到，得到后却发现其实我们根本不需要。谁都想尽情地，轻松地过完一生的时光，但是那样的人只是一个空壳，在社会只有沦落街边的可能。如果今天你任光阴蹉跎，那明天你将后悔莫及！人的一生，只要活着，每一天都在冒险，风雨雷电，车来车往，生死病痛，谁能保证，没有意外，不要指望谁能够不冒险地活着。

人生中，除了幸福和痛苦，平淡占据了我们生活的大部分生活。承受平淡，同样需要一份坚韧和耐心，平淡如同一杯清茶，点缀着生活的宁静和温馨。在平淡的生活中，我们需要承受淡淡的孤寂与失落，承受挥之不去的枯燥与沉寂，还要承受遥遥无期的等待与无奈。生活还应该是什么呢，生活就是我们每天都活生生的看着今天的太阳落下，然后看着同一个太阳升起。生活就是我们每天都有生命、有生机地活下去。生活是一本世上最难懂的书，我们只能一点点去读，但没人可以完全读懂，只要每一次经历后我们都能有些收获就好。就像我们的生命，从无到有，终也会从有到无。它真真实实地围绕着你我，我们无论喜欢，还是讨厌都不得不面对，它的现实、它的残酷、它的多彩、它的无奈。低头走人生的上坡路，抬头走人生的下坡路。

一个人无论是在官场、商场还是情场得意之时，都不要把自己抬得太高，要知道，你也不过是一个普普通通的人而已。越是春风得意，越要谦虚谨慎。而当人生遇到挫折之时，则应抬头挺胸，越挫越勇，以大无畏的英雄气概和永不服输的执着精神，傲视一切艰难险阻。

# 第四章
# 注重道德传承　加强道德实践

道德是做人的根本。没有道德的人，学问和本领愈大，就能为非作恶愈大。

——陶行知

有两种东西，我对它们的思考越是深沉和持久，它们在我心灵中唤起的惊奇和敬畏就会日新月异，不断增长，这就是我头上的星空和心中的道德定律。

——康德

## 学习目标

中外思想家都把道德作为人之为人的标准之一。道德是人内心的灿烂星空，它神秘让人敬畏。通过本章的学习，应当做到：

1. 解析人类社会特有的道德现象，包括道德的起源、本质、功能、作用、历史。

2. 了解人类社会特别是中华民族历史积淀的优良道德传统，用理性、健康的心态继承和弘扬人类的道德文明。

3. 了解中国革命道德是一种继往开来的强大精神力量，了解中国社会和中国革命的历史，自觉继承和弘扬中国革命道德。

4. 转向自己，知道作为一个公民应当恪守的道德规范，知道作为一个大学生应当遵守的道德规范，并在实践中努力加强自己的道德修养、树立社会主义荣辱观、锤炼自己的道德品质。

## 学习重点

1. 理论方面的重点是如何认识道德这一社会现象，它的起源、本质、功能、历史等，这是理解道德现象的基础。

2. 知识方面的重点是人类道德文明，特别是中华民族优良道德传统的内容、中国革命道德的内容、"四个全面"战略布局的道德意义、社会主义道德建设的核心和原则等内容。

## 学习难点

道德学习的关键是将道德知识转变为道德行为，也就是如何积极投身崇德向善的道德实践。

## 学习方法

1. 通过本章和相关材料的阅读，理解道德的基本理论，掌握道德的基本知识。

2. 把道德知识转化为道德行为，向道德模范学习，在行动中塑造自己的道德人格。

3. 通过学习中国革命道德的主要内容，以自己的实际行动继承和发扬中国革命道德。

4. 关注社会现实，为社会道德风气的改善尽自己的一份力量。

# 第一节　道德及其历史发展

**案例①　一个民族需要传统**

云南有个地方叫文山，文山很穷，有很多个国家级贫困县。但是文山有一个村子却找到了一种特殊的"致富"门路——拐卖儿童。曾经一度，全村百分之七十的年轻人都加入了这个新行业，人称"拐卖村"。

2005年年初《南方周末》进行相关报道，让人久久不能释怀。在传统社会中，一个人偷偷摸摸地做违法犯罪的事情，会让全家人抬不起头来；一家人做无本性的生意，会让全村人瞧不起，连他们的孩子都找不到伙伴玩；而整个村子从事不光彩的职业，这实在让我难以想象。要知道，从传统道德思想的角度看，拐卖儿童属于最损阴德的恶行之一，怎么可能成为这个村子的生存和生财之道呢？这个村子的日常生活是什么样的？他们的价值观、成就感从何而来？是什么原因使他们选择了这样一种生存方式？难道仅仅是因为穷吗？我想不是。

首先是因为他们失去了传统。人追求的首先是有意义、有尊严的生活，而不是富裕的、奢侈的生活。金钱，只有在崇尚金钱的社会里，才会让使用它的人感受到某种意义。所以，归根到底，人的意义不是来自于金钱，而是来自于崇尚金钱的社会理念。而这样的社会理念，必定是在传统丧失之后形成的。只要传统还在，金钱就不会成为压倒一切的目标。

活得有尊严、有意义，这是社会上每一个人的本能。而"拐卖村"则整体失去了获得有意义的可能。

一个人偷东西，我们可以说这个人有问题；一家人偷东西，我们可以说这家人有问题；但是如果整个村子甚至更多村子里的人都偷东西，"光明正大"地偷东西，那一定是社会的某个环节出了问题。而偷窃的对象竟然是婴儿，这个问题就严重得无以复加了！

孔子说："礼失求诸野。"当国家的整体秩序丧失之后，还可以到草根处找回社会重建的根基。野火烧尽之后，只要草根尚存，就会有春风吹生的那一天。最可怕的是草根烂了！

官员的腐败会对一个国家造成难以挽回的危害，知识分子失去操守会使一个民族看不清道路，找不到方向，丧失活力和动力。但是，如果一个群体整体失去了对自己生活意义的肯定，失去了尊严，失去了内在的道德感，将是一个民族的灭顶之灾。

官员的弄权让我痛恨，而当农民集体失去了质朴和善良，乃至于整个村贩卖婴儿的事情，则让我脊背发寒。

令人难以理解的是，我现在所奢望守护的传统，它最大的破坏者，正是我曾经相信的那种超越文化、超越民族、超越地域的标尺。传统有大有小，但真正流淌在每一个个人血液中的是本乡本土的小传统，这些各不相同的小传统才是我们的草根得以生存的土壤。

"失礼求诸野"，当我在大山深处，依然能够见到乐于放羊的人群，依然能够见到日日歌舞的人们，我感到欣慰。我相信那是我们未来文明的草根。只是，在日甚一日的全球化和现代化的飓风之下，不知这些草根还能生存多久？

一个民族要有传统。传统使我们获得了有别于他人的特殊品性，构成了我们的文化记忆，使我们感受到自己是一棵有根的大树上长出来的叶子，而不是现代化潮流之上的浮萍，全球化列车上的齿轮。

只有民族共同延续和遵奉的传统，才能使我们获得生存的意义，获得尊严。拥有自己的传统，并为自己的传统而自豪，这是一个民族得以延续、得以生长的根。

保护我们的传统，就是保护我们的未来，保护我们作为自己而不是作为别人的未来。

（资料来源：田松  《读者》  2006 年 2 月）

## 思考讨论

1. 什么是道德？如何用道德来评价案例中云南文山"拐卖村"的行为？

2. 大学生应如何充分发挥道德的作用与功能？

## 案例点评

道德属于上层建筑的范畴，是一种特殊的意识形态。它以善恶为评价方式，依靠社会舆论、传统习俗和内心信念来发挥作用的行为规范的总和。

作者从云南文山"拐卖村"说起，愤慨而失望地剖析了当地这种行当背后所隐藏的道德沦丧，进而分析了当今许多荒唐的现象，表达了一些地方对传统的摒弃和对自己与别人的不负责任。不仅一个村落需要公共道德准则，一个民族一个国家也需要传统道德的维护，经由传统承袭发展而来的道德观念是一个民族人文精华之所在，是一个民族群体灵魂之所在。所有人虽然昧着良心，但却因趋众而没有愧疚地过活，这就是传统道德的沦丧和对生者尊严的摒弃。对自己，对别人，他们只是毫无意义地活着，如此而已。

道德的功能集中表现为，它是处理个人与他人、个人与社会之间关系的行为规范及实现自律完善的一种重要精神力量。道德的主要功能包括认识功能、规范功能和调节功能。

道德的社会作用主要体现在：道德为经济基础的形成、巩固和发展服务，是一种重要的精神力量；道德对其他社会意识形态的存在有着重大的影响；道德通过调整人们之间的关系，维护社会秩序和稳定；道德是提高人的精神境界、促进人的自我完善、推动人的全面发展的内在动力；在阶级社会中，道德是调节阶级矛盾和对立阶级之间展开阶级斗争的重要工具。

# 第二节  弘扬中华传统美德

## 案例 2  化作光明烛

莫振高，男，壮族，1957 年生，1972 年 8 月参加工作。广西都安瑶族自治县高级中学的高级教师、校长，全国先进工作者，全国教书育人楷模，广西壮族自治区劳动模范，"感动广西十大新闻人物"。莫振高连续 30 多年用自己微薄的工资资助近 300 名贫困生，让他们顺利进入大学，先后筹集 3000 多万元善款，资助 1.8 万名贫困生圆了大学梦。被称为"化缘校长"。2015 年 3 月 9 日因病逝世，享年 58 岁。

莫振高的离去，在当地引起巨大震动，多所国内著名高校以及海内外校友发来唁电。他去世当晚，全校 4600 名学生自动集体熄灯，为他们心中的好校长默哀。他曾经的学生们，纷纷从全国各地赶来吊唁、守灵、送别。2015 年 3 月 15 日上午，广西都安，千余人送别都安高级中学校长莫振高，队伍绵延数百米。

### 教 学 科 研

莫振高直接参与的"用现代技术构建课堂教学模式"和"如何减轻学生的学业负担"等课题被确立为广西省级科研课题。直接参与的"责任教育""少数民族地区语言教学""课堂教学弹性评价的理论与实践研究"被确立为国家级研究课题。

参与编写了"共青团工作指导"丛书和"中小学素质教育"丛书。主编《中学生美文阅读》《思考与探索》《中学生作文主题训练》；撰写《转变教育观念，实施素质教育、全面提高教育质量》《调节最佳心态，养成良好心境，争取理想成绩》等 13 篇教育教学论文，先后在省级研讨会上宣读及交流。在全国各报刊发表论文 65 篇。

### 人 物 成 就

1996 年以来，即使担任校长，莫振高依然坚持肩挑两个毕业班以上的主科教学，每周上 10 节课以上，且成绩优异。在他的带领下，都安高中的教学质量稳步提升，学校被评为全国教育系统先进集体、广西示范性高中以及全国语文、数学、英语教学先进集体。1993 年以来，高考升学率逐年上升，由当时的 48.2%提高到几近 100%，而且连续27 年有学生考入清华、北大。

1996 年，被评为"广西壮族自治区劳动模范"；

2000 年 5 月，被评为"全国先进工作者"；

2006 年，被评为"感动广西十大新闻人物"；

2007 年，被评为广西规范化管理"十佳校长"；

河池市"优秀共产党员";

都安瑶族自治县优秀党员;

都安瑶族自治县优秀教师;

2016 年 2 月 14 日，荣膺 2015 年度"感动中国人物"。

## 公 益 事 业

莫振高被学生们亲切地称为"校长爸爸"，连续 35 年（截至 2011 年）用自己微薄的工资资助近 300 名贫困生，让他们顺利进入大学；莫振高不惜一切筹资助学，到企业、工地为贫困学子"化缘"。近 10 年来，莫振高先后筹集 3000 多万元善款，资助 1.8 万名贫困生圆了大学梦。在家人、群众和贫困山区孩子眼中，他是一个"总是惦记着山里贫困孩子"的校长爸爸，一个被瑶山的孩子称作"莫爷爷"的好心人。

## 人 物 评 价

没有惊天动地的伟业，没有豪气干云的话语，但莫振高以毕生的心血，用爱与责任铸就的丰碑，长留天地之间，耸立万千学子心中。

如果说清贫是一种生存状态，莫振高在这样的状态中锻铸了震撼人心的坚韧精神。

（资料来源：中国财经新闻网 http://www.prcfe.com/web/2016/02-23/91552.html 2016 年 2 月 23 日）

思 考 讨 论

莫振高的事迹体现了什么传统美德？当代大学生应如何弘扬中华传统美德？

案 例 点 评

中华传统美德是一个民族世代积累下来相对稳定的历史经验，是中国历史上不同时代人们的行为方式、风俗习惯、价值观念和文化心理的集中体现，是对中华民族道德实践经验的总结、提炼和概括。从莫振高的事迹中，我们看到了中华传统美德的基本精神：重视整体利益、国家利益和民族利益，强调责任意识和奉献精神；强调道德修养，塑造理想人格。要以莫振高同志为榜样，坚守自己平凡的工作岗位，用心、用情、用力为群众做好服务，当好品德高尚、爱岗敬业、业务精湛的人民公仆。

当代大学生应做到：第一，加强对中华传统美德的挖掘和阐发；第二，用中华传统美德滋养社会主义道德建设；第三，以开放的胸怀和视野吸收借鉴人类文明的有益道德成果。

### 案例❸ 心比金坚的守墓者

陈俊贵，男，汉族，55 岁（2014 年），新疆维吾尔自治区尼勒克县乔尔玛筑路解放军指战员烈士陵园管理员。

这些年，每当看到军人，我的心里总会涌动一股暖流。我虽然已脱下军装，可心里却依旧眷恋着那份绿色情怀。生活中，能让我念念不忘的人并不多，一个普普通通的解放军战士，却让我终生难以忘怀，一段刻骨铭心的往事感动了我一生。

### "昨天的那一幕，我永远忘不了"

1979 年 9 月，为了支援新疆发展交通事业，我随部队奉命参加了北起独山子、南至库车的天山独库公路大会战。在这场没有硝烟的战斗中，先后有 168 名解放军指战员献出了宝贵而年轻的生命，正如乔尔玛烈士陵园的碑文所写："人是躺下的路，路是竖起来的碑。"我的班长郑林书就是这些英烈中的一位。时至今日，许多往事都被岁月的尘埃所掩埋，可班长壮烈牺牲的那一幕深深铭刻在我的脑海里，永远不能忘怀。

那是 1980 年，一个冬雪频繁的季节，修筑天山公路的基建工程兵某部 1500 多名官兵被暴风雪围困在零下 30 多摄氏度的天山深处，面临寒冷冻死、断粮饿死的危险，唯一与外界联系的电话线也被肆虐的大风刮断。为尽快与 40 公里外的施工指挥部取得联系、得到救援，我奉命随同班长郑林书、副班长罗强和战友陈卫星前去请求山下部队救援。由于任务紧急、时间仓促，我们 4 人只带了 1 支防备野狼侵袭的手枪和 20 多个馒头就匆忙出发了。一路上寒风呼啸，风劲雪疾，在海拔 3000 多米高寒缺氧的雪山上，我们手牵着手，连走带爬，艰难前行。

40 公里的路刚走了一半，我们已是气喘吁吁，筋疲力尽。虽然体力已透支到了无法支撑的地步，但想到被暴风雪围困，随时都会被寒冷、饥饿夺去生命的战友，我们放弃了休息的念头。随着天色渐晚，积雪太深，盘山的便道上根本无法分清哪是路面、哪是悬崖，一不小心就可能掉进深山峡谷。深夜的天山，气温骤降，刺骨的寒风劲吹个不停，我们 4 人一刻也不敢停歇。天亮时，我们置身茫茫雪原，迷失了方向，更令人恐惧的是我们带的 20 多个馒头还剩下最后一个。

经过一天一夜的行走，我们身上每一根筋骨都像断了一样疼痛难忍，我更是被饿得头昏眼花，不止一次地看着班长口袋里的馒头。就这样，我们再次看到了夕阳，此时已经在雪地里走了两天两夜，终因体力透支到了极限，我们跌坐在雪地里再也起不来了。大家望着唯一的一个馒头，你推我让，谁也不肯吃。当时我建议把馒头分成四份，每人吃一口。话刚说出就被班长否定了，理由是馒头太小，如果分成四份，根本起不了充饥的作用。情急之下，班长郑林书做出了一个庄严的决定："我和罗强是共产党员，陈卫星是一名老兵，只有陈俊贵是个新兵，年龄又小，馒头让他吃。"当时我说啥也不肯吃，班长郑林书用不容商量的口气命令我吃掉这个馒头，望着在寒风中被饿得面无血色的战友，我手里的馒头顿时重如千斤，怎么也送不到嘴边。为了完成任务，后来我还是含着眼泪吃下了这个馒头。班长郑林书一直负责开路，所以他的身体透支最严重，他终因体力不支倒下了。

临终前他用尽最后的力气对我说："一是，希望死后能埋葬在附近的山上，永远看护着战友和这条路；二是，因使命在身，作为儿子生前没能好好孝敬父母，托付我能到老家看望一下他的父母。"我和战友含泪用冰雪掩埋班长后，继续向前赶路。可没走多远，副班长罗强也无声无息地倒下了，只有我和战友陈卫星掉下山崖被哈萨克牧民所救，这样才把施工官兵被暴风雪围困的消息传达到指挥部。1500 多名战友得救了，可 22 岁的班长郑林书、21 岁的副班长罗强却永远长眠在积雪覆盖的天山上，我和战友陈卫星也因严重冻伤，腿脚留下了重度伤残。3 年后，天山独库公路正式通车，成了连接天山南北、造福各族群众的生命通道和经济命脉。

### "一个承诺，让我守候班长 24 年"

班长牺牲后，我因严重冻伤，在医院接受了长达 4 年的治疗，病情好转后，于 1984 年复员回到辽宁老家，当地政府为我安排了一份电影放映员的工作，很快娶妻生子，日子过得平淡而安逸。可从新疆回到故乡，我时刻都在想念着班长，更没忘记班长临终前的嘱托。当我决定开始寻找班长的父母时，才发现自己根本不知道班长家的详细地址和他父母的姓名，因为和班长仅仅相处了 38 天，只知道他是湖北人，其他的情况一概不知。到哪里去找班长的父母呢？于是我又返回当年部队的驻地新疆新源县，本想着在老部队能寻找到班长家的地址，可谁知老部队在独库公路竣工后便迁移并编入武警部队的序列。尽管我在当地费尽周折，最终还是没有得到一点消息。当我来到老班长的墓前，深深的愧疚之情不时侵袭着我的心，思念的泪水奔涌而出，那天我和班长说了一整天的知心话。为了弥补愧疚之情，能离班长近一点，1985 年冬天，我辞去稳定的工作，带着妻子和刚刚出生的儿子又回到了终生难忘的天山脚下，回到了班长的身边，并在离班长坟墓最近的一个山坡上安了家。

来新疆前我虽然给妻子心里做好了吃苦的准备，可后来的苦日子远远超乎了她的想象。因为我的腿在部队受过伤干不了重活，一时又找不到工作，一家人的生计只能靠妻子打零工来维持，还要为我治疗冻伤的后遗症，家里的日子经常是朝不保夕。那些年，虽然经常只能靠喝粥吃咸菜果腹，也曾因凑不齐孩子的学费遭人白眼，可我从来都没有后悔过。本来，我计划在新疆待上三五年，找到班长的父母完成班长的遗愿后就回辽宁老家，可谁知一待就是 20 多年。就在我寻找班长父母无望的时候，老战友陈卫星和烈士罗强的父亲从广东来新疆为老班长扫墓，陪他们前来的部队干部带来了老部队的消息，我很快与老部队取得了联系，部队的领导不但告诉了我老班长家的地址，还派专人陪我到湖北一同拜访烈士的家人。

临出发前，我专门赶到班长的坟前把这个消息告诉了班长。在湖北罗田，我见到了老班长郑林书的姐姐。她告诉我，班长参军后只探过一次家，还是因为父亲病重。父亲去世后，家人怕影响郑林书工作，始终没有告诉他。所以，直到郑林书牺牲时也不知道自己父亲去世的消息。其母亲也于 2003 年去世。当我来到两位老人的坟前时，悔恨的泪水顿时流了下来。我悔恨自己没能早点看望班长的父母，悔恨自己永远没有机会替班长尽孝。不过，我可以告慰班长的是：你的嘱托，我已完成。可以告慰班长父母的是：今生今世，我将永远守候着班长，班长永远不会孤单。

### "乔尔玛烈士陵园的建成，了却我一生的心愿"

乔尔玛位于被称为"塞外江南"的伊犁州尼勒克县最东端，风景如画，矿产丰富，牛羊成群，各项工作在当地党委、政府的领导下蒸蒸日上。为纪念在筑路工程中光荣献身的英烈们，1983年在尼勒克县修建了乔尔玛烈士陵园，纪念碑碑座正面镌刻着中国人民解放军工程兵部队在筑路施工中光荣献身的指战员英名。而今，乔尔玛烈士陵园成了当地的红色革命教育基地、党员模范教育基地、国防教育基地。同年，尼勒克县委、县人民政府找到我，希望我能为乔尔玛烈士陵园做出更大贡献，给我解决了城镇户口和事业编制。这更坚定了我为班长和筑路英烈们守墓的决心。没过多久，我将班长郑林书和副班长罗强的遗骨迁到乔尔玛。

2008年12月，尼勒克县再投资60余万元，建立了烈士纪念馆并于当年7月开馆。如今，我在乔尔玛除了看护陵园外，还担任了义务讲解员，把一件件烈士事迹向前来瞻仰的人们讲解。以前陵园只有我和爱人看护，今年县里又派了两名工作人员，使我有了更充足的时间做更多的事。作为从生死线上走出来的我，没有什么不能做的，就让我的一生为班长和筑路英烈们守候吧！是班长给了我第二次生命，是党和政府给了我幸福美满的生活，我有义务有责任把陵园的工作做得更好，让天下所有的人们都永远铭记天山深处的筑路英雄们！

（资料来源：央视网 http://news.cntv.cn/2013/11/26/ARTI1385454985305817.shtml 2013年11月26日）

#### 思考讨论

陈俊贵的事迹体现出什么中华传统美德？

#### 案例点评

中华传统美德内涵丰富、博大精深，是中华传统文化中不可分割的组成部分。从陈俊贵的事迹中，我们看到了他重视整体利益、国家利益和民族利益，强调责任意识和奉献精神。正是从国家利益和整体利益的原则出发，在"义"与"利"发生矛盾时，应当"义以为上""先义后利""见义勇为"。这种"义利"观在中华民族的发展中起了积极的作用。"义薄云天"是对陈俊贵最好的评价，他以自己的行动告诉我们什么是中国传统文化所尊崇的"义"。这种义利观不但在中华民族的长期发展中起了积极的作用，而且对当前提高我国社会成员的道德水平仍有重要意义。

倡导言行一致，强调恪守诚信。诚信之德在于言行一致，表里如一，讲究信用，遵守诺言。陈俊贵用自己的一生来守护一个承诺，他做到了言而有信，一诺千金，对人守信，对事负责。陈俊贵用一生为战友护陵守墓，让人感到震撼和钦佩，时代需要这种诚实守信的精神。做好事、做善事贵在坚持，贵在长久。伟大领袖毛主席曾经说过："一个人做一件好事并不难，难的是一辈子做好事。"陈俊贵用28年的执着和坚守印证了他的伟大，他向所有人持续传递着感动和希望，给社会源源不断地传输着正能量，让我们的社会变得更加和谐、温暖。让我们在被感动的同时，从自我做起，从身边小事做起，用一份份爱心、一个个善举，推动社会的道德文明进步。

# 第三节　继承与发扬中国革命道德

**案例④** **记录抗战历史的"苦行僧"**

20 余年间，他苦心孤诣，采访与抗战有关的老人，抢救那段正慢慢被国人遗忘的历史。

方军了解到，抗战期间，中国军队与日军展开了 22 次大型会战、1117 次中型战役、38931 次小型战斗。随着材料越积越多，方军感慨道："中国军队打的那些大仗、恶仗，一打就是几个月，一死就是几万人、几十万人。当时国民党陆军伤亡 3211419 人、空军阵亡 4321 人，其中上将 21 名、中将 73 名、少将 167 名。无论八路军、新四军还是国民党将士，都是为了国家和民族的利益作战，他们都是我们民族的英雄。"

方军萌发了为抗战英雄树碑立传，以填补那段历史空白的想法。1998 年，方军收到一封来自陕西的信件，信中说："方作家，我叫仵德厚，是一个经历过卢沟桥事变、台儿庄战役、武汉战役的国民党少将师长。在台儿庄战役中，我是敢死队的队长。读了你写的《我认识的鬼子兵》，想邀请你来我家聊聊抗战的事。"

方军欣然接受邀请，来到陕西泾阳仵德厚家，与他同吃同住两个星期。他跟仵德厚一起下地锄草，一起种菜，一起放羊，两人结下了深厚的友谊。老人直言不讳地告诉方军："抗战胜利后，我给蒋介石卖命，最后当了俘虏被改造。这么多年来，从来没有作家和记者采访过我，我也不敢说以前的经历，就这样悄悄地活着。几十年过去了，难道我要把那些出生入死的经历带进黄土吗？我真的很不甘心。"方军临走时，老人站在村头一直流着泪水，目送他消失在尽头。至今，方军还记得：那些天刚好是陕西的雨季，仵德厚睡的床左边放了一个盆，右边也放了一个盆。他儿子上房顶给漏水的地方铺上一些泥，漏在盆里的雨水就成了泥水。老人过得这样孤独和艰难，让人心酸。

回到北京，方军发表了自己的采访稿。很快，当地政府给仵德厚免费安装了一部电话，社会各界人士纷纷与老人取得联系。有采访的、有捐款的、有建碑的……老人多次打来电话感谢方军："我忘不了你的恩情。"他说的"恩情"不是指有了新房，不是有了电话，而是终于有人能记录那段已被人遗忘的历史。

去四川安岳县高升乡云光村采访 94 岁的老兵王振庸，对方军的触动最大。抗战前，王振庸家是大地主。1937 年，全民族抗战的布告贴到王振庸家门口，这位四川大学中文系毕业的高材生毅然参军上了前线。

2010 年，方军去采访时，王振庸住在一间破旧的小房子里，衣衫褴褛，却高兴地拿出一枚民间自制的抗战纪念章给方军看，还别在身上让方军拍照。不到两个星期，方军将发表的文章寄给王振庸。老人的家人后来告诉方军，王振庸拿着报纸满村走，说北京的作家写他了。

说起后来发生的事，方军满眼全是泪花。他说："这可能是王振庸参加抗战后头一次有人在媒体上说他的事迹。没过几天，他就拿着我采写的那篇文章谢世了，脸上还带着微笑。"

后来，方军到卢沟桥中国人民抗日战争纪念馆工作，接触抗战老兵的机会就更多了。

老八路、新四军、国民党抗战将士、侵华日本老兵、被强掳的劳工……方军将这些与抗战有关的人称作亲历抗战的"最后一批人"。十几年来，方军的足迹遍布国内和周边国家，自费采访了 500 多位抗战老兵："那些战争亲历者如今都垂垂老矣。我要做的，就是只争朝夕，尽快采访他们，把他们的经历记录下来，让大家了解抗战老兵当年的真实生活状态和精神状态。"

2005 年，为纪念抗战胜利 60 周年，方军出版了抗战纪实文学《最后一批人》。他在此书的编后记中这样写道："《最后一批人》不属于作者，而是属于所有亲历日本侵华战争的人和所有铭记这段历史的中国人。"方军告诉记者："采访老兵的意义不仅在于留下口述史，为历史留下证言，更在于汲取经验教训。我统计过，中国军队抗战将士的直系、旁系亲属有 2000 万人，像导演张艺谋、陈凯歌，地产商潘石屹等人，都是国军抗战将士的后代。我希望通过自己的努力，让社会民众认识到，只有善待这些老兵，才能在未来的反侵略战争中鼓舞军队的士气。"

方军的努力起了作用。近些年来，抗战老兵开始受到关注，"关爱抗战老兵""我们爱老兵""无冕爱心网"等民间组织相继出现，一群群志愿者走近这些抗战老兵，和他们一起回忆当年困苦与激扬的岁月。

2007 年 7 月 7 日，"七七事变"70 周年时，方军把全国能找到的 29 军 9 名老兵一一请到北京，在 70 年前抗击日寇的卢沟桥上，完成了人生最后一次集结。如血的残阳中，当这些浑身布满伤疤的老兵列队报数，用颤巍巍的手敬出最后的军礼，以此缅怀阵亡的战友时，方军却背转身，偷偷地哭了。

让方军倍感欣慰的是，第十二届全国人大常委会第七次会议决定："将每年的 9 月 3 日确定为中国人民抗日战争胜利纪念日，12 月 13 日确定为南京大屠杀死难者国家公祭日。"

2014 年 12 月 13 日，方军虽未能前往南京参加首个国家公祭日仪式，但他一直守候在电视机前。听到习近平总书记给予日本右翼势力铿锵有力的回击时，方军心潮澎湃、热泪盈眶，他知道，那段任由列强欺凌的屈辱历史一去不复返了。

（资料来源：卓成华 《读者》 2015 年第 18 期）

## 思考讨论

有这样一群人，他们在"9·3"阅兵式上，赢得了最多的掌声和最高的敬意。他们是历史，也是现在。他们中既有抗日战争的亲历者，也有抗战老兵的后代，还有海外各行各业的佼佼者。当300余名抗战老兵组成的乘车方队经过天安门城楼时，苍苍白发，熠熠勋章，这群耄耋老人用微微颤抖的军礼表达着对祖国强盛的崇高敬意。通过这群人，给以我们什么启示？中国革命道德的主要内容包括什么？

**案例点评**

70多年前，他们是走上抵御外辱、保家卫国之路的勇士，在经历了血与火的洗礼后，他们依旧对国家和民族怀抱拳拳之心。和抗战老兵群体一样，在抗日战争的烽火年代，海外华侨华人或是组织抗日救亡团体，或是捐款捐物支持抗战，或是直接回国参军，爱国侨胞们众志成城，筑起一条坚不可摧的血肉长城。积淀在他们身上的赤子情怀和文化血脉，将助推整个中华民族走向共圆"中国梦"的未来。在这里，我们向抗战老兵、爱国侨胞两个群体特别致敬，不仅是为了重温历史、缅怀先烈，更重要的是，传承他们为民族尽忠义的担当。

对于这些高龄老人来说，沧桑往事有很多已经淡忘，然而抗战是他们永远也不会忘记的，是生命记忆，是民族记忆，是国家记忆！他们的勇气、奉献和担当，早已经变成一个民族基因，在我们血脉当中流淌！

中国革命道德的主要内容：为实现社会主义和共产主义理想而奋斗；全心全意为人民服务；始终把革命利益放在首位；树立社会新风，建立新型人际关系；修身自律，保持节操。

# 第四节　加强社会主义道德建设

**案例 5　崇德尚善的典范**

做"一个高尚的人，一个纯粹的人，一个有道德的人，一个脱离了低级趣味的人，一个有益于人民的人"，这是毛泽东主席70多年前向人们发出的号召。

20世纪70年代，第四届"全国道德模范"范海涛正值青春年华，他日复一日背诵过毛主席的《纪念白求恩》一文，这几句话遂成为他此后人生的座右铭。

几十年光阴流过，范海涛始终如一日地克己修身，持守良善，用默默无言的行动诠释着毛主席提出的"五种人"的精神内涵。

几十个春秋逝去，无论是日复一日的信念坚守，还是在关键时刻的道德抉择，范海涛都在向毛主席要求的"五种人"努力看齐。

第四届"全国道德模范"评选，范海涛作为诚实守信的榜样当选。然而，在助人为乐、见义勇为、敬业奉献、孝老爱亲等道德建设等方面，他又何尝不是在勉力践行。

### 他诚实守信，一诺千金

作为新乡市辉县南李庄村的党支部书记，范海涛心系群众，诺重如山。南李庄村过去穷得出名。2008 年范海涛上任伊始就向村民许下诺言："用 3 年时间，让南李庄人过上文明幸福的生活！"上任第一年，他自筹资金 80 万元，为村里打深水井，铺自来水管，让村民告别了世世代代吃苦水的历史；第二年，他又筹措资金数十万元，把村里主干道铺成了水泥路，建了健身活动场，为村民入了养老保险；第三年，他从自己经营的企业挤出资金 1.6 亿元，为全村 351 户村民每户无偿建造了一套 200 多平方米的叠加复式别墅。2011 年，范海涛再次筹资 3000 万元，为南李庄建了家居建材城和服务中心，每年可为村民增收 300 多万元。今年，他又出资 200 万元，为南李庄建了老年活动中心。几年下来，范海涛兑现了自己向村民做出的每一个承诺，从来没有打过半点折扣。

### 他见义勇为，义不容辞

"君子喻于义。"凡事义字当头，是范海涛的准则。只要符合义的，他就义不容辞，义无反顾。范海涛是南李庄村的党支部书记，还是河南孟电集团的当家人。孟电集团所在的辉县，曾经是名副其实的"灰县"。生态环境的频频告急，使范海涛寝食难安。2003 年，孟电集团果断关停了 3 条生产技术落后、污染严重的立窑水泥生产线，拉开了辉县乃至新乡市关停小水泥厂的序幕。2007 年，他又主动请缨，炸毁装机总容量 17.5 万千瓦的全部 8 台小火电机组，孟电人 20 年的心血、10 多亿元的资产化为乌有。但为还给辉县人一个绿水青山的生态友好环境，范海涛说："损失再大也值得！"

### 他鞠躬尽瘁，敬业奉献

作为孟电的党委书记、董事长，范海涛肩上承担着几千号人的生计和前景。孟电的人这样评价范海涛："他这人就会工作，除了工作没有任何爱好！""对别人好，对自己抠，抠门到极点。光做好事，社会上乱七八糟的事绝对没他的份。"范海涛说："工作还忙不完呢，哪有心思、哪有时间做别的！工作着最美丽最充实，一辈子做好事，做好人，做像毛主席要求的'五种人'那样的人，人生才有意义！"从 2002 年企业改制以来，他带领员工新建 6 条干法水泥生产线，水泥年产量达 700 万吨；投资 26 亿元建设两台 30 万千瓦热电机组，使孟电集团的固定资产从改制前的 2.5 亿元增至现在的 60 亿元；上缴国家税金由改制前的 800 万元增长到 2012 年的 1.6 亿元。

### 他乐善好施，助人为乐

从 2006 年起，范海涛就每年投入帮扶资金 30 万元，对新乡市 102 户新中国成立前入党的困难老党员家庭进行定点帮扶；他每年还拿出 50 万元，为全市的贫困职工贴补。

他设立了 200 万元的教育专项基金，资助数百名寒门学子圆了大学梦；听说素不相识的人需要救助，他情不自禁一次次伸出温暖的手……在南李庄、在孟庄镇、辉县市，范海涛就是一个凝聚着纯洁善良气质的名字，代表着一颗洋溢着温暖善意的心灵。

### 他敬老爱亲，至仁至孝

范海涛于 2010 年荣获"全国劳动模范"荣誉称号，他的父亲范清荣曾于 2000 年获此荣誉。时隔 10 年，父子同为"全国劳模"。范海涛经常说："我是站在父辈的肩膀上才有今天的！"他把继承父亲的理想、事业看作最大的孝。同时，他也是一个家庭观念很重的人，他把孝顺父母、孝顺老人看得比天都大。他给自己的规定是：不管再忙一定要每天回家陪老父老母吃顿饭，要每天给老父老母洗洗脚，不是做样子，是天天洗，认真洗。范海涛见不得不孝顺老人的人，村里有个闺女，找了个上门女婿，闺女、女婿不孝顺，整天挑老人的毛病。范海涛生气了："这个爹你们养不养？养，就好好孝顺着；不养，我把老人带走！"村里人说，遇到这种事，再忙他都要出面。

范海涛是我们身边一个可亲可感的普通人，他没有豪言壮语，却用自己的一言一行践行着"中国好德行"；他不管时代潮流和社会风尚怎样变化，总是凭着自己高尚的品质为我们诠释着道德领域里一张漂亮的答卷。

范海涛，不愧是生活在我们身边可亲可敬的道德典范！

（资料来源：《河南日报》 2013 年 11 月 4 日）

**思考讨论**

从范海涛的事迹中，带给当代大学生什么启示？

**案例点评**

案例中，范海涛为了乡亲们开拓创新，引领企业连创佳绩；他热心公益，奉献社会，塑造了和谐发展的孟电之魂；他高瞻远瞩，敢为人先，绘就孟电更加辉煌的明天。自 2001 年 3 月任孟电集团总经理以来，他带领全体员工艰苦奋斗，顽强拼搏，努力打造循环经济，使孟电集团经济效益连年翻番，为孟庄镇乃至全市经济发展和环境改善作出了突出贡献。

榜样的力量是无穷的，大学生积极投身崇德向善的道德实践，要认真学习道德模范的先进事迹，激励自己崇德向善、见贤思齐，弘扬真善美，传播正能量。大学生要学习道德模范助人为乐、关爱他人的高尚情怀；学习他们以诚待人、守信践诺的崇高品格；学习他们敬业奉献、勤勉做事的职业操守；学习他们见义勇为、敢于担当的无畏精神；学习他们孝老爱亲、血脉相依的至美真情。要时时处处以道德模范为榜样，形成良好的道德习惯。

**案例⑥　秋兰为佩——最伟大的医者**

胡佩兰，女，医生。1944 年毕业于河南大学医学部，1986 年，年满 70 岁从郑州铁路中心医院的妇产科主任位上退休。后到解放军 3519 职工医院坐诊，2010 年受聘到建中街社区卫生服务中心坐诊，至今已经行医 69 年。胡佩兰对病人的态度有目共睹，她经常说:"医患关系搞不好是因为交流不够,医生只要对病人认真负责了,病人也自然会对医生极力配合,不管面对哪一个病人,都要把患者当成自己的第一个病人来对待。"

直至今日,胡佩兰已经连续坐诊20年,坚持每周出诊6天,风雨无阻。2014年1月22日5时30分,胡佩兰逝世,享年98岁。

2014年2月10日,胡佩兰当选"2013年度感动中国人物"。

作为1944年毕业于河南大学医学部的高材生,胡佩兰养育了包括我国著名心血管病专家胡大一在内的4个儿子。70岁从原郑州铁路中心医院退下来后,家人都劝她歇歇,但她坚持去出诊,她还将微薄的坐诊收入和退休金凑一起,在8年间捐建了50多个"希望书屋"。

她说:"人活着不能对别人没一点用,她大病看不了,小病还能看一些,自己愿意坐诊,病人喜欢来,都高兴"。

2013年11月11日上午10时30分,郑州市建中街社区卫生服务中心妇科诊室,病人和他们同来的家人朋友,将不足10平米的诊室挤得热气腾腾。

这是一间老旧的诊室。白灰墙,不时能见到因受潮而生的粉絮,地面的瓷砖有的微黄,有的泛白,诊桌是常见的实木颗粒板桌子,桌边儿隔一段就会少一截封闭横截面的胶纸,木椅的款式已不多见,白色的漆面和墙上空调的漆面一样,阴暗发黄。诊室三面墙上,挂着5面锦旗。

大河网记者来到时,胡佩兰正在内室给病人看病。约15分钟后,满头银发、鼻梁处架着眼镜的胡佩兰扶着内室的门框移了出来。等候在门口的保姆和她的学生唐利平赶紧上前,她轻轻摆摆带着橡皮手套的手,示意两人退后。胡佩兰移到桌前,双掌扶着桌面,缓缓坐下,开始一笔一画地写处方。

写完处方,唐利平接过后再看一遍,然后按处方叮嘱患者怎么用药、有哪些注意事项等。

"你哪儿不舒服?"轮到下一个病人,胡佩兰双手摁在病历本上,侧着头问,声音有些沙哑。

患者说着,她努力地侧过身子,仔细地聆听,有时候实在"听不懂",学生唐利平便帮忙翻译。然后去内室给患者做检查,然后再出来写处方,如此动作,当天上午胡佩兰重复了16次。

"她本身就患有严重的腰椎间盘突出,腰部要靠钢板支撑,小腿浮肿,进出都要坐小推椅!"唐利平说,"当天上午接诊16个人,算是比较少的,经常都是30多人。胡老师啥时候接诊完病人啥时候下班,所以经常忙到下午两三点是常事儿,最多的一次忙到下午5点。"

当天的病人中,王青(应受访者要求,化名)是一大早从中牟赶来的。"胡大夫虽说年龄大了,可是从接诊到开药,全部亲力亲为,一点都不马虎。"王青说,胡佩兰用药特别神,村里的女人口耳相传,现在都知道她的"厉害",她几年前就在陇海路上的职工医院(解放军3519职工医院)找胡佩兰看过病。

另一位患者丁女士说："我婆婆现在60多岁了，婆婆年轻的时候，就找胡佩兰看过病，自己前段时间体检时发现了病灶，婆婆就推荐她来找胡佩兰看病，本想着胡医生早就退休了，不会再出诊了，没想到过了这么多年，胡医生还在上班。"

66岁的王兰花是开封杞县人，现在她是胡佩兰的保姆。她介绍道："个性很强！每天6点准时起床，去卫生间洗刷都自己完成。脱衣穿衣都自己完成，碰都不让碰，常唠叨着我帮她脱了穿了，自己就变懒了，手指变硬了，不会穿了。"

王兰花说："胡佩兰喜欢吃包子，早晨、中午各两个，不管是什么馅儿的，必须煎烤得所有地方都金黄，有一点露白面的地方都不行，她牙没掉一个，吃包子时咯嘣咯嘣响。"

"早晨吃俩包子，喝三碗白开水，晚上不吃主食，再喝两大碗白开水。"胡佩兰一待家里就没精神，所以最怕过星期天，也往往在这个时候对她讲话"可冲"。

"很多人都是慕名而来，还有的人是找了很长时间没找到，看到媒体报道后来的。她开药便宜，我记得很少有超过100块钱的。"说到这，王兰花叹口气，"一坐诊精神头就来了，待病号好得很哩！"

"光在家里不中啊，不做一点贡献，那咋能中，人活着不能对别人没一点用。现在能干多少干多少，大事干不了就干点小事，在家里光想吃喝，时间长了就痴呆了，就这也不满意那也不满意。"胡佩兰说，自己大病看不了，小病还是能看一些的，自己愿意坐诊，病人喜欢来，"都高兴。"

说到准备干到啥时候，胡佩兰说，家人都很支持她，能干一天干一天，不能干就不干，她的愿望是"活到老，学到老，为人民服务到老，工作是人生第一需要，光在家吃喝咋会中，越吃喝越不努力"。

（资料来源：中华立志网　http://www.zhlzw.com/lz/dy/805867.html）

**思考讨论**

胡佩兰的个人事迹中给以当代大学生什么启示？

**案例点评**

技不在高，而在德；术不在巧，而在仁。医者，看的是病，救的是心，开的是药，给的是情。在医患关系如此紧张的今天，胡医生用医德弥合了医患间的裂隙，更难得的是20年如一日的坚守。胡佩兰秉持"活到老，学到老，为人民服务到老"的信念坚守在工作岗位上。

为人民服务是社会主义道德建设的核心。为人民服务并非高不可攀、远不可及，而是可以通过不同层次、不同形式表现出来。毫不利己、专门利人、无私奉献是为人民服务；顾全大局、先公后私、爱岗敬业、办事公道是为人民服务；热心公益、助人为乐、见义勇为、扶贫济困是为人民服务；遵纪守法、诚实劳动并获取正当的个人利益同样也是为人民服务。作为大学生，我们应该做的要始终坚持以人为本，发扬社会主义精神，为人民、为社会多做好事，形成社会主义优越性、促进经济社会健康有序发展的良好道德风尚。

# 实 践 活 动

## 课内实践——发掘内心的道德感

1. 目的要求

帮助大学生树立正确的道德观，挖掘内心的道德感。

2. 实施步骤

（1）按照以下的问题反思自己的内心：打开内心那扇美德宝藏的大门。

①日常生活中最尊敬与最反感的三个人；②最欣赏的三种气质品格；③别人对你气质品格的三种可能评价；④我愿意生活在哪里；⑤我不愿意生活在哪里。

（2）撰写演讲稿，到班级内时行交流分析。

## 课外实践——身边的模范

1. 目的要求

寻找身边的道德模范，激发道德情感，投身道德实践。

2. 实施步骤

以小组为单位，利用课余时间寻找自己身边的道德模范，搜集他的感人之举，分析他（她）的道德品质与人格魅力，并分享令自己感动的故事。

撰写一篇 1500 字的演讲稿，在班级内进行交流分享，阐述他（她）给你带来的触动和思考，以及你如何投身道德实践，从而与道德榜样产生情感共鸣，激励大家积极投身崇德向善的道德实践。

# 复习思考题

**一、单项选择题**

1. 道德产生的客观条件是（    ）。
    A．社会关系的形成            B．自我意识的形成

C．劳动　　　　　　　　　　D 社会分工

2．道德功能的发挥和实现所产生的社会影响及实际效果，就是（　　　）。

　　A．道德的功能　　　　　　　B．道德的社会作用

　　C．道德是力量　　　　　　　D．道德的评价

3．马克思主义认为："道德作为一种社会现象，其产生有多方面的条件。"其中，人类道德起源的第一个历史前提是（　　　）。

　　A．生产关系　　　B．自我意识　　　C．劳动　　　　D．人类社会

4．社会主义道德建设的核心是（　　　）。

　　A．为人民服务　　B．集体主义　　　C．共产主义　　D．爱国主义

5．社会主义道德建设的原则（　　　）。

　　A．经济建设　　　B．集体主义　　　C．共产主义　　D．文化建设

6．孔子强调，"己所不欲，勿施于人""己欲立而立人，己欲达而达人"。这体现的中华民族优良道德传统是（　　　）。

　　A．倡导言行一致，强调恪守诚信

　　B．讲求谦敬礼让，强调克骄防矜

　　C．推崇"仁爱"原则，追求人际和谐

　　D．注重整体利益、国家利益和民族利益

7．道德是（　　　）的反映。

　　A．社会经济关系　　B．政治关系　　　C．家庭关系　　　D．地理环境

二、多项选择题

1．道德的主要功能包括（　　　）。

　　A．认识功能　　　B．规范功能　　　C．调节功能　　　D．约束功能

2．弘扬中华传统美德的现实意义（　　　）。

　　A．社会主义现代化建设的需要　　　B．加强社会主义道德建设的需要

　　C．大学生成长成才的需要　　　　　D．改革开放的需要

3．在对待传统道德问题上，要反对两种错误思潮，即（　　　）。

　　A．全盘复古论　　B．历史虚无主义　C．功利主义　　　D．实用主义

4．道德是以善恶为评价方式，依靠（　　　）来发挥作用的行为规范的总和。

　　A．内心信念　　　B．政治思想　　　C．社会舆论　　　D．传统习俗

5．下面关于"集体主义"的理解正确的是（　　　）。

　　A．集体利益高于个人利益　　　　　B．重视和保障个人的正当利益

　　C．完全抛弃个人利益　　　　　　　D．集体利益和个人利益是辩证统一的关系

### 三、判断题

1. 道德属于经济基础的范畴，是一种特殊的社会意识形态。　　　（　　）
2. 道德发展的总趋势是向上的、前进的，是沿着曲折的道路向前发展的。（　　）
3. 社会主义道德建设要以无私奉献为原则。　　　　　　　　　（　　）
4. 革命道德是与战争时期相适应的，在和平时期没有必要继承革命道德。（　　）
5. 现在是市场经济时代，大家都忙着挣钱，在这个时候再来讲为人民服务和集体主义没有什么实际意义。　　　　　　　　　　　　　　　　（　　）

### 四、简答题

1. 中华传统美德的基本精神体现在哪些方面？
2. 中国革命道德的主要内容有哪些？
3. 为什么要发扬光大中国革命道德？
4. 谈谈加强社会主义道德建设对于落实"四个全面"战略布局的重要意义。

### 五、论述题

1. 作为当代大学生，如何积极投身崇德向善的道德实践？
2. 如何正确认识社会主义道德建设的核心和原则？

# 专 文 赏 析

## 善良是生命的黄金

人世间最宝贵的是什么？法国作家雨果说得好：善良。"善良是历史中稀有的珍珠，善良的人几乎优于伟大的人。"

中国传统文化历来追求一个"善"字：待人处事，强调心存善良、向善之美；与人交往，讲究与人为善、乐善好施；对己要求，主张独善其身、善心常驻。记得一位名人说过："对众人而言，唯一的权力是法律；对个人而言，唯一的权力是善良。"

我读到国外的两则小故事。一则是说一场暴风雨过后，成千上万条鱼被卷到一个海滩上，一个小男孩每捡到一条便送到大海里，他不厌其烦地捡着。

一位恰好路过的老人对他说："你一天也捡不了几条。"小男孩一边捡着一边说道："起码我捡到的鱼，它们得到了新的生命。"一时间，老人为之语塞。

还有一则故事是发生在巴西丛林里："一位猎人在射杀一只豹子时，竟看到这只豹子拖着流出肠子的身躯，爬了半个小时，来到两只幼豹面前，喂了最后一口奶后倒了下来。看到这一幕，这位猎人流着眼泪折断了猎枪"。如果说前一个故事讲的是善良的圣洁，那后一个故事中猎人的良心发现也不失为一种"善莫大焉"。

美国作家马克·吐温称善良为一种世界通用的语言，它可以使盲人"看到"、聋人"听到"。心存善良之人，他们的心滚烫，情火热，可以驱赶寒冷，横扫阴霾。善意产生善行，同善良的人接触，往往智慧得到开启，情操变得高尚，灵魂变得纯洁，胸怀更加宽阔。与善良之人相处，不必设防，心底坦然。

播种善良，才能收藏希望。一个人可以没有让旁人惊羡的姿态，也可以忍受"缺金少银"的日子，但离开了善良，却足以让人生搁浅和褪色——因为善良是生命的黄金。多一些善良，多一些谦让，多一些宽容，多一些理解，让人们在生活中感受到美好和幸福。这是善良的人们向往和追求的，也是我们勤劳善良的中华民族所提倡和弘扬的。

（资料来源：朱国良　《读者》 2004 年 02 期）

## 算命不如修德

《庄子·外物》有一则寓言，讲的是宋元君与白龟的故事，最后还让孔子上场做了个评论。

宋元君半夜梦到有人披头散发，在侧门边窥视，并且说："我来自名为宰路的深渊，被清江之神派往河伯那里去，但是渔夫余且捉住了我。"元君醒来，叫人占卜此梦，卜者说："这是神龟啊。"元君说："有叫余且的渔夫吗？"左右的人说："有"。国君说："命令余且来朝见。"第二天，余且入朝。元君问："你捕到了什么？"余且说："我网住了一只白龟，直径有五尺长。"元君说："把你的龟献上来。"

白龟献上之后，元君又想杀它，又想养它，心中犹豫不决，叫人来占卜，卜者说："杀龟用来占卜，吉利。"于是，元君命人挖去龟肉，用龟甲占卜，七十二次都没有失误。

孔子听说了这件事，就说："神龟能够托梦给宋元君，却不能避开余且的渔网。它的智巧能够占卜七十二次没有失误，却不能避开挖肉的祸患。这样看来，智巧有穷尽之时，神妙有不及之处。即使有最高的智巧，也避不开万人的谋害……"

孔子的评论中，让人闻之心惊的是"虽有至知，万人谋之"一语。武侠小说中，没有人可以独自对付武林同盟的人海战术。不论你如何聪明，"智者千虑，必有一失"，何况是万人共同对付你？若想躲过这样的灾难，显然需要大智巧。

所谓大智巧，至少要从提高自我修养着手。《庄子·徐无鬼》记载了一只灵巧猴子的故事，可以作为借鉴。

吴王一行人渡过长江，登上一座猴山。群猴看见人来，都惊慌地跑开，逃到丛林中。这时，有一只猴子，从容地攀着树枝跳跃，在吴王面前卖弄灵巧的身手。吴王射它，它敏捷地接住来箭。吴王命令左右军士一起迅速连发数箭，它就中箭摔下树而死。吴王回头对他的朋友颜不疑说："这只猴子自以为灵巧，仗着身手敏捷来傲视我，才会落到这样的下场。要引以为戒，不要以骄傲的态度对待人！"颜不疑就去拜董梧为师，去除骄傲的态度，摒弃享乐，谢绝荣华，三年之后，国人都称赞他。

（资料来源：傅佩荣　《新华每日电讯》 13 版　2015 年 7 月 24 日）

# 推 荐 书 目

1. 邓小平：《邓小平文选》第2卷，人民出版社，1994年版。
2. 毛泽东：《中国革命和中国共产党》，《毛泽东选集》第2卷，人民出版社，1991年版。

# 参 考 答 案

## 一、单项选择题

1. A　2. B　3. C　4. A　5. B　6. C　7. A

## 二、多项选择题

1. ABC　2. ABC　3. AB　4. ACD　5. ABD

## 三、判断题

1. ×　2. √　3. ×　4. ×　5. ×

## 四、简答题

1. 要点

①重视整体利益、国家利益和民族利益，强调责任意识和奉献精神；②推崇"仁爱"原则，追求人际和谐；③讲求谦敬礼让，强调克骄防矜；④倡导言行一致，强调恪守诚信；⑤追求精神境界，重视道德需要；⑥强调道德修养，塑造理想人格。

2. 要点

①为实现社会主义和共产主义理想而奋斗；②全心全意为人民服务；③始终把革命利益放在首位；④树立社会新风，建立新型人际关系；⑤修身自律，保持节操。

3. 要点

①有利于加强和巩固社会主义和共产主义的理想与信念；②有利于培育和践行社会主义核心价值观；③有利于引导人们树立正确的道德观，积极投身于社会主义建设事业；④有利于培育良好的社会道德风尚，抵制腐朽思想的侵蚀。

4．要点

①全面建成小康社会，需要切实加强道德建设；②全面深化改革，需要社会主义道德的价值引领；③全面依法治国，需要法律和道德共同发挥作用；④全面从严治党，需要加强党员干部的思想道德建设。

**五、论述题**

1．要点

大学生要积极投身道德实践活动，修身律己、崇德向善，讲道德、尊道德、守道德，以高尚的道德品质与境界引领社会道德风尚。①践行社会主义荣辱观；②参加志愿服务和学雷锋活动；③培养诚实守信的良好品质；④养成节俭节约的良好习惯；⑤自觉学习道德模范。

2．要点

社会主义道德建设要以为人民服务为核心、以集体主义为原则，这既符合我国社会主义初级阶段道德建设的现实状况，也是社会主义精神文明建设的客观要求。

（1）为人民服务是社会主义道德建设的核心

①为人民服务是社会主义经济基础和人际关系的客观要求；②为人民服务是社会主义市场经济健康发展的要求；③为人民服务体现着社会主义道德建设的先进性要求和广泛性要求的统一。

（2）集体主义是社会主义道德建设的原则

①社会主义集体主义强调国家利益、社会整体利益和个人利益的辩证统一；②社会主义集体主义强调国家利益、社会整体利益高于个人利益；③社会主义集体主义强调重视和保障个人的正当利益。

# 第五章
# 遵守道德规范　锤炼高尚品格

养成他们有耐劳作的体力，纯洁高尚的道德，广博自由能容纳新潮流的精神，也就是能在世界新潮流中游泳，不被淹没的力量。

——鲁迅

最高的道德就是不断地为人民服务，为人类的爱而工作。

——甘地

集体的习惯，其力量更大于个人的习惯。因此，如果有一个良好道德风气的社会环境，是最有利于培训好的社会公民的。

——培根

## 学习目标

公共生活、职业生活与婚姻家庭生活，是人们社会生活的重要领域，也是个人品德形成的重要领域。通过本章的学习，应当做到：

1. 了解人类公共生活的特点、公共生活秩序的重要意义。
2. 了解社会公德的主要内容、自觉遵守社会公德以及遵守网络生活中的道德要求。
3. 树立正确的就业观和创业观。
4. 正确认识和对待爱情，掌握婚姻家庭的道德规范，树立正确的恋爱观和婚姻观。
5. 了解个人品德的作用，学习如何加强个人道德修养，自觉追求崇高道德境界。

## 学习重点

1. 理论方面的重点是维护公共生活秩序的重要意义、如何认识职业与道德的关系、如何理解与把握爱情的本质与真谛、如何加强个人道德修养，这是培育职业精神、树立家庭美德、提升个人品德的基础。
2. 知识方面的重点是我国社会公德的基本内容、职业道德的基本内容与要求、婚姻家庭中的道德要求以及个人道德修养的要求。

## 学习难点

1. 用所学的社会公德规范要求自己，自觉维护公共生活秩序，做一个现代的文明人，促进社会文明的进步。
2. 学习职业道德规范的基本要求，内化为自身素质的组成部分，并体现在职业活动中；对于恋爱婚姻中的道德要求，能够帮助大学生树立正确的恋爱观和婚姻观；加强个人道德的修养，追求崇高道德境界，是每个大学生都应该树立的人生目标。

## 学习方法

1. 通过对本章和相关材料的阅读，理解公共生活的特点与公共生活中的道德规范。
2. 通过对本章和相关材料的阅读，掌握职业道德的基本要求，掌握当前就业形势，树立正确的择业观和创业观。
3. 查阅相关书籍资料，学习掌握恋爱和婚姻中的道德要求，为树立正确的恋爱观、婚姻观打下坚实基础。

3. 通过对本书和相关材料的阅读，掌握加强个人道德修养的方法，为追求崇高道德境界树立人生目标。

# 第一节 社 会 公 德

## 案例① 不文明行为"排行榜"

近年，北京市结合奥运人文主题进行了新中国成立以来最大规模的社会公德现状调查。与此同时，其他城市也进行了类似的调查和讨论，社会公德的话题又成了人们关注的焦点。调查发现，多数民众最深恶痛绝的不文明行为，主要集中在交通出行、旅游观光、环境卫生和公共设施这四个方面。

解说：衣、食、住、行是生活的基本，行在生活中的地位不言而喻。出门在外，大家都想快且安全地到达目的地，但是有些人却只图自己方便，把马路当成是"我的地盘，我做主"，把交通法规全部抛在了脑后。

行人和机动车本来应该遵守交通法规，可一些机动车和行人总爱"亲密接触"，不是行人走到了机动车道里，就是机动车开到了非机动车道里，这样一来，交通拥堵不用说，也成了事故发生的隐患。

不久前，北京市发生了这样一起惨剧，交通指示灯指示行人过马路同时疾驰而来的一辆宝马轿车却连带一脚刹车的意思都没有，撞人后，汽车驾驶员驾车逃逸，确实令人发指。

在城市里面，一些客运车为了本车乘客上下车的方便，不管自己在什么位置，随处就停。

严飞（北京市崇文区交通支队前门队副队长）：北京市的机动车保有量是很高的，所以一部分司机为了赶时间，占用了自行车道。我们经常能看到机动车抢占了自行车道后，跟自行车发生争执，有时两个人就打起来了，发生进一步冲突。

有着十多年交管经验的严飞告诉我们，常见的道路违规有多种情况，而变道不打灯，则是让许多司机倍感头疼的一种。

以下是严飞与记者的一段对话：

严飞："有的司机为了赶时间，就直接把车开过去了，并线就走了，没有打灯的时候就并线了。"

记者："这种状况多吗？"

严飞："这种状况应该说还是比较普遍的。"

解说：每年的旅游黄金周都是大家难得放松的机会。游人的行为其实也是景区的风景，个别游人在游览美景胜地中放松身心的同时，也放松了自己的行为。

北京天坛公园有著名的回音壁，然而这面回音壁现在却是伤痕累累。在介绍长城的示意图上，清晰可见"某人到此一游"的痕迹。

一位专门负责带队出境游的领队告诉我们，国外许多景点都在显眼的位置标识有中文提示语，比如"便后冲水、请排队"等等，每当看到这些，他总是感到既气愤，又惭愧。

王禹（中国国际旅行社总社出境游总部专职领队）：有的时候大家一下飞机，在急着去上厕所的时候就看出差距，在国外每个人都站在一道线后面，等你出来以后下一位再过去，国人就直接站在你后面等着，你在前面方便的时候，我就在你背后，好像警察在监督一样。

解说：您瞧这位小伙子，爬到了古建筑的最高处，自己居然还得意洋洋。不仅国内如此，一些人还把这个习惯带到了国外，比如不分场合、对象地乱拍照。

王禹：咱们比较喜欢西方的小孩子，我们叫他洋娃娃。一旦见了洋娃娃都非常喜欢，不管人家父母愿意不愿意，过去就搂着人家照相，甚至要亲两口，要摸一摸，而且一个人照完了之后，全团都会大家你喊我，我喊你，都来过来照，所以弄得人家父母很别扭。

解说：没有人不想生活在优美的环境里，然而这个美好的愿望有时却成了一种奢侈。

现在养宠物的人越来越多，这本来无可非议。但是，一些宠物主人不清便，成了令人深恶痛绝的老大难问题。为此，有的城市甚至出台了"宠物随地大小便，主人不清理，最高罚款五百元"的规定。

尽管我们每天都在提醒大家不要乱扔垃圾，但是乱扔垃圾这种现象仍然顽强地存在我们生活之中。您瞧，这是一位屡遭打击的居民自己拍摄下来的画面，画面中一袋垃圾正在做着抛物运动。再看这边，一袋袋垃圾从天而降，楼下居民叫苦不迭。

范振泉（北京市海淀环卫服务中心二队）：我们扫吧，有时只能下手捏。我们搞这个工作，我们有时下手捏，说师傅您挪一下，我们扫扫，就这样。

解说：这些画面时常可以在一些地方见到，不管是白天还是晚上，有的人有了内急，竟然本着"就近"的原则，先痛快了再说，他倒是痛快了，别人呢？

市民：我们到这儿捂着鼻子或者一跑就过去了。

解说：如今，公共设施为我们提供了越来越多的便利。国家在公共卫生间等公共设施上的投入不断增加，而同时也不得不面对公共设施不断遭受破坏的现状。

在公共设施上乱涂、乱画，让很多管理部门感到头疼，对于这种行为现在似乎是无计可施。

王宝平（北京市海淀区环境卫生服务中心四队队长）：大家都看到了，从这个小广告来讲，给我们工作带来了很大困难。

记者：你看这公厕上这么多颜色是怎么回事儿？

王宝平：就是说我们刷小广告，喷完以后，就是社会对我们要求，厕所墙上不能有小广告，我们粉刷只能是哪有我们就刷一块，哪有刷一块。

解说：虽然现在手机普及率很高，但是公共电话的便利仍然不可取代。然而公共电话在街头闪亮登场以后，却时常面临着被毁坏的厄运。

再看看这边，这是一间干净、便利的一类公共卫生间，这里有专门 24 小时打扫管理的工作人员，但有人钻了空子，让管理人员防不胜防。

王宝平：典型的一个，蹲这以后无聊地烫那个隔断板，烫门板。

记者：拿烟头烫。

王宝平：拿烟头烫，所以现在门板也不好修复，烫完以后就烙下痕迹了。

解说：和其他行为相比，偷盗井盖就最为可恶。北京市市政工程管理处养护部的张书运告诉记者，他们管理的 16 万个井盖和箅子中，去年就丢失了一万多个。

张书运，北京市市政工程管理处养护部部长：井盖的丢失和损坏，对我们的工作压力相当大。第一，对市民的生活有影响，第二，对市民的安全有影响。

演播室主持人：中国是有着 5000 年历史的文明古国，现在正在建设现代化的文明强国。通过片子里展示的这些现象，我们看到一些人的行为距离文明还有一定的差距。其实我们身边这样的现象并不少见，我们也应该在自律的同时，提醒身边的人"从现在做起，远离陋习，走进文明"。

（资料来源：《焦点访谈》 2005 年 12 月 7 日）

### 思 考 讨 论

从上述报道中，你认为社会公德领域存在哪些问题？如何提高大学生的社会公德水平？

### 案 例 点 评

通过上述报道，社会公德失范主要体现在以下几个方面：第一，对环境的破坏；第二，对公共设施的损坏；第三，违法乱纪。

公共生活与每个人都密切相关，每个人都应该自觉遵守社会公德。大学生是宣传和践行社会公德的重要力量，更应该在遵守社会公德方面做出表率。主要表现在：第一，认真学习社会公德规范；第二，自觉培养社会公德意识；第三，努力提高践行社会公德的能力。

### 案例② "互联网＋"——首先要加正能量

互联网＋商品流通，让电子商务便利千家万户；互联网＋创新创业，让中国制作和中国设计蓬勃发展……在"互联网＋"这个加法公式中，不同的诉求都渴望从中开拓出一片天地。小天地要加到互联网上，大天地就更需要加上。这个大天地就是民族复兴、国家富强、人民幸福的中国梦。这是全体炎黄子孙的共同诉求。"互联网＋"，首先要加上实现中国梦的正能量。

是中国首先加了互联网，才有后来"互联网＋"的快速发展和繁荣，这犹如根脉与枝叶的关系。无论多么庞大，无论怎样绵密，中国互联网始终根植在中国这艘巨大的航船上。它应该是这艘航船上有力的桨叶，助力的风帆，为中国这艘巨轮长风破浪济沧海而奋击、而鼓张。

互联网是一个平台，"互联网＋"犹如一个纽带。这个平台应该是利国利民的平台，这个纽带应该是众志成城的纽带。这个平台的支柱不能是凋蚀的朽木，这条纽带的丝缕不能是腐散的棉絮。因为这样的平台和纽带，无法承载祖国腾飞的体量，也无力牵引人民对幸福生活的向往。

要让互联网这个平台坚固起来，就要让"互联网＋"这条纽带富有韧性，这需要充分尊重我们的时代共识与社会共识。这个共识就是：富强、民主、文明、和谐、自由、平等、公正、法治，爱国、敬业、诚信、友善。

"身不用礼而望礼于人，身不用德而望德于人，乱也。""人欲立，人欲达，必须立人达人。"互联网也是如此，中国互联网要发展，"互联网＋"要进取，就需要健康的社会环境、人文环境、商业环境。良好的环境从哪里来？从环境中的每一个局部来。今天，网上每天都有数亿人在一点一滴地发声，点点汇聚在正能量上，可以温暖中国，可以凝聚亿万颗自强不息的中国心。

（资料来源：《人民日报》 2016 年 3 月 17 日 24 版）

**思考讨论**

在"互联网＋"背景下，大学生应如何自觉遵守网络生活中的道德要求？

**案例点评**

随着信息技术的迅猛发展，互联网开始构筑起一种全新的工作、学习和生活方式，成为重要的信息平台与交流工具。网络生活中的道德要求，是人们在网络生活中为了维护正常的网络公共秩序而需要共同遵守的基本道德准则，是社会公德规范在网络空间的运用和扩展。大学生应当坚持文明上网，养成健康的上网习惯，成为净化网络空间的积极力量，应做到以下几点：

第一，正确使用网络工具。大学生应正确使用网络，提高对网络内容和信息的鉴别力，积极运用网络传播正能量，使网络成为开阔学习视野、提高学习能力的重要工具。第二，健康进行网络交往。大学生应该进行有利于个人身心健康和品德培养的网络交往，同时也要树立自我保护意识。第三，自己避免沉迷网络。大学生应当从自己的身心健康出发，合理安排上网时间，理性对待网络。第四，养成网络自律精神。大学生应做到自律而"不逾矩"，促进网络生活的健康与和谐。

# 第二节 职业道德

**案例③** "上班追星"被追责，该不该

上班的地方突然惊现"天后"王菲真人，你是不是也想去一睹真容?若是因此影响到了工作，那可就是"砸饭碗"的事了。北京纪委官方网站 12 月 2 日通报数起"为官不为""为官乱为"的典型案件。其中，朝阳区房屋权属登记中心多名工作人员因"天后"王菲到该中心办理业务时擅自脱离工作岗位，在工作区围观、拍照、索要签名，严重影响正常工作秩序，北京朝阳区纪委给予该中心主任范明悦党内警告处分。此外，三名脱岗围观的工作人员也受到行政警告处分。

国人向来喜欢围观明星，这种骨子里的爱好源远流长。但是对于朝阳区房屋权属登记中心多名工作人员的上述行为，还是难以理解。追星也要分清楚时间和场合，身为政府办事机构工作人员，撇下大量等待办证的公民不管不顾，在登记中心大厅对明星"围追堵截"，说轻点是年轻不懂事，说重点是严重影响了正常工作秩序。给予警告处分，算是轻的。

况且，他们还不是一般的围观及影响工作秩序。报道说，在王菲办理完业务离开后，经办人员竟然允许其他工作人员拍摄业务档案中王菲的照片，也造成窗口外多名办事人员同时拍照，并被媒体在网络上曝光。显然，此事对王菲本人造成了不良影响，其经纪人已发声明，保留追究法律责任的权利。这是何苦呢，你们的热情"天后"可能永远不懂，何况那不是热情，而像是骚扰，骚扰了明星的个人隐私，不吃官司算王菲宽宏大量。

毫无疑问，朝阳区房屋权属登记中心是一个公共服务部门，公众前来办业务，是接受公共服务的，工作人员岂能为了一个明星的到来而忽视了公职服务?另一方面，这起事件中的有些公职人员，也缺乏必要的公共精神、法治精神，居然私自拍照，甚至允许其他工作人员拍摄业务档案中王菲的照片……众所周知，任何公民的档案信息都受法律保护，即使王菲是普通人，工作人员也没有权利这样做。更应在看到有人前来拍照时加以制止。围观明星、起哄，缺少公共服务的基本精神。

此外，在此新闻跟帖后，笔者还看到大量针对王菲的人身攻击性质言论，我把这视为朝阳区房屋权属登记中心围观事件所造成的对王菲女士的衍生伤害。真希望王菲这次不必息事宁人，该追究的法律责任还是追究，要让有些人知道，追星也要有度，千万别因过度追星耽误工作、侵犯明星隐私权，给别人带来不必要的伤害。

根据相关规定，房地产登记权属信息属于个人隐私，除公安等部门办理案件调阅证据外，只能由本人持有效身份证件才能查询。

事实上，类似的现象在其他地方也屡有所闻。比如，陕西洛南县国土资源局永丰国土资源所副所长屈永军面对质询叫嚣"我（上班）看电视剧跟你有啥关系"，河北平山县安监局一名韩副局长"上班时间酣睡卧床接待访民"，"安徽肥东县建管局副局长周之元上班在办公桌上练书法，冷漠对待农民工讨薪"……这些"我的地盘我做主"案例说明，自反"四风""三严三实"专题教育开展以来，尽管取得卓有成效的成绩，但仍有极少数干部服务意识淡薄，脱离群众。对他们依法依规进行相关处理，既是严肃党纪所需，也是对其他公务人员的警示。

　　一言以蔽之，公职人员上班追星受处分不是小题大做，也不是用权力干预党员干部的私人空间，而是彰显了"从严治党、从严治吏"的气魄、决心和力度。期待广大干部能引以为戒，时刻谨记服务意识，时刻把群众放在心中。

　　的确，在现实生活中，疯狂追星族绝大多数是涉世未深的青少年，而对于成年人来讲，尤其是公职人员，还如此缺乏克制，背后的原因值得深思。

（资料来源：朱达志 《新京报》 2015 年 12 月 3 日）

**思 考 讨 论**

你认为公务员上班期间追星违反职业道德吗？

**案 例 点 评**

　　职业道德，是指从事一定职业的人在职业生活中应当遵循的具有职业特征的道德要求和行为准则，涵盖了从业人员与服务对象、职业与职工、职业与职业之间的关系。社会主义职业道德包括爱岗敬业、诚实守信、办事公道、服务群众、奉献社会等内容。其中爱岗敬业是职业道德的核心，反映的是从业人员对待自觉职业的一种态度，也是一种内在的道德需要。遵纪守法是每个公民应尽的义务。

　　在当今社会的明星文化之下，围观明星无可厚非，这是每个人自己的权利，但是公务员上班时间脱离岗位追星，这既违反了公务员的职业道德，也违反了单位的纪律。

　　在这个繁"星"闪烁的时代，每一个人都有追星的自由与权利，但其前提是必须分清场合与时间。在售书签名现场、在慈善活动场所、在访谈互动节目里，任何人包括公务员，与明星合影、索要签名皆无可厚非。特别是，当心中的偶像，从虚拟的荧屏走向现实、从遥远的天边走到跟前，这确实让人难以按捺住内心的激动。但是，公职人员于办公时间、在办公场所，置大量排队办理业务的民众于不顾，丢下本职工作却忙着追星、拍照、索要签名，实属公私不分、擅离职守。如此公然"脱岗追星"，混淆了公域私域界限，损害的是民众合法权益，岂能用一句"多看了一眼"来搪塞。

　　公职人员"脱岗追星"，损害民众权益，扰乱办公秩序，既有违职业道德，也有违法违纪之嫌。自 2007 年 6 月 1 日起施行的《行政机关公务员处分条例》明文规定："严重违反公务员职业道德，工作作风懈怠、工作态度恶劣，造成不良影响的，给予警告、记过或记大过处分；旷工或因公外出、请假期满无正当理由逾期不归，造成不良影响的，可给予警告、记过或记大过处分"。尽管条例中的旷工与脱岗，程度上稍有区别，但"脱岗追星"是为官不为、为官乱为的作风病。

### 案例④ 干一行，爱一行

某天去一家新开的湖南餐馆吃饭，刚进门，热情的老板迎了上来，张口就问："您是朋友介绍过来的吧？"我愣了一下，说："对啊。"他又问："是×××吗？"

我有点被吓到，因为他的确说中了。我说："没错，但我是半小时前才听那位朋友聊起您这家店，听说味道不错，所以慕名而来。"这么短的时间内，显然朋友不可能透露任何信息，那么老板是怎么知道的呢？

他笑起来，请我坐下，说："我是猜的。"

我更好奇，问猜测的根据。他细细分析："第一，现在已经是晚上23点了，店门口修路交通不便，又是刚刚开业，所以这个时间段能上门的生面孔客人，基本都是朋友介绍来的；第二，您背着一个摄影包，包的侧面还露出半支录音笔，所以应该是从事新闻一类的工作，老食客里面，工作圈子与您吻合的人并不多；第三，既然能成为朋友，年龄与形象气质一定不会差距太大，排除掉工作不符的，与您差不多年龄和打扮的女士就是×××了。"

我连声叹服。随后在他的推荐下点了几个菜，味道相当不错。我们边吃边聊，老板说他起初在一些高级酒店里面打工，别人在工作之余偷懒休息，他却喜欢坐在酒店的角落里观察来来往往的客人，琢磨他们的职业、心理和消费能力。后来他甚至专门自费去学习了一年心理学课程。

他指着店面娓娓道来："您看，我这家店里，空调正对着的只有9号桌，客人进来，我都不会让服务员往9号桌领，因为这样上来的菜会很快变凉，味道就不好了。"

"那么9号桌存在的意义是什么呢？"

"当然是那些进门就急匆匆要打包两个菜带走的客人。夏天太热，他们走得汗流浃背，坐在空调下吹吹风很舒服，而且拿到菜很快就离开，不会把菜放凉。"

我简直要为他的讲解而鼓掌："这家店开了多久，生意好吗？"

"还不错。"他看了眼深夜仍然坐了大半客人的大厅，"起初生意也不好，后来想了点办法才好起来的。我请了认识的亲戚朋友来店里免费吃饭，一日三餐都供应，连吃了半个月。"

"这么大手笔请吃饭还能生意好，不会赔死？"我无法理解。

"请客自然是赔的。但在这半个月里，无论任何人在任何时间路过，从落地窗看进来，店里面总是人头攒动、生意兴隆的样子，甚至还要等位排号。这么火爆的餐馆谁不想来尝尝味道。请完半个月的客，我的客人不但一点没少，反而还增加了。你说这点菜钱花得值不值。"

（资料来源：《读者》 2015 年 16 期）

**思考讨论**

如何理解案例中老板的行为，体现了职业道德中的什么内容？

**案例点评**

案例中老板的行为正是体现了职业道德中的爱岗敬业以及服务群众。

爱岗敬业是职业道德的核心，反映的是从业人员对待自觉职业的一种态度，也是一种内在的道德需要。它体现的是从业者热爱自己的工作岗位、对工作极端负责、敬重自己所从事职业的道德操守，是从业者对工作勤奋努力、恪尽职守的行为表现。爱岗敬业就是要干一行爱一行，爱一行钻一行，精益求精，尽职尽责。老板能够细心观察来往客人，琢磨他们的职业、心理和消费能力。后来还甚至专门自费去学习了一年心理学课程。这些都体现出老板热爱自己的本职工作。

服务群众体现了各行各业的从业人员都要以服务群众为宗旨。在社会主义社会，每个人无论从事什么工作、能力如何，都应该在本职岗位上通过不同形式为群众服务。如果每一个从业人员都能自觉遵循服务群众的要求，社会就会形成人人都是服务者，人人又都是服务对象的良好秩序与和谐状态。案例中9号桌存在的意义这样贴心周到的服务体现了服务群众的职业道德。

**案例⑤  万众创新大众创业——大学生创业放飞理想**

**省委书记强卫仔细询问大学生创业者徐莉同学的创业情况**

（本报讯）"我给你写句话吧！""五四"青年节，省委书记强卫打破不题词的"惯例"，给南昌工程学院在校创业大学生徐莉写了一句勉励的话："创新创业，放飞理想。"

强卫写给徐莉的这句话，也是对全省广大青年的深情寄语。强卫说："青年最富朝气、最富梦想，最具活力与创造性，是'大众创业、万众创新'的主力军，全省广大青年要以敢为人先、敢闯敢干的锐气，锲而不舍、求真务实、矢志奋斗，在创新创业的大潮中奋勇搏击，实现自我价值、成就无悔青春。各地各部门要搭建平台、提供支持，为广大青年创新创业引好路、架好桥、助好力。"

当日，强卫先后来到江西省青年创业孵化基地、先锋天使咖啡众创空间、江西省农村青年电商创业服务中心、浙江大学科技园（江西）、南昌工程学院国家大学科技园等青年创新创业基地，详细了解针对青年创新创业的扶持政策和服务举措。他指出："各地各有关部门要敏于做伯乐，善于发现好项目和优秀的领军人才；要甘于做园丁，致力于搭建好金融、商务、后勤、物流、市场等服务平台，让创新创业青年带着项目就能进驻；要勤于做顾问，及时发现青年创新创业中遇到的成长烦恼，认真分析、综合施策。"

一件件创新创意的产品和项目，一张张充满青春活力的笑脸，调研中，强卫来到"菜鸟实业""归根生态""黑旋风城市生活""微加信息""24+智慧商圈""祺祥智慧健康""有啦科技""中磊第三方网络支付""软云科技""英华达科技""渤乐科技""花匠手工坊和南昌工程学院航模之家""桥梁检测工作室""NIT 文化传播中心"，来到广大青年创新创业者中间，观看他们的创新创业成果，分享他们成功的喜悦和奋斗的路程，询问他们遇到的困难和期待的帮助。强卫强调："优秀的青年创新创业人才和项目是全省经济社会发展中的宝贵财富，大家一定要倍加珍惜、热情扶持，决不能出现'墙里开花墙外香'，甚至是'一枝红杏出墙去'的现象。"

殷切的期望、坚定的支持让青年创新创业者们在这个属于他们的节日里，收获了信心，坚定了信念，继续勇执创新之锐、高扬创业之帆，开拓进取、坚定前行。

（资料来源：《江西日报》 2015 年 5 月 5 日）

### 乐观、积极、坚持与担当——马云对话香港青年创新创业交流团

新华网北京 8 月 9 日电（记者 关桂峰）："不要指望靠一个创意、想法就能成功，我都有差不多 1000 个想法了，但成功的就只有寥寥几个。创业要坚持，我只是比别人多尝试一些。"8 日晚，阿里巴巴董事局主席马云在北京联合大学对话"四海一家"香港青年创新创业交流团，近 2000 名香港青年现场聆听并和马云进行交流。

交流一开始，马云就直言："创业不要有太多抱怨。空抱怨是没有用的，要从抱怨中找机会。""创业初期，很多人苦闷，为什么没有人借给我钱，为什么没有人帮我？其实，创业贷不到款、借不到钱很正常，没有人帮你也很正常，不要因为这些就抱怨。"

马云说，1999 年，为了创办阿里巴巴，他到硅谷找了 40 多个投资者，但是没有一个给他钱。于是，他和他的团队凑了 50 万元，一点一滴做起来。为了省钱，桑塔纳出租车开过来，他们都扭头不坐，而是继续等夏利。

"因此，创业初期，钱不是最重要的。团队、创意、坚持、机会、资金都很重要。要立刻、现在、马上行动起来。很多年轻人晚上想想千条路，早上起来又要走原路。"马云说。

然而，创业不是谁都可以成功。马云说："一般而言，100 个人创业，其中 95 个人是悄无声息地失败了，连声响都没有；剩下的 5 个人，有 4 个人是大家看着他们失败的，只有一个人是成功的。"

"我跟巴菲特、比尔·盖茨、索罗斯等交流，发现他们第一品质就是乐观，很少听见他们抱怨，大部分在抱怨的时候，也总能从抱怨中找到机会；第二是他们很积极，积极看世界，有担当的勇气，敢于行动；第三是他们比一般人坚持。"马云说。

现场的香港青年问马云，如何看待 30 年后的互联网时代？马云说："未来 30 年才是互联网真正的机会，未来 30 年是 DT 时代，即数据处理技术时代，社会将发生天翻地覆的变化。DT 时代最大的机遇就是将互联网经济做起来，实现传统行业和 IT 行业完美融合。"

每一次技术的变革，都意味着新的机会到来。马云鼓励年轻人，10 年前没有人会想到百度、阿里巴巴、腾讯三家在互联网领域能做到"BAT"格局。未来 15 年到 20 年，一定会出现更多好的互联网企业，你们中的人就有可能超越我。

他鼓励有创业意愿的年轻人，要乐观看待未来，积极寻找机会，坚持和担当。"每一代都有自己的责任，每一代都有自己的痛苦，只是敢不敢比你边上的同学努力，你敢不敢超越你的街坊邻居，能不能比他更坚持，做得更好。"马云说。

他建议创业青年，第一是做自己最喜欢的事情；第二是从最容易的事情开始做起；第三是找到并训练一些有趣、志同道合的人一起做事。

（资料来源：新华网　http://news.xinhuanet.com/fortune/2015-08/09/c_1116192319.htm　2015年8月9日）

### 思考讨论

在大众创业万众创新的浪潮下，当代大学生应该如何树立正确的创业观？

### 案例点评

习近平强调，让每个有创业愿望的人都拥有自主创业的空间，让创新创造的血液在全社会自由流动，让自主发展的精神在全体人民中蔚然成风。创业是通过发挥自己的主动性和创造性，开辟新的工资岗位、拓展职业活动范围、创造新业绩的实践过程。大学生要树立正确的创业观：第一，要有积极创业的思想准备。大学生应积极关注经济社会发展的趋势，了解国家鼓励大学生自主创业的有关政策，为日后创业打下良好的基础。第二，要有敢于创业的勇气。陈欧鼓励青年人勇敢创业。"今天如果你还没法说服自己，踏出创业这一步，那是对自己人生的背叛。也是对自己价值的背叛。所以各位创业者，如果今天你还在踌躇不前，还在思考风险的时候，勇敢迈出这一步，很快就会海阔天空。创业的选择是跟随你的心，当你觉得有些事情现在应该开始去做，就不要想太多，想太多之后发现创业会有一百种死法，你就不做了。"第三，要提高创业的能力。要充分考虑自身的条件、创业的环境等各种现实因素，要树立"能力本位"的意识，要有对抗挫折的能力。

### 案例⑥　鹦哥岭上的青春之歌

有山的地方，就有歌声缭绕。歌声，就犹如云雾，与青山绿水相伴而生。遥望鹦哥岭，满目青碧，你听到了那大山深处温婉多情的歌声了吗？那是由27名年轻人用青春唱出的时代歌声。那歌声如漫天飞舞的蝴蝶，萌发着我们的想象与诗情；那歌声如一棵历经百年的大树，在岁月风霜中见到了大山的深情！

海南鹦哥岭省级自然保护区于2004年经海南省人民政府批准成立，保护区位于海南岛中部，跨白沙、琼中、五指山、乐东、昌江五市县，是海南陆地面积最大的保护区，主峰鹦哥岭海拔1812米，是海南岛第二高峰。

2007年，这个无人知晓的大山深处迎来了建站的首批大学生，此后，不断有大学生加盟。他们中有2名博士、4名硕士、21名本科生，分别来自全国9个省市12所高校，其中一位还是香港来的博士生。

沉寂多年的鹦哥岭从此热闹起来。一群朝气蓬勃、有专业知识、致力于森林保护事业的大学生坚守在大山深处，保护森林资源，进行科学考察，填补研究空白，带领群众致富，创新管理模式，使鹦哥岭保护区从无到有，从弱到强，成为海南自然保护区的一面旗帜。

他们专业并不完全相同，性格也不完全相似，可他们都有一个共同的追求，就是放弃大城市的浮华喧闹，选择更能发挥个人才华的山林，到那里去绽放美丽的青春，实现自己的理想。

### 情定深山：条件艰苦，无人选择离开

5月31日，我们与鹦哥岭青年团队来到人们眼中神秘的鹦哥岭和保护区管理站，近距离了解他们的梦想与青春故事。

保护区管理站位于白沙县县城边上，院落树木很多，环境清幽。这里原是属于白沙镇政府的办公楼，2010年，白沙县委、县政府无偿将这座办公楼给保护区管理站，管理站才结束了三年租民房办公的历史。

但五年以前，他们的办公场所，并不是这样的情况。五年前的鹦哥岭，人烟罕至，十分落后。那时，保护区管理站刚刚成立，办公室也没有，陆续招来的大学生，挤在两间租来的民房里，男女各住一间，既是办公室，也是宿舍。

"组建鹦哥岭保护区，我们真的是白手起家，从'零'开始。"如今是鹦哥岭自然保护区管理站的站长的李之龙说。当时，保护区工作站除了一块牌子、一纸任命书和3名领导班子成员，几乎一无所有。面对没有办公场所、缺少工作经费、没有交通工具，缺乏专业人才等现实的困难和问题，他们没有被吓倒，反而在租来的民房里安了"家"，鹦哥岭保护区的各项工作就这样向前推进了。

"与青山为友，和绿水作伴"，听听很让人向往，真去践行，绝非易事。在偏僻落后的鹦哥岭工作，清贫、寂寞、辛苦是显而易见的，大学生们只能用工作来打发时间，只能用交流与安慰，度过那些难熬而多思的夜晚。

但寂寞还不是最可怕的，鹦哥岭山路险峻，大学生们只能步行开展科学调查和管理巡护。山中雨多路滑，跌倒是常有的事，稍有不慎就会有跌落山谷的危险。蚊虫叮咬、蛇兽袭击，也已见怪不怪。山高路险，粮食和水没法带足，渴饮山泉饥吃野果也习以为常。

在一次考察中，考察队专门从周边村庄雇了二十名挑夫把考察设备、用具和粮食运到驻扎营地。那天，烈日如炉火炙烤，蚂蟥遍地爬行，只走了两个小时，雇来的挑夫忍受不住丢下担子全跑了。为不影响科考活动，大学生们只能咬着牙渡过眼前的难关，慢慢搬移各种物资，跋山涉水，不知道走了几个小时，不知道身体疲累到了什么程度，终于在天黑之前到达营地。

然而，条件如此艰苦，这些大学生却没人选择离开。在东北林业大学读野生动物与自然保护区管理专业的刘磊看来，更在乎的是自己感受——学有所用、成就感和自豪感。昆虫学硕士王合升深信纸上得来终觉浅，从事林业工作的人，如果不往大山里跑不往林

子里钻,是不会取得扎实的专业成就的。地道的北京小伙李飞,被鹦哥岭丰富的动植物资源所吸引,断然放弃首都的生活,为自己热爱的事业赶赴海南。

在接下来的几年里,每年都有新鲜血液注入鹦哥岭团队,一批批大学生把根扎在鹦哥岭,甘于寂寞,乐于清贫,成为这座处于海南岛心脏的青山的守护者。"让整个一生都在追求中度过吧,那么在这一生中必定会有许许多多美好的时刻。"这句话曾让他们无数次精神振奋。

### 科研使命:倾听大山的鸣唱,填补研究空白

"你相信蝴蝶能飞过大海吗,我相信!"身材有一米九的王合升说出这句话的时候,眼中透露的激情让人深受感染。

那是 2008 年年底,在开展年终清山科考时,王合升在鹦哥岭道银村和力土村之间的沟谷里,发现了数万只从内陆飞来鹦哥岭越冬的斑蝶。在此前,他曾听附近村民讲曾在山中发现大量蝴蝶,但一直都没亲眼所见。而这一次,却让他莫名惊喜,数万只蝴蝶的忽然的出现,或者停在树的枝叶上,或者翩翩飞舞,失神之间,他并没有忘记举起随身携带的照相机,把眼前的美丽拍下来。

这是在鹦哥岭的山路里走了近六年,王合升认为山中最神奇浪漫的一次奇遇。这几年里,他和队友们逐步摸清了保护区的动植物资源,每月都要进山调查,吃住都要在野外,发现了珍稀物种淡水水母——桃花水母和圆鼻巨蜥,并对其在鹦哥岭林区生存状况进行评估,还发现了成年黑熊新鲜的粪便和爪印。

而鹦哥岭青年团队科研的最大收获是对鹦哥岭树蛙的研究。2010 年之前,在鹦哥岭自然保护区总共才发现 2 只,对其种群、生态学、生物学、繁殖生物学的研究还是空白状态。鹦哥岭保护区于 2010 年向国家林业局申请了鹦哥岭树蛙保护的一个项目,资金到位后,科研团队利用 SMART 项目目标分析法和 SWOT 分析法,编制了详细计划。廖常乐和同事一起,发现了更多鹦哥岭树蛙,并对其种群、生态学、生物学、繁殖生物学进行研究。他们撰写 2 篇鹦哥岭树蛙的论文,刊登在 SCI 国际高级别的索引期刊,填补了这个物种的世界性研究空白。

"鹦哥岭是一个罕见的动植物资源宝库,是一个魅力无穷的神秘世界。"王合升说,6 年来,鹦哥岭团队建成了数字保护区,建立了鹦哥岭动植物档案馆,和专家们一起发现了鹦哥岭地黄连等 20 个科学新种,记录到轮叶三棱栎等 24 个中国新纪录,伯乐树等 190 个海南新纪录。出版了 80 万字的《海南鹦哥岭生物多样性及其保育》,在国内外刊物上发表了科学论文近 40 篇。

看到这些数字,这些纪录,这些大学生们便会有一种油然而生的骄傲,因为这是他们用几年的青春谱就的。

### 理想不息:用一生的时间去认识鹦哥岭这块宝

每年的毕业季,校园里都有很多人在谈论着:什么才是我们想要的生活?鹦哥岭青

年团队都在庆幸，自己选择了鹦哥岭。

"一个年轻的、刚成立的保护区，虽然各方面条件很差，但却有着旺盛的生命力。"几年下来，鹦哥岭保护区给年轻人的成长创造了非常自由的氛围，应聘而来的大学生可以自主选择工作岗位，自己拟定工作经费，自己拟定培训计划。他们建立了完善的保护管理体系，制定了规范的科研考察制度，创新了科学的资源管理模式，有效地保护了海南珍贵的生态资源。

对鹦哥岭团队来说，山林带来的，不仅是身体的历练，还有着精神的历练，但同时，他们更是收获了创业的快乐、生活的充实、科研的成果和越来越多的理解与支持。

李之龙完成了从一个基层科研工作者到一个森林公安局局长的身份转换，从上山下山的采样考查，到如今为了保护鹦哥岭，与违法犯罪分子做斗争。在这几年里，他不仅和村民的对饮中练就了一身的酒量，也在抓捕工作中锻炼了一身的胆量。

在这个过程里，他一直感恩鹦哥岭这座大山带给他的一切。他说："我们为鹦哥岭做的还远远不够，我们只是很幸运，在各级政府和上级领导的重视与关怀下，才得以无后顾之忧地在这个平台上施展拳脚；我们只是很幸运，得到了社区群众的支持与厚爱；寻求到了值得我们用尽一生为之奋斗的理想追求。我们需要更多的年轻人加入，为千千万万个'鹦哥岭'，贡献我们的热血青春!"

刘磊有时也会关注当前社会的热点话题，他发觉，时代的精神慌乱，让大部分的年轻人茫然失措。他也发现，鹦哥岭的伙伴们，反而有着一种"脱离"于时代的高贵感。在个人主义盛行的时代，社会主义精神、青春之歌、有志青年、有意义、责任心、使命感、激情、奉献等具有某种鼓舞人心词已经不招人待见，甚至让人避之不及，可这些，却都是鹦哥岭的这些伙伴们，所最追求的。

"幕天席地练筋骨，安步当尺量青山。"王合升说，我们要用一生的时间去认识鹦哥岭这块宝，去发现鹦哥岭那些美，去保护鹦哥岭这片海南的肺。个子高高的我，一步跨出去就是三尺多。在今后的日子里，我还要继续以步当尺，把鹦哥岭这座大美的青山不断丈量。

时间一晃就过去了五年，这 27 名大学生一直坚守在鹦哥岭。他们在深山密林生活和劳作，与青山为友，与绿水为伴，他们甘于寂寞，乐于奉献，用自己的选择唱响了一曲当代的青春之歌。

（资料来源：耿国彪，张志国 《绿色中国》 2012 年第 21 期）

**思考讨论**

1. 鹦哥岭上 27 位大学生如何抒写自己的青春之歌的？给予我们什么样的启示？
2. 作为当代大学生应如何树立正确的择业观？

**案例点评**

什么样的人生才是最有价值的？27 名鹦哥岭大学生用自己的人生抉择给予了精彩的回答。海南鹦哥岭自然保护区的 27 名大学生在林业生态保护这样平凡而艰苦的岗位上，艰苦奋斗、无私奉献，选择了人生的正确道路，实践了社会主义的核心价值观。他们致力于保护区重建，他们帮扶当地群众脱贫致富，他们克服偏见功利思想，将个人理想与国家需要相结合，倾其所学所知，奉献美好青春，他们找到了自己的奋斗目标，实现了自己的人生价值，他们合着铿锵的节拍奏出了时代的最强音。

在人生的十字路上，一定要树立好正确的人生观和价值观，切勿在改革开放的大潮中丧失自我，随波逐流，停留在钱欲、物欲的短视与肤浅。马克思曾说，我们在选择职业时所应遵循的主要方针是"人类的幸福和我们自身的完美"。做人，要活出精彩，活出价值，青春方能无悔！

27名大学生用自己的奋斗历程向我们展示出当代有为青年的精神面貌和时代风采，希望这种"鹦哥岭精神"能够激励更多人立足岗位、建功立业，脚踏实地投身于经济社会发展的伟大实践，谱写出无愧于时代和人民的恢宏篇章。择业是指每个人根据自己的意愿和社会的需要，选择自己所从事的工作过程。对当代大学生来说，应该从以下三个方面努力，逐步树立正确的择业观：第一，树立崇高的职业理想。职业活动不仅是人们谋生的方式和手段，也是人们奉献社会、完善自身的必要条件。当代大学生应该学习马克思的崇高职业理想与人生境界。第二，服从社会发展的需要。大学生在择业时应积极响应国家号召，适应社会发展需求，面向基层，面向国家建设的第一线去选择自己的职业，为经济社会发展贡献智慧和力量。第三，做好充分的择业准备。机会总是垂青有准备的人。大学生应该尽早确定今后就业的目标，充分利用大学的宝贵时光，努力学习科学文化知识，提高专业素质和技能，以适应将来的职业要求。

# 第三节　家庭美德

**案例 7　尘封 77 年的爱情**

1935 年，14 岁的张淑英，在福州嫁给了国民革命军军官钟崇鑫。两年之后，丈夫随军开赴抗日战场，再无消息。7 年后，苦苦等待的她，接到了抚恤令，开始了颠沛流离的生活。70 多年过去了，这份曾经甜美的爱情，一直深埋在她的心底。上个月，94 岁的张淑英前往台湾忠烈祠，只为了看到英烈谱上丈夫"钟崇鑫"的名字。

## 一 见 钟 情

电话里，张淑英老人的声音清脆，带有重庆口音的普通话中，依稀还有浓浓的虾油味。张淑英 1921 年出生在福州台江码头附近，父母都是生意人。14 岁时，她随父母搬到了台江洋头口一带，而"洋头口"这三个字，便成了这段爱情的开始。

1935年春天，经人介绍，母亲陪她到福州西湖与一个年轻军官相亲。去之前，她不太乐意，因为以前见过的军官都比较凶。可初次与这位年轻军官见面，她立刻就被对方打动了。

"1米75左右的个子，长得高大却很温柔。"老人说，"他问我会不会写字，我回答会的。没想到，他真拿出纸笔来，我便写了'洋头口'3个字，他看了赞不绝口。"

这位年轻的军官便是来自重庆荣昌、黄埔军校六期的毕业生钟崇鑫。

订婚一个月后，两人在福州举办了婚礼。宾客有10来桌，细心的新郎还特意为新娘子弄到了西式的白色长头纱，"姐妹们都羡慕我好有福气，找到了一个如意郎君。"

## 新 婚 燕 尔

老人的原名叫张秀珍，他觉得这个名字不好听，便给我改成了"张淑英"。1935年，农历八月，钟崇鑫随部调往南京，张淑英也随之前往。

从结婚到1937年全面抗战爆发，两人度过了一段美好的时光。"他按照福州的习俗，叫我'阿妹。'张淑英说，"他把每个月的军饷都交给我，还鼓励我多学文化知识，而且还不让我洗衣服。不过，他不喜欢妻子化妆和穿颜色艳丽的旗袍，他总是说：'阿妹不化妆就很美'。"

1937年，全面抗战爆发，钟崇鑫随部调往上海奔赴抗日战场。两人在常熟汽车站见了最后一面。"分别时，他突然从背后抱住了我。"老人回忆，"他流泪了，说，阿妹，我一定会回来的。"

77年过去了，老人一想到这一场面，就会心痛。当年年底，张淑英还和丈夫通了一次电话，"崇鑫告诉我，他已升任71军87师259旅中校参谋主任。"她一听，心里更紧张了，这意味着他要上前线去打仗啊。

"他说现在他请不到假，没办法回来看我。他还叫我不要担心，照顾好自己。"张淑英说。这通电话过后，她和婆婆随着西迁的百姓，一路从武汉到了丈夫的老家重庆。

"我相信，只要他活着，他一定会回来找我的。"张淑英说。

## 用一生等待

来到重庆后，张淑英觉得自己整个人都傻了，整天呆坐在一个地方，"一年又一年，我每天夜里都要惊醒很多次，却总是梦不到他。"

每年，她都会写信去问钟崇鑫的消息，但是都没有回应。直到1944年，在街上，她突然遇见了钟崇鑫的战友方维鑫。方维鑫帮忙联系军长后，收到了一封回信："兄阵亡，无法函告，军座经常想起钟兄英明才干，至今耿耿于怀。"

读完信后，张淑英感到所有的希望都破灭了，苦苦等待7年的竟然是这么一个噩耗。第二年，婆婆也病逝了，她只好回去找父母和弟弟。

抚恤令收到了，但张淑英还想知道在1937年的那个寒冷的冬天，丈夫是怎样殉国的。

新旧政权交替之际，父母和弟弟去了台湾，张淑英却选择留下，"他是重庆人，我这辈子都要守在这里。"

## 终于找到你

1949年，经人介绍，张淑英认识了第二任丈夫李自清，生育了两儿一女。自清对我很好，但崇鑫是我的初恋，这辈子我都不会忘记他，他已经刻在我的脑子里了。我知道他阵亡后，就一直想知道他的灵位放在哪里。可为了现在的家庭，我一直不敢说出这段往事，不敢说出自己的想法。

张淑英说，直到1988年，她才将这个心愿告诉孩子们。

张淑英的儿子李长贵说，从1988年开始，母亲的心愿便成了家里人的心病。后来，他们在时任87师少校师部参谋仇广汉写的《淞沪抗战暨南京失守纪实》一书中查到这样一段叙述："城外部队苦战3日，打到12月12日上午，第71军87师的3个旅已伤亡殆尽，259旅旅长易安华、参谋主任钟崇鑫和旅部直属部队官兵全部阵亡于雨花台阵地……"

可他的灵位在哪里呢？

2014年9月中旬，苦苦寻找了钟崇鑫灵位多年的张淑英一家人，抱着试一试的想法，拨通了重庆关爱抗战老兵志愿者芳菲的电话。没想到，当晚10时许，台湾志愿者便在台北忠烈祠找到了钟崇鑫的牌位。

新婚燕尔她送他上前线，7年后得知他战死，她一路哭着回家。70年后拿着与爱人的合照，又流泪了，她说是记事以来第二次流泪。93岁的她来到他的灵前，这是她一生中第三次流泪。

"我这辈子只痛哭过3次，上辈子欠他的，都是为他哭的。"

## 从此再不分离

让张淑英感动的是，志愿者还将老人和钟崇鑫的照片合成一张合影送给她。

找到丈夫的灵位后，老人又萌生了前往台湾祭拜的想法。在志愿者的帮助下，2014年11月22日，老人在儿子的陪伴下，前往台北。

老人在飞机上，就像一个少女快要见到情郎，一直睁大眼睛望着窗外，嘴唇边始终挂着浅浅的微笑。这样的情感，美好或是遗憾，只有经历过的人才能体会吧。一起陪同前往的志愿者芳菲也被打动了。

在台湾7天的时间里，张淑英3次祭拜钟崇鑫。抵达台北的当天，老人就来到忠烈祠，他的灵位在第一排右起第四个。"崇鑫啊，我来看你了，我终于找到你了，从此我们再也不分别。"张淑英说。

第二天，老人又去了忠烈祠，"能多看他一会儿是一会儿吧。"

11月28日，离开台北的前一天，老人再次去与钟崇鑫告别，"我找到你了，但我不能一直留在这里。也许，今后再也没有机会相见，这可能是最后一次和你说话了。"

（资料来源：周德庆 《读者》 2015年第6期）

思 考 讨 论

大学生应树立怎样正确的恋爱观?

案 例 点 评

爱情要以优秀的学业为基石,只有建立在共同的理想和奋斗的基础上的爱情,才是真正的爱情。只有在学业成功和事业稳定的基础上,才能找到志同道合的终身伴侣。对于大学生来说,如果在大学时代与爱情相逢,那就要处理好恋爱中的各种关系,这既是对爱情的祝福,也是对自己的祝福,更是对未来人生幸福的祝福。

大学生要树立正确的恋爱观,对爱情采取审慎严肃的态度,处理好学习和恋爱的关系,妥善解决恋爱中出现的误会、失恋等问题,避免在恋爱问题上把握和处理失当。应做到以下几点:第一,不能误把友谊当爱情;第二,不能措置爱情的地位;第三,不能片面或功利化地对待恋爱;第四,不能只重过程不顾后果;第五,不能因失恋而迷失人生方向。

**案例 8　背着妈妈去教书**

陈斌强,男,汉族,1976 年 1 月生,中共党员,浙江省磐安县实验初中教师。陈老师上课风趣幽默,互动性强,很受学生欢迎,他教的两个班,语文成绩多年蝉联当地联考第一名。五年前,陈斌强的母亲患上了老年痴呆症,生活不能自理。为了更好地照顾母亲,家住县城的陈斌强,每周都会将母亲绑在自己身上,骑 30 公里电动车,带着母亲去上班,到了周末,又将母亲"绑"回家中照料。一连五年,风雨无阻。

9 岁时,陈斌强的父亲因车祸去世,妈妈含辛茹苦地抚养 3 个孩子长大。1993 年陈斌强从义乌师范毕业后,为了照顾家里年迈的奶奶,他毅然选择回磐安工作。2007 年,妈妈得了老年痴呆症,丧失了生活能力。一天,陈斌强的姐姐无意中提到,妈妈清醒时说过,最大的愿望就是和儿子住在一起。陈斌强想起多年来妈妈对自己的付出,决心再困难也不丢下妈妈,他把刚刚两岁的儿子提前一年送进幼儿园,踏上了"带着母亲去上班"的路。

陈斌强家住在县城,距离他工作的冷水镇中心学校有 30 多公里的山路。为了照顾好母亲,每周他都会背着母亲,骑上一个多小时的电动车去上班。每次出行前,为了安全,他骑上车后,会用一条粗布背带将自己和母亲绑在一起。陈斌强说,小时候母亲就是用这条背带背着他,现在他该用这条布带背母亲了。一连五年,陈斌强用这根背带风雨无阻地带着妈妈上班。他还专门在母亲房间里贴了一张照顾母亲的作息表,每半小时做什么,上几次厕所,何时散步、聊天、睡觉,他都了然于心。每次离家外出,他都要背着 90 多斤重的母亲,上下六层楼梯,走 200 多个台阶。这对于一个身高只有 1.65 米、体重 110 斤的他来说并不轻松。但他最担心自己照顾不好母亲,担心母亲受苦。

五年来，陈斌强不抛弃、不放弃，以单薄肩膀撑起这个家，坚持带着母亲上班，边教书、边照顾母亲，做到教书育人和照顾母亲两不误。在本职岗位上，陈斌强恪尽职守，被同事们亲切地称为"万能螺丝钉"。他参加工作后先后到墨林乡中心学校、新渥初中、冷水中心学校等任教，每到一校，他都服从学校的安排，教过历史、物理、社会、科学、体育、美术等多门课程。学校缺什么学科的教师，他就教什么，干一样爱一样。"孝顺""尽职"，坚守中的陈斌强老师让我们看到了乡村教师熠熠生辉的人性之美。

　　照顾母亲的生活异常辛苦。陈斌强一天到晚连轴转：晚上 9 时，服侍母亲睡下；凌晨 1 时，准时起床抱母亲上厕所；清晨 5 时，闹钟响起，他要赶在师生之前起床，将母亲房间打扫干净，处理好母亲的大小便；早上 7 时喂过母亲吃饭后，开始学校一天的工作。

　　尽管生活上的事儿很多，可是陈斌强的教学任务却一点也没落下，他教两个班的语文，负责教初一学生广播体操。他总是说："我是跑着走的。"

　　陈斌强曾获得金华市教师技能比武一等奖，"浙江骄傲"，央视"我的父亲母亲"形象大使，浙江省"五一劳动奖章"，"中国青年五四奖章"等荣誉。2013 年 2 月 19 日，被评选为"感动中国 2012 年度人物"。2013 年 6 月，获"全国师德楷模"荣誉称号。2013 年 9 月 26 日被评为第四届"全国道德模范——全国孝老爱亲模范"。

（资料来源：中国文明网　http://www.wenming.cn/ddmf_296/dsjpxbz/mdfe/qgddmf_4th_list/xlaq/201309/
t20130925_1490085.shtml　2013 年 9 月 26 日）

**思考讨论**

通过陈斌强的事迹，当代大学生应如何弘扬家庭美德？

**案例点评**

　　陈斌强自身的朴实行为给他的学生，也给整个社会上了极为生动的一课。他是一个真正有师德的好老师。陈斌强付出的孝心，不仅抚慰母亲，也抚慰每一位中国人的心，这种中华民族朴素而真挚的人性之美，可以作为社会的良药。

　　作为大学生，应该自觉遵守家庭美德，重视家庭、注重家教、注重家风。促进家庭生活的和谐与幸福，应做到以下几点：第一，认识家庭美德的重要性；第二，营造良好家风；第三，遵守婚姻家庭法律法规。

　　大学生走进大学，离开养育自己的父母，开始自己的独立生活，应该在学习成长过程中深刻地体会自己对婚姻和家庭所应承担的责任和义务，自觉做家庭美德的倡导者和践行者。

# 第四节 个人品德

**案例 ⑨ 守护情，追梦人**

## 格桑德吉——悬崖边上的护梦人

格桑德吉，女，西藏自治区墨脱县帮辛乡小学的一名教师。

2000 年，格桑德吉毕业于河北师范大学，毕业之后她并没有像其他同学一样选择留在大城市工作，而是毅然回到西藏。为了让雅鲁藏布江边、喜马拉雅山脚下的门巴族孩子有学上，格桑德吉放弃拉萨的工作，主动申请到山乡小学教学。

墨脱县帮辛乡，因常年泥石流、山体滑坡等自然灾害，是墨脱最后一个通公路的乡。为了劝学，格桑德吉天黑走悬崖，在满是泥石流、山体滑坡的道路上频繁往返；为了孩子们不停课，别村缺老师时她不顾六个月身孕、背起糌粑上路；为了把学生平安送到家，每年道路艰险、大雪封山时，格桑德吉过冰河、溜铁索，把四个月才能回一次家的学生们平安送到父母的身边。

这些年来，为了教好孩子们，格桑德吉将自己的女儿央珍自两岁时一直寄养在拉萨的爷爷家，当一年之后格桑德吉回到拉萨的时候，女儿已经不认识她了。2013 年，时逢格桑德吉荣获 "最美乡村教师"，节目组特地邀请了格桑德吉的丈夫和女儿来到北京。同时，这也是格桑德吉与女儿的第五次见面。

十三年来，在格桑德吉的努力下，门巴族孩子从最初失学率 30%，到如今入学率95%。她教的孩子有 6 名考上大学、20 多名考上大专、中专，而她自己的女儿却留在了拉萨，一年才能见一次。村民们亲切地称她为门巴族的 "护梦人"。

## 龚全珍——将军梦，守护情

龚全珍，女，90 岁，现居江西莲花县琴亭镇金城社区。

1957 年 8 月，开国将军甘祖昌主动向组织上辞去新疆军区后勤部长职务，回家乡江西省莲花县坊楼乡沿背村务农，龚全珍相随而归。那一年，她 34 岁。

将军当农民，甘祖昌是新中国第一人。龚全珍完全理解和支持丈夫的决定："老甘不是一个普通的农民，正像他说的那样，'活着就要为国家做事情，做不了大事就做小事，干不了复杂重要的工作就做简单的工作，决不能无功受禄，决不能不劳而获'。"

从新疆到江西，全家 11 口人的行装只有 3 个箱子，却带了 8 只笼子，里面装着新疆的家禽家畜良种。当时甘祖昌每月工资 330 元，但他生活上十分节俭，把 2/3 的工资用来修水利、建校舍、办企业、扶贫济困。他一共参与建设 3 座水库、4 座电站、3 条公路、12 座桥梁、25 公里长的渠道。龚全珍全力配合丈夫，也把自己工资的大部分花在支援农村建设上。回到莲花县头几年，她没有做一件新衣服。

龚全珍在家里待不住。步行 25 公里到县文教局联系工作，被分配在九都中学任教。这所学校条件很差，只有 3 名老师，她却一点不嫌弃，第二天就搬铺盖去了学校，开始把自己赤忱的爱投入到这片红土地。

1961 年，县文教局安排龚全珍到同乡的南陂小学当校长，在那里一待就是 13 年。后来，她又被调到离家不远的甘家小学当校长，依然还是老作风，吃住在学校，全身心地扑在工作上。

1986 年 3 月，甘将军因病逝世，一只铁盒子是他留给妻子和儿女唯一的遗产，里面是用红布包着 3 枚闪亮的勋章。

离休后，龚全珍积极开展革命传统教育和理想信念教育，倾力捐资助学、扶贫济困，开办"龚全珍工作室"，服务社区、服务群众，从青春岁月到耄耋之年，为广大群众做了大量的实事好事，受到当地干部群众的尊敬和爱戴。

2013 年 9 月 26 日，龚全珍获得"第四届全国道德模范"称号，受到习近平同志高度赞扬。

（资料来源：中国文明网　http://www.wenming.cn）

**思考讨论**

通过以上材料的学习，能给大学生什么样的人生启示？如何提高大学生的道德境界？

**案例点评**

材料一中，喜马拉雅山脚下的辛勤园丁，是她让西藏山区孩子们的求学梦照进现实。培养学生是事业，关爱学生是本能。一切为了学生，这是老师永恒的追求，格桑德吉就是这样做的。为了不想让乡亲的梦，跌落于山崖，门巴的女儿执意要回到家乡，坚守在雪山、河流之间。她用一颗心，脉动一群人的心，用一点光，点亮山间更多的灯火。

材料二中，一位忠于爱情、深明大义的老人，让我们读懂了什么才是伟大的人生。

读她，让我们懂得了什么是理想主义，而理想主义者可以如何无私。读她，可以让今天的领导干部们净化一次灵魂。只有心中盛满人间的真情、头脑装满天下的道理，才能通达真理的意义。

中华民族自古以来就非常重视个人道德境界的引领，鼓励人们重操守、讲气节、立风范、求境界，形成了向往和追求讲道德、遵道德、守道德的生活信念，集聚起了向上的力量、向善的力量。追求崇高的道德境界，是包括大学生在内的每个人都应该树立的人生目标。大学生应该自觉追求高尚的道德境界：第一，自觉远离低级趣味，抵制歪风邪气；第二，脚踏实地，敢于担当；第三，持之以恒，善始善终。

## 案例 ⑩　不凡的坚守者

### "天籽生物多样性发展中心"创建者李旻果

19 年前，李旻果是一个在都市中忙碌的记者，马悠是一个比她大 17 岁的德国生态学家，两人本有着迥异的人生轨迹。一个偶然的机会，他们在中国相遇、相知、相恋，此后，二人共同致力于修复和再造热带雨林生态的事业。

李旻果是土生土长的西双版纳人，大学毕业后，在香港一家报社担任记者。1997 年的一次晚宴上，她遇见了来自德国的约瑟夫·马悠博士。马悠当时受德国政府委派担任中德政府间合作"西双版纳热带雨林恢复和保护项目"专家组组长，他开创的雨林复活计划是一个全新的生命景观系统的修复计划。与马悠交谈过程中，李旻果吃惊地发现，这个外国人比她更熟悉西双版纳。

这次邂逅他们一见钟情。很快，马悠向李旻果求婚。1999 年他们结婚了。婚后李旻果辞了职，与丈夫一起投身修复与再造雨林的事业。

由于当初规划的短期性和对当地居民的认识不足，几十年来单一种植的橡胶林和茶树，让西双版纳热带雨林大面积消失。2000 年，李旻果、马悠夫妇在澜沧江畔买下了一片十几亩的橡胶林，建造他们的理想庄园"湄公山庄"。他们砍掉原本的橡胶树，种上各种热带雨林植物，开始雨林改造实验。经过数年的努力，湄公山庄初具规模，在这个巨大的"家"里，各种树木自由生长，鲜花盛开，小动物们来来回回散步，一座微型雨林出现了。

有了湄公山庄的成功经验，李旻果和马悠决定扩大修复雨林的范围。2008 年，他们从老班章村民手里承包下 6 平方公里的布朗山地，创建了"天籽生物多样性发展中心"。两人选择了十几个濒危的生物多样性产品种植并开发使用价值，这样不仅保护物种免于灭绝，还能为村民带来一定的经济效益。

然而，命运却和李旻果开起了玩笑。2010 年，马悠在家中突发心脏病离世；1 年后，一场大火几乎将两人辛辛苦苦修复的布朗山保护区焚烧殆尽！

李旻果没被击垮，她要继续完成丈夫未竟的事业！她说："一个人离开了你，如果你把曾经和他一起做的事也都放弃了，那是真正的离开。我这个园子里，他爱过的东西都在，他就没有走。"

受夫妇俩的影响，天籽生物多样性发展中心的工作团队在慢慢壮大，越来越多的人和李旻果一起，成为热带雨林的守护者。

（资料来源：《光明日报》 2016 年 5 月 29 日 2 版）

### 帮助"宝贝回家"的志愿者夫妇

2 月 14 日晚，吉林省通化市的张宝艳、秦艳友夫妻获颁 2015 年"感动中国"十大人物，与他们一同入选的还有屠呦呦、阎肃等知名人士，一对平凡的夫妻，是如何感动世人的呢？日前，记者走进了他们，了解到不凡的艰辛和坚守。

缘起："寻子"网站建立 9 年，不让失孩家庭"单兵作战"。

多年前，张宝艳看了一本报告文学，描写的是被拐儿童的惨境，从那时起，夫妻俩开始关注被拐儿童。

张宝艳与爱人秦艳友写了一个剧本，想以此警示人们看护好孩子，同时也想感化一下人贩子，不要再偷别人的孩子。"按照剧本里写的模式，在现实生活中建立一个网站，帮助那些被拐的孩子，哪怕一个也好。"

2007 年 4 月，张宝艳夫妻自费建起民间公益网站"宝贝回家寻子网"。从建立之日起，张宝艳就辞掉了工作，专职管理网站。

网站运行前几年，夫妻俩拒绝了一些好心人和爱心企业的赞助。他们几乎投入了所有积蓄，上网费、电话费，让他们的生活捉襟见肘，而辛酸劳累换来的却是亲友们的不解，夫妻俩默默地承受着这一切。

几年中，"宝贝回家寻子网"的坚持获得了更多的理解和支持，志愿者队伍越滚越大，一些警察、律师也都加入进来。从最初的默默无闻，到如今的赞誉多多，创始人张宝艳始终都淡然处之。

张宝艳告诉记者，丢失孩子父母的力量终究是有限的，因此，网站成立之初，就定位为寻亲的孩子、家长及志愿者提供一个信息沟通的平台，为失踪儿童家长提供免费的寻人帮助。

如今，网站已成规模运作，除了张宝艳外，已有 7 个固定员工，他们的工资是政府公益岗位解决的，而一些大企业也向网站伸出援助之手。在社会各界共同努力下，寻亲成功案例不断刷新……

"已有 1400 多例寻亲成功案例，但仍有 4 万多在网站登记的案例没有寻找成功，想起这些，就像一块块大石头压在我的心上……" 15 日，张宝艳在电话中告诉记者。

坚持：1400 多例寻亲成功，让痛苦思念变成相拥的泪水。

一身朴素的张宝艳，谈及解救出来的一个个被拐孩子时，眼中溢满了泪……

"许椿回家"是一个历时多年的寻亲故事。2012 年，广西的一位姐姐在网站登记，要寻找 1996 年在广西北海市被拐失踪的 6 岁弟弟许椿。

2014 年 5 月，吉林松原的志愿者小梅无意中看到了这个帖子，于是她开始了艰难的搜寻，终于在百度贴吧上发现一个高度疑似的线索。但遗憾的是这个帖子是 2009 年发布的，发帖人没有留下任何痕迹。小梅通过警方得知，QQ 号码主人没有登记资料，且早已停用。

后经张宝艳与央视协调，2015 年初，许椿的父母和姐姐哥哥登上央视《等着我》节目现场，与主持人倪萍对话，讲述了一家人寻亲的艰难历程。节目播出后，引发无数网友关注，但发帖人始终没有出现。

执着的小梅通过网络进一步搜寻，竟意外发现另一个曾经发过相似寻亲信息的 QQ 号。经过层层抽丝剥茧，志愿者们锁定发帖人在福建，福建警方根据线索进行了排查。

就在大家期待时，2015 年 5 月 11 日深夜，许椿突然在贴吧回帖："前几天我孩子出生，无意中看到这些，没想到竟错过了一年，爸爸妈妈、哥哥姐姐，我想你们，这么多年，我唯一的心愿就是认祖归宗……"

在志愿者们帮助下，身在福建的许椿与广西的家人进行了视频聊天，那一刻泪飞如雨……

而让张宝艳遗恨不已的是一个叫聪聪的被拐孩子。6岁的聪聪，被福建的一个女子买来传宗接代，可是当孩子患上结核性脑膜炎病危时，她竟把孩子扔在医院跑了。"宝贝回家寻子网"志愿者得知后，赶到医院。因为欠费，医院停药了，志愿者马上筹集了6万多元钱，可是医院说治疗需要二三十万元。

张宝艳立即赶赴福建，与医院协商。同时，联系公安机关迅速调查这件拐卖案，经公安部督办，拐卖聪聪的几个人贩子落网了。

再次手术后，聪聪奄奄一息，张宝艳等人想把聪聪转到北京或上海的医院救治，但是由于没有监护资格，无法成行。不幸的是，在张宝艳从福建回通化市的路上，接到志愿者的短信："聪聪走了……"张宝艳在火车上痛哭失声。

张宝艳对此万分自责："我们只能默默在心中祈祷：聪聪走好，希望你在另一个世界能见到妈妈，希望那里再也没有苦痛，再也没有伤病……"

9年来，张宝艳和志愿者们帮助家长寻子女、孩子找父母成功的事例已达1400多例，而这个数字几乎每天都在刷新。17万志愿者加入，爱心在大江南北传递。

"宝贝回家寻子网"能取得如今的成绩，完全依靠志愿者们的无私奉献，志愿者已突破17万人，遍及全国各地。张宝艳告诉记者。

而在网站固定工作的6个女孩和1个男孩是这些志愿者们的总联络人。他们每个人都起了单字的网名，"梦""林""娇"等。

女孩"梦"负责"家寻宝贝"工作，她每天把新登记的信息梳理出来，给各地志愿者分任务。"现在任务越来越多，志愿者们都不够分。""梦"笑着对记者说。

"每成功一个案例，我都在微信上与朋友分享，大家都说我做了一件非常有意义的事。""梦"说。

志愿者小梅是公认的寻亲高产者，几年来，在她主导下，已完成160多起成功案例。"想想那些失去亲人的痛楚，我们多付出点又能算得了什么呢，陪着他们一起哭、一起笑，这也是我人生的一笔财富。"小梅动情地说。

河南省鹿邑县公安局一派出所指导员丁超说："我是一名警察，能利用职业优势帮被拐孩子找家，非常荣幸。现在应该帮上百个家庭团圆了吧，想想都很感动。"

张宝艳介绍，随着志愿者逐渐增多，他们对志愿者按着工作性质、地域等划分出150多个群，每个群都确定了负责人。其中有警方打拐办群、技术鉴定群、业务讨论群等。

在依托网站自身运转同时，张宝艳还积极寻求与各大网站的合作，一旦发布寻人信息，各大网站都能及时帮助推送。"寻亲，如今变成了爱心大舞台。"

"我希望我们的网站越做越好，为了能让这些迷失的孩子，都能走上温暖的回家路，无论多苦多难，我们都要坚定地走下去……"张宝艳说。

（资料来源：《北京日报》 2016年2月18日 13版）

思 考 讨 论

以上两则材料体现出主人公的什么个人品德？大学生应具备怎样的个人品德？在现实生活中，个人品德的作用体现在哪些方面？

案 例 点 评

材料一中，为了保护热带雨林，李旻果夫妇竭尽全力创建了"天籽生物多样性发展中心"。两人选择了十几个濒危的生物多样性产品种植并开发使用价值，这样不仅保护物种免于灭绝，还能为村民带来一定的经济效益。

材料二中，张宝艳、秦艳友夫妇为了帮助大家寻找失散儿童，创办公益型网站，体现了无私奉献的高贵品质。

忠诚、无私、仁爱、勤奋、勇敢、诚信、知耻、节制等一般被看成是个人应当具备的美德。

在现实生活中，个人品德的作用主要体现在 3 个方面：第一，个人品德对道德和法律作用的发挥具有重要的推动作用；第二，个人品德是个人实现自我完善的内在依据；第三，个人品德是经济社会发展进程中重要的主体精神力量。

# 实 践 活 动

## 课内实践——团体活动"社会公德大 PK"

1. 目的要求

通过活动的开展，让大学生树立正确的社会公德意识。

2. 实施步骤

（1）学生每人准备一张 16K 纸，一分为二：做 4 张长纸条，4 张短纸条；

（2）长纸条上面写上遵守社会公德的表现，短纸条上面写上违反社会公德的表现；

（3）每人都与小组内其他成员 PK，方式是剪刀、石头、布，赢的人得到对方的长纸条，输的人得到对方的短纸条。当小组成员中出现有人手里都是长纸条或短纸条时，小组活动结束。

### 课外实践——了解行业规范，培养职业道德

1. 目的要求

通过活动的开展，让学生真正了解行业规范，在了解中培养职业道德。

2. 实施步骤

根据自己所学专业，开展有关职业岗位及职业岗位规范要求的社会调查，走访劳模，进行座谈和职业体验，搜集、整理、讨论、学习所学专业的行业职业道德规范的具体内容和要求，并撰写一份1500字心得体会。

# 复习思考题

## 一、单项选择题

1. 社会主义职业道德中最高层次的要求是（　　）。
   A．奉献社会　　　B．服务群众　　　C．办事公道　　　D．诚实守信
2. （　　）是指在婚姻关系、血缘关系或收养关系基础上产生的亲属之间所构成的社会生活单位。
   A．婚姻　　　　　B．家庭　　　　　C．社会　　　　　D．学校
3. 一行人在过路口时迎面遇到红灯，看到近处没有车辆便径直通过。他这样做是（　　）。
   A．节省时间之举　　　　　　　B．聪明灵活之举
   C．可供学习之举　　　　　　　D．不遵守交通规则，违反社会公德之举
4. 在公共场所，人人都有可能遇到一些突发性灾祸，如车祸、火灾、溺水、急病等。这就需要人们见义勇为，临危不惧，积极为他人排忧解难，甚至不怕牺牲生命。这是社会生活中（　　）。
   A．社会公德的要求　　　　　　B．职业道德的要求
   C．家庭美德的要求　　　　　　D．环境道德的要求
5. 为调整和规范人类社会生活三大领域，分别形成了（　　）。
   A．生活道德、职业道德、家庭道德
   B．生活道德、职业道德、社会公德
   C．社会公德、生活道德、职业道德
   D．社会公德、职业道德、家庭道德

6.（　　）在社会道德建设中具有基础性作用。

  A．社会公德  B．职业道德  C．家庭美德  D．个人品德

7.体现个人道德品质高低的概念是（　　）。

  A．道德修养  B．道德境界  C．道德实践  D．道德理想

8.爱岗敬业反映的是从业人员对待自己职业的一种态度，也是一种（　　）的道德要求。

  A．内在  B．外在  C．现象  D．表面

9.通过虚心学习，积极思考，辨别善恶，学善戒恶，以涵养良好的德性的方法是（　　）。

  A．学思并重的方法    B．省察克治的方法

  C．慎独自律的方法    D．积善成德的方法

10.通过反省检验以发现和找出自己思想和行为的不良倾向、不良念头，并及时抑制和克服的方法是（　　）。

  A．学思并重的方法    B．省察克治的方法

  C．慎独自律的方法    D．积善成德的方法

11.在无人知晓、没有外在监督的情况下，坚守自己的道德信念，自觉按照道德要求行事，不因为无人监督而肆意妄为的方法是（　　）。

  A．学思并重的方法    B．省察克治的方法

  C．慎独自律的方法    D．积善成德的方法

12.通过积累善行或美德，使之巩固强化，以逐渐凝结成优良的品德是（　　）。

  A．学思并重的方法    B．省察克治的方法

  C．慎独自律的方法    D．积善成德的方法

## 二、多项选择题

1.社会主义社会公德的主要内容为（　　）。

  A．文明礼貌、助人为乐    B．爱护公物

  C．保护环境    D．遵纪守法

2.职业道德涵盖了（　　）之间的关系。

  A．从业人员与服务对象    B．职业与职工

  C．职业与职业    D．服务对象与职业

3.社会公德主要包括（　　）等方面的内容。

  A．人与人之间的关系    B．人与社会的关系

  C．人与集体之间的关系    D．人与自然之间的关系

4.在当代社会，维护公共秩序对经济社会健康发展的重要意义是（　　）。

  A．有序的公共生活是构建和谐社会的重要条件

  B．有序的公共生活是经济社会健康发展的必要前提

C. 有序的公共生活是提高社会成员生活质量的基本保证

D. 有序的公共生活是国家现代化和文明程度的重要标志

5. 公共生活的特征有（　　　）。

  A. 活动范围的广泛性     B. 活动内容的开放性

  C. 交往对象的复杂性     D. 活动方式的多样性

6. 遵守网络生活的道德要求需要做到（　　　）。

  A. 正确使用网络工具     B. 健康进行网络交往

  C. 自觉避免沉迷网络     D. 养成网络自律精神

7. 职业道德的主要内容包括（　　　）。

  A. 爱岗敬业        B. 诚实守信

  C. 办事公道        D. 服务群众、奉献社会

8. 个人品德的鲜明特点包括（　　　）。

  A. 实践性   B. 综合性   C. 稳定性   D. 多变性

9. 加强个人道德修养的方法有（　　　）。

  A. 学思并重的方法     B. 省察克治的方法

  C. 慎独自律的方法     D. 积善成德的方法

10. 追求崇高道德境界的途径包括（　　　）。

  A. 自觉远离低级趣味，抵制歪风邪气

  B. 脚踏实地，敢于担当

  C. 持之以恒，善始善终

  D. 积极参加社会实践

## 三、判断题

1. 诚实守信是做人的准则，也是对从业者的道德要求。  （　　　）

2. 职业生活是人类社会生活中最普遍、最基本的活动方式。  （　　　）

3. 婚姻关系是特定的人与人之间的特殊关系，只具有社会属性。  （　　　）

4. 家庭是社会的基本细胞，是人生的第一所学校。  （　　　）

5. 遵纪守法是社会公德最基本的要求，是维护公共生活秩序的重要条件。  （　　　）

## 四、简答题

1. 维护公共秩序对经济社会健康发展的重要意义是什么？

2. 大学生应树立怎样的择业观和创业观？

3. 如何认识恋爱与婚姻家庭中的道德要求？

4. 大学生应树立怎样的恋爱观和婚姻观？

### 五、论述题

1．结合所学专业谈谈如何加强职业道德修养。
2．结合自身实际情况，谈谈如何加强个人道德修养。
3．联系实际谈谈大学生应当如何自觉遵守社会公德。

# 专 文 赏 析

## 1 美元拯救爱情

格伦斯莱特和莱昂纳多结婚已经 4 年，是最典型的中产阶级：住在洛杉矶郊外，丈夫是南加州一所高中的社会学教师，妻子是同一所学校的英文教师。没有小孩，生活殷实，连月薪都是同样的税后 6500 美元。

"1 美元生活计划"原本是格伦斯莱特看了世界银行年报之后产生的一个实验想法，根据报告，全世界每天有超过 9600 万人的生活标准不足 1 美元。格伦斯莱特想自己体验一下这种生活，并把省下来的钱捐献给慈善机构。他说服了妻子参加这项实验。随着越来越多的人资产缩水，工作无着，节衣缩食已经成为最实在的生活方式。2008 年 9 月的第一个周末，"1 美元生活计划"启动了。

夫妻俩预先采购了一大批包装食品、豆浆、有机水果和蔬菜，后来蔬菜和水果从菜单中被拿了下来。因为这两者价格昂贵。在坚持吃了 3 天大米后，妻子体力不支，没法再去上课。过了一个星期，她才逐渐适应了只有简单粗粮的日子，重新回到学校。格伦斯莱特的体质要好得多，但也有两次几乎在课堂上晕厥。两人努力坚持过了最初的不适应期，开始热爱这种食用简单食物的生活，并把省下来的 6000 多美元寄给了当地的慈善机构。他们把自己每天的生活写在博客上，并兴致勃勃地开发各种 1 美元菜单给那些在经济危机中挣扎的家庭做参考，莱昂纳多甚至还现身说法，在视频中教人怎么用玉米面做出可以享受的美食。这个博客在当地社区很受欢迎，有人把它推荐给了《洛杉矶时报》的编辑，"1 美元生活计划"开始走向全国了。

金融危机后，美国的离婚官司越来越少。经济安全时，大家有余力来琢磨感情，换伴侣的代价也不高昂；经济低迷时，感情不再也要创造感情，否则就要各走各路，共同贫穷。但格伦斯莱特夫妇的期望值更高，让两个人继续住在一个屋檐下不是终极目的，让这些感情不再的人重新相爱才是宏愿。他们希望这些因为经济问题而无法离婚的人能通过"1 美元生活计划"重新找到共同话题，找回爱情。为此，两人制定了一系列激励计划：鼓励夫妻们用最粗糙的食材制作情侣套餐，这会更花心思，另一半会更感动；交电费要花钱，每天晚上则尝试烛光晚餐，最省钱的浪漫；可以不把省下来的钱捐给慈善机构，但一定要存起来，为以后的家庭生活做准备。

这些措施似乎真的收到了效果，目前，全美已经有 4000 余对夫妇参加了"1 美元生活计划"。但也有人担心，4000 对夫妻中到底有多少对可以在经济重新繁荣时依然爱情繁荣。毕竟，"共患难易，共富贵难"，这不仅适用于朋友关系，更适用于夫妻关系。格伦斯莱特对此没有太多顾虑："如果你能够靠每天 1 美元过生活，如果你有住的地方，有工作，并且居住的城市有良好的天气，钱就变得无关紧要，你会重新换个视角看待生活和感情。"

不计其数的人拥到格伦斯莱特夫妇的博客上留言，表示自己生活还很幸福，没有遭遇经济危机，也没有感情危机，但还是愿意加入他们的计划。一个 17 岁的纽约男孩给莱昂纳多写了一封信，表示自己决定不再洗澡，直到省下的电费和水费达到 1000 美元，足够资助一个无家可归者两个月的生活费。他的女朋友支持他的想法，很荣幸有个臭烘烘的男友。

和爱情一样，"1 美元生活计划"每天都处在争议中，有人质疑，即便地球上的每个人都只用 1 美元生活，那又有什么意义。

"最大的意义在于挽救自己"，格伦斯莱特坦承，2006 年，他们的婚姻遇到了问题，日子太平稳，相互之间的交流越来越少。"1 美元生活计划"是一个可以让两个人走到一起的话题。因为对此抱有共同的热情，他们的感情回到了最初的状态。莱昂纳多在博客上写道："我不能说是因为这个计划让我们的爱情重新回来，但这 3 年来我们再也没有分开，我们一起创造出了某些东西。"

（资料来源：《青年文摘》 2009 年第 8 期）

### 爸爸，请收下这件小棉袄！

#### 01

老童是个英雄。单枪匹马，独闯异乡，艰苦奋斗，白手起家。沉浮半生，结果让我落了便宜，幸得衣食无忧，妄为任性。老童是个暴君，浩气凛然，不苟言笑，整整截截，独是独非。在他的运筹帷幄的严苛统治下，我向来指哪打哪从不敢心生二意，也渐渐变得亦步亦趋，举棋不定。

人类的 DNA 就是自私又霸道，所以，我延续了老童的基因——大眼睛，双眼皮儿，略通诗书，好酒贪杯。

有时，我感叹："我还没有准备好，怎么就长大了呢。"

老童瞪着铜铃般大的眼睛："兔崽子，当年我还没有准备好，就当爹了呢。"

的确，老童在当年倡导"晚生晚育"的光辉政策上，抹下了小黑点儿。

青少年时期之前，我对老童的印象都极为模糊。

我四岁那年，老童辞去公职，孑然一身奔赴他乡创业，从此神龙见首不见尾，在我心目中，他只是一阵龙卷风，每年除夕才携着大包小包卷进家门，初八一过，便风驰电掣奔赴前线，从此再无瓜葛和交集。

真正第一次意识到"噢！原来，他是我爹"，已经长到十七岁那年，我高三。

一个乍暖还寒的午后，我缩在书房里背政治题，意兴阑珊。老童推门而入，张口便通知我："我们商量了一下，要给你转学，去 Y 高中。"

我不知道这个"我们"指代的是谁，反正不包括我。霎时只觉得掉进了冰窟窿，扑面而来的恶寒，让我彻头彻尾地绝望。不为别的，只因为我的前两小无猜，前青梅竹马也在 Y 高中念高三。

当晚，老童就拉着我去拜访他的老同学，一位 Y 高中高三的年级主任。年级主任的办公室，是沿着所有的教室走到尽头的那一间。对于这些，我早烂熟于心，和两小无猜谈恋爱时，我将他学校的地形琢磨得比自己家还透彻，以便时常混进他的教室，冒充他的同桌，守在他身边，一起听一节无关紧要的音乐课或者美术课。

故事的尾声是：青梅竹马在晚自习结束后人流最多的教学楼前，撒落一地我写下的情书，对我吼："不要再来烦我了，你滚开！"

对于一个情窦初开的少女来说，这样的初恋结局足以难堪到让我留下终身阴影。

当时年级主任去上晚自习，便让老童和我留在办公室内稍等片刻。我芒刺在背，六神无主，脑袋轰鸣，像碾压过无数的列车，傻呆呆地杵在老童身后大气儿也不敢喘。

老童翻来覆去地欣赏办公室内几幅装裱在墙上的书法，只当若无其事地问我："听说，你小男朋友也在这个学校里？"

我大吃一惊，三魂即刻吓掉了两魂半，支支吾吾编不出词儿来。

"还听说，他把你甩了？"我在心底咆哮呐喊："神呐，你这都听哪个挨千刀的说的啊！"

老童的目光旧停留在那几幅字儿上，背着手，黑黢黢的脸埋在灯光的阴影下也打探不出啥表情。轰然，仿佛从我头顶劈下来的声音："要不要，等下课了，我帮你去踹他一脚？"

我急忙否定了老童太过高调的提议。老童转了一圈，悠悠地说："竹杖芒鞋轻胜马，一蓑烟雨任平生。还是这幅字儿写得最好啊。"

电影《艋舺》里有句台词："意义是三小，我只知道义气。"在那个叛逆又骚动的年纪，我拜倒在老童的侠肝义胆的举动下，第一次感受到：有个爹，就是好，腰杆儿都是硬的。

## 02

就是从那一天起，我开始无条件迷信老童，相信他会帮我决定人生每一个最完美的选择。

高考后，老童替我填的志愿，我去了老童工作的城市读大学。

那两年，是我和老童最亲密无间的时光。老童带我去旅行，陪我看电影，硬拉着我坐 360°大摇臂，怂恿我跟他去湖心蹦极……节假日，他时常把车停在学校门口，让我从后备箱里搬出成箱的零食和水果，他还自作多情地怕我恋爱的时候囊中羞涩，背着我妈偷偷塞给我好多生活费。

也许，老童早已看出来我并没有继承他的天资和骨气，索性把我搁在温室里，从此不知人间还有疾苦，心心念念地只装着诗和远方。

我依然在他面前时常保持沉默，年幼时的沉默是因为疏离，后来，听多了老童独自奋斗打拼的故事，我羡慕他顺从自己的选择活了一次，我理解了他曾经突如其来的暴戾，原谅了他曾经醉酒后不可理喻的行径，选择总是要付出代价的，老童常说，他吃过的苦足够写出一本书，我的沉默变成了我敬重他的一种仪式。

我常幻想某一天也拿出点样子给他看，也许内心欢呼雀跃，但是面色和语气一定要镇静，让他觉得：看，选择我当你的女儿，结果还不错。

大学后，我跟老童讲的最多的一句仍旧然是："爸，我妈呢？"但每次逢年过节，老童都会允许我陪他喝上几杯，我把它当做老童已经默许了我长大成人，默许了我拥有独立之人格，自由之思想。

03

老童在我 21 岁生日那天打了我一巴掌，打的脸。

那年我大三，面临长达半年的实习期。晚饭后，老童问我毕业之后有什么打算，我打的嗝还泛着香甜的奶油味，指手画脚地告诉老童，我当年考上大学的全部动力就是为了体验一个"Gap Year"，我要一个"Gap Year"。

老童听不懂英语，我跟他解释，"Gap Year"就是"间隔年"。

老童依然不懂什么叫做间隔年。

我告诉他，间隔年就是毕业之后工作之前给自己一个空档期，做一次长期的旅行，在步入社会之前体验不同的生活方式，想清楚自己今后要过什么样的生活。

我意气风发，手舞足蹈，憧憬未来，完全没有在意老童已经扭曲到变形的脸，最终他还压不住怒火，熊掌一样的厚手拍打着桌子，咆哮道："老子供你念了十几年书，你跟老子说，你要出去玩儿一年？！"

我手足无措，解释道："我会去工作，只是可能不太稳定，去我喜欢的城市，体验我喜欢的工作……"

"吊儿郎当叫什么工作！老子辛辛苦苦挣了一辈子钱，从来没说需要放松一下，就跑出去不管你吃喝拉撒玩儿上大半年！"

我害怕，更愤怒，那一刻，我是真的讨厌他。

我同他争吵，据理力争，说了很多，唯一没讲出口的是我已经自作主张，在我心仪的城市，联系到了一份我憧憬的工作。或许，我毫无遮拦暴露出眼神中的敌意彻底激怒了他，老童打了我一巴掌，打的脸。

实力悬殊，战争顷刻结束，老童这一巴掌是铁扇公主的芭蕉扇，把我扇飞了十万八千里。

那一年实习，我终究哪儿也没有去，躲在家里，是我幼稚的报复，我不知道假如时间倒回，它是不是改变了我的整个人生。

但是，生活没有假如。

04

毕业后，我终究回到了家乡生活，老童替我找了一份工作，工作看起来体面又清闲，所有人都觉得还不错。

唯独远行的朋友都在劝我：外面的世界真的更广阔，不趁年轻出来走一遭，可惜了。

其实，老童的那一巴掌跟我的临阵脱逃真的没有关系，只是车到山前，穷途末路的那一刻，我突然发现自己周身上下散发的都是面对未知生活的恐慌与怯懦。

老童好像判断得挺准，我的确没有继承他的天资和骨气。

面对老童，我选择更加沉默。老童邀我去旅行，我不再言听计从，没有感兴趣的地方，开始懂得拒绝。

去年夏天，老童放下架子再次盛情邀请我去沙漠，我没有拒绝，因为我也向往沙漠。意想不到的是，当我们计划穿越沙漠，老童毫不犹豫地选择了要骆驼代步，这可真不是他的风格。

老童镇静自若地说："我这一把年纪了，强光烈日的，豁去半条命，爬到一半儿，非中暑不可。"

我仔细端详了老童，好像跟几年前那个硬拉着我坐 360°大旋转，怂恿我去湖心蹦极的那个老童差别也不是太大。可能变胖了一些，所以显得佝偻了一点，迟钝了一点。

我独自翻越沙丘，日光灼灼，目之所及反射的都是刺眼的光亮，让人产生一瞬间的眩晕，不知身处何处，我茫然四顾，发现沙丘下骑着骆驼的老童一直在冲我挥手。

05

老童又一次不打招呼地冲进了书房，现在，我已经习惯了。

他转了几个圈儿，欲言又止，又装模作样转了几个圈，开口问道："听说，你在发表文章？"

我不知道他从哪里得知的消息，但我终于可以内心欢呼雀跃，但是面色和语气一定要镇定地说："是。"

老童显然没有来得及藏好他的诧异与惊喜，变了声调："小兔崽子，什么时候学了这一手？"

"大概，从上高中的时候起，一直在写，从没间断过。"

又过了几天，老童拿着手机敲开我的房门，他用粗厚的手指划拉着手机屏幕，满眼放光的说："你看看，这是我平时写的诗……"

手机里的备忘录存着几十页，满满当当的五言七律，居然有些写得还不错，更多的都是打油诗。

我一脸黑线，唯唯诺诺："挺好的，挺好的。其实我也不懂，好像有些平仄不太押韵……"

老童居然一脸诚恳地摆出不耻下问的姿态："你给我讲讲平仄押韵呗？"

如今，老童经常挂在嘴边的一句话是：要不是遗传了我的文学基因，你能写东西？

我还依稀记得小时候，老童经常拿着本书蹲厕所，我学他，也颤颤巍巍地抱着一本书蹲厕所。

由于老童没有积极响应"晚生晚育"的光辉政策，在我看来，如今的他，冒充个中年帅大叔依旧及格。

老童决定每年抽出一个月的时间，去禅修学院吃斋坐禅，参道悟佛。临走前，他跟我聊过一次，如果放在今时今日，也许他能够理解我当年想要一个间隔年的梦想，也许讨论这件事情的时候也会心平气和，也怪那两年，生意不顺，世道艰难。

我告诉老童，其实，梦想就是梦想。她美得如梦似幻，永远挂在那里，如果我留存着一颗誓要追求她的赤子之心，无论身处何时何地，用何种方式，就算跪着、爬着、肝脑涂地，也要倒在她的面前才甘心。

老童点头："唔，老子这么多优点，你怎么就随了个犟脾气？"

在父亲的这条道路上，老童虽然有过很多经验，听过很多道理，但是依然在学习，在改变。曾经，他是个目色严峻的领路人，怕我误入歧路，深陷沼泽，领我涉过险滩，穿越沟壑。他深思熟虑，选择的道路也许不是风景最精彩的，但一定安宁祥和。

岁月婆娑，有一天他驻足回首，发现身后的那个懵懂少年已然跃跃欲试，想独当一面，他虽心中不安也只能郑重其辞的将手中的登山杖交传与我。

我呢，亦感恩上苍安排，或许"女儿前世是父亲的情人"这个传说确有其事，谢谢你今生一路守护着我。

（资料来源：《青年文摘》 2016 第 10 期）

# 推 荐 书 目

1．马克思：《青年在选择职业时的考虑》，《马克思恩格斯全集》第 1 卷，人民出版社，1995 年版。

2．习近平：《在庆祝"五一"国际劳动节暨表彰全国劳动模范和先进工作者大会上的讲话》，《人民日报》2015 年 4 月 29 日。

3．《中共中央关于加强社会主义精神文明建设若干重要问题的决议》，《十四大以来重要文献选编》下，人民出版社，1999 年版。

4．邵晓红：《大学生职业生涯与发展规划》，北京大学出版社，2009 年版。

# 参 考 答 案

## 一、单项选择题

1．A　2．B　3．D　4．A　5．D　6．D　7．B　8．A　9．A　10．B　11．C　12．D

## 二、多项选择题

1．ABCD　2．ABC　3．ABD　4．ABCD　5．ABCD　6．ABCD　7．ABCD　8．ABC　9．ABCD　10．ABC

## 三、判断题

1．√　2．√　3．×　4．√　5．√

## 四、简答题

1．要点

①有序的公共生活是社会生产活动的重要基础；②有序的公共生活是促进社会和谐的重要条件；③有序的公共生活是提高社会成员生活质量的基本保障；④有序的公共生活是社会文明的重要标志。

2．要点

（1）树立正确的择业观：①树立崇高的职业理想；②服从社会发展的需要；③做好充分的择业准备。

（2）树立正确的创业观：①要有积极创业的思想准备；②要有敢于创业的勇气；③要提高创业的能力。

3．要点

（1）恋爱中的道德规范：①尊重人格平等；②自觉承担责任；③文明相亲相爱。

（2）婚姻家庭生活中的道德规范：①尊老爱幼；②男女平等；③夫妻和睦；④勤俭持家；⑤邻里团结。

4．要点

（1）树立正确的恋爱观：①不能错把友谊当爱情；②不能错置爱情的地位；③不能片面或功利化地对待恋爱；④不能只重过程不顾后果；⑤不能因失恋而迷失人生方向。

（2）树立正确的婚姻观：①谨慎对待结婚成家；②担当责任和履行义务；③正确处理家庭关系。

## 五、论述题

1．要点

（1）职业道德，是指从事一定职业的人在职业生活中应当遵循的具有职业特征的道德要求和行为准则，涵盖了从业人员与服务对象、职业与职工、职业与职业之间的关系。

（2）职业道德的主要内容：①爱岗敬业；②诚实守信；③办事公道；④服务群众；⑤奉献社会。

（3）自觉遵守职业道德：①学习职业道德规范；②提高职业道德意识；③提高践行职业道德的能力。

2．要点

（1）道德修养，是指个人在道德意识、道德行为方面，自觉地按照一定社会或阶级的道德要求所进行的自我审度、自我教育和自我完善的活动。

（2）加强个人道德修养的途径：①提高个人道德修养的自觉性；②采取有效的道德修养方法（学思并重的方法、省察克治的方法、慎独自律的方法、积善成德的方法）；③积极参加社会实践。

3．要点

（1）社会公德，是指人们在社会交往和公共生活中应该遵守的行为准则，是维护公共利益、公共秩序、社会和谐稳定的起码的道德要求，涵盖了人与人、人与社会、人与自然之间的关系。

（2）社会公德的主要内容：①文明礼貌；②助人为乐；③爱护公物；④保护环境；⑤遵纪守法。

（3）自觉遵守社会公德：①认真学习社会公德规范；②自觉培养社会公德意识；③努力提高践行社会公德的能力。

# 第六章
# 学习宪法法律　建设法治体系

宪法，就是一张写着人民权利的纸。

——列宁

在民主的国家里，法律就是国王；在专制的国家里，国王就是法律。

——马克思

## 学习目标

依法治国是我国治国的基本方略。作为社会主义国家公民的大学生应当树立"知法、懂法、用法"的观念学习宪法法律，了解中国特色社会主义法治体系，增强国家安全意识。通过本章的学习，应当做到：

1. 了解法律的词源概念及其历史发展。

2. 掌握中国特色社会主义法律体系的精神、理解我国社会主义法律的本质、作用和运行，不断增强维护法律尊严的自觉性和责任感。

3. 了解我国宪法的基本特征和基本原则，掌握我国国家制度。

4. 了解我国特色社会法律体系的形成、特征和构成，熟练掌握我国各大部门法及其基本内容。自觉遵守法律法规，共同构建中国特色社会主义法治体系。

## 学习重点

1. 法律是一个复杂的社会现象，如何科学的认识法律的起源、本质、特征，是理解和把握社会主义法律内涵和社会主义法治体系的基础。

2. 法律的运行是一个从制定、实施到实现的过程。如何理解这一过程的每个环节至关重要。

3. 宪法是我国的根本大法。自由平等观念、公平正义观念以及权利义务观念是社会主义法治国家公民应当具有的基本法治观念。

## 学习难点

本章学习的难点是掌握社会主义法律的本质及其作用，熟知我国宪法与各大法律部门。同时注重培养自己的社会主义法律素养，将所学法律知识转变为工具，应用于社会实践，解决实际生活中所遇到的法律问题。

## 学习方法

1. 通过本章和相关材料的阅读，理解法律的基本概念，掌握法的特征及作用。

2. 通过大量社会及身边存在的正反两方面的案例，让学生领会社会主义法律精神。

3. 通过案例分析和详细讲解使学生了解宪法的地位及其重大意义，掌握社会主义七大部门法的基本知识，并且学会灵活运用所掌握的法律知识。

4. 运用本章所学法律知识，解决今后学习生活中遇到的实际问题，学以致用。

# 第一节　法律的概念及发展

**案例 1　道德与法治的碰撞——见义勇为后索取报酬引发的争议**

对于家住重庆市长寿区凤城镇上东街 205 号的刘维碧来说，5 月 24 日是个让她永生难忘的日子：这一天，她 8 岁的儿子不慎落入长江，被人救起。

据刘维碧介绍，24 日下午 5 时许，儿子卢维和另外两名小朋友在长江长化码头玩耍。卢维一脚踩空，滑进滔滔长江。危急关头，一男子气喘吁吁地跑来，顾不得脱衣脱鞋，跳入江中，终将落水孩子救上了江岸（事后得知此人是一李姓老板）。下午 6 时许，刘维碧闻讯赶到江边，见到了孩子和孩子救命恩人。为表谢意，刘当即让孩子跪下认李某作干爹。孩子照做后，李某对刘某说："你 10 万元也买不到你孩子的命，你必须给我付 1000 元感谢费，并赔偿我进了水的手机和手表。"刘某当时未反对也未答应，而是让李某到她家再说，她可以去借点钱作感谢费。晚 7 时，李某随母子俩回到家里，他让刘维碧出去借钱，自己坐在刘家抽烟。由于家里穷，刘维碧只好挨户挨户向邻居借钱。邻居张永惠得知刘维碧借钱的原委后，虽然觉得不可思议，但还是借给刘维碧 300 元。收下这 300 元钱的李某并不满意，让刘维碧继续借钱。憨厚老实的刘维碧只好哭着再次向邻居们借钱，邻居们纷纷来到刘家，要求李某立即离开刘家。闻讯赶来的上东街居委会的同志也希望能和李某心平气和地"对话"，并表示如果他不再要钱，他们将召集居民敲锣打鼓给他单位送一面锦旗。但李某称：我救人是要跟经济效益挂钩的。李某的话激怒了居民们，有的居民甚至开始骂李某。

刘维碧家真可谓家徒四壁，除了一张祖上留下的老床还值点钱，她家连一张饭桌都没有。邻居袁素华告诉记者，刘维碧 3 年前丧夫，母子俩只能靠每月 80 元的最低生活保障费艰难度日，"她哪有那么多钱去报恩嘛。"

在是否应该索取救人感谢费问题上，人们见仁见智。采访过程中，有不少人认为"这种见义勇为完全变了味"，在受益人无力支付的情况下索取千元感谢费实属不该。但也有人认为，"有人愿意冒着生命危险救人，值得钦佩，索取感谢费之举，无可非议。"

（资料来源：《中国青年报》 2003 年 6 月 2 日）

**思 考 讨 论**

1. 法律的本质是什么？

2. 见义勇为后索取报酬是否适宜用法律调整？

3. 道德与法律调整范畴的界限在哪里？

## 案例点评

本案主要涉及法律的本质、法律有什么特征，以及法律调整与道德调整有什么不同。近年来，有关见义勇为、拾金不昧的讨论不绝于耳。归结起来主要焦点在于是否可以要求报酬，上述报道就是一个典型的事例。传统上看，见义勇为和拾金不昧都属于道德调整的范畴，从见义勇为中的"义"和"勇"两个核心字和拾金不昧中的"昧"这个核心字就可以看出它们的道德属性。毫无疑问，即使在今天，见义勇为和拾金不昧也仍然属于道德调整的范畴，见义勇为、拾金不昧会受到人们的夸赞，即道德上肯定的评价；相反会受到人们的谴责，即道德上否定的评价。

本案的症结在于，仅仅靠道德肯定或否定的评价不足以激励见义勇为和拾金不昧的行为，因此人们想到了法律。许多人提出，可以从法律上规定，对见义勇为和拾金不昧者给予法定获得报酬的权利，将其完全纳入法律调整的领域。值得注意的是，人们总是在道德失效时求助于法律，希望借助法律的力量实现道德所不能实现的目的，但法律能承担起这个任务吗？

首先，最直观的，也是人们寄予最大希望的是法律较强的强制力。这是有目共睹的，法律可以借助国家的力量给予违反法律者最严厉的处罚，甚至剥夺生命。这种强制力我们称为国家强制力。这是法的突出特征，其他各种类型的社会规范也要依靠一定的强制力维持自身的存在和效力，但都无法直接依靠国家的力量，都不具备国家强制力的特点。道德，主要是依靠人的内心信念及舆论压力作为强制力量的。国家强制力是由国家专门机关依照法律程序来运用的，其强大性是任何个人和组织都无法抗拒的，因而也是法律权威的一个重要来源。然而值得注意的是，法以国家强制力为保障并不意味着法的运行需时时借助国家暴力，也不意味着国家暴力可以以任意的方式运行。这种强制力具有潜在性、间接性、程序性等特点。

所谓潜在性意味着国家强制性并不是时时出现的，它仅仅是在违法行为发生时，才由潜在的国家强制力变为显现的国家强制。在多数情况下，法的实现是靠公众的自觉遵守，潜在的国家强制力变为显现的国家强制的情况，在任何国家都是少数。所谓国家强制力是指并非只是在其显现为国家强制的时候，才是有作用的。当它作为一种潜在力量，一种强制的可能性存在的时候，实际上就是在作为一种威慑力量，促使人们自觉的遵守法律。社会成员在不自觉中感受着这种潜在的力量，从而遵守法律。从这个意义上讲，国家强制力具有间接性的特点。所谓程序性是指国家强制力不简单的等同于暴力，它运行时受到程序的严格控制。这正是法律这种暴力区别于其他暴力的最重要之处。人类社会的控制离不开暴力，而暴力又最有可能成为毁灭社会的力量。国家强制力与其他暴力最重要的区别就在于它是一种受控的暴力，这种控制就是通过程序，将暴力运行的每一步都纳入特定的轨道，使其不致失控。因此国家强制力的程序性是其重要的特点。

就本案而言，人们希望法律来调整见义勇为中的报酬问题，就是希望借助有国家强制力保障的法律使见义勇为者的行为有更可靠的利益保障，以及更加有效的激励见义勇为行为。

其次，从法的强制力我们可以看出，法是和国家相联系的。其联系的目的一方面是获得国家强制力的保障；另一方面是实现其效力的普遍性。也就是说，法具有国家性和普遍性。法具有国家性主要表现在三个方面。第一，法是由国家制定或认可的。法的制定是指国家通过国家机关的立法活动产生新的法律规范。法的认可主要是指国家对既有的行为规范予以承认，使之具有法律效力。尽管法实际上是统治阶级意志的体现，但是却总是以国家意志的形式出现的，这种以国家意志的形式出现的方式，就是由国家来制定或认可法律。第二，法的适用范围是以主权国家的边界为界限的，这是法与以血缘关系为界限的原始社会的习惯区别开来。第三，法律实施的保证力量是国家强制力，这也是其他任何类型的规范所不具备的力量。

法的普遍性主要表现在：从空间上讲，法的作用范围及于国家主权范围的全部；从对象上讲，法对国家范围内的所有组织和个人都有效。因此我们说它的效力是普遍的而不是特殊的。而其他社会规范作用范围和作用对象的普遍性均不及法，例如道德规范，可能只作用于某个特定区域或特定人群。在不同的区域或不同的人群中，道德的要求或许就有所不同，这大概就是我们到一个陌生的地方旅游时，导游会不断提醒我们与当地人交往注意事项的原因吧。

在本案中，人们希望用法律来调整见义勇为中的报酬问题，实际上也是因为用道德调整会因人们的道德观念、道德标准的不同而有不同的看法，导致众说纷纭，无法形成各方都能接受的最终解决方案，而希望由法律的普遍性促成一种对这一问题的统一认识和判定标准。

再次，认为见义勇为不应该索取报酬的人也不少，他们的主要理由是，既然你已经"勇为"了"义举"，就意味着选择了付出，同时也得到了道德上善的美名，成为了一名高尚的人。在这种情况下，索取报酬必然导致"勇为"的善性质的变化。一个人不能既承担道德上善的、高尚的人的美名，又与普通人一样，索取与善的性质相悖的报酬。这种看法实际上非常典型的反映出了道德的特点，即道德以义务为其调整机制，一般不涉及权利。通俗地讲，道德上说一切都是应该的，为他人服务，为他人奉献等都是应该的；而在做了这些应该做的之后，是不应该索取权利或利益的，否则就可能变成不道德，如帮助他人之后索取报酬。总之，道德调整的特点是用义务来推动人们向善的方向发展。法则不同，它的调整机制是双向的。法是通过调整人的行为来调整社会关系的。对人行为的控制无非是靠前面的利益引诱和后面的不利督促，这种引诱和督促正是权利义务的功能。权利表征利益，并以利益导向和激励作用引导人的行为向某个立法者设定的特定方向发展。义务表征负担，并以约束机制和强制机制推动人的行为向立法者希望的方向发展。因此权利义务就成为法的核心内容。从静态看，法的内容实际上就是有关权利义务的安排和分配。法对人的行为调整就是从赋予哪些人权利义务，赋予哪些类型的权利义务以及如何分配人与人之间的权利义务等方面展开的。从动态看，法对人的行为调整过程，实际上就是确认已确定的权利义务，并以此为依据裁决纠纷，保障权利义务的安排和分配得以实现的过程。法的这种作用机制有学者称为法律的利导性，并认为，"在众多的社会规范中，只有法律是具有利导性的，只有法律是通过权利和义务双向规定来影响人们的意识并调节有意识的活动的。"而其他社会规范，例如道德，都不采用这样的双向利导机制。

本案中关于见义勇为是否可以索取报酬的争论，实质上就是能不能用利益引诱机制来促使人们更多地去做"义举"。如果可以，就意味着道德调整是不够的，还应该用法律来调整，即赋予见义勇为人索取报酬的法定权利。这就是利用利益引诱机制来调整人的行为。赞成者认为，这是十分必要的。有人就引用了这样一个故事支持这一观点，厉以宁喜欢讲这样一个故事："孔子有个学生在河边走路，看到一个人掉到河里快被淹死了，家属呼救时，他就奋不顾身跳下水把人救上来，家属非常感激，送了他一头牛。这个人把牛牵回家时，街上的人就说，这个人救人虽然不错，可是心也贪，别人给了这么贵重的礼物他都敢要，这个人也不怎么样。孔子知道后就表扬这个学生说，你做对了，你这个行为在向社会宣告，只要你冒险去救人，家属给多高的奖赏你都可以心安理得地拿回家，于是就会鼓励更多的人下水救人，有更多快被淹死的人会被人救起来。"厉以宁教授想以此告诉人们，做了好事，该拿的你就要拿，如果不好意思要，反而不利于社会。而反对方则认为，厉以宁的故事只说明了事物的一个方面，还有另一个方面也需考虑到，这种奖励是否会降低人们心目中善的标准。如果采用利益引诱机制，则救助他人的行为就不再是"义举"，而会成为谋取利益的手段。在这种情况下，救助之前的讨价还价就可能成为合理合法的，善的标准会因此而降低，社会的良好状态也会因善的标准降低而难以达到。

最后，由调整机制我们又看出法的另一个与道德不同的特点。法是调整人们行为的规范，它并不直接调整人的行为之外的诸如情感、思想等活动。而道德则既调整人的行为，也对人的思想、情感做直接的要求。一般认为，法作为一种社会规范，是社会关系的调整器。"社会规范是调整人与人之间的关系的一般行为规则"，而社会规范又"可分为法律规范、道德规范、习惯、社会团体规范。"这毫无疑问是对的，但是问题在于，法是如何作用于社会关系的，或者说是什么把法和社会关系联结起来的。显然不是思想，思想作为内在于人内心的东西，如果不显现于外部是不可能对社会产生影响的，同时也是靠法这种外部的力量是无法控制的。人与人之间的社会关系是通过人的行为建立起来的，行为是人作用于外部世界的唯一方式。因此以对人的行为的控制为中介，就可以达到对社会关系加以控制的目的。"对于法律来说，除了我的行为以外，我是根本不存在的，我根本不是法律的对象。我的行为就是我同法律打交道的唯一领域，因为行为就是我为之要求生存权利、要求现实权利的唯一东西，因此我才受到现行法的支配。"行为就成为法律上的重要范畴。法律就是通过对人的行为的控制达到对社会关系的控制的，这也是法律区别于其他社会规范——例如道德——的最主要的特征之一。反映在本案上，如果以法来调整见义勇为的报酬问题，就意味着，只要他有了见义勇为行为，不管他是出于什么动机，法律都应该肯定，并依照规定支付报酬。而用道德来调整，一个人有了见义勇为的行为，并不一定能得到道德上肯定的评价，道德还要考察他见义勇为的思想状态，即他为什么要见义勇为，如果发现它的见义勇为的行为是出于不道德的目的，道德上同样会给予他否定的评价。大概是我们五千年道德立国的传统吧，汉语中有关这方面的词语是很丰富的，例如不管你的行为如何，只要你被认定"居心不良""心怀不轨""别有用心"，那么对你的行为评价就只能是否定的。本案所展示的正是这种情况。

赞成和反对用法律来调整见义勇为的报酬问题的人的分歧也反映在对"心"的问题的认识上。赞成者认为，社会应着眼于对行为的鼓励，有更多的人能够实施此种行为，则社会会呈现出更加良好的状态，而不必过多地关注行为者个人的动机，因此应用更多的促使来鼓励行为，如采用利益引诱机制。上引厉以宁的看法就属此类。反对者认为，善的标准关乎社会发展的方向，任何制度的设计都应最大限度的鼓励人们向善，将刺激行为给予过多的关注，而不关心动机必然导致"居心不良""心怀不轨""别有用心"的泛滥，长此以往，国将不国。

本案中涉及的是非仍在争论中，或许也不是短期内就可以有大家都接受的结论。我们这里只能列举出法律调整和道德调整的差别，以此说明法与其他社会规范不同的特点。至于面对纷繁复杂的社会现实，两种调整方式如何选择还须更多的知识和思考。

# 第二节　我国社会主义法律

**案例2** **知名导演天价超生罚款的背后**

知名导演张艺谋和现任妻子有三个孩子，尤其是三个孩子被媒体曝光之后引起网络很大争议，因为计划生育当时还是非常的严苛，而作为名人，张艺谋显然违反计划生育政策，三个子女身份曝光之后张艺谋也交了748万元的巨额罚款。

作为一个公众人物，张艺谋完全可以像陈凯歌等其他知名人士一样，移民海外，那他生多少孩子，都不会受到相关处罚了。对于网民提出的为何超生不移民的疑问，张艺谋表示，他是一个中国人，愿意让自己的孩子也是中国人，而且无怨无悔。

其实张艺谋早已有条件移民美国。张艺谋办绿卡的事情，要追溯到1999年。当时，张艺谋和前妻的女儿张末刚初中毕业，张艺谋为给她办留学，去申请了美国绿卡。而在成功将女儿送去纽约读书后，张艺谋随即在不到一年时间里就退掉了绿卡。据知情人回忆，当时张艺谋退绿卡时，美国官员们"都震惊了"，因为"他们只见过申请绿卡的，基本没见过退绿卡的"。据查证，张艺谋本人户口现仍在广西。

张艺谋为何要退绿卡呢？张艺谋是第九、十、十一届全国政协委员，1998 年 1 月 22 日政协第八届全国委员会常务委员会第 23 次会议通过第九届全国政协委员名单，张艺谋在列，自后连续担任三届，也即从 1998 年 1 月 22 日到 2013 年 2 月 1 日，张艺谋一直是全国政协委员。根据中国的法律规定，只有拥有中国国籍的人，才有当选人大代表的资格，而一旦不再拥有中国国籍，那么其人大代表的资格也将被终止。虽然政协相关章程中并没有涉及委员国籍的条例，但政协委员一般都是中国公民。中国不承认双重国籍，政协委员若是外籍也是不行的。

这么多年以来，关于张艺谋超生事件的争论，一直没有消停，就立场而言，截然分为正、反两方。正方支持和声援张艺谋超生的主要理由是支持公民的生育权；反方反对和拒绝声援张艺谋的主要理由是认为他属于特权。当然，还有部分人以此谴责张艺谋，认为张艺谋超生违背了基本的"程序正义"，张艺谋理应遵守。

对于人来说，有一些权利是天赋的，是与生俱来的，先于国家和法律的权利发生，这些权利包括最基本的生命权、自由权、财产权以及生育权等。作为人的基本权利，生育权是任何时候都不能剥夺的，也就是说，它不需要一群人投票来决定一个人是否有资格生孩子或者到底能生几个孩子。可是，中国的国情不一样，人口太多，不利于发展，控制人口增长，是基本国策，必须人人遵守，任何人没有特权。

从 1998 年 1 月 22 日到 2013 年 2 月 1 日，张艺谋一直是全国政协委员。张艺谋超生行为的真正焦点，还是在于他的全国政协委员身份上，而不是特权的问题。在他担任全国政协委员的整整 15 年期间，公众从来没有听到过他有相关的意见表达，这才是最大的悲哀。

（资料来源：东方头条网　国内新闻版块　2016 年 4 月 27 日）

## 思考讨论

1. 社会主义法律的运行包括哪几个步骤？

2. 张艺谋天价超生罚款在事发这么多年后才得到执行，说明法律在执行的过程中存在哪些问题？

## 案例点评

社会主义法律的运行是一个从创制、实施到实现的过程。主要包括法律制定（立法）、法律执行（执法）、法律适用（司法）、法律遵守（守法）四个步骤。

张艺谋超生事实显示的"名人特权"饱受公众批评，无锡政府有关部门也是在舆论的压力下才展开调查。这的确在一定程度上反映出我国法律运行过程中，有法不依、执法不严，执法随意性过大且不能及时有效适用法律的问题。

**案例③ 执法不严导致中国奶制品污染事件**

2008 年中国奶制品污染事件（或称 2008 年中国奶粉污染事件、2008 年中国毒奶制品事件、2008 年中国毒奶粉事件）是中国的一起食品安全事件。事件起因是很多食用三鹿集团奶粉的婴儿被发现患有肾结石，随后在其奶粉中被发现化工原料三聚氰胺。根据公布数字，截至 2008 年 9 月 21 日，因使用婴幼儿奶粉而接受门诊治疗咨询且已康复的婴幼儿累计 39965 人，正在住院的有 12892 人，此前已治愈出院 1579 人，死亡 4 人，另截至 9 月 25 日，香港有 5 人、澳门有 1 人确诊患病。事件引起各国的高度关注和对乳制品安全的担忧。中国国家质检总局公布对国内的乳制品厂家生产的婴幼儿奶粉的三聚氰胺检验报告后，事件迅速恶化，包括伊利、蒙牛、光明、圣元及雅士利在内的多个厂家的奶粉都检出三聚氰胺。该事件亦重创中国制造商品信誉，多个国家禁止了中国乳制品进口。9 月 24 日，中国国家质检总局表示，牛奶事件已得到控制，9 月 14 日以后新生产的酸乳、巴氏杀菌乳、灭菌乳等主要品种的液态奶样本的三聚氰胺抽样检测中均未检出三聚氰胺。2010 年 9 月，中国多地政府下达最后通牒：若在 2010 年 9 月 30 日前上缴 2008 年的问题奶粉，不处罚。2011 年中国中央电视台《每周质量报告》调查发现，仍有 7 成中国民众不敢买国产奶。

（资料来源：百度百科 http://baike.so.com/doc/5376604-5612725.html）

**思 考 讨 论**

1. 我国的一系列奶制品污染事件除食品生产加工企业利欲熏心外，是否与行政主管部门执法不严有关？

2. 为进一步增强执法力度，让食品安全问题有法可依、执法必严，国家采取了哪些举措？

**案 例 点 评**

食品卫生监管部门执法不严的行政不作为行为与奶制品污染事件的发生有着必然的联系。

2008 年 9 月 17 日，中国国家质检总局宣布取消食品业的国家免检制度，所有已生产的产品和印制在包装上已使用的国家免检标志不再有效。几天后该局宣布撤销蒙牛、伊利和光明三个牌子液态奶产品的"中国名牌"产品称号。中国商务部也发出通知，要求各地商务主管部门严格排查生产、出口奶制品、食品、药品、玩具、家具等企业，杜绝存在质量安全隐患的产品出口。对责任确属中国企业的质量安全事件，要敦促企业承担出口产品质量第一责任，立即回收问题产品。

同时，《中华人民共和国食品安全法》已于 2009 年 6 月正式实施。短短几年时间，全国人大常委会开展了数次执法检查。尤其是 2011 年 3 月至 5 月开展的检查，吴邦国先后两次作出重要批示，全国人大常委会执法检查组组成多个小组，分赴 7 个省（区、市）进行检查，还委托其他地方人大常委会对本行政区域内食品安全法的实施情况进行检查，其频率之高、历时之长、规模之大、范围之广，在历次执法检查中是不多见的。

《食品安全法》的出台，总体上解决了食品安全领域有法可依的问题。有法可依问题解决后，有法必依、执法必严、违法必究的问题就显得更为突出、更加紧迫。食品安全事件之所以频发，与一些地方和部门监管缺失，对违法行为打击不力有关。有法不依、执法不严、违法不究等于无法。如何整改落实全国人大常委会执法检查组提出的意见和建议，让食品安全问题不再让人揪心，这不仅是人大常委会的要求，更是人大代表和百姓的关切。期待相关部门给出令人满意的答卷。

# 第三节　我国宪法与部门法

本节内容涵盖宪法、民法、商法、行政法、经济法、社会法、刑法等实体部门法，也涉及诉讼法等程序法。因此，本节案例除宪法相关案例外，还包含其他部门法案例。

### 案例 4　维护宪法赋予公民的平等权——中国就业性别歧视第一案

2013 年 12 月 18 日，山西籍女大学生曹菊（化名）因在应聘中遭性别限制，诉招聘单位北京巨人环球教育科技有限公司一案，在北京市海淀区人民法院开庭审理。这是在《就业促进法》发布并生效五年后，首例以"维护女性合法权益"为由向法院提起的诉讼，此事之前曾被媒体广泛报道，被称为"中国就业性别歧视第一案"。

18 日下午 1 点，十余位女大学生等候在海淀区人民法院门口，她们都是专程赶来旁听曹菊这件案子的。一位来自中华女子学院的大学生告诉记者，她一直在关注曹菊案件的进展，作为一名女大学生，在就业中遭遇性别歧视的事情十分普遍，大多数人都选择沉默，而曹菊能拿起法律的武器捍卫自己的权利，值得大家为她加油、鼓劲。下午 1 点半，案件正式开庭。原告曹菊和被告方法人代表，北京巨人环球教育科技有限公司董事长尹雄均出现在法庭上。由于案件审理的法庭场地有限，只能容纳 20 人旁听，但实际前来旁听的人已远远超出了这一数字。几位未能入场的女大学生站在门口坚持要进场旁听，最终征得法官同意后得以入场。

**案情回溯：大学生求职遭遇性别门槛**

2012 年 6 月，曹菊从北京某学院毕业，开始了就业求职的道路。6 月 11 日，她在求职网站上看到巨人教育招聘行政助理的信息，觉得自己各方面条件都很符合要求，于是向招聘邮箱投递了求职信息，但等待十几天未见面试通知。

半个月后，曹菊通过电话询问北京巨人环球教育科技有限公司，得到一名工作人员答复："这个职位只招男性，即使你各项条件都符合，也不会予以考虑。"曹菊通过法律咨询意识到，用人单位因为性别原因拒录属于性别歧视，违反了《就业促进法》、《妇女权益保障法》等相关法律法规。2012 年 7 月 11 日上午，曹菊向北京市海淀区法院递上了一纸诉状，决定通过法律途径来维护自己的合法权益。

对于自己遭遇的经历，曹菊在昨天的庭审陈述中表示，巨人教育发布岗位信息"仅限男性"的行为侵犯了自己的平等就业权，不仅让作为应届毕业生的原告失去借以谋生的工作机会，还严重打击了原告就业和生活信心，遭此挫折以来一直情绪沮丧。为此，曹菊在起诉状中提出三项诉讼请求：第一，要求巨人学校赔礼道歉；第二，支付赔偿精神损害抚慰金 5 万元；第三，承担诉讼费用。

### 转折：巨人学校放弃辩护权

在曹菊陈述完成后，被告方，北京巨人环球教育科技有限公司董事长尹雄开始陈述："尊敬的法官，我谨代表北京巨人学校表示，放弃此次性别歧视一案的辩护权，尊重法院对本案任何形式的裁判。"

尹雄接着说，巨人学校之所以决定放弃辩护权，并未认为学校在就业性别歧视上存在主观故意，北京巨人学校自成立以来，始终遵循《就业促进法》法律规定，按照"公平、公正、公开"的要求进行招聘。在此次事件中，由于学校人事部门的工作疏忽，没有准确地对工作职责进行描述，简单地以"仅限男性"作为条件，从而引起了不必要的误解，造成了起诉方的困难与不快。

"我愿意在法庭上对起诉人表示公开道歉……"尹雄这番话一出，在台下旁听的学生中引起小小的波动，原告两位代理律师的脸上也露出颇为意外的神情。

随后，巨人学校代理律师补充到，巨人学校在全国有 500 个教学点，近 6000 名员工，其中女性员工占员工总数的 80%以上，公司并不存在性别就业歧视的主观故意。公司之所以在行政助理这一职位招聘中增加"仅限男性"这一要求，是因为原告应聘行为发生在 2012 年 6 月，而当时该部门为清一色女性员工。行政部的一些后勤辅助工作，如办公设备、教材等物质的领用、搬运，甚至连办公室饮水机换水都迫不得已需要几名女职工同心协力才能完成，部门内部反馈迫切需要招聘一名男性员工来分担部分行政部门的"体力劳动"。

对曹菊在起诉状中提出的第一、第三项，巨人学校表示接受，但对于第二项提出的精神赔偿数额，"请求法院根据现行法律规定做出裁判，无论判决金额多少，巨人学校均不持任何异议，并将第一时间履行法院判决"。

### 判决结果：双方和解，设立反就业歧视专项资金

被告方的一番表态让原本剑拔弩张的庭审现场出现了一丝缓和的气氛。经过庭审，双方对现有证据进行质证，并各自论述了法律观点，最终在法院的组织下，双方自愿达成和解，形成终局性协议。

依据协议，巨人学校将于 2013 年 12 月 30 日前给曹菊人民币三万元，作为关爱女性平等就业专项资金。同时，巨人学校负担案件受理费。

当听到尹雄校长表示愿意为其设立专项公益资金时，坐在原告席上的曹菊红了眼眶。庭审结束后，曹菊在接受媒体采访时表示，没有想到"胜利"会来得这么轻松。从去年 6 月至今，曹菊为了这件案件经历了提交行政诉讼、提交民事诉讼等一系列波折，期间也想到过放弃，最终还是在公益律师和大学生们的鼓励下坚持了下来。对这一结果，曹菊表示很满意，她说，能拿到多少钱并不是主要的，而是通过巨人学校的这种态度影响到其他的企业。

尹雄校长也表示，巨人教育这次决定放弃辩护权，根本的原因是对反对就业性别歧视的支持。曹菊很勇敢，敢于对维护女性就业权发声，她的行为值得赞赏。他还指出，对于巨人教育个别人员的个别不当说法，不代表巨人教育科技有限公司平等用人原则，但如果因此而造成起诉方的困难与不快，他愿对大学生表示公开道歉。在庭审之后，尹雄与曹菊一起拍了合影，并向她发出邀请，如果愿意，欢迎到巨人学校工作。

（资料来源：新华网 http://news.xinhuanet.com/legal/2013-12/19/c_118622617.htm　2013 年 12 月 19 日）

### 思 考 讨 论

1. 你是否在日常生活中受到过性别歧视？
2. 我国宪法针对公民基本权利中的平等权做了哪些具体规定？
3. 作为女大学生，应如何运用法律武器何保护自身合法权益，免遭性别歧视？

### 案 例 点 评

曹菊遭遇性别歧视现象并不是孤例。2003 年，劳动和社会保障部曾对 62 个定点城市劳动力市场职业供求状况进行调查，结果显示有 67% 的用人单位提出了性别限制。

2008 年 1 月 1 日生效的《就业促进法》中，明确规定了就业歧视案件可以向法院起诉，但法律专家指出，由于案由中没有就业歧视这一条，法院不立案的可能性也很大。

2010 年 8 月，中国政法大学宪政研究所发布的《当前大学生就业歧视状况的调查报告》显示，近七成用人单位对大学生求职者的性别有明确要求，超过四成大学生遇到用人单位明确要求性别是男性。有些招聘企业在合同上注明"来公司 5 年内不得生育"等歧视性条约。一位来自兰州女大学生在招聘网站上投简历应聘，一天时间内被 48 家用人单位拒绝，被拒原因也都是该岗位不招女性。

中国妇联妇女发展部 2011 年发布的《女大学生就业创业状况调查报告》指出，56.7% 的受访女大学生在求职过程中感到"女生机会更少"，91.9% 的受访女大学生感受到用人单位的性别偏见。

目前，我国虽然已经通过法律保护女性的平等就业权，但在现实中，仍然存在女性就业遭歧视的现象。企业经常会计算女性的生育成本，而没有看到女性在企业中所能发挥的创新与调和人际关系的作用，中国企业需要扭转这种短视的眼光！

## 案例 5　复旦大学投毒案

2013 年 4 月 16 日，上海复旦大学 2010 级硕士研究生黄洋经抢救无效死亡。黄洋的突然离世，令与他同专业的同学难以相信。黄洋是四川自贡人，家境贫寒，但个人非常努力，成绩也很优异。他是为了给母亲治病，才立志学医的。平时在班级里，他勤奋好学，多次获得学校奖学金。据了解，她母亲手术费都来自他的奖学金。在他喝到有毒水时，感觉到异样，特意倒掉了原有的水并清洗了饮水机，以防同室其他同学喝到。这也引发了网友关于"误杀"的猜测。经警方查明，林某因生活琐事与黄某关系不和、心存不满，经事先预谋，3 月 31 日中午，将其做实验后剩余并存放在实验室内的剧毒化合物带至寝室，注入饮水机水槽。4 月 1 日晨，黄某饮用饮水机中的水后出现中毒症状，后经医院救治无效于 4 月 16 日下午去世。

上海市二中院于 10 月 30 日立案受理该案，林森浩涉嫌以投毒方式故意杀人，该案由上海市人民检察院第二分院提起公诉。

### 思考讨论

1. 关于故意杀人罪的构成要件，我国《刑法》是如何规定的？
2. 谈谈本案对你的启示。

### 案例点评

故意杀人，是指故意非法剥夺他人生命的行为。属于侵犯公民人身民主权利罪的一种。是中国刑法中少数性质最恶劣的犯罪行为之一。我国刑法第二百三十二条规定：故意杀人的，处死刑、无期徒刑或者十年以上有期徒刑；情节较轻的，处三年以上十年以下有期徒刑。故意杀人罪是行为犯，只要行为人实施了故意杀人的行为，就构成故意杀人罪。由于生命权利是公民人身权利中最基本、最重要的权利，因此，不管被害人是否实际被杀，不管杀人行为处于故意犯罪的预备、未遂、中止等哪个阶段，都构成犯罪，应当立案追究。

故意杀人罪的构成要件包括：

1. 客体要件。故意杀人罪侵犯的客体是他人的生命权。法律上的生命是指能够独立呼吸并能进行新陈代谢的活的有机体，是人赖以生存的前提。

2. 客观要件。首先，必须有剥夺他人生命的行为，作为或不作为均可以构成。以不作为行为实施的杀人罪，只有那些对防止他人死亡结果发生负有特定义务的人才能构成。其次，剥夺他人生命的行为必须是非法的，即违反了国家的法律。执行死刑、正当防卫均不构成故意杀人罪。经受害人同意而剥夺其生命的行为，也构成故意杀人罪。对所谓的"安乐死"，仍应以故意杀人罪论处，当然，量刑时可适当从轻或减轻。第三，直接故意杀人罪的既遂和间接故意杀人罪以被害人死亡为要件，但是，只有查明行为人的危害行为与被害人死亡的结果之间具有因果关系，才能断定行为人负罪责。

3. 主体要件。故意杀人罪的主体是一般主体，即我国刑法分则规定的达到法定刑事责任年龄、具备刑事责任能力的一般身份的犯罪主体。

4. 主观要件。故意杀人罪在主观上须有非法剥夺他人生命的故意，包括直接故意和间接故意。即明知自己的行为会发生他人死亡的危害后果，并且希望或者放任这种结果的发生。故意杀人的动机是多种多样和错综复杂的。常见的如报复、图财、拒捕、义愤、气愤、失恋、流氓动机等。动机可以反映杀人者主观恶性的不同程度，对正确量刑有重要意义。

一场悲剧，断送了两个年轻人的未来，也毁了两个家庭。"复旦大学投毒案"看似"特殊"，但嫌疑人存在的很多问题是有普遍性的，很多学生也都会遇到，而如何引导这些学生以合适的方式面对问题，则是学校方面应进一步考虑的。教育应该全面，因为我们要的不仅仅是"术业有专攻"的人才，更要一个具有健康人格的人。作为当代中国的大学生，我们应当正确对待和处理生活中遇到的问题和矛盾，以积极开朗的心态面对生活，遇事寻求正确有效的解决途径。只有这样才能让校园摒弃那种暴戾之气，回归充满奋进、积极的朝气才是校园应有的节奏。

### 案例 6  18 岁少年刘大蔚网购仿真枪被判无期徒刑

因网购 24 支仿真枪被诉走私武器罪的 18 岁小伙刘大蔚，因不服判决，2015 年 11 月委托律师向福建高院提交了刑事申诉状，请求撤销该案判决启动再审。《法制晚报》记者了解到，福建高院决定对该案进行立案复查。

四川少年刘大蔚 1996 年 4 月出生在达州市大竹县。2014 年夏天，他通过 QQ 向台湾卖家网购仿真枪，后被千里迢迢赶来的福建石狮海关缉私分局逮捕。根据检察院起诉书，2013 年 8 月，刘大蔚开始通过 QQ 与台湾卖家商谈购买枪支事宜。2014 年 7 月 1 日前后，他在台湾卖家提供的网址里选购了 24 支仿真枪，并将相应的枪支型号发给了台湾卖家，枪支货款和代购服务费共计 30540 元。

起诉书称，7 月 22 日凌晨，这 24 支仿真枪被石狮海关缉私分局查获。经鉴定，24 支仿真枪中有 21 支以压缩气体为动力发射弹丸，其中 20 支具有致伤力，认定为枪支；1 支不能确定是否具有致伤力，不能确定是否为枪支。24 支中 3 支不具有致伤力，认定为仿真枪。

2015 年 4 月，福建省泉州市中级人民法院以走私武器罪，判处刘大蔚无期徒刑。同年 8 月，福建省高级人民法院维持原判。

这起因网购仿真枪获无期徒刑的案件，引发舆论广泛关注。

2015 年 11 月 26 日，受刘大蔚父母委托，徐昕律师来到福建省高院，递交了申诉的相关材料。其提交的诉状称，"刘大蔚无走私武器的主观故意，更无走私的客观行为；涉案枪形物根本不是刑法上的枪支；刘某的行为社会危害性极低，远未达到需以刑法严惩的程度"，建议福建高院启动再审。福建高院决定对该案进行立案复查，目前复查工作正在有序进行中。

（资料来源：《法制晚报》 2016 年 4 月 12 日）

**思考讨论**

1. 关于刑事责任年龄，我国《刑法》是如何规定的？
2. 网购仿真枪案被判无期，是否量刑过重？
3. 什么是再审程序？再审程序应如何启动？

**案例点评**

刑事责任年龄，是指法律规定的行为人对其所实施的危害行为负刑事责任所必须达到的年龄。根据我国《刑法》第 17 条规定，已满 16 周岁的人犯罪，应当负刑事责任。已满 14 周岁不满 16 周岁的人，犯故意杀人、故意伤害致人重伤或者死亡、强奸、抢劫、贩卖毒品、放火、爆炸、投毒罪的，应当负刑事责任。已满 14 周岁不满 18 周岁的人犯罪，应当从轻或者减轻处罚。因不满 16 周岁不予刑事处罚的，责令他的家长或者监护人加以管教；在必要的时候，也可以由政府收容教养。

再审程序是我国民事诉讼中的一项重要制度。又被称为审判监督程序，是人民法院对已经发生法律效力的案件复核审理的司法程序。再审的启动方式有如下三种：

1. 人民法院自行启动。包括两种情况，第一种情况，各级人民法院院长对本院已经发生法律效力的判决、裁定，发现确有错误，认为需要再审的，应当提交审判委员会讨论决定。第二种情况，最高人民法院对地方各级人民法院已经发生法律效力的判决、裁定，上级人民法院对下级人民法院已经发生法律效力的判决、裁定，发现确有错误的，有权提审或者指令下级人民法院再审。

2. 人民检察院以抗诉的方式启动人民法院的再审程序。人民检察院提出抗诉的案件，接受抗诉的人民法院应当自收到抗诉书之日起三十日内作出再审的裁定；有本法第一百七十九条第一款第（一）项～第（五）项规定情形之一的，可以交下一级人民法院再审。

3. 依当事人申请启动。当事人对已经发生法律效力的判决、裁定，认为有错误的，可以向上一级人民法院申请再审，但不停止判决、裁定的执行。

刘大蔚案之所以引发舆论关注，是因为一个爱枪的青年网购仿真枪并不像一群穷凶极恶的匪徒走私武器一样，那么面目可憎，并给社会带来了实实在在的恐怖威胁。更多的同情来自于仿真枪的泛滥——刘大蔚因网购仿真枪获刑，还有成百上千的"刘大蔚们"并未因买卖仿真枪获刑。刘大蔚很大程度上是因为他颇为偶然地被定罪重判而受到同情。按照刘案的标准，走私武器罪的犯罪人数应相当庞大。

在已处理的案件中，刘大蔚案也颇显眼，因为他得到的是无期徒刑的重判。媒体披露的广州冯某走私武器一案，情节较刘更为恶劣——冯某是在香港购买仿真枪入境时被抓，且 34 支仿真枪被鉴定为真枪。深圳中院审理后认定其犯走私武器罪，"按照法律规定本应判决无期徒刑或者死刑，但深圳中院认为按照法条判决过重，罪刑不相适应，遂在法定刑以下判决有期徒刑 8 年，判决须经过最高院核准方能生效"。

刘大蔚也有着在法定刑以下量刑的需求——无期对于一个并无暴力犯罪背景的网购青年来说，的确太重了。本着罪刑相适应原则，引用"法定刑以下量刑"层报最高院核准，无疑是更具担当的裁判选择。

### 案例 7　迟来的正义——内蒙古呼格吉勒图案

1996 年 4 月 9 日，呼和浩特卷烟厂工人呼格向警方报案，在烟厂附近的公厕内发现一具下身赤裸的女尸。48 小时后，当时负责该案件的呼和浩特市公安局新城分局副局长冯志明和办案人员认定，呼格是在女厕对死者进行流氓猥亵时，用手掐住死者的脖子导致其死亡的。而唯一"有力"的证据就是呼格指甲里的被害人血迹。

1996 年 5 月 23 日，呼和浩特市中级人民法院认定呼格犯流氓罪、故意杀人罪，判处死刑，同年 6 月 5 日内蒙古自治区高级人民法院二审"维持原判"，核准死刑并立即执行。

2005 年 10 月 23 日，被媒体称为"杀人恶魔"的内蒙古系列强奸杀人案犯罪嫌疑人赵志红在呼和浩特市被警方擒获，他主动供述呼格吉勒图案是自己所为。

2014 年 11 月 20 日，内蒙古自治区高级人民法院宣布，经过对呼格吉勒图案的申诉审查，认为本案符合重新审判条件，决定再审。

呼格吉勒图再审改判无罪案，呼格吉勒图父母李三仁、尚爱云于 2014 年 12 月 25 日向内蒙古高院提出了国家赔偿申请，内蒙古高院于同日立案，并于 12 月 30 日依法作出国家赔偿决定，决定支付李三仁、尚爱云国家赔偿金共计 2059621.40 元，该决定已于同年 12 月 31 日送达。

2014 年 12 月 17 日下午，呼和浩特市公安局副局长冯志明，因涉嫌职务犯罪，被检察机关带走，接受调查。1996 年，呼和浩特市"4·9"女尸案即呼格吉勒图错案发生时，冯志明担任呼和浩特市公安局新城区分局副局长。

（资料来源：《新文化报》　2014 年 11 月 3 日）

### 思考讨论

1. 导致呼格吉勒图冤案发生的原因是什么？
2. 什么是国家赔偿制度？

### 案例点评

"改变了相关的错误观念后，我们能够大幅减少冤案，并在这一过程中创造一个更加安全的国家。"这是吉姆·佩特罗先生在《冤案何以发生》中的名言，世界上没有尽善尽美的诉讼制度，每一个国家都会发生冤案，司法的本质是寻求和发现真相。我觉得与其在冤案发生后去纠正，不如在还未发生时去防止。宋英辉曾对防止冤案给出了四点建议：一是走技术改进与制度机制完善并重的路线。制度上的改进比较缓慢，技术上改进效果却更加明显，比如要求在看守所讯问时实行物理隔离，阻却刑讯逼供；二是侦查环节检察机关很难介入，可以尝试起诉引导侦查的方式，强化对侦查环节的监督；三是改变司法绩效考评机制，不能一味重打击，这实际上是有罪推定的表现；四是改变国家赔偿机制，另设一个国家赔偿义务机关。因为如果一旦发现问题，公检法就要承担赔偿义务，那么，办案人员不仅被定性为办了错案，承担了巨大的压力，而且其纠正错案的动力不足，即使发现冤案也不会愿意主动纠正，不利于维护司法公正。

2015 年 2 月 9 日，"呼格案"真凶赵志红被内蒙古自治区呼和浩特市中级法院一审判处死刑，剥夺政治权利终身。参加庭审的许多人说，这个判决彻底还了呼格吉勒图一个清白。

我国著名诉讼法学专家樊崇义说，正义是永恒的主题，迟来的正义也是正义，但这种正义是靠沉重的代价换取的。所以我们要沉痛地反思，要用制度和程序解决违背规律的难题，以实现公平正义，使正义不再迟到。

中国政法大学教授顾永忠说，"呼格案"的洗冤彰显了法治步伐。这起案件正式立案进入再审是 2014 年 11 月 20 日，在比较短的时间内作出再审无罪的判决，是非常令人振奋的。而且，这是第一例公开宣判纠正的已经执行死刑的错案，在过去是不可想象的。

有媒体评论认为，"呼格案"的改判是对法治尊严的维护。从 2005 年真凶再现，到内蒙古自治区高级法院正式宣判呼格吉勒图无罪，中间经过了将近 10 年的时间。虽然纠错是一个敏感的话题，但无论多么敏感，多么痛苦，为了公平正义，司法错案的纠正工作都在积极地推进着。

也有媒体认为，法治社会绕不开"呼格案"。这起发生在 19 年前，随后几经波折又重新改判的案子，对于回溯过去法治建设情况具有标本意义，其中的重要时间点、几次转折，都"倒映"出当时的司法、执法状态，现在复查和重审的过程，也将展现出今天"全面依法治国"的基础水平，也是"法治中国"的实际起点。

### 案例⑧ 杀死魏则西的到底是什么

21 岁的大学生魏则西去世了，他的不幸刷爆了朋友圈。魏则西大二时发现患上滑膜肉瘤，通过百度搜索，他到武警北京市总队第二医院（简称"武警二院"）尝试"肿瘤生物免疫疗法"，然而这种疗法在美国早已被淘汰，与斯坦福大学的合作也是虚假宣传，魏则西及网友质疑武警二院及相关医生存在欺骗行为；因医学信息竞价排名而饱受争议的百度也再次被质疑。

尽管魏则西患上的滑膜肉瘤是非常危险的病症，在现有医疗条件的限制下，生存的可能性低期望生存时间少，但武警二院相关科室的种种行为，延迟了魏则西寻求其他更有效治疗方案的时间，客观上降低了生存概率与期望生存时间，浪费了患者的资金，应当承担侵权责任。如果病患家属起诉医院，也是医院承担举证责任。

据报道，武警二院的涉案科室承包给了莆田系医院，但涉案科室作为武警二院的下属部门，不具有独立承担民事责任的资格，出现民事纠纷时，应由法人承担民事责任，武警二院应该承担赔偿责任。从事件来看，魏则西之所以会选择这个科室来治疗，也是因为武警二院是一家三级甲等医院，医院所有的科室都拥有同等的信誉，此外医院没有明示，患者自己也没有能力去区分这个医院的各个科室哪些是自营。

其次是百度。百度不是第一次陷入类似风波了，今年1月，百度爆出将血友病等贴吧与莆田系等商业机构合作，驱逐原有的贴吧志愿者，舆论发酵以后，百度全面停止了医疗病种类贴吧的商业合作。但莆田系医院是百度营业收入的重要来源，停了贴吧，没法停了莆田系医院在搜索中的竞价排名。魏则西就是用百度搜索搜了病种，被指引到武警二院的相关科室。

百度有没有责任？《侵权责任法》第六条规定，"行为人因过错侵害他人民事权益，应当承担侵权责任"。本案是武警二院的相关科室侵权，百度只是提供了信息，并不直接侵权。但《广告法》第五十六条又规定，"关系消费者生命健康的商品或者服务的虚假广告，造成消费者损害的，其广告经营者、广告发布者、广告代言人应当与广告主承担连带责任"。百度搜索的竞价排名中的"推广"链接可以视为广告，应适用此条规定，如果吸引魏则西的这条广告是"虚假广告"，那么百度应该承担连带责任。

什么是虚假广告？医疗医药是非常专业的领域，普通人无法核查其真实性，何况本事件中涉及的生物免疫疗法还确有其事，只不过效果不佳。百度的职员根本没有能力进行真实性审核。事实上，所有的广告经营者都没办法对大多数广告内容进行真实性审核，哪怕是汽车、手机这样的大众商品，其隐性的缺陷与风险也非普通人所能理解。对于广告经营机构，唯一能做的就是审核经营执照等资质，他们甚至没办法去核查执照本身是真的还是假的。

于是，《广告法》第四十六条规定，"发布医疗、药品、医疗器械……广告，应当在发布前由有关部门对广告内容进行审查；未经审查，不得发布"。法律规定很美好，现实中可行性不高，首先是成本很高，相关审查机构是否有能力和人力去审查，审查成本由谁承担？其次，有审查就有寻租，最终只会形成另一种丑闻，想一想现在有多少只收钱不办事的审批机构吧。

百度面临的窘境同样是所有平台类互联网公司的棘手问题。淘宝上的假货、携程上的假机票、婚恋网站上的渣男、电信运营商里的诈骗短信与电话，是不是消费者被侵权了，上述平台都应该承担责任？传统电视与平面媒体的虚假广告就更多了，央视给"E租宝"做广告、赵忠祥为"长城利脑心片"代言，央视需要赔付"E租宝"投资者的损失吗？即便是不为虚假、伪劣商品做广告，一家黑心厂商的经营必然会涉及上下游公司，出租办公室、提供打印印刷服务、销售办公用品，那么包括下游买家算不算为黑心厂商的经营提供便利？

一家负责任的广告、网商平台，应当拒绝那些显而易见的劣质商品供应商，否则竞争性的市场环境会将其淘汰出局。然而将审核商品真实性与服务品质的责任全都归在平台上，并要求其承担连带责任，既不可能也不现实，如一个电商平台，数万家代理商入驻，陈列上百万种商品，平台很难审核并保证100%不出问题。

众所周知，就算不在推广区域，各类公司的互联网营销，都会做"搜索引擎优化（SEO）"，在 google 的搜索正文里，也会找到误导性的商业信息和广告，虽然搜索引擎会调整算法消除 SEO 对优质内容的影响，但误导信息也不会闲着，这是猫和老鼠的游戏。百度不过是将公司用于 SEO 的努力直接折算成对百度的支出。所以百度的行为虽然为人不齿，但很难说要负多大的责任，也很难去追究他们的责任。中国的消费者之所以对百度无可奈何，更多还是因为谷歌缺席中国市场，搜索市场缺乏竞争的结果。

那谁来监管莆田系和武警二院的违规违法行为？我们应该明确，百度上出现黑医院首先是医院的问题。我们要问，为什么武警二院要将科室承包出去？为什么莆田系医院负面新闻不断却没有被退出市场？

首先，莆田系医院是中国医疗市场严格管制的结果，申请医院非常难；与医院供给不足对应的是医疗的需求持续放量增长，供需失衡的结果就是正规医疗体系之外有大量的非正规医疗力量，电线杆上的老军医、祖传秘方，进入社区的游医等，以保健品之名的药品，即使在正规电视媒体上也不乏他们的身影。

对比这些医疗力量，莆田系医院最起码还是正规军（拥有执业资格）。莆田系拥有最多的科室是男科、皮肤科等，也多是正规医疗机构长期忽视、治疗力量不足的领域。正是因为医院牌照的严格管制，所以才会出现莆田系资本承包正规医院的科室，而不是申请成立法人医院。武警二院作为一家三甲医院，声誉至关重要，它敢将科室承包给声誉不佳的莆田系，背后的本质仍然是医疗市场的供应不足，它们从来不缺前来看病的患者。

其次，武警二院敢把科室承包出去、莆田系医院丑闻缠身而不倒的另一个原因，是侵权责任赔偿太少、监管力度不足。如果一起主观故意的侵权责任赔偿可以令一家医院直接破产、倒闭，那么还有没有医院敢虚假宣传、错误治疗，还敢将科室承包给不靠谱的承包商？

以此来看，魏则西之死只是中国监管机构和侵权责任追究缺位的缩影。而最核心的问题是，涉案机构当初是如何获得资质的？监管机构又是如何进行行业监管的？

（资料来源：聂日明　《凤凰评论》　2016年5月1日）

**思 考 讨 论**

1. 魏则西事件反映出当前中国社会哪些社会问题？
2. 百度竞价排名，是否涉嫌发布虚假广告？
3. 莆田系医院致人死亡，行政机关有无监管责任？
4. 谈谈网络时代背景下，我们应如何辨别网络上形形色色的信息，用法律武器维护自身合法权益。

**案例点评**

在互联网日益发达的中国，我们应对互联网搜索引擎有所了解，不要被竞价排名的广告信息蒙蔽。百度公司不认真审核其所发布的广告内容，是严重的失职行为。但中国上亿人口每天搜索的关键词不计其数，中国上千万公司都要通过网络获取曝光度，工作量之大，涉及范围之广泛，也是我们难以想象的。希望今后百度可以加强监管力度，过滤虚假广告，给我们一个健康良好的检索环境。

近些年，由于国家对公立医院投入逐年减少，病人数量不断增多，类似"莆田系"的医院越开越多，越开越大。究其原因，行政监管的失位难辞其咎，是主管部门的姑息纵容，才导致这些坑害患者的医疗机构如雨后春笋般遍布全国各地。试想，如果相关的监管部门对百度的"竞价排名"、医院的假宣传假医疗早治理、早惩治，还会有今天的泛滥成灾的局面吗？监管的"隐形装睡"，只会让企业更加不择手段地追求利益最大化，希望有关部门能够借魏则西事件进行深刻的反思。

# 第四节　建设中国特色社会主义法治体系

**案例9　围剿查处"塌方式腐败"**

## 反腐败立法提速：法治反腐蓝图绘就

2014 年 10 月 23 日，党的十八届四中全会闭幕，全会通过《中共中央关于全面推进依法治国若干重大问题的决定》。《决定》强调，加快推进反腐败国家立法，完善惩治和预防腐败体系，形成不敢腐、不能腐、不想腐的有效机制，坚决遏制和预防腐败现象。完善惩治贪污贿赂犯罪的法律制度，把贿赂犯罪对象由财物扩大为财物和其他财产性利益。

十八届四中全会闭幕后时隔一日，十八届中央纪委第四次全会召开。中央纪委书记王岐山指出，确保到建党 100 周年时，建成内容科学、程序严密、配套完备、运行有效的党内法规制度体系，并强调要注重党内法规同国家法律的有机衔接。十八届四中全会闭幕仅 4 天，全国人大常委会便开始审议刑法修正案（九）草案，拟删除贪污贿赂定罪量刑具体数额标准，以概括性数额和情节代替。

在党的十八届四中全会将党内法规体系纳入全面推进依法治国范畴后，2014 年 11 月，中共中央决定，再废止和宣布失效一批党内法规和规范性文件。经过两年时间的集中清理，共对新中国成立至 2012 年 6 月期间出台的 2.3 万多件中央文件进行全面筛查。废止 322 件，宣布失效 369 件，二者共占 58.7%；继续有效的 487 件，其中 42 件需适时进行修改。

### 四只特大"老虎"落马：形成反腐高压态势

十八大以来，中央坚持"老虎""苍蝇"一起打，形成了对腐败的高压态势。目前，超过 50 位省部级高官被查处，副国级以上官员 4 人，范围涉及党政军、人大、政协、国企等多领域。

7 月 29 日，中共中央鉴于周永康涉嫌严重违纪，决定由中共中央纪律检查委员会对其立案审查。12 月 5 日，中共中央政治局决定给予周永康开除党籍处分，对其涉嫌受贿犯罪问题及线索移送司法机关依法处理；最高人民检察院经审查决定，依法对周永康涉嫌犯罪立案侦查并予以逮捕。

6 月 30 日，中共中央决定给予徐才厚开除党籍处分，对其涉嫌受贿犯罪问题及问题线索移送最高人民检察院授权军事检察机关依法处理。10 月 27 日，军事检察院对中央军委原副主席徐才厚涉嫌受贿犯罪案件侦查终结，移送审查起诉。

6 月 14 日，中纪委监察部网站发布消息称全国政协副主席苏荣涉嫌严重违纪违法正接受组织调查。十二届全国人大常委会第十一次会议 11 月 1 日表决通过，全国政协原副主席苏荣因涉嫌严重违纪违法，其十二届全国人大代表资格终止。

12 月 22 日，新华社报道中国人民政治协商会议第十二届全国委员会副主席、中共中央统战部部长令计划涉嫌严重违纪，目前正接受组织调查。

### 国际追逃追赃：编织全球反腐天网

2014 年中国境外反腐追逃的打击力度史无前例。中央纪委加强相关机构改革力度，将外事局与预防腐败室整合为国际合作局。

最高检 3 月下发《关于进一步加强追逃追赃工作的通知》，并决定于 9 月开展为期半年的职务犯罪国际追逃追赃专项行动。

7 月，公安部召开会议，部署"猎狐 2014"行动。10 月，最高检、最高法、公安部、外交部四部门联合发布《关于敦促在逃境外经济犯罪人员投案自首的通告》。

十八届四中全会明确提出，"加强反腐败国际合作，加大海外追赃追逃、遣返引渡力度"。APEC 第 26 届部长级会议通过了《北京反腐败宣言》。推动核准通过《2015～2016 年 G20 反腐败行动计划》；今年以来，已完成 10 项引渡和刑事司法协助条约的谈判，截至 11 月，已对外缔结 39 项引渡条约和 52 项刑事司法协助条约。4 个月时间，"猎狐 2014"专项行动就从 60 多个国家和地区缉捕外逃经济犯罪嫌疑人 400 名……多层次、大范围、高强度的国际合作，正成为中国反腐行动的新亮点、新常态。

### 巡视升级：精准度更高威慑力更强

12 月 3 日，广东省政协主席朱明国、黑龙江省人大常委会副主任隋凤富这一南一北两只"大老虎"，因涉嫌严重违纪违法在同一天之中双双被免职，而促其东窗事发的问题线索，都来自中央巡视组。

十八大以来，中央陆续开展多轮巡视，完成了对 31 个省区市和新疆生产建设兵团的全覆盖，强度、力度和效果前所未有。

2014 年的巡视上演了"升级版"：一是巡视量增大，从去年的两轮增加到今年三轮，目前，前两轮已完成 20 个省区市和 6 家单位的巡视；二是巡视深度加强，反馈报告不仅涉及个案，还强调腐败现象的归纳梳理以及新趋势的预判，举一反三，敲山震虎；三是添加有针对性的"专项"，除了对地方的"常规巡视"，其他部门和企事业单位也纳入"专项巡视"，如复旦大学、科技部、一汽集团等，目标更加精准，不仅深挖，还会随时杀"回马枪"。

### 围剿查处"塌方式腐败"：清除官场"圈子""山头"

今年中纪委查办的山西窝案、中石油窝案、发改委价格司窝案等重大腐败案件，既涉及中央、地方政府，也包含垄断国企，共同特征都是"倒下一个牵出一串""塌方式腐败"的定性频频出现。

2014 年，仅山西一省落马省部级干部就达 7 人，其中 4 人曾是省委、常委，岗位涉及党委、政府、人大、政协和太原市党委书记；发改委价格司窝案，包括两任司长、副司长、副巡视员等 5 人被查。今年初，湖南衡阳发生破坏选举案，包括时任衡阳市委书记、市人大常委会主任、纪委书记、组织部长在内的衡阳一大批党员干部在案件中严重失职、渎职、违纪，人数近 500 人。

在上述几个地方，腐败官员"一挖一大片，一提一大串"，表面是一把手"领衔"买官卖官，深层次是官商同盟圈、官场利益同盟圈代替了正常的基层政治生态圈，"权钱交易、劣币驱逐良币"的潜规则代替了正常的干部选拔规则，基层政治生态被污染的严重程度令人触目惊心。

### 清理"裸官"：严格监管重要岗位任职

"裸官"被称为"贪官预备队"，这一现象被诟病多年。2014 年，根据中央决策部署，"裸官"被列入重点整治和清理对象。结合开展领导干部报告个人有关事项工作，全国共有 3200 余名副处级以上干部报告了配偶或者没有配偶但子女均已移居国（境）外的情况；对近千名在限入性岗位任职且配偶或子女不愿意放弃移居的领导干部，全部进行了岗位调整。

为加强"裸官"管理监督，中央组织部今年 2 月制定印发《配偶已移居国（境）外的国家工作人员任职岗位管理办法》，规定配偶已移居国（境）外，或者没有配偶、子女均已移居国（境）外的国家工作人员（俗称"裸官"），不得在党政机关的领导成员岗位，国有企事业单位的主要负责人岗位，以及涉及军事、外交、国家安全、机要等重要岗位任职。

下一步，各级组织人事部门将按照中央要求，对"裸官"任职岗位进行常态化管理，实行正常报告调整制度；注重发挥社会监督作用，对领导干部隐瞒"裸官"身份不报的，发现一起处理一起。

### 推行权力清单制度：消除权力寻租空间

10月23日，十八届四中全会在北京闭幕，全会公报提出，依法全面履行政府职能，推进机构、职能、权限、程序、责任法定化，推行政府权力清单制度。四中全会通过的《中共中央关于全面推进依法治国若干重大问题的决定》明确要求："推行政府权力清单制度，坚决消除权力设租寻租空间。"

新一届中央政府成立以来，坚决把简政放权作为全面深化改革的"先手棋"和转变政府职能的"当头炮"。1月8日，国务院总理李克强主持召开国务院常务会议，要求公开国务院各部门全部行政审批事项清单；2月11日，在国务院第二次廉政工作会议上，李克强提出，在公开的审批事项目录清单之外，一律不得实施行政审批或新设审批事项；2月18日，在省部级主要领导干部专题研讨班上，李克强再次强调，要逐步建立各级政府的权力清单制度。

3月17日，国务院审改办在中国机构编制网公开了国务院各部门行政审批事项汇总清单。这是中央政府首次"晒"出权力清单，将权力置于阳光下运行。汇总清单涵盖了60个有行政审批事项的国务院部门。彼时各部门实施的行政审批事项共1235项。

11月24日，随着国务院再次取消和下放58项行政审批项目，今年国务院已经取消和下放3个批次，共计202项行政审批事项。

### 纪检体制改革：为反腐败注入改革动力

中共中央政治局6月30日召开会议，审议通过了《党的纪律检查体制改革实施方案》。会议指出，党的纪律检查体制改革是全面深化改革的重要组成部分，是党要管党、从严治党的必然要求，必须立足纪检监察工作实际，坚持从具体问题抓起，立行立改，为党风廉政建设和反腐败斗争提供体制机制的制度保障。会议强调，深化党的纪律检查体制改革，关键在落实党风廉政建设主体责任和监督责任。各级党委的主体责任是前提、是基础，各级领导干部既要洁身自好、管住自己，更要敢于担当，切实抓好党风廉政建设和反腐败工作。

《实施方案》共9个部分、17条，立足纪检工作实际，对纪律检查体制改革的指导思想、目标要求、主要任务、方法措施和时间进度作出安排。这是在面对新形势新任务，坚持党要管党、从严治党，落实党的十八届三中全会对深化党的纪律检查体制改革所作出的部署，对于形成不想腐、不能腐、不敢腐的有效机制，深入推进党风廉政建设和反腐败斗争有着重大意义。

### 出台经济责任审计细则：盯紧关键岗位主要领导干部

2014年7月，中央纪委机关、中央组织部、中央编办、监察部、人力资源社会保障部、审计署、国资委联合印发了《党政主要领导干部和国有企业领导人员经济责任审计规定实施细则》。

这份实施细则共8章60条，细化和完善了经济责任审计对象、审计内容、审计评价、审计报告、审计结果运用、组织领导和审计实施等内容。

细则明确规定，经济责任审计监督对象包括地方各级党委、政府、审判机关、检察机关，中央和地方各级党政工作部门、事业单位和人民团体等单位的党委（含党组、党工委）正职领导干部和行政正职领导干部，以及国有和国有资本占控股地位或者主导地位的企业（含金融企业）的法定代表人和不担任法定代表人但实际行使相应职权的董事长、总经理、党委书记等企业主要领导人员。

根据细则，经济责任审计监督重点是贯彻执行党和国家有关方针政策及决策部署情况；履行有关党风廉政建设第一责任人职责及本人遵守有关廉洁从政（从业）规定情况等。

### 新设7家派驻机构：纪委派驻全覆盖迈出重要一步

为加强党内监督、深化党的纪律检查体制改革，2014年12月，中央决定：由中央纪委在中央办公厅、中央组织部、中央宣传部、中央统战部、全国人大机关、国务院办公厅、全国政协机关等中央和国家机关新设7家派驻机构。

中央纪委向党的工作部门和人大机关、政协机关派驻纪检组，在党的历史上尚属首次。新设7家派驻机构，是实现中央一级党和国家机关派驻机构全覆盖的重要一步。目前，在140多家中央一级党和国家机关中，中央纪委监察部一共设置了52家派驻机构，加上这次新设的7家，覆盖面仍有不少空白。针对这一情况，12月11日出台的《关于加强中央纪委派驻机构建设的意见》明确提出，要统一规划，分步实施，通过新设、调整等方式，实现中央一级党和国家机关派驻机构全覆盖。

另外值得关注的是，以前的派驻机构全部实行"点对点"的单独派驻。但根据《关于加强中央纪委派驻机构建设的意见》，今后派驻机构将采取单独派驻和归口派驻两种形式。

（资料来源：《检察日报》 2014年12月30日）

### 思考讨论

1. "塌方式腐败"现象给了我们哪些深刻教训？
2. 谈谈你对贪污腐败问题的看法。

### 案例点评

不受制约的权力难免腐败，绝对不受制约的权力有可能绝对腐败，因此必须用法治来制衡权力。当权力调控市场，当权力与资本相遇，不受制约的权力，难免导致普遍性、塌方式腐败。习近平总书记强调，必须"把权力关进制度的笼子里"。把权力关在法治的笼子里，才能最大限度减少体制缺陷和制度漏洞，最大限度地防范市场利益的诱惑。要防止权力过多干预市场、边界不清——改革限权，确保权力界限清晰分明；防止权力取得无据、行使无序——依法确权，确保权力授予依法合规；防止权力过度集中——科学配权，确保权力架构相互制衡；防止"暗箱操作"——阳光示权，确保权力运行公开透明；防止权力滥用——全程控权，确保权力监督及时有效。

对于我国现阶段出现的"塌方式腐败"现象，别有用心的人难免大做文章。大学生作为国家的未来栋梁，我们有责任和义务认清腐败及其危害性。应自觉维护国家利益，与腐败作斗争。树立全心全意为人民服务的意识，从思想上筑牢防线。多关注时事政治，多参加以及开展相关反腐败的活动，让身边的人也认识认识腐败危害，调动他们的积极性，达成统一战线。我们要把握好自己，坚决不加入腐败的行列，坚定不移地推进反腐败斗争，对腐败现象做到零容忍，凡腐必反，除恶务尽。

### 案例⑩　2016年1月1日《中华人民共和国反恐怖主义法》正式实施

恐怖主义已成为影响世界和平与发展的重要因素，是全人类的共同敌人。当前，针对中国的暴力恐怖事件呈多发、频发态势，对中国的国家安全和人民生命财产安全构成严重威胁。中国是法治国家，制定反恐怖主义法是完善国家法治建设、推进全面依法治国方略的要求，也是依法防范和打击恐怖主义的现实需要，体现了中国作为一个负责任大国的国际责任，是十分必要的。

2011年10月19日，十一届全国人大常委会第二十三次会议表决通过了《关于加强反恐怖工作有关问题的决定》。这是我国第一个专门针对反恐工作的法律文件，对恐怖活动、恐怖活动组织、恐怖活动人员做出界定，为反恐立法迈出第一步。2014年全国两会上，全国人大代表朱列玉建议，反恐怖法应该明确界定恐怖行为、恐怖组织等概念，对编造恐怖信息，传播或放任传播，或明知是编造的恐怖信息而故意传播，宣传、散布恐怖思想和恐怖言论等行为，都应入罪。2014年各地发生多起恐怖事件，3月举行的全国两会上，多名代表、委员建议尽快制定反恐怖法。中国人民公安大学反恐研究中心主任梅建明接受媒体采访时透露，反恐立法是一个全面的法律体系问题，在防范、打击等整个过程中都要发挥反恐怖法的作用，而不单是打击严惩恐怖分子的问题。全国人大代表朱列玉建议，反恐怖法应该明确界定恐怖行为、恐怖组织等概念，对编造恐怖信息，传播或放任传播，或明知是编造的恐怖信息而故意传播，宣传、散布恐怖思想和恐怖言论等行为，都应入罪。2014年4月，由国家反恐怖工作领导机构牵头，公安部会同全国人大常委会法工委、国安部、工信部、人民银行、国务院法制办、武警总部等部门成立起草小组，组成专班，着手起草反恐怖主义法。在起草过程中，多次深入各地调查研究，召开各种形式的研究论证会，听取各方面意见，并反复征求中央国家安全委员会办公室、各有关单位、地方和专家学者的意见，同时还研究借鉴国外的有关立法经验，形成了《中华人民共和国反恐怖主义法（草案）》，该草案于 2015 年 12 月 27 日通过，自 2016 年 1 月 1 日起正式施行。

（资料来源：中国新闻网 http://news.china.com/domestic/945/20151228/21027535_all.html 2015 年 12 月 28 日）

**思 考 讨 论**

1. 什么是"恐怖主义"？
2. 为什么要进行国家安全知识学习？
3. 我们应如何正确看恐怖主义袭击事件？
4. 当代大学生能够为维护国家安全稳定做些什么？

**案 例 点 评**

恐怖主义，是指通过暴力、破坏、恐吓等手段，制造社会恐慌、危害公共安全、侵犯人身财产，或者胁迫国家机关、国际组织，以实现其政治、意识形态等目的的主张和行为。国家安全，一般是指作为社会政治权利组织的国家及其所建立的社会制度的生存和发展的保障。它包括国家独立主权和领土完整以及人民生命财产不被外来势力侵犯；国家政治制度、经济制度不被颠覆；经济发展、民族和睦、社会安定不受威胁；国家秘密不被窃取；国家工作人员不被策反；国家机构不被渗透等等。

随着对外开放步伐的不断加快，我国在政治、经济、科技、文化等各领域都有了飞越式发展，境外一些间谍情报机关和各种敌对势力把中国作为他们进行颠覆、渗透和破坏的主要目标，从没有停止过危害我国安全的活动。他们一方面打着"人权""民主"等旗号，继续对我国进行政治思想渗透；扶植、资助境内外敌对分子和法轮功等邪教组织，企图颠覆我国政权，甚至煽动支持"台独"及其他民族分裂势力，破坏祖国统一；另一方面，他们正在并将继续利用我扩大开放、加入 WTO 等时机，以公开的、合法的身份，通过各种渠道和途径，广泛收集、窃取、刺探我国经济、科技等情报，从事危害我国国家安全和利益的活动。

作为当代大学生，反对恐怖主义、维护国家安全是义不容辞的责任和义务，是党和国家对每个公民的基本要求。恐怖主义已成为影响世界和平与发展的重要因素，是全人类的共同敌人。当前，针对中国的暴力恐怖事件呈多发、频发态势，对中国的国家安全和人民生命财产安全构成严重威胁。中国是法治国家。制定《反恐怖主义法》是完善国家法治建设、推进全面依法治国方略的要求，也是依法防范和打击恐怖主义的现实需要。

# 实 践 活 动

## 课内实践——模拟法庭

### 1. 目的要求

通过模拟法庭实践活动，有机地将课本当中的法律知识与司法实践结合起来，有助于学生对法学理论的理解和对法律条文的把握，有助于培养学生的思辨能力、口头表达能力、写作能力，增强学生的证据意识、程序意识，最终达到全方位地培养和训练学生的法律素养和运用所学知识解决实际问题的目的。

### 2. 实施步骤

（1）庭审前的准备工作。
① 原告起诉证据的收集。
② 原告起诉书的撰写。
③ 被告证据的收集和举证。
④ 被告答辩状的撰写。
（2）法庭调解。
（3）一审普通程序。
① 开庭。
② 法庭调查。
③ 法庭辩论。
④ 最后陈述。
⑤ 合议庭评议。
⑥ 宣判。
（4）对学生的要求。
① 模拟庭审前各角色要熟悉案情，扣住要点，掌握庭审规程。
② 庭审中既要相互对抗又要注意相互配合，保证庭审的连续性和完整性。
③ 道具的运用要规范，注意安全，卷宗整理及时完整并按时作出实验报告。
④ 要求学生能全面、系统地掌握刑法、民法、经济法、合同法、婚姻法、行政法、继承法等实体法和刑事诉讼法、民事诉讼法、行政诉讼法等程序法理论知识，并能综合运用律师实务，检察实务、法律文书等知识分析、解决实际案例。

### 课外实践——旁听庭审

**1. 目的要求**

公开审判制度充分体现了法律公平、公正、公开的原则，体现了法律的严肃性。旁听庭审活动能够给学生们提供很好的学习机会，通过真实庭审现场巩固课堂所学理论知识。

**2. 实施步骤**

（1）由学生自主安排时间、地点，旁听公开审理的而各类案件。教师布置好事前的准备工作，告知学生旁听法庭庭审的注意事项以及完成课外实践任务之后需要完成的作业内容。

（2）以班级为单位，利用课余及双休日时间旁听公开审理的各类案件。庭审过程中要遵守法庭纪律，认真做好笔记，活动结束后每人撰写感受体会。

# 复习思考题

**一、单项选择题**

1. 由国家制定和认可的，并由国家强制力保障实施的，具有概括性、普遍性、严谨性特征的行为规范是（　　）。
   A．宗教规范　　　　B．道德规范　　　C．法律规范　　　D．政党行为规范

2. 法律按照规定的内容不同，可以划分为实体法和程序法。下列选项中属于程序法的是（　　）。
   A．《中华人民共和国刑法》　　　　　　B．《中华人民共和国合同法》
   C．《中华人民共和国著作权法》　　　　D．《中华人民共和国民事诉讼法》

3. 下列选项中关于"法制"与"法治"的表述哪个是正确的（　　）。
   A．"法治"通常是指有关的法律和制度的条文规定，也就是"纸面上的法"
   B．"依法办事是进一步加强法制的中心环节"这句话中的"法制"是指包括立法，司法等在内的动态意义上的概念
   C．"法治"与"人治"相对，主要是指依靠不受人的感情支配的法律治理
   D．"法制"与"法治"这两个概念是有区别的

4. 关于法律和国家关系的表述中，正确的是（　　）。
   A．国家需要法律　　　　　　　　　B．法律先于国家而产生
   C．法律不一定从属于国家　　　　　D．法律的产生与国家的产生没有必然联系

5. 社会主义法治的基本要求是"有法可依，有法必依，执法必严，违法必究"。其中，社会主义法治的前提和基础是（　　　）。

　　A．有法可依　　　B．有法必依　　　C．执法必严　　　D．违法必究

6. 诉讼证据必须符合法律要求的形式，并按法定程序收集、提供和运用。这体现了诉讼证据的（　　　）。

　　A．客观性　　　B．合法性　　　C．关联性　　　D．合理性

7. 任何公民只要是违反了法律，都必须受到追究，法律面前人人平等。这说明的是我国社会主义法制基本要求中（　　　）。

　　A．有法可依的含义　　　　　　B．有法必依的含义

　　C．执法必严的含义　　　　　　D．违法必究的含义

8. 法律的一般含义是（　　　）。

　　A．法律是由国家创制并保证实施的行为规范

　　B．法律是被统治阶级意志的体现

　　C．法律由社会物质生活条件决定

　　D．法律由社会精神生活条件决定

9. 法律主要是（　　　）意志的表现。

　　A．全民的　　　　　　　　　　B．统治阶级的

　　C．政党的　　　　　　　　　　D．整个社会的

10. 法之所以具有普遍约束力，直接原因是因为法是（　　　）。

　　A．由社会物质生活条件决定的　　B．以国家强制力为后盾的

　　C．上层建筑现象之一　　　　　　D．统治阶级意志的体现

11. 法所体现的统治阶级意志的内容是由统治阶级的（　　　）所决定的。

　　A．意志　　　　　　　　　　　B．思想

　　C．物质生活条件　　　　　　　D．上层建筑

12. 法律运行的起始性和关键性环节（　　　）。

　　A．法律执行　　　B．法律适用　　　C．法律制定　　　D．法律遵守

13. 《中华人民共和国宪法》的修改程序比制定、修改普通法律更严格，要由全国人民代表大会常务委员会或者全国人民代表大会全体代表中的（　　　）。

　　A．1/10 以上提议　　　　　　B．1/5 以上提议

　　C．1/2 以上提议　　　　　　D．2/3 以上提议

14. 国体决定了一国的国家性质。我国的国体是（　　　）。

　　A．人民民主专政

　　B．民族区域自治制度

　　C．人民代表大会制度

　　D．共产党领导的多党合作和政治协商制度

15. 职业生活中最主要的法律有（　　　）。

A.《劳动法》和《公务员法》　　　B.《劳动法》和《婚姻法》

C.《组织法》和《公务员法》　　　D.《消费者权益保护法》和《公务员法》

## 二、多项选择题

1. 法产生的原因是（　　）。

A. 阶级的出现　　　　　　　　B. 国家的出现

C. 私有制的出现　　　　　　　D. 生产力的发展

2. 法律区别于其他社会规范的最本质的特征是（　　）。

A. 法律具有规范性　　　　　　B. 法律由国家制定或认可

C. 法律由国家强制力保证实施　D. 法律对全社会具有普遍约束力

3. 我国社会主义民主是社会主义法治的（　　）。

A. 前提　　　　B. 基础　　　　C. 体现　　　　D. 手段

4. 社会主义法治是社会主义民主的（　　）。

A. 体现　　　　B. 前提　　　　C. 基础　　　　D. 保障

5. 依法治国与以德治国作为治理国家的两种根本手段，是一个紧密结合、不可分割的统一整体。其中，法治属于（　　）。

A. 政治建设　　　B. 思想建设　　　C. 政治文明　　　D. 精神文明

6. 社会主义法适用遵循的原则有（　　）。

A. 以事实为依据，以法律为准绳　B. 公民在法律适用上一律平等

C. 司法机关依法独立行使职权　　D. 专门机关与群众路线相结合

7. 在我国，依法治国是（　　）。

A. 党领导人民治理国家的基本方略　B. 治理国家的唯一方略

C. 发展社会主义市场经济的需要　　D. 民主文明进步的重要标志

8. 法制与法治是既有联系又有区别的两个概念，以下答案中，属于法治的正确表达的有（　　）。

A. 法治是国家的法律和制度的总称　B. 法治是治国的原则和方略

C. 法治是随国家的产生而产生的　　D. 法治同民主政治相伴而生

## 三、判断题

1."法"与"律"连用，作为一个独立合成词，自古有之。（　　）

2. 从法的历史类型来说，与人类进入阶级社会后的社会形态相一致，人类已经历过奴隶制法、封建制法、资本主义法和社会主义法，它们具有不同的本质和特征。（　　）

3. 法的强制作用是指法律具有以国家强制力为后盾保障实施的作用。（　　）

4. 社会主义法律的运行是指法律从创制、实施到实现的过程。主要包括法律制定（立法）、法律执行（执法）、法律适用（司法）、法律遵守（守法）等环节。（　　）

5. 宪法在修改程序上，必须要由全国人大常委会或者全国人大代表 1/2 以上提议，

并由全体代表的 2/3 以上通过。                                （  ）

　　6. 已满 10 周岁不满 18 周岁的未成年人是限制民事行为能力的人。  （  ）

## 四、简答题

　　1. 如何认识法律的特征。

　　2. 如何认识我国社会主义法律的作用。

　　3. 如何理解我国宪法的基本原则。

## 五、论述题

　　1. 中国特色社会主义法律体系包括哪些法律部门？

　　2. 中国特色社会主义法治体系包括哪些主要内容？

　　3. 联系实际，谈谈如何理解法律权利和法律义务的关系。

# 专 文 赏 析

### 苏力："法"的故事

　　翻开当代中国的任何一本法理学教科书，无论其名为《法理学》还是《法学基础理论》或法律辞书，甚至台湾学者的法律教科书，我们都可以看到类似下面的文字。

　　中文的"法"字古体写作"灋"。根据东汉许慎著《说文解字》一书的解释："灋，刑也，平之如水，从水；廌，所以触不直者去之，从去"。之所以偏旁为"水"，是因为法律如水那样公平；而之所以有"廌"，因为"廌"是传说中古代的一种独角兽，生性正直，古代用它进行"神明裁判"，见到不公平的人，廌就会用角去顶，因此也就有了"去"。

　　这段存在于几乎所有中国法理学教科书、辞书的文字，究竟有什么意义和功能，何以可能？这就是本文所要探讨的。

　　我不通古文字学，不想与古文字学家争饭吃，因此也不敢对"法"字的这种考证表示太多的怀疑。"法"字的起源也许就是如此，但是，对这种论证，我总有些许怀疑。

　　许慎生卒于公元 1～2 世纪年间，这时，距"法"字已经流行的春秋年间已经有六七百年了；想当然，这个字的出现一定更早。其次，这个"灋"字并非一个单字，而是由"水""廌"和"去"三个单字构成的。即使有可信的材料分别记载了这三个单字的发生，而要将这三个至少在当初几乎毫无联系的古字组合起来，并用来指涉法律这种社会实践和社会规范，也一定需要一个漫长且必定不是那么井井有条的历史过程。即使当年有人有心记录，也可以肯定，他或他们不可能完整记录这一演化史。换言之，许慎完全没有可能看到这个字如何发生和演化，不可能拥有任何他人对这一发生演化史的比较完整可信的记录。许慎也确实没有引用任何其他令人可信的文字或实物材料来印证自己的解说。注意，我只是说他没有引证而已，并没有说他有意作弊（因此，今天许慎的后代无法因此在法院提起侵权诉讼而请求精神损害赔偿）。许慎也许曾掌握了某些第一手的文献或实物材料；仅仅由于当时没有今天的学术规范，或者他编写《说文解字》仅仅是一种私人爱好，而不是像今天的我们这类人，更多是为了出版，他未予引证。对这一点，今天可以理解，因此不能断然拒绝其所言是一种可能性。

但是，承认一种可能并不等于它已经成为事实，更不等于排除了其他的可能，相反倒是支持了相反的或其他的可能性：许慎在解释"灋"字时没有、只有很少的或不充分的资料。也许，有人会说许慎比我们离古代更近，有可能比我们更多占有材料。确有这种可能，但仍然仅仅是可能而已。其实，时间的距离并不能令人信服地表明他一定占有比我们更充分的材料。在一定条件下，他完全可能比我们占有的更少。例如他就没有20世纪才开始的甲骨文研究。由于交通联络和出版发行上的局限，他也没有可能像今天的学者那样可以全国性地甚至跨国地使用相关资料。在没有其他旁证的情况下，我可以接受许慎的解说是一种权威解释，但不能接受其为本真的解释。

而且，仔细琢磨起来，许慎的解释在词源学上就是值得怀疑的。的确，法有水的偏旁，但是为什么一个水字旁在这里就一定意味着公平？不错，水在静止状态下，特征之一是"平"，但这并不是水的全部特征或"本质"特征，甚至未必是其最突出显著的特征。水也是流动的，水是由高处向低处流淌的，水是柔和的，水是清的，水又是容易浑浊的，等等。在所有这些更直观、更明显可见的特征中，为什么单单抽象出"平"的特征，组成了这个法字，并且一定是代表、象征或指涉了法律要求公平的社会特征和维度。这两种"平"是完全不同的。这之间的关系实在太复杂了，太遥远了，很难让一个不轻信的普通人相信这种解释是有根据的。

据我极其有限的中国古典阅读，在先秦的文献中，我没有看到强调水"平"这一特征的文字，相反强调水流动，自高向下的文字倒是见到不少。如果中国古人当年首先或更多注意到的是水"平"的特征，那么，从逻辑上看，如果不是留下更多这方面的痕迹，似乎也应当在当时的文字上留下某些痕迹。当然我孤陋寡闻，还得请方家指教。更进一步，从认知心理学上看，一般说来，最容易引起人们注意力的往往是物体的活动特征，而不可能是其静止稳定的特征（水"平"的前提条件是静止）。当然，这些都还是旁证或推论；最重要的例证实际上是"灋"这个象形古汉字本身。从其线条所指涉的波纹以及波纹的方向都足以表明：首先抓住古人视觉感官的是水自上而下的流动，而不是其水平。因此，我不敢说许慎在这里对水旁的解释是错误的，但至少是可疑的。由于才疏学浅，我无法以这种方式质疑有关"廌"和"去"的解说；但是我对水的性质之抽象及其在古法字中所代表的意义的质疑方式同样可以用来质疑许慎对"廌"和"去"的解释。

有人可能说，许慎的解释是如此圆满、自洽，因此，在没有人提出更有力的假说之前，遵循波普尔的证伪主义，我们可以暂时接受许慎的这种解释为真。这是虚假的波普尔式反驳，同样不能接受。对每个现象都可以提出许多圆满但肯定不可能同时为真的解释，思想上的实验和精密科学上的实验并不相同。维特根斯坦就曾指出，图画上是一个冒着热气的茶壶，我们的解释是壶里有热水；这种解释非常自恰、圆满，但并不等于壶里真有热水。波普尔也说过："我们绝不可因为一个一般解释符合所有的记载，就认为它已经被证实了"。解释的圆满与其真实性并不同一，尽管可能同一。

　　为了强调并例证上述这一点，我可以对"灋"字作一个或许比许慎的解释更符合今天已知史料的解释。法字，水旁，意味着古人强调法乃自上而下颁布的。关于水自上而下的性质，可以见前面所引文字和对古水字字形的分析。关于古代的法，"法者，宪令著于官府，赏罚必于民心"；"法者，编著之图籍，设之于官府，而布之于百姓者也"；"法者，上之所以一民保下也"；"法者，齐天下之动，至公大定之制"。所有这些关于法的界定都强调了法是自上而下发布的命令。考虑到"法"字的流行是在大量出现成文法的战国时代，我的这种关于"法"的解释可能比许慎的解释更具解释力，尽管并不一定更有说服力。至于"廌"，我可以接受许慎的解释，认定为一种野兽；但当它与去字结合时，可以解释为要"去"除"兽"性，意味着"明分使群""化性起伪"，要启蒙，要使人民得到法律文明的熏陶，接受法律的教育（"以法为教""以吏为师"）。因此，依据这同一个"灋"字，我就得出了一种完全不同于许慎的解释；这种解释至少就古法字以及古代某些文献来看我不觉得有什么不合道理之处，既能够自洽，也颇为圆满。

　　这种解释似乎也更符合现当代中国诸多法理学家对法律的理解，符合我们今天关于法治的诸多理念。例如，立法至上，法律由最高立法机关颁布，法律代表了文明；要进行普法教育，对广大人民启蒙，消除愚昧、无知和兽性等等。我甚至还可以从水旁得出法律应当稳定、应当公平、应当具有无所不入的渗透力、应当具有灵活性、应当保持透明度（公开性）、应当防止腐败的含义。呵，这哪里还只是一个"法"字，这简直就是一套 20 世纪末中国的法治或法制理论！这简直可以写几本专著，例如《从"灋"字看中国古代的法律理论和实践》、《"灋"的文化诠释》之类的。只需要这一个字，就足以充分展示我们祖先的法律思想之深邃、文明之灿烂！

　　不会有谁以为我当真在作一番古文字的考察，把我上面这段类似傅斯年考证钱玄同之名的文字当成一种更真确的解释。还是那句话，我不想、也没有能力同古文字学家争饭碗；而只是以一番调侃的文字显示一个并非调侃的事实：解释本身所具有的创造性，一种解释者并不总能意识到的、有时甚至是荒唐的但并非言之不成理的创造性。

　　因此，我的这番"考证"文字意在显示：解释者自身所处的时代或自身境况何以可能影响他的解释。我的解释之所以强调法律消灭兽性、愚昧和无知，以及这里所隐含的"启蒙"和"普法"，显然与我所处的时代背景以及同代法学家对法的理解有联系。如果不是事先设计了上述这番文字，身处这个时代的我就很可能不会自觉我的解释中留下的时代和当代学术传统的印记。由此，我们可以想象，距离"法"字最早出现也许已近千年的许慎何以不会为他的时代或那个时代的人的"偏见"所影响？如果他没有极其充分且确实可靠的资料（他几乎没有，尽管不敢断言），这种影响不仅完全可能，甚至不可避免。比如说，当时的法律相当不公正，人们希望法律公正；或是许慎本人受过法律的不公正待遇，他希望法律公正。他个人的或社会的理想在他不自觉的情况下很可能泄露在他的解释之中。历史往往会在作者完全无心时留下时代的痕迹；甲骨文当年是用来占卜国家大事的，可留给今天的学者往往是关于天文、气候、战争、社会、文字发展等一系列当年的占卜者完全无法想象的信息。

说到古文字考察，我们当然不能不重视许慎以及其他古人的解释，但是，在没有坚实有力的旁证的情况下，我们又绝不能仅仅因为是古人的释义就将之视为定论。相反，在有其他资料的情况下，我们倒是可能从《说文解字》这样一本从不被人当成思想史研究材料的文字学著作中看到文化思想变迁的某些痕迹，看到许慎本人以及他那个时代的人们的某些思想、情感、直觉、概念和分类体系等等。在这个意义上，许慎的《说文解字》完全有可能成为一种知识考古学的研究材料，或者成为一种研究的切入口。我又说远了，似乎总是想指导思想史专业的学生，为他们的博士论文选题。我的再三申明及自我暗示都不能压抑弗洛伊德所说的那个不安分的、总是想从古文字学那儿找碗饭吃的本我。但也正是出于这样的理由，我才坚信许慎的下意识会超越他的主观意图而显露出来。

有关许慎的讨论只能算是"项庄舞剑"，我所意在的"沛公"是这样一个问题，为什么当代的中国法理学家会如此轻信许慎的显然不慎的解释？当然，我们可以说当年接受许慎解释的中国近代法理学创始人太迷信古代学者了，因此有了智识上的盲点。可是，为什么中国近代以来的法理学作者会迷信古代学者呢？而且，他们迷信了吗？他们并没有，他们不是早已将更为古代的作为整体的中国"法律文化"都放弃了吗？为什么单单在这一点上如此迷信？我们也可以说其后的中国法理学作者在这一点上你抄我，我抄你，造成了"谬种流传"。这种偶然性也确实可能，甚至我也可以（因此，并非一定）接受；但是这种回答并不令人信服，更不能说明为什么这个错误会长期保留下来。

我们不能就这样轻松将一个也许是也许不是问题的问题放过去，以这类似乎言之成理的回答来糊弄我们自己。我们也许可以将法学家所引用许慎的解说放在当代中国法学发展的历史中，看一看许慎的解说对于近代以来中国法学的确立、形成和发展起了什么作用，扮演了一个什么角色。当然，我并不是说，近代中国法理学学者当初有意用许慎的解说来达到某些目的；我也不是说，我有能力重构现代中国法理学作者使用许慎之解说的意图；我更不是说，我下面的分析和解释是一个真实的历史。我只是试图作一种可能的远距离透视，试图从中看到点什么。在这个意义上，它更像是一种福柯所说的那种"虚构"，是一种可能的历史。而且，我也不可能在此全面展开，最多只是几根粗线条。

讲完了许慎的关于"法"字产生的故事（这是我对许慎"法"之解说的初步定性）之后，现代法理学的作者往往说，大意是：由此可见，法在中国自古以来都是同"公平、正义"相联系的；随后，这些作者往往会考察英文词Jurisprudence（法学或法理学）的拉丁文词根Ius以及其他文字中据说是与"法"相对应的词，例如法文中的droit，德文中的Recht，以及俄文中的право，据说，这些外文中的"法"字都具有公平、正义的含义。不少学者还进一步引申说，法学从一开始就是同研究公平正义相联系的，因为，一位著名的古罗马法学家乌尔比安就曾将法学定义为研究"正义与非正义之学"。

这些文字实在有些奇怪和刺眼,特别是在法理学这门强调哲学思考、逻辑思辨的学科语境中。它们究竟想说明和例证什么?实际上又表明或泄露了些什么?乍看起来,这些文字似乎是在进行归纳,但是这种归纳有显然的毛病。首先,这里先是分别考察古汉文"法"和英文"法学"的构成部分,尽管这两个语词的指涉完全不同;但作者接着又转而考察法文、德文和俄文"法"这一语词的含义,而不再是这些词的词根的含义了。这些分析概括涉及了至少三个层面的含义,中文"法"字的"词根"的含义,英文"法学"的词根的含义,以及法、德、俄文中"法"这个词的含义。这样归纳并非完全不可以;但如果是一个可信的归纳,就必须穷尽这三个层面的含义,而不能选择性地将一些或许有关联的语词或词根的含义作一种虚假的归纳。显然,这里的归纳是在某种目的或前设的诱惑下制作出来的,完全不符合逻辑的要求。

此外,我们还必须明白,弄清一个词的起源并不能、或者很难帮助我们弄清一个概念。即使是所有的中西文中的"法"这个字词中都有正义与公平的词根或词素或含义,这也不等于所有中西古代的法以及此后的法就是正义或公平,也不可能证明后来的法就一定与正义或公平有关,而最多只能证明古代的"法"或是法律发展的某个阶段曾涉及这个因素。举个例子来说,中文中许多字都有水旁,不能说它就都是水,最多只可能是它们的演变、发生或/和发展的某个阶段与水有关;更不能表明这些有水旁的字都与公平正义有关。所有这些词根或词素或语词最多只能证明这些国家的"法"或法学都曾涉及正义与非正义的问题。从曾经涉及什么并不能得出它是什么以及它后来是什么。语词的发生和发展是一个自然的过程,而不是一个逻辑的过程。每个语词一旦产生之后就有了自己的生命,其含义是在其得以使用的社会中不断获得并演变的,语词的含义或指涉都不为其词根、词素、初始含义甚或是语词学研究总结出来的"一般规律"所决定;甚至其字形也可能因为我们书写的便利而变化,否则怎么会从当年的"灋"变成了今天的"法"呢?第三,即使中西"法"字中都有与正义与公平相关的词根,也不能归纳得出作为社会实践活动的中西的法就是一样的。在这个意义上,我们可以说,一个语词的起源与一个学科的现状在某些情况下可以是几乎没有——如果不是完全没有的话——什么内在的逻辑上的关系。一个词根或词素最多只是历史之冰川在一个语词或学科留下的一点擦痕。想一想,如果近代中国最早的法学学者将 jurisprudence 译作了"礼学"或"律学",或是将 law 译作了"礼"或"律",而"礼""律"二字中都看不到水的痕迹,它们就与公平或正义无关了吗?

上面分析指出的归纳问题,近代中国法学作者应当懂得;因此,我们不能原谅这种逻辑上的混乱,特别是这种持续了近乎一个世纪的混乱。而另外一些问题,例如语词含义演化的非逻辑性,他们也许(但不必定)不知,因为当时还没有今天我可以便利使用的相关知识;对此,我们可以原谅。但是,我们首先要问的是,是什么因素造成了这些学者在分析中西"法"的问题上如此逻辑混乱,如此"不留心"(如果可以用不留心来解释的话),而忘记了而且是长期地忘记了,甚或是有意忽略了,这里的归纳谬误。其次，即使我们原谅这些学者在某些方面的知识缺陷之际，我们又绝不能重犯现代启蒙思想家在评断历史之际往往会犯的错误，即简单地认为早期法理学者未能看到我们今天看到的东西只是因为他们没有知识或没有我们的知识。

在近代以前，其实并没有多少人将许慎关于法的故事当真；近代以来，一些重要学者也对古汉字"法"作了重要考证。正是在此基础上，法学家蔡枢衡就曾公开谴责许慎的"平之如水"为"后世浅人所妄增"，并利用有关材料试图从人类学的角度重新解说"灋"字。尽管蔡枢衡的解说同样缺乏足够的资料支持，因此难以作为一个坚实的结论予以接受；但他的解释之存在就表明，如果仅仅就学术源流而言，对法字的解释完全可以走上另一条不归路，或者至少这两条路可以并存。因此，当近现代诸多法理学家均采纳许慎关于"法"的故事而无人采纳（就我的阅读范围之内）蔡枢衡的故事之际，首先，就不可能仅仅因他们阅读有限，未能获得我们的知识。其次，他们的这种选择，以及当他们努力发掘中国"法"中所谓的公平正义之因素并将之同西方的"法"中的公平正义相联系之际，他们又必定是为某种知识（他们已有的某种关于世界之图景、社会之发展、事物之分类等基本范畴、概念、命题和理论乃至某种欲求和信念）牵引。对于这些学者来说，这些知识乃是他们赖以组织他们的生活世界、使那个生活世界对他们有意义、使他们所感受的意义得以交流的支架。这些知识是他们无法抛弃、甚至是无法自觉的存在方式。他们深深地嵌在他们的语词、想象和情感世界之中，就像我们今天都深深嵌在我们的世界之中。也许，他们的那些知识在今天看来不值一提，是虚假和错误的，应当抛弃；但恰恰是因为有了这种知识，他们才可能接受许慎的解释。

仅仅指出近代的法理学者有他们自己的知识，这还是不够的。我们要问的是，是什么样的知识，什么样的关于世界的图画，什么样的范畴、概念和命题使得他们最终选择性地接受了许慎的故事，而不是其他的、例如蔡枢衡的故事。在这里，作一番分析，我们就有可能从中国近现代法理学家对"法"字的考察和分析中看到这个故事得以接受并成为天经地义的那个更为广阔的知识背景和脉络，就如同我们可能从一些矿苗来构想一张地矿分布图一样，就像一个甲骨文专家可能从那些曾被当作中药材买卖的甲骨中局部重构中国古代文明一样。

这样一种也许充满智力挑战的工作却注定会是痛苦的，得出的结论将注定是不确定的。因为，这种工作近乎于从结果推论起因——而且是结构性起因——的过程，无论对谁，都将是一个难以应对学术批评的任务。因此，我重申，我并不是在书写历史，而更多是一种"考古"，尽管是对近现代的考古。强调考古的意义，就在于考古学不可能复现历史，而只是依据某些资料建构一种可能的真实。判断这种构建的标准并不是臆想中的真实历史，而是其是否令人信服，是否能够引起某种程度的认可。

如果带着这样一种知识考古学的眼光来考察，我们首先看到的似乎是近代中国学者对于古典的某种程度迷信。这种迷信不仅是对《说文解字》这部中国保留最完整的、最早的、最系统的一部文字学著作的迷信，而且还有（包括许慎本人）对于中文造字六法的迷信。这种知识传统的特点早为孔夫子的言行所概括：信而好古。信而好古，特别是对经典是有理由的。《说文解字》的确是一部至今公认的杰出著作，对中国的文字学、语言学、语源学都具有重大的意义，是人们有理由信任的著作。人们尊重古典作品。用博尔赫斯的话来说，"古典作品是一个民族……长期以来决心阅读的书籍，仿佛它的全部内容像宇宙一般深邃、不可避免、经过深思熟虑，并且可以做出无穷无尽的解释。"但是，就在这段文字之后，博尔赫斯又说，"古典作品并不是一部必须具有某种优点的书籍；而是一部世世代代的人出于不同理由，以先期的热情和神秘的忠诚阅读的书"。这里重要的是"出于不同的理由"的阅读和对经典可以做出"无穷无尽的解释"。我们必须发现近代法理学家虔信许慎之说的某些特殊理由，在可能的情况发掘出他们的先期热情和神秘忠诚；否则，我们就无法理解为什么，许慎的故事为什么只是在 20 世纪的法理学中，而不是在此前或在 20 世纪的其他——比方说考古——学科中被普遍信仰。

这里的理由，在我看来，是近代以来中国法理学家试图强调中西法律的共同性。对于中国近代的法理学家来说，对"法"字作语源学考察的意义并不在于这个字或法这种社会现象究竟是如何产生的，而是急于证明古今中外的法律的一致性，乃至法学的一致性。至于这种证明是词源学的，或是语义学的，甚或其他什么学的，实际上已经不重要。只有在这种强烈的先期热情的影响下，才会无视我在上面指出的那些逻辑弱点，将一些支离凌乱的材料堆在一起，构成一个考证上的、论证上以及解释上的盲点；并且得以长期延续。

在此，我不想细细辨析中西之法是否一致，仅仅想指出当年严复在翻译《法意》（今译作《论法的精神》）之际，就已经指出"西文'法'字，于中文有理、礼、法、制四者之异义"；"西文所谓法者，实兼中国之礼典"，严复还特意告诫中国学者要"审之"。但几乎很少有中国学者愿意审慎地辨析中西法律之异同。原因可能有能力（例如不通西文），也可能有便利与否（某些差异在某些时候在某些方面可能不重要）。但是，的确有其他因素。例如，如果从上面引用的严复的话来看，严复似乎私心认为西文之"法"更类乎于中国的"礼"。这一点，当代中国许多熟悉西方法律的学者也都有这个感触。但是，严复这位自称"一名之立，旬月踟蹰"的翻译家，最终选择了"法"而拒绝了"礼"。这固然可能因严复之前，已经有一些法典译作已经将西方之法译作"法"，约定俗成，成为严复必须依赖的路径。但这并不是唯一的理由，甚至不是一个重要的原因；因为，严复在翻译西学时，曾不惜劳力运用了许多几乎被人遗忘了的古词，以求翻译之"信达雅"。为什么在"法"的翻译问题上作了这种损害了其第一要求"信"的迁就。更为重要的原因可能是严复面临的是一个已不得不进行变革的时代，在这个年代里可以提"变法"（因为中国古代毕竟还曾有此一说），却无法提"变礼"（康梁当年也只敢托古改"制"或"变法维新"）。其次，由于礼所涉及的面如此之广，无法想变就变。第三，我揣测，可能严复寄希望于清代中央政府推行变革；因为法在中国传统中如前引文所示，通常同官府相联系，是官府制定颁布的命令。如果这些揣测还有几分道理，那么，我们就看到，"法"之翻译是同中国当时正在或将要进行的由政府组织的以法律移植为特征的变法相联系的。如果这一点成立，那么，我们还看到，即使在严复这样严谨的学者那里，一个

217

词的翻译都已带上了强烈的时代印记和译者的先期热情。

这里的时代印记和先期热情并不仅仅是中国有变法的传统或当时的思想家有变法或法律移植之意欲。在变法的意欲背后，还有一种面对中国一天天衰落，西方列强以及日本步步紧逼，产生的一种近乎变态的民族自豪感。当时的诸多思想家面对现实，一方面不能不承认西方的技艺制度的先进，但另一方面又总是有鲁迅先生曾入木三分地刻画过的"我们先前也富过"的阿Q心理，总是试图从古代寻找某种与现代西方的制度技术有某些相似之处的东西。因此，中国的往昔被"当作装满了让人（可以）不顾传统而随心所欲地选取好东西的仓库"。辜鸿铭搜寻中国古籍以比附演绎现代西方的光电声化是自然科学上的一个例子；而在社会人文学科中，这种做法不仅更为普遍，甚至更为容易。就是在这种情感氛围和心态中，试图比附沟通中西之法，寻求中西之法的共同性就不难理解了。在这里，几乎是注定，蔡枢衡的那种故事将被遗忘、被忽略。这不是因为蔡的故事不精彩，而是许慎的故事在这一刻更符合中国学者当时对社会的判断，也更适合他们当时的那种复杂情感。在这里起重要作用甚或决定作用的已经不是而且也不可能是纯粹的知识本身，而只是福柯所说的那种追求知识的意志，征服知识的意志，是博尔赫斯所说的那种"先期热情"和"神秘忠诚"。

就在这种打通中西的努力之中，当然，我们还可以察觉到隐含着的、中国近代法理学学者关于世界历史发展和人类知识体系的一般判断：中西方的法在起源上都是为了追求公平正义，中西方的法学都是研究正义的学说。在他们看来，也许我们的法学是比西方落后，但既然在知识根源上具有一致性，那么就有可比性；更重要的是，我们也就有可能借助西方现有的法学研究成果来解决中国的问题。或者用更通俗的话来讲，在他们看来，中西之法的差别最多只是大苹果和小苹果或"红富士"与"青香蕉"之差别，而不是苹果和橘子的差别；因此是可比的。如果两者无法相比，一切深藏心底的文化认同以及"奋起直追"的可能性都会受到重创。也正是在这种高度情感化的知识追求中，我们才可能理解为什么《天演论》这样的进化论著作曾激动了整整一代中国学人和青年的心海。天演论的影响，因此，并不在于它是一种科学，而在于它提供了一个新的关于世界变化之可能的总体画图。我们因此才能理解，为什么天演论强调的"物竞天择"，一种自然无为的过程，在羞辱交加的中国学人读来，竟类乎于"有志者事竟成"和"天行健，君子以自强不息"的奋斗精神。进而，我们才能理解为什么中国近代法理学学者要努力论证中西法的一致性和共同性。这一切，仅仅用通常意义上的客观知识本身无法解释。在这里，一种最深厚、强烈的"民族"主义反倒是以一种最强烈的普适主义而展现的，一种表层的自豪感反映的又是一种深层的不自信甚或是自卑感。

还绝不能将"法"的解释看成与个体或群体物质利益无关，仅仅是情感的、精神的或意志的活动，从而无法自拔地陷入唯心主义。知识话语的确立不仅仅涉及知识的重新布局，而且势必涉及社会利益格局的某种程度改变，涉及利益的社会再分配。因此，在考察"法"的解释中，我们还必须从社会变迁的层面考察这种解释的社会接受，以及这种接受对中国社会变迁可能具有的影响和可能扮演的角色。当然，还是必须强调，这还只是一种"可能"，而不是重构历史。

首先，"法"的解释与上个世纪末法学开始作为现代知识制度的一部分得以确立相关。1898 年，第一所公立大学"京师大学堂"（即后来的北京大学）建立，四年后，大学堂正式开张时，法学作为政治科的一目列为当时所列八科之一，1905 年，政治科改为法政科并成为率先设置的四科（其他为文学、格致［相当于今天的自然科学］、工科）之一。法科作为一个"专学"进入学院，意味着在中国传统上被视为刀笔不为人看重的一个行当要成为同文史哲并列的一个学科。仅仅一个变法兴学的法令不能改变传统律学在整个社会中的学科地位。在新建的知识制度之内，法科既无文史哲那种传统的"显学"地位，似乎又不如格致和工科那样有赫然的西学地位。要使法科真正确立并为当时人们接受，不仅要使之进入大学，更重要的是要使这一学科获得正当化。需要寻求一切可能的正当化资源。法字的解释以及由此成为可能的对传统律学的重构，因此，不仅显示了法学悠远的国学渊源，同时还与西学相通暗合；这种双重的高贵出身将大大有利于法学作为一种"专学"的存在和确立。它不再是刀笔之吏的刑名之术，而是一种研究正义与非正义之"学"。这也许是为什么，尽管法学——就其知识的性质来看——更多是实践的、职业的，而在现代中国却一直被当作一种学术来传授，无论法学界内外人士似乎都强调它具有或应当具有学术品位而不是它的职业教育特征。在"信而好古"的中国，在"西学东渐"的中国，对"法"字的这种解释，这种事后追认或创造先驱的活动几乎具有一种绝对的必要性。当然，我并不是说，近代的法学家当时一定有这样的清醒追求，有这样一种"阴谋"，有这样一种理性设计。但是，对"法"字的这种在今天或在我看来毫无学术价值的考证，其意义和功能也许只有这样才能得到一个比较自洽的解释。

与"法"的解释相联系的不仅仅是一些试图确立法学之学科地位的最早的法学家的利益，还有一大批因社会变革和转型而受到触动的清王朝官吏以及准备入仕的新旧知识分子。如果西方的法不同于中国之法，那么这些司掌刑名之术的官吏就制度逻辑而言将"下岗待业"；而一旦西方之法与中国之法相通，那么这些人自然而然就在新制度中找到了与旧制度大致相应的位置——尽管今天看来，传统的刀笔之吏与现代的法律家从事的工作很难说有多少相似之处。因此，从 20 世纪初开始，尽管中国受过现代法学教育的教员数量很少，但当时中国法学教育之普遍，与其他学科相比，竟令人吃惊。据清政府学部总务司的教育统计表显示，到 1909 年，法政学堂的数量已经占了全部学堂总数的37%，而法政专业的学生总数已经占了学生总数的 52%。如此大量的法律教育或是对"已仕"官吏进行的成人教育，"期收速效"；或是为了方便那些因废除科举后在其他学科上难于成就的举贡生员求学就业。在毫无法学专业教育和职业传统的情况下，这种突如其来的法学教育繁荣，不是因为市场经济发展、社会分工细化而产生的，而仅仅是由于"进仕"之路变更而引发的。正是由于这种巨大的社会利益集团的需求，"法"的解释就有了一种巨大的、具有反讽意味的"融汇中西古今"的作用。它不仅具有巨大的维护社会集团既得利益的功能，而且是一些人获取潜在利益的工具。它已不再仅仅是社会转型期某些知识分子的一种情感的需求，而且是这一时期社会中人们权力和利益再分配的需求。它所扮演的角色已远远超出了身在庐山的历史过客之意图或想象。以至于，当历史蜕出之后，这一曾经起过转换作用的壳仍然被保留下来，令人奇怪地、突兀地暴露在今天的《法理学》的教科书中，现出深刻的不协调。

但是，我们还不能仅仅将对"法"的这一解释视为一种社会转型的制作，一个历史变迁的玩偶，一个枝头飘零的蝉蜕。所有这些比喻都仅仅强调了一个方面；尽管重要，但不是全部的方面。正如我在前面所提到的，一个语词一旦在社会生活中获得了其特定含义，就获得了自己的生命，就将开始自己的历程。用"文革"中的流行语言来说，就是"家庭出身并不决定一切，个人前途是自己决定的"。在这个意义上看，每个词在人类历史上都可能成为一条曲径分叉的小路，每个结局都可能成为一个新分叉的始点。从这条路上将走出新的道路，产生新的知识体系。因此，我们决不能将"法"之解释仅仅视为一种对西方法学的依附，而忘记了在这种依附中它重新形成或获得的巨大繁殖力和可能的自主性。

如前所说，在对共同性或相通性的求知意志指导下，尽管以承认中国法不如西方法、中国法学不如西方法学为前提，但在逻辑上已经要求且势必要求中国有一套有关法和法学的知识体系。就在这种隐含的逻辑必然的框架中，"中国法制史""中国法律思想史""中国民法史""中国刑罚史""中国经济法史""中国行政法史"都至少有了逻辑上的可能；而西方法律和法学的既成体系也就成为重组这些历史材料的便利框架。事实上，在过去的一个世纪中，这类著作已经出版了相当不少。我们不仅挖掘出了从周公到孙中山的法律思想，我们还发现了先秦的"经济法制度"，"唐六典"因此也就变成了行政法典。就在这样一种求真意志的引导下，在一个虚构的现代西方法律的知识体系的参照下，一个新的关于中国古代的法学知识体制呈现在后辈面前。这个新的知识体系显然带着西方法或法学体系的胎记，但又不仅如此。甚至，我们正在用这种知识体制来构建其他国家和地区的关于法律的知识体系；并且，这种知识也开始借助各种渠道逐渐向外出口。

然而，正如莎士比亚戏剧中那位因女巫预言的诱惑而渴望成为国王的麦克白一样，最终他成了国王，但也获得了死亡。当中国近代法学家在重新构建了这一套套中国的法史之际，中国古代社会秩序在这些书中已经"逐渐死去"——书中展现的是一个 100 年前甚或是 50 年前的中国法律史家都已无法辨认的中国古代社会的法；当然，许慎的这个关于"法"的故事也许除外，只是它如今是孤零零地站在那里，一片惘然，过往的学人已几乎遗忘了它当年曾有过的青春华年，以及它繁衍出来的、已遍及大地的后裔，包括我们自己。

这是一个惊心动魄的知识演变史，这又是一个"平之如水"的知识演变史。而"法"这个古汉字在这里扮演的是一个核心的角色。它既是被操纵和玩弄的，同时又玩弄和操纵着那些玩弄和操纵它的人。它不仅起到了一个近乎 paradigm 的整合、确立学科知识的作用，它又是一条曲径交叉的小路。从这条小路上走过来许多法学学者，演绎出诸多的法学著作，它不但改变了作为一种社会实践和学科的自身，而且改变了赋予它在现代中国的历史使命的这个世界。当然，它也创造了无数的养家糊口的饭碗。

于是，当我们打开现代中国法学院第一门基础课的教科书之际，我们就看到了本文一开始引述的那段许慎的关于"法"的故事。

（资料来源：《读书》 1998 年 07 期）

# 推 荐 书 目

1．刘星：《法律是什么》，中国法制出版社出版，2015 年版。
2．刘星：《法学阅读》，中国法制出版社出版，2015 年版。
3．刘星：《古律寻义——中国法律文化漫笔》，中国法制出版社出版，2015 年版。

# 参 考 答 案

**一、单项选择题**

1．C　2．D　3．D　4．A　5．A　6．B　7．D　8．A　9．B　10．B　11．C　12．C　13．B　14．A　15．A

**二、多项选择题**

1．ABC　2．BCD　3．AB　4．AD　5．AC　6．ABCD　7．ACD　8．BD

**三、判断题**

1．×　2．√　3．√　4．√　5．×　6．×

**四、简答题**

1．法律的特征：第一，法律是调整社会关系的行为规范。第二，法律是由国家创制并保证实施的行为规范。第三，法律是规定权利和义务的行为规范。

2．我国社会主义法律的作用有：法律的作用是指法律对人的行为和社会关系所产生的影响。社会主义法律和其他法律一样，具有指引、预测、评价、教育、强制作用。

3．我国宪法的基本原则有：党的领导原则；人民主权原则；人权保障原则；法治原则；民主集中制原则。

**五、论述题**

1．实体法律部门包括宪法和相关法、民法商法、行政法、经济法、社会法、刑法。程序法包括诉讼法（刑事诉讼法、民事诉讼法、行政诉讼法）及非诉讼程序法（仲裁法、人民调解法、引渡法、劳动争议调解仲裁法、农村土地承包经营纠纷调解仲裁法等）

2．建设完备的法律规范体系；建设高效的法治实施体系；建设严密的法治监督体系；建设有力的法制保障体系；建设完善的党内法规体系。

3．从法律的历史和实践来看，法律权利与法律义务之间存在着多方面的复杂关系。一般说来，可以把法律权利与法律义务的关系，概括为结构上的相关关系、总量上的等值关系、功能上的互补关系等三个方面。

# 第七章

# 树立法治观念　尊重法律权威

法律显示了国家几个世纪以来发展的故事，它不能被视为仅仅是数学课本中的定律及推算方式。

——霍姆斯

法律决非一成不变的，相反地，正如天空和海洋因风浪而起变化一样，法律也因情况和时运而变化。

——黑格尔

学习指南

## 学习目标

1. 通过学习本章内容，大学生应树立社会主义法治理念，增强维护社会主义法律权威的自觉性。

2. 明确新时期树立社会主义法治理念的重要意义，熟悉法治理念所包含的基本内容，并通过正确理解法治思维方式的基本含义和特征，逐步培养社会主义法治思维方式。

3. 不断加强自身法律修养，增强法律意识，认识到维护社会主义法律权威的意义，努力成为法律权威的坚定维护者。

## 学习重点

1. 法律是一种特殊的行为规范。应正确认识法律的起源、本质、功能、特征，这是理解和把握社会主义法律的内涵和社会主义国家法律现象的基础。

2. 法律的运行是一个从创新、实施到实现的过程。应准确理解这个过程中的法律制定（立法）、法律遵守（守法）、法律执行（执法）、法律适用（司法）等环节。

3. 社会主义民主法治是人类历史上最高类型的民主与法治。应准确理解社会主义民主法治的社会主义性质和特征，正确认识社会主义民主法治之间相互依存、相互促进的关系。

4. 当代大学生不仅要培养社会主义法律意识，而且要加强社会主义法律修养。应准确理解法律思维的性质、特点以及培养社会主义法律修养的途径。

## 学习难点

本章学习的关键是要掌握依法治国方略和法律思维的含义，并注意培养自己的社会主义法律修养，将法律知识转变为法律行为，实践社会主义的法律规范，培养和加强自己的社会主义法律修养。

## 学习方法

1. 准确理解本章中的一些重要的法律概念，如法治、法治思维等。

2. 注意将所学的法律知识应用到具体的案件中，多接触和了解典型的法律案例。

3. 多关注最新的法律案例，并用法律的思维进行评析，而不是被非理性的舆论诱导，随波逐流，人云亦云。

# 第一节 树立社会主义法治观念

## 案例① 校园暴力案，超四成学生持械

校园安全问题一直是社会普遍关注的。2016 年 5 月，北京市昌平区人民法院在北京市工艺美术高级技工学校召开通报会，通报了该校近五年（2011～2015 年）审理的校园暴力犯罪案件情况，同时在该校成立了昌平区首个"驻校法官工作室"。

昌平区现有大中院校、职业学校、中小学及幼儿园在校生超过 8 万人，2011～2015 年，昌平法院共审理校园暴力犯罪案件共计 48 件，涉及刑事被告人 94 人。

据该院未成年人案件审判庭负责人李娜介绍，校园暴力犯罪案件呈现"两化三高一集中"的特点：犯罪人员低龄化、行为模式成人化；结伙施暴比例高，犯罪暴力性程度高，职高、技工类学校及私立民办学校发案率高；起因和案发时间较为集中，九成以上因琐事引发。其中，犯罪人员低龄化尤为突出，近五年的案件中，被告人年龄不满 18 周岁的占 35%，最小的刚满 14 周岁。

在寻衅滋事、聚众斗殴、故意伤害等三类典型校园暴力案件中，集体施暴的案件占 2/3。43.8% 的校园暴力犯罪有持械情节，且常有社会闲散人员参与，他们大多持棍棒、砖头乃至管制刀具，在学校门口、操场、教室等人员密集场所行凶。其中，寄宿制学校晚上校园暴力犯罪案高发。

昌平区法院以"驻校法官工作室"为平台，定期深入学校，根据学生的生理、心理特点和现实需求，有针对性地进行法律引导，及时处置可能引发校园暴力事件的安全隐患。

**典型案例：酒后强奸同学，职高班长判刑**

2015 年 3 月 21 日晚，昌平区某职高同学陈明（化名）邀请佳佳和几个同学吃饭，席间陈明喝了 7 瓶啤酒，还说要把弟弟介绍给佳佳做男朋友，遭到佳佳拒绝。饭后，陈明借口送佳佳回校打车到昌平一农家院，借酒劲将佳佳强奸。在法庭受审时，陈明十分后悔，称自己不该喝酒，更不该一时冲动铸成大错。

昌平区法院经审理后认为，陈明行为已构成强奸罪。因其系未成年人，积极赔偿佳佳损失并取得谅解，最终判处陈明有期徒刑一年零四个月。

未成年人案件审判庭法官贺颖超介绍，青少年正处于生长发育的关键时期，自控能力较差，在酒精的作用下容易兴奋甚至丧失理智。陈明因酒后难以控制自己意志和行为铸成大错，给对方造成巨大伤害的同时也断送了自己的大好前程。

（资料来源：《北京法制晚报》 2016 年 5 月 23 日）

**思考讨论**

1. 青少年犯罪越来越引起社会的关注，导致青少年犯罪的原因有哪些？
2. 本案对于我们青年学生有什么启示？

**案例点评**

近年来，类似恶性校园暴力事件屡见报端，施暴者呈低龄化、团伙化，手段成人化、残忍化，施暴对象往往也是自己的同学。而从公开报道看来，施暴者得到刑罚判处的并不多见。其原因一方面在于不少施暴者没有达到刑事责任年龄；另一方面或许在于不少校园暴力事件在学校就草草消化，并未开启刑事追责程序。

还有一个被人们忽略的重要因素：未成年犯罪为法定不公开审理案件，相关案件禁止媒体旁听，判决书也并不能和普通案件一样上网公开。即便校园暴力得到依法严惩，也很少能够进入公众视野。这就给全社会产生了一种错误认识：校园暴力可以得到法律容忍。从这个角度来讲，昌平区法院对犯罪嫌疑人依法判处，并在隐去个人信息的前提下向公众披露，有很强的法律示范效应，在一定程度上，有利于恢复人们用法律规制校园暴力的信心。

不容忽视的是，青少年正处于"心理断乳期"，情绪不稳定、控制能力差，而自我意识却逐渐增强，渴望得到别人的关注与认可，甚至试图以暴力方式实现。因此，如何管住危害校园的潜在暴力因子成了社会难题。

进一步看，要减少校园暴力悲剧，关键在于重构校园规则。既要改变当下引导、鼓励孩子们极力竞争的"狼性"教育理念，又要指引他们学会合作，学会与人为善，更要开展切实有效的法治教育，建立规则意识、底线意识。对此，全社会都有着不可推卸的责任，司法机关应更加注重保护受害者的权利。对于施暴者，即便是未成年人，只要触犯刑律，就当依法处理。同时，还须侧重对相关典型案例的主动宣传，改变人们对刑罚不进校园的错误看法。校方、家长对于普法教育也须更加积极，通过邀请法官进校园，组织学生旁听庭审、家长参与等方式，早日实现法治教育的低龄化、全面化，降低青少年犯罪的案件数量。

### 案例❷ 刘汉、刘维涉黑案

2014 年 3 月 31 日清晨，湖北省咸宁市中级人民法院大门两侧站满了围观的人群，多辆押解车辆鱼贯驶入。第一审判庭旁听席上，人们静静地等待着……。

上午 8 时 31 分，审判长绳万勋敲响法槌，宣布开庭。"传被告人刘汉、唐先兵、刘岗、刘小平、孙华君、缪军、李波、车大勇、仇德峰、肖永红到庭。"在法警押解下，10 名被告人依次进入法庭。走在最前面的刘汉身穿深褐色外套，眼神有些落寞迷离，向旁听席环望了片刻，随后又低下头，在法警押解下进入被告席。

在刘汉等 10 人案的庭审上，首先由公诉人耗时 1 个小时 20 分钟，宣读厚达 37 页、近 2 万字的起诉书，对刘汉等被告人涉嫌的多起严重犯罪事实进行指控："被告人刘汉，四川汉龙（集团）有限公司董事局主席，四川省商会原副会长，曾任九届四川省政协委员、十届、十一届四川省政协常委。"公诉人指控，自 1997 年起，刘汉、孙某某在四川省绵阳市注册成立四川汉龙（集团）有限公司（简称"汉龙集团"），并以汉龙集团及其他经济实体为依托，伙同刘维先后网罗了被告人唐先兵、仇德峰、刘小平、缪军等人，逐步形成了较稳定的犯罪组织。

起诉书指控，该组织人数众多，组织者、领导者明确，骨干成员固定。刘汉、刘维、孙某某为该组织的核心成员、领导者；被告人唐先兵、刘小平、孙华君、缪军和旷晓燕、陈力铭、曾建军、文香灼、旷小坪、詹军等为骨干成员；被告人刘岗、李波、车大勇、仇德峰、肖永红和王雷、田先伟、桓立柱、刘光辉、钟昌华、王万洪、张伟、曾建、袁绍林、张东华、孙长兵、闵杰、李君国、黄谋、田伟等为一般成员。

公诉人认为，刘汉、刘维等人无视国家法律，有组织地通过违法犯罪活动获取巨额经济利益并用以支持该组织的活动，同时以暴力、威胁等手段，有组织地多次进行故意杀人、故意伤害、非法拘禁、敲诈勒索、寻衅滋事、非法买卖枪支等违法犯罪活动，为非作恶，欺压、残害群众，称霸一方，严重破坏经济秩序和社会生活秩序，社会危害极大。

按照刘汉在组织中提出的"为公司利益要敢打、敢冲；打架要打赢"等规约，被告人唐先兵起意报复被害人熊伟，于 1998 年 8 月 13 日在绵阳市凯旋酒廊持刀将其捅死。

刘维因争夺势力范围与被害人周政发生冲突，指使曾建军邀约曾建、张伟、闵杰、李君国共谋杀掉周政。1998 年 8 月 18 日，在广汉市一夜宵摊门前，曾建、张伟将周政当场枪杀。

1999 年初，时任汉龙集团总经理的孙某某听说被害人王永成（绰号"大叫花"）扬言要炸汉龙集团保龄球馆，将情况告知刘汉，刘汉指使孙某某找人将王永成"做掉"。孙某某将刘汉指示告诉孙华君和缪军，二人通知唐先兵、刘岗、李波、车大勇具体实施，后唐先兵等枪杀王永成。

被害人陈富伟与刘汉、刘维素有矛盾。刘维授意文香灼、旷小坪把陈富伟"做了"。二人安排袁绍林、张东华具体实施。2009 年 1 月 10 日，陈富伟等三人在喝茶时，被张东华等人当场枪杀。

起诉书指控，自 1993 年以来，该组织实施故意杀人、故意伤害 5 起，致 7 人死亡、2 人受伤；实施非法拘禁一起，致 1 人死亡。其中被告人刘汉、另案犯罪嫌疑人孙某某指挥、组织、策划了故意杀害王永成和史俊泉（犯罪中止）等犯罪行为；被告人刘维直接组织、指挥了杀害周政、陈富伟等人。

公诉人指出，上述多起命案的犯罪嫌疑人在刘汉、孙某某、刘维等人的包庇下，或逃脱惩处，或重罪轻判，或长期无法到案，以致多年来案件悬而未决。

刘汉等 36 人涉黑案，经依法指定管辖，咸宁警方进行了缜密侦查，咸宁市人民检察院严格审查、监督和起诉，咸宁市中级人民法院自 3 月 31 日起依法公开开庭审理。

2013 年 4 月中旬，咸宁市公安机关依法接受侦查任务，400 多名民警先后奔赴四川、贵州、深圳等地调查取证，行程数十万公里，依法询问证人 1000 多人，采集、调取大量证据资料。

负责审理此案的法庭给予被告人充分的质证、自行辩解的时间和机会，在刘汉等 10 人案法庭辩论中，被告人刘汉结合个人经历，做了长达 140 分钟的自行辩护。辩护人的辩护权得以在法庭上充分行使，辩护意见可以充分表达，审判长很少打断，即使打断也是提醒辩护人"发表新的辩护观点"。

法院经过审理判决被告人刘汉、刘维，犯组织、领导黑社会性质罪、故意杀人罪等，均被决定执行死刑，剥夺政治权利终身，并处没收个人全部财产；被告人唐先兵、张东华、田先伟、袁绍林、文香灼、张伟、曾建军、黄谋、刘岗、旷小坪、钟昌华、桓立柱犯参加黑社会性质组织罪、故意杀人罪、故意伤害罪等罪，分别被决定执行死刑、死刑缓期两年执行或无期徒刑，剥夺政治权利终身，并处一定数额罚金。

旁听了庭审的咸宁市人大代表朱晓明说，控辩双方虽然观点激烈交锋，但庭审过程是依法、理性的，法庭充分听取了控辩双方的意见，给了被告人及辩护人很多时间发表意见。我通过庭审看到了司法的公平公正、阳光透明。

咸宁市民魏小俊在旁听宣判后说，这次审判充分体现了法律的公平正义，以刘汉为首的黑社会性质组织作恶多年，应该受到法律严惩，这是对受害人及家属的交待和抚慰，也会让人民群众对依法治国更有信心。

（资料来源：《新华网》http://news.xinhuanet.com/legal/2014-03/31/c_126335063.htm　2014 年 3 月 31 日）

**思 考 讨 论**

本案是如何体现法律面前人人平等的法治理念的？

**案 例 点 评**

本案的审理过程充分彰显了《刑法》面前人人平等的法律原则，法律的尊严得以维护，而犯罪分子也得到了法律应有的制裁。

本案中的被告人之一刘汉是一名事业有成的著名企业家，同时身兼四川省政协委员、常委。刘汉等 36 人涉黑案，案情重大，涉及多条人命。此案涉及一个法律原则问题，即在党政机关担任要职的企业家是否应当法外施情？法律面前人人平等是我国《宪法》确立的社会主义法治一般原则，在《刑法》适用上必然应当体现这一原则。我国《刑法》第 4 条规定"对任何人犯罪，在适用法律上一律平等。不允许任何人有超越法律的特权"。也就是说，不论犯罪人的社会地位、家庭出身、职业状况、财产状况、政治面貌、才能业绩如何，在定罪量刑时不应有区别。企业家也好，党政机关领导也好，如果涉嫌犯罪，《刑法》是衡量罪与非罪、重罪与轻罪的唯一尺度。所以在适用《刑法》上，人人平等，同罪同罚，是自然正义的要求，是《刑法》坚守的底线。

从情感上，刘汉作为一名很有作为的企业家，判处死刑很可惜，但是任何情感都不能超越铁面无私的法律。面对法律，普通公民也好，法官也好，都应把法律意识放在第一位。生命对于每一个人都是平等的，死刑对于杀人犯也是平等的。判处刘汉死刑是因为他剥夺了别人的生命，这是法律的标准。不能因为这个人是企业家，是省政协委员，我们就从轻处罚，法外开恩是不允许的。本案的判决结果是符合"法律面前人人平等"的原则的。

## 案例③　吴英集资诈骗案重审改判死缓

2012年5月21日下午，浙江省高级人民法院经重新审理后，对被告人吴英集资诈骗案作出终审判决，以集资诈骗罪判处被告人吴英死刑，缓期两年执行，剥夺政治权利终身，并处没收其个人全部财产。

就被告人吴英集资诈骗一案，浙江省金华市中级人民法院一审认定被告人吴英，于2003～2005年在东阳市开办美容店、理发休闲屋期间，以合伙或投资等为名，向徐玉兰、俞亚素、唐雅琴、夏瑶琴、竺航飞、赵国夫等人高息集资，欠下巨额债务。为还债，吴英继续非法集资。2005年5月～2007年1月间，吴英以给付高额利息为诱饵，采取隐瞒先期资金来源真相、虚假宣传经营状况、虚构投资项目等手段，先后从林卫平、杨卫陵、杨卫江（均另案处理）等11人处非法集资人民币7.7亿余元，用于偿付集资款本息、购买房产、汽车及个人挥霍等，实际诈骗金额为3.8亿余元。一审判决以集资诈骗罪判处被告人吴英死刑，剥夺政治权利终身，并处没收其个人全部财产。被告人吴英不服，提出上诉。浙江省高级人民法院经公开开庭审理后，裁定驳回被告人吴英的上诉，维持原判，并报请最高人民法院复核。

最高人民法院经复核后认为，第一审判决、第二审裁定认定被告人吴英犯集资诈骗罪的事实清楚，证据确实、充分，定性准确，审判程序合法，综合全案考虑，对吴英判处死刑，可不立即执行，裁定发回浙江省高级人民法院重新审判。

浙江省高级人民法院经重新审理后认为，被告人吴英集资诈骗数额特别巨大，给受害人造成重大损失，且其行为严重破坏了国家金融管理秩序，危害特别严重，应依法惩处。鉴于吴英归案后如实供述所犯罪行，并主动供述了其贿赂多名公务人员的事实，其中已查证属实并追究刑事责任的3人，综合考虑，对吴英判处死刑，缓期两年执行。根据《中华人民共和国刑事诉讼法》第189条第（二）项和《最高人民法院关于复核死刑案件若干问题的规定》第9条、第11条的规定，作出前述判决。

（资料来源：新华网 http://www.zj.xinhuanet.com/newscenter/2012-05/21/content_25269580.htm　2012年5月21日）

### 思考讨论

吴英案为何能成为轰动全国的法治案件？

### 案例点评

吴英案之所以成为一个法治事件，与我们所处的特定的历史时期密切相关。用历史的眼光看，我们身处一个把尊重生命权置于无上地位的时代，一个不再希望依靠极刑解决问题的时代。

在法律中死刑分为死刑立即执行和死刑缓期两年执行这两种，我们俗话中的简称是"死刑"和"死缓"。死刑立即执行只适用于罪行极其严重的罪犯，死刑立即执行除由最高人民法院直接判决的外，依法都应当报最高人民法院核准。2011年2月15日，全国人大颁布的《刑法修正案（八）》更是废除了金融票证诈骗罪、信用证诈骗罪、虚开增值税发票罪等五项经济犯罪死刑罪名。自此，慎用死刑成为我国法学理论界和司法实务界的共识。这也正是吴英案成为法治事件的法制背景。

《刑法修正案（八）》是一个分水岭，如果在此之前，社会上对非暴力犯罪的死刑还存在争议，在此之后，少杀、慎杀已经成了全社会的共识。对民间融资行为，要从社会发展大局来确立司法政策指导，办案并不是像电脑运算一样，法律只要制定了，自然就可以求得一个科学的结果，司法过程中对法律的适用需要有政策性、趋向性的指导，而限制乃至废除经济犯罪死刑的理念肯定是司法政策指导的重要内容。事实上，在《刑法修正案（八）》出台前，仅2008年，浙江省就有五起集资诈骗罪犯被判死刑，而且五人都是女性。但是这些案件当时在社会各界都没有引起太大反响。

但是到2009年吴英案一审之时，历史已经站在一个新的坐标点上。死刑改革的大门已经洞开一隙。正因为如此，许多浙江法学界人士都对吴英案二审的结果表示意外，不少人原本猜测，这个案子审了这么多年，尤其是到了《刑法修正案（八）》出台之后，改判死缓是水到渠成之事，甚至还有人一度大胆地臆想吴英案的死缓判决会成为中国死刑改革过程中一个司法实践的里程碑。

对于经济犯罪适用死刑在目前还没废除的情况下，刑法当中对犯罪适用重刑，除了政治否定性和法律否定性之外，还要考虑到伦理或者道德性的否定评价，如果一个行为，社会公众都对他持一个同情的态度，《刑法》在对他适用重刑的时候，应当三思而后行，因为毕竟《刑法》最后要考虑伦理道德的基础。回想一下，三十年前，把东西从一个地方运到另一个地方去卖，犯投机倒把罪，可能被判死刑；性骚扰犯流氓罪，也可能被判死刑；现在我们回过头看，可能会有不同的审判标准。阿里巴巴集团董事局主席马云说："今天把吴英判死刑，如果三十年之后来看，会不会有遗憾？我们可能需要用未来的眼光、历史的眼光来看问题。"

## 案例 4 给社会正义一个交代：重审聂树斌案

1995年4月25日，河北省鹿泉县人聂树斌因故意杀人、强奸妇女被判处死刑，剥夺政治权利终身，同年4月27日被执行死刑。2014年12月12日，最高人民法院指令山东省高级人民法院复查河北省高级人民法院终审的聂树斌故意杀人、强奸妇女一案。2015年6月、9月和12月，聂树斌案复查期限先后延期三个月。2016年2月，山东高院决定再次延长复查期限三个月，至2016年6月15日。

2005年1月17日，河南省荥阳市公安局索河路派出所干警抓获河北省公安机关网上通缉逃犯王书金。王书金除交代在广平县实施多起强奸杀人案件外，还供称曾在石家庄西郊方台村附近玉米地内强奸、杀害一名青年女性。2007年3月12日，河北省邯郸市中级人民法院作出一审判决，以故意杀人罪判处王书金死刑，剥夺政治权利终身；以强奸罪判处王书金有期徒刑十四年，剥夺政治权利五年。决定对王书金执行死刑，剥夺政治权利终身。王书金不服，上诉至河北省高级人民法院。2013年9月27日，河北省高级人民法院二审宣判，王书金供述与石家庄西郊强奸杀人案证据不符，不能认定王书金作案，驳回上诉，维持原判。目前，该案已报最高人民法院进行死刑复核。2016年6月6日，最高人民法院决定依法提审原审被告人聂树斌故意杀人、强奸妇女一案，按照审判监督程序重新审判，并于2016年6月8日在山东省高级人民法院向聂树斌的母亲送达了再审决定书。

（资料来源：光明网 http://guancha.gmw.cn/2014-06/12/content_11591162.htm　2014年6月12日）

**思考讨论**

备受各界关注的聂树斌案体现了我国法治建设中存在的哪些问题？

**案例点评**

聂树斌强奸杀人案重审受到舆论持续关注。聂树斌早已被执行死刑，多年后另案落网的王书金供认自己才是当年那起强奸杀人案的真凶，但他的口供又同真实案情细节多有出入。在这起案件尚无最终定论时，6月25日浙江萧山法院又对18年前错判的一起抢劫杀人案重审，有5名青年在该案中蒙冤。重审冤假错案成为时下最热门的话题之一。

但是现在看来，进步中的中国司法在现实中仍有不少漏洞和缺陷，隔一段时间再回头看，过去的一些原则和政策仍会显得陈旧，一些运动式"严打"为冤假错案的滋生提供了土壤。中国的法治建设还在不断完善，但这个过程是有疮疤和伤口的。

聂树斌案能够重审，并且重审过程长达8年之久，法庭不因有了新口供就匆匆定案，而是既重口供又重实物证据，在新口供与其他证据不能相互印证时谨慎审理。无论舆论反映如何，对人命案这样的认真态度与法治建设大方向是一致的。

舆论中要求认定王书金是真凶、为聂树斌平反的声音占了上风，这当中的社会心理原因非常复杂。但毫无疑问，这些声音与法治精神并不完全吻合，对它们的解读更适于引用社会学的原理。

舆论中对司法机关"为了掩盖自己错误而拒不改判聂树斌案"的推测有其自身的逻辑，但重审聂树斌案的全过程必须依法进行，而不能被来自任何一方的愿望或情绪主导。舆论越是强大的时候，司法过程就越要保持审慎态度。舆论说到底同行政权力有相似之处，都是可以从法外影响案件审理的力量。法律应与舆论为善，但不可把它供奉成"新婆婆"。

法律在中国仍缺少足够权威，它的实施环境仍不时受到各种权力的干扰，诉讼程序得不到保障、走过场等，这些都是冤假错案发生的深层原因。冤假错案是世界性问题，并非中国独有。但中国法治基础的相对薄弱应是治理冤假错案的持久标靶。我们相信对于这个问题中国人都有很大感受。

无论如何，中国的法治建设在大步前进，而且它同人权观念的进一步觉醒融为一体。依法治国已从人民的普遍心愿转化成国家的政治选择，对每一个冤案错案，社会的不容忍度史无前例。今天执法者面临着严格依法办案的空前压力，这不可能不对司法公正产生质的推动。

然而也应看到，中国社会对"司法独立"喊得很响，但各种有权力和资源的人在自己或亲友牵涉到诉讼程序时，试图用法外手段影响办案的愿望仍非常高。舆论在一些公共冲突事件发生时，也常常把价值判断放在法治精神之上。中国的司法做到完全不受干扰，看来还有不短的路要走。

聂树斌案重审仍在继续，希望新的判决能经得起历史考验，它应是法律的胜利，而不是别的什么的胜利。

# 第二节　培养社会主义法治思维

**案例 5　面对情与法冲突，我们如何选择**

2016 年 5 月 5 日，人民网在微信头条发布：《动车上女学生拒和老人挤着坐遭指责，坐自己位置错了吗》一文，并对这一行为进行了投票。根据文章得知：5 月 3 日，四川达州八旬老人李某坐动车到成都看病，因只买到达州到营山的座票，后来补票也没有买到座票，老人在南充被座位的主人（一名年轻女子）请了起来，老人的女儿恳请挤一挤被拒。老人女儿搀扶着母亲往后走，后面两排年轻人同样充耳不闻。大约 5 分钟后，后排一男子让了座，老人的女儿说："年轻人应该多学学。"座位的主人委屈地回道："坐自己的位置错了吗？"感觉委屈的女生流着泪给朋友打电话讲遭遇。

此事经华西都市报报道后，不少网友投票并留言表达了自己的看法。

在两万多个网友中，仅有不到 500 名网友觉得女生拒绝和老人挤着坐有点不近人情。下面来看看，网友们是怎么说的吧。

第一种观点是：应该给老人让座，座位主人有点不近人情。

塱塱 9113：没有错。错的是你自己没有同情心，没有更好地跟老人沟通。你也有老的时候。

桌子哇 11：不关乎对错！尊老爱幼幼儿园就该学习，记住！

晏晏宴是空：看评论挺难过的，让座的确是美德而并不是法律规定。但是看图片老人真的已经很老了，她女儿是站在旁边说明也是没有座位的。

第二种观点是：座位主人没做错，老人女儿有点道德绑架。

申勇浩：动车不是公交，公交你买了票未必有座，动车座票可是要花座票的钱买的啊，花钱买了座票，让不让是自己的权利，不让无可指责。

雨_唤：简单地说，不强迫我让，我根据自己和对方实际情况，再决定让不让；但越强迫我让，我便越不让。

成吉 S 汗 123：一般让座指的是公交或者地铁吧，现在铁路也要求让座了？

不少网友给评论"道德绑架"的网友挨个点了赞。

在大家激烈地讨论着该不该给老人让座的时候，以著名作家马伯庸为代表的网友，提出了不同的观点："买不到票是客观困难，但解决办法有很多。若子女真有孝心，上车前买个马扎才多少钱？找餐车加座才多少钱？或者主动提出赔偿两倍三倍票价给让座乘客也行。为了老人健康，愿意多付代价，这是孝；宁可老人站着等别人发善心，也不愿意自己用钱解决，我看这个女儿才是真不孝。"

在众多评论中，有一位网友的观点让人印象深刻：

如果没有座位的是我母亲，我首先应该去和女孩说，我能否花钱买您这张座票，如果女孩不同意我再去找别人求助。想要获取权利，必须先补偿别人失去的权利，尽孝应该由自己尽力争取，而不是责怪别人没有施舍。

（资料来源：新民网 http://www.yangtse.com/guonei/2016-05-04/854662.html 2016 年 5 月 4 日）

思考讨论

该案例看上去是一件让座位的小事，但实际这件事背后折射出的问题是：在进入法治社会后，当道德和契约精神发生冲突时，我们该如何选择？

案例点评

法治社会最基本的守则是契约精神！当契约在公平公正的条件下成立后，任何一方都必须尊重，除非当事人主动放弃某些权利，否则任何人无权进行干预。

女学生购买了动车票，即乘客与铁路运输企业就运输承载交易进行了约定，产生了一个民事契约。也就意味着这个座位的使用权在这个时间和地段内是属于她的，任何人无权去侵占。

老人的子女恳请女学生挤一挤，看上去好像是尊重女学生权利的一种诉求表达，实际上是利用生病老人家的身份进行了道德制高点压迫。

我们从小开始就被教育要尊老爱幼，尤其是面对老弱病残孕的时候。我们不能说这种教育是错的。但是随着社会的发展，当我们从"熟人社会"进入到法治社会，继续无条件鼓吹大家牺牲自己的权益去成全别人，继续宣扬违背契约精神去服从公共习俗，并不见得能获得社会大众的认同。

不是说进入法治社会，我们就不需要讲道德。我们的中国人道德水平就会因为讲契约精神而变得冷漠。因为大到各种抗灾救灾、爱心捐款，小到朋友圈的小孩失踪、老人走失信息的转发，都能证明我们的道德水准并没有变低。"一方有难，八方支援"这仍然是我们社会的主旋律。

但与此同时，"你那么有钱，为什么不多捐点？""不转不是中国人！""中国人就该抵制日货！"等等这样的道德绑架依然存在。在道德绑架者眼中，一切不成全他人的个体都是有错的。所以"我弱我有理""你强你活该付出""你年轻就该让座"等思想大有市场。这些不断翻陈出新的道德绑架也遭到了越来越多年轻人的抵制和反感。

为什么上述问题在年轻人身上会得到两种截然不同的答案？这其中的区别就在于：我们捐款也好，让座也好，转发也好，都是对自己拥有权利的一种自由处理，没人强迫我做出某种选择。而道德绑架在于它是利用社会公共约定的一种惯性力量和舆论环境，来对个人权利进行一种压迫式干预。一旦你反抗、不顺从就会遭受它强大的反击。

尊不尊重个体的权益是道德和契约精神的最大分水岭：在道德体系里，提倡无条件牺牲个人权益成全他人；而契约精神则提倡尊重个体权益，如果你想得到我的权利，那么你就得付出对等的交换物。这其实也是法治社会最基本的原则之一：权利应该被尊重，未经允许不得破坏。

道德是对自己的一种约束，而契约精神是社会人都应该遵守的一种守则。只有不再用道德来绑架契约精神，尊重契约精神，我们的法治社会才能真正在尊重个体权益中建立起来。

值得高兴的是在人民网发起的投票中，60%的人选择投给了"老人女儿不该说那样的话，有点道德绑架"。这也从侧面表明，在法治社会越来越多的人期待对法治契约精神的尊重和保护，拒绝道德绑架。

### 案例⑥　婚未结成，彩礼钱还能否要回

很多人在恋爱期间，出于对感情的美好纪念都会相互赠与礼物，甚至出手阔绰。但其中不乏分手后反目成仇，甚至因赠送的礼物对簿公堂。那么恋爱期间赠与对方的礼物，分手后是否应该予以返还呢？

小江和小梅是大学同学，两人在上学期间确立了恋爱关系。毕业之后，两人见过双方父母后都非常满意。小江母亲见到未来儿媳满心欢喜，当即在金店买了一串金项链送给小梅。几个月后，小江以订婚为目的将金戒指、手镯和现金两万元经媒人给了小梅，双方如期订婚，可是又过了几个月，小江觉得双方性格不合，生活习惯很不一致，就向小梅提出分手，小江还提出要小梅返还金项链、手镯、金戒指以及两万元现金，小梅坚决不同意返还，双方为此闹到了法院。

法院审理后，认为双方的矛盾不是没有协商的余地。承办法官对小梅详细解释了法律规定，告诉小梅在通常情况下，男方以结婚为目的给付女方的礼物，一般为彩礼，可以要求返还。最终双方达成一致，小梅返还金戒指、手镯以及两万元现金，小江不再要求返还金项链。

#### 思考讨论

在日常生活中，经常会发生男女双方在谈恋爱期间，互送礼物的情形，二者之间因此也就形成了法律上的赠与关系。一般来说，这种赠与关系一旦形成，对方则无权再将

送出去的礼物要回。但是，对于以结婚为前提的赠与，特别是男方给付女方的彩礼，财产数额一般较大，一旦女方临时变卦，拒绝与男方结婚而又不返还彩礼，则男方损失惨重，甚至可能倾家荡产。如果法律对此类行为不进行规范，则难以杜绝那些打着结婚的幌子实则为了骗取彩礼的违法行为发生。

### 案例点评

按照我国婚姻法规定：只要符合男 22 岁、女 20 岁的年龄要求，青年情侣即可成婚。因此，一大批青年大学生正处在适婚年龄。2005 年 9 月 1 日起，教育部取消了对大学生结婚的限制，只要符合法律规定，在校大学生一样可以和爱人一起，走上幸福的婚姻红毯。因此，在校大学生需要了解一些婚姻法方面的相关知识。特别是在男女双方谈恋爱及谈婚论嫁过程中涉及的财产问题。

众所周知，恋爱关系在性质上属于社交关系，而非法律关系，法律不能对正常的社交关系进行过度干涉。恋爱期间赠与的礼物并非全部出于结婚目的，其中不乏是为了联络感情和表达爱意。此类具有日常性、及时性消费的礼物仅具有道德意义，属于一般性赠与，收受一方可不予返还。例如，恋爱期间，男方出资与女方外出旅游，因为该支出现金已不存在，不管是不是以结婚为目的，男方在分手后都不得要求返还。但如果双方是以结婚为目的给付的礼物，比如男方以结婚为前提给付女方的彩礼等，根据最高人民法院关于适用《中华人民共和国婚姻法》若干问题的解释（二）第十条的规定：当事人请求返还按照习俗给付的彩礼的，如果查明属于以下情形，人民法院应当予以支持：

（一）双方未办理结婚登记手续的；

（二）双方办理结婚登记手续但确未共同生活的；

（三）婚前给付并导致给付人生活困难的。

适用前款第（二）、（三）项的规定，应当以双方离婚为条件。

因此，由于本案中双方未办理结婚登记手续，收受彩礼一方应当返还给另一方彩礼。

### 案例7 兄弟为救母打劫

2009 年 4 月 20 日晚上，张方述、张方均兄弟得知母亲摔倒在田埂下，致使颅内出血，急需 1 万多元的治疗费用，心急如焚。在借钱无果的情况下，经过一番激烈的思想斗争后，张方述在白纸上写上"不要逼我，我不想犯罪，我妈妈住院需要钱……"以及"钱是什么……"等字样后，于次日上午到三元里街广园中路持刀劫持一名女子作为人质。兄弟二人向行人展示他们所书写的字条，向人质勒索人民币 1.8 万元。不久，公安人员赶到现场，将张方均劝回派出所后，再将张方述抓获，并将人质解救。

27 日 9 时 39 分，张方述、张方均兄弟俩头戴黑色头套由法警押进法庭。公诉人宣读完起诉书，两兄弟均表示认罪，对起诉书认定的事实和罪名无异议。在回答公诉人提问时，两人坦承作案过程中的心理变化，从得知母亲病重借钱无助，到铤而走险买刀劫人，到几番犹豫该不该放下刀……面对情与法的冲突，让法庭所有人神情凝重，多名旁听人员眼圈发红。

11 时 18 分，庭审进入法庭调查阶段，辩护人律师向法官播放张氏兄弟母亲谢守翠在老家给儿子和广州市民的录音。

在录音中，谢守翠向好心捐款的广州市民表示感谢，并嘱咐两个儿子在庭上一定要主动认罪，承认错误，以后好好做人。

张氏兄弟听到母亲的声音后，无法控制住情绪而痛哭。"不管法庭判决如何，我真诚地向受害人道歉。"张氏兄弟三次向被其劫持过的受害人邝某明表示道歉。

张方述说，劫持邝某明时，也应该从她的角度考虑问题。张方均说，不应该把自己的不幸加到别人身上，给别人造成精神上的伤害。

法庭上，公诉人为两名被告请求轻判。公诉人在指出"为了给被害人一个公道，维护法律的公正，两被告人应该受到惩处"的同时，也提出"与一般人犯罪不同，是为尽孝铤而走险"。公诉人在公诉意见中提出："本案犯罪事实清楚证据充分，本案两名被告人为筹钱，生成劫持人质、向有关部门要钱的动机。但被告人一个多小时始终把尖刀紧紧抵在被害人脖底处，侵犯被害人的人身自由，公然与公安对峙了一个多钟头。按照新的刑法修改意见，绑架罪如果情节较轻，改成 5 年以上 10 年以下徒刑，就是考虑了案件的复杂性。在罪责刑相适应的法律原则下，我们认为情节较轻的理由：第一，被害人毫发无伤；第二，为了救母筹钱，被告人要钱的数额与母亲治病的医疗费用一致，说明确实是为了救母。公诉人注意到，你们绑架与一般人犯罪不同，是为尽孝铤而走险。人非草木，孰能无情，你们的情况值得同情，但情有可原，法无可恕，你们遇到问题，应该相信法律，相信国家，以合法的方式找政府。任何人都不能因为个人理由正当而犯罪，救母不是犯罪的借口。你们过于偏激，只想到母亲卧病在床，却不把无辜路人的安危放在眼里。你们动机很善良，行为鲁莽。人的生命是平等的，为了给被害人一个公道，维护法律的公正，两被告人应该受到惩处。"

（资料来源：新华网 2009 年 4 月 24 日）

**思考讨论**
此案例在培养大学生法治思维方面有何启示？

**案例点评**
乍一听，感觉很荒诞，即便到达现场的记者当时都不太相信持刀劫人质只是为了"筹钱救母"。但随着更多的线索被披露、被挖掘，人们开始发现这个突兀的新闻背后，果真隐藏着他们两兄弟的无奈和焦灼。这样的事实不免让人唏嘘。

站在法律的角度上，两兄弟行为所具有的违法性毋庸置疑，即便他们的动机是为了尽孝，但他们确实在以这种正当的理由行使一些不属于自己的权利，并且试图去剥夺他人正在享有的正当权利。"法律不问动机"是法律的基本原则。法律在对一项法律行为进行评价之时，只以法律行为本身作为评价对象，而不问当事人基于何种动机而做出这一法律行为。基于此，张氏两兄弟并无其他减刑情节，法官只能"酌情"考虑其量刑情节。你可以说法律很冷漠、很无情，但是，如果法律可以过问动机，那么法律将有权对私人决策是否有合理的动机进行监控。试想一下这是什么样的场面：新娘需要向登记官说明，为什么跟这个新郎而不是另一个新郎结婚；车主就要说明，为什么要买这辆车而不是那辆车，而且理由还必须合理充分，还得论证动机的存在。这种情景你会感到恐惧么？

法律的作用正在于，划定一个客观界限，不管你心里有什么样的想法，只要不越界就是正当的；反之，不管你有多么充足的理由，但越界了，那么就会受到惩罚。现实中，有太多以正当理由却强人所难的例子。深圳一男子用准备好的裁纸刀割向女友颈部，导致其受到伤害，他的理由是"我爱她，她是我最爱的人，所以我要把她带走"。再比如，在狭隘爱国主义的旗号下，一些人抵制外资超市。在网上则有人发起改 QQ 头像的活动，如果不改还会被"爱国者"群起而攻之。大家爱国的热情都是一样的，每个人都有选择的自由，你没有权利要求所有的人都遵从你的意愿。救母、爱情、爱国，难道这些不都是正当的理由么？但是否就能因此而做出一些伤害别人、侵害别人权利的事情呢？如果让这种趋势蔓延，后果不堪设想。

回到张氏兄弟身上，他们此举可能只是为了引起别人的注意，只是为病重的母亲做一点事情，只是希望得救命的 1.8 万元，但却选择了一种极其不恰当的方式，这是否也能在一定程度上警示世人："不要以正当的理由行使不正当的权利。"

## 第三节　尊重社会主义法律权威

### 案例⑧　女大学生当"枪手"，考试作弊受刑罚

小珍（化名）是浙江杭州某高校学生，在朋友怂恿下，她作为"枪手"代替一名考生参加今年的高等教育自学考试。最终，在杭州市萧山区某学校考场，小珍被监考老师和现场民警发现。通过侦查，民警抓获多名涉案人员。

杭州市公安局近日披露，这是《中华人民共和国刑法修正案（九）》（下称《刑法修正案（九）》）实施以来，杭州公安机关查处的首例考试作弊案件。

**和准考证上照片差异大，女大学生替考"露馅"**

2016 年 4 月 16 日下午，杭州市萧山区的全国高等教育自学考试某考场，开考半个多小时后，一名容貌清秀的女孩姗姗来迟。

监考老师给她发试卷时核对了准考证，发现女孩本人和准考证上的照片差别很大。经监考老师反映，学校考务处的工作人员和考场监管民警先后到场对女孩进行询问。

"准考证上的照片是好几年前的,女大十八变。"女孩坚称是本人参加考试。民警和监考人员商量后决定等女孩考试结束后再做进一步调查。

考试结束前半小时,女孩提前交卷,随后被工作人员叫到办公室。

"你的身份我们很快就能查明,也希望你主动讲实话。"在民警的质问下,女孩主动承认自己是代替别人参加考试。

### "周老师"组织替考收 10 余万元,财迷心窍锒铛入狱

小珍交代,她是被同学小青(化名)叫来替考的,答应事后给她 300 元。民警随后将小青传唤到派出所接受调查。小青交代,是她的朋友周某介绍的"业务",除了小珍,她本人和另外两名男同学也参加了替考。

警方经调查得知,周某曾是杭州某高校合同工,在该校自考部办公室工作。参与考试作弊的考生、家长和枪手们都称他为"周老师"。

周某交代,2015 年 4 月,一考生家长找到他,希望周某找人代替自己的女儿参加考试。周某以 2000 元一门考试的价格收取对方 5 万元,然后找来朋友小青代替考生参加当年的自考(校考)。2016 年 3 月,周某又收取对方 1.2 万元,然后以 1600 元一门的报酬,找小青代替这名考生参加 4 月 16 日的自考(统考)。

除此之外,从 2015 年下半年起,周某还从其他 3 名考生处共收取 4.3 万元。

据周某交代,周某找到小青后,小青联系同学小珍和另外两名男生替考,答应付给小珍 300 元、两名男生各 500 元,让他们代替 3 名考生参加 4 月 16 日的高等教育自学考试。

目前,周某因涉嫌组织考试作弊罪被萧山警方依法刑事拘留,其他涉案人员(4 名考生、2 名家长、4 名替考人员)被依法取保候审。

### 警方提醒:在法律规定的国家考试中作弊将追究刑责

在案件侦办过程中,民警发现涉案考生(家长)和替考人员的法律意识淡薄,一名参与替考的大学生告诉民警:"完全没意识到事情会怎么严重,我只当'赚外快',就像很多大学生找兼职。"

一名考生家长对民警讲:"为了孩子上大学花了几十万,最后连张文凭都混不到,怎么想都不甘心,早知道这事情(找人替考)是犯法的,宁肯让儿子跟我打工也不会这么做。"

民警通过查询发现,这起案件是《刑法修正案(九)》实施以来,杭州首例被公安机关查处的考试作弊案件,希望通过这起案例,提醒广大考生和家长,诚信参考,莫要以身试法。

(资料来源:人民公安报 http://www.cpd.com.cn/ 2016 年 5 月 24 日)

思考讨论

替考作弊的行为应该承担什么样的法律责任?

**案例点评**

2015年8月29日,十二届全国人大常委会第十六次会议通过了《刑法修正案(九)》,这次《刑法修正案(九)》第25条将"代替他人或者让他人代替自己参加法律规定的国家考试的以及在上述考试中组织作弊的"等相关行为入罪,具有非常重大的意义。

从高考到考研,从各类等级考试到各种职业资格考试,在法律规定的国家考试中,常常出现替考"枪手"的身影。替考行为以及组织作弊行为对于整个社会有极大的危害性。

首先,替考严重损害了国家考试制度的公信力。考试制度的最大价值在于其程序的公正性,考试程序的公开、公平、公正保证了结果的公平、公正,而枪手替考及组织作弊行为则是在考试程序中弄虚作假,用不正当手段参与竞争,从而造成结果的不公正,使整个国家考试制度的公信力受到质疑。

其次,替考破坏了公平竞争原则,践踏了公平竞争赖以存在的基础,使考试衡量评判考生水平高低的功能无法正常发挥,严重影响了社会人才评价、选拔机制的正常运行,使考试的社会功能受到破坏性的影响和扭曲,对于社会的公平竞争原则是一种践踏。

再次,替考破坏了社会的诚实信用原则,动摇了社会的诚信道德基础。使人们对国家考试制度和诚信道德理念失去信心,产生绝望的感觉。

最后,替考侵害了其他参考人员的合法利益。枪手替考是在用不正当的手段参与竞争,既不正获利,又侵害了他人可以通过公平竞争上升的利益。

由此可见,替考作弊行为及组织作弊行为具有严重的社会危害性,既侵害了公平的考试制度,又侵害了他人的合法权益。由于社会危害性是构成犯罪的本质特征,因此将具有严重社会危害性的替考作弊行为及组织作弊行为入罪,是符合构成犯罪的本质特征的。

在《刑法修正案(九)》出台之前,面对替考作弊行为及组织作弊行为,公安机关只能依照《治安管理处罚法》第五十二条的规定,以伪造、买卖国家机关、事业单位或者其他组织的证明文件(即准考证)的行为进行行政处罚(罚款与拘留),教育部门只能通过《普通高等学校学生管理规定》《国家教育考试违规处理办法》等部门规章进行一些行政处罚。但这种处罚力度显然无法遏制日益严重的替考作弊行为及组织作弊行为。由于替考行为的法律责任主要是行政责任,对其处罚的严厉程度与其产生的实际危害不相适应,据此,《刑法修正案(九)》第二十五条将其入罪,是符合罪刑相适应的刑法基本原则的。换言之,替考作弊行为及组织作弊行为具有应受刑罚惩罚性。

**案例⑨　谣言帖被转发超500次将被刑拘**

近日,甘肃张家川回族自治县一初三学生发微博称该县一男子非正常死亡案件有内情。警方称,死者系高坠致颅脑损伤死亡。张家川县公安局发通报称,对利用网络平台虚构事实,扰乱公共秩序的违法人员给予治安处罚(其中行政拘留一人,罚款5人),对情节严重,发帖转载500次以上的一名犯罪嫌疑人依法刑事拘留。

## 造谣帖被转发 500 次，中学生被刑拘

2015 年 9 月 17 日下午，甘肃省张家川回族自治县初三学生杨某被警方以涉嫌寻衅滋事罪刑拘，此前杨某曾发微博质疑该县一名男子非正常死亡案件有内情。

北京青年报记者通过联系杨某的父亲了解到，他儿子杨某 17 日被当地警方带走，依法刑事拘留。杨某的父亲告诉北青报记者，"我和儿子母亲一直在北京，儿子在老家和爷爷一起生活。"

18 日，张家川县官方对外通报称，警方接到报警，称在张家川镇原明盛楼对面的人行道上发现一人躺在马路上，生死不明。民警赶到现场后发现该男子已死亡。警方办案中多次要求家属配合尸检，均遭拒绝。警方称，为防止事态扩大，尽快破案，张家川县公安局决定依法强制尸检。经过综合调查取证，警方确定死者系高空坠落致颅脑损伤死亡。

该案调查阶段，死者家属拒绝对尸体进行尸检，在对死者死因未明确定性情况下，死者家属主观臆断并利用他人炮制舆论散布死者高某系他人殴打致死并抛尸，以此误导群众，混淆视听，严重干扰公安机关依法办案。依照相关法律规定，张家川县公安局已对在"9•12"案件中利用网络平台虚构事实，扰乱公共秩序的违法人员给予治安处罚（其中行政拘留一人，罚款 5 人），对情节严重，发帖转载 500 次以上的一名犯罪嫌疑人依法刑事拘留。

杨某的父亲告诉北青报记者，杨某今年 16 岁，在张家川镇中学上初三。杨某曾在北京上学，现在家乡上初中。

9 月 14 日中午，杨某在微博发布消息称，张家川"9•12"杀人案发生后警方不作为，且多次与群众发生争执甚至殴打死者家属。当晚，再发微博，称警方强行拘留死者家属，与群众发生冲突。9 月 15 日晚，杨某又发微博称，钻石国际 KTV（案发地）的法人代表是张家川县人民法院的副院长苏建。

后经警方调查，此微博内容不实。

据悉，"两高"于 9 日出台司法解释，同一诽谤信息实际被点击、浏览次数达到 5000 次以上，或者被转发次数达到 500 次以上的，应当认定为诽谤行为"情节严重"，可构成诽谤罪。

（资料来源：《北京青年报》 http://epaper.ynet.com/html/2013-09/20/content_11750.htm?div=-1  2013 年 9 月 20 日）

### 思 考 讨 论
该案件对大学生的网络行为有何警示？

### 案 例 点 评
当今社会，互联网发展速度越来越快，进入了千家万户，成为每个公民的工作生活必备。但是，与此同时，互联网的"双刃剑"作用日益凸显，既具有正面作用，也带来了负面影响。在微信、微博、QQ 群等社交平台上，网友发布的虚假信息屡见不鲜。

众所周知，网络空间具有虚拟的属性，公民个体在网络空间内发表个人言论，往往

面临监管层面的掣肘和障碍。因此，在现实面前，网络空间成为了谣言泛滥和传播的重要领域，对整个社会和公民个人隐私造成了严重的伤害。

其实，所谓的自由，并不意味着绝对的放纵，而是也应该遵循一定的规则，在法律框架内从事个人行为。对于言论自由来说，也应该遵循法律规定，即便言论自由是个人权利，但同时也应该承担相应的责任。作为公民个体，不能以言论自由为借口，侵犯他人权利，更不能影响社会秩序。由此，在《刑法修正案（九）》中，将网络谣言入刑，显得尤为重要和必要。

应该说，网络空间与社会现实虽具有迥异性，但也具有相似性，一旦缺乏有效监管，则可能引发灾难性后果。依赖于"谣言止于智者"，根本无法产生釜底抽薪的效果。在缺乏法律治理的前提下，网络侵害他人、社会、国家利益只会成为一种必然。在依法治国的命题下，最重要的就是对于网络空间内的各种不负责任的言论进行依法治理，让谣言无处遁形。从这个方面而言，将散布、传播谣言的责任，由民事、行政责任上升到刑事责任，正是基于谣言具有严重社会危害性的考量。

面对网上造谣、传谣，也有很多人担忧，今后在微信、微博上发声，要小心谨慎，避免构成犯罪。其实，按照法律规定，只有编造了虚假的险情、疫情、灾情、警情在互联网传播，或者明知是假信息而传播，并严重扰乱社会秩序的，才会构成犯罪。不难看出，在刑责追究方面，需要考量行为的性质和情节，以及最终的危害程度，并非所有的造谣传谣行为都属于刑事犯罪。从这个方面而言，网络谣言入刑，做到打击惩罚的目的，并不会伤及无辜。

针对网络谣言，我国目前到底有哪些法律规定？其实，网络谣言视其影响可造成民事、行政、刑事3个层面后果。

在民事层面，倘若发布者不负责任的言论在网络上传播，造成了他人精神、名誉上的损害，属于民事侵权行为，受害者可要求发布者承担赔偿责任。

在行政处罚上，《治安管理处罚法》第25条明确规定："散布谣言，谎报险情、疫情、警情或者以其他方法故意扰乱公共秩序的，处5日以上10日以下拘留，可以并处500元以下罚款；情节较轻的，处5日以下拘留或者500元以下罚款。"

倘若在网络上散布谣言后果严重，使得公众生产、生活受到严重影响的，可构成刑法中的"扰乱公共秩序罪"；如果谣言是针对某些个人或单位，则还有可能构成侮辱、诽谤罪。在中国"两高"出台的司法解释中规定："同一诽谤信息实际被点击、浏览次数达到5000次以上，或者被转发次数达到500次以上的，应当认定为诽谤行为情节严重。"

说到底，网络空间并非法外之地，应该受到严厉的监管和约束，构成犯罪的更应该追究刑事责任。此次，在《刑法修正案（九）》中，重点对网络谣言出现的几种情形，作出了具体详细的规定，无疑有助于保障互联网领域规范有序的运行和发展。

法律是网络行为的底线，希望每位大学生网民都能守住自己的底线责任，从根本上遏制网络谣言的流传，做到不转谣不传谣，共同建设一个健康向上的网络环境。

## 案例 ⑩　以非法拘禁他人的方式讨债违法吗

王某是装修行业的包工头，带领一些同乡的工友承包工程。2012 年底，王某经人介绍认识了李某，双方商定，由王某承包李某"杏山煤矿"掘进队工程。按照行规，开工前，包工队需先向矿上交 30 万元的风险抵押金。因为李某的"杏山煤矿"还没投入生产，王某与李某商定，自己先预交 15 万元，剩下的 15 万元等煤矿开始生产的时候再交。

2009 年年初，王某带着从河南省鹤壁市招来的 50 余名工人到"杏山煤矿"准备开工。但因种种原因，一直未能开工。持续 50 多天后，王某决定先回鹤壁市。其间，王某多次和李某联系，问什么时候可以开工，均被李某以种种理由搪塞。

2010 年年初，王某打听到该工程已被别的工程队承包了，于是找到李某索要先前预交的 15 万元风险抵押金。李某均以没钱为由予以拒绝。2013 年 4 月 5 日，王某带领其弟弟等人强行将李某带至某宾馆拘禁，并向其家人索要保证金及利息共计 33 万元。4月 8 日凌晨，王某将李某放回，共非法扣押李某近 60 个小时。

### 思考讨论

在人们的道德传统中，欠账还钱被认为是天经地义的事，而欠债不还则非君子所为。当欠债者拖欠债务，甚至明确表示拒不偿还债务时，债权人往往会采取一些极端的做法。很多人认为采取拘禁对方的方式来逼其偿还债务是债权人出于无奈而采取的一种并不违法的做法。而事实果真如此吗？一旦发生债务人延迟偿还债务或者拒绝偿还债务，债权人应当采取什么方式来维护自己的权利呢？

### 案例点评

我国刑法第 238 条规定："非法拘禁他人或者以其他方法非法剥夺他人人身自由的，处 3 年以下有期徒刑、拘役、管制或者剥夺政治权利。具有殴打、侮辱情节的，从重处罚。犯前款罪，致人重伤的，处 3 年以上 10 年以下有期徒刑；致人死亡的，处 10 年以上有期徒刑。使用暴力致人伤残、死亡的，依照本法第 234 条、第 232 条的规定来定罪处罚。为索取债务非法扣押、拘禁他人的，依照前两款的规定处罚。"

实践中"索债型"非法拘禁案有以下几个特点：一是索取的债务多为合法债务，七成左右的案件，所涉纠纷都可以通过民事诉讼等合法途径解决，因此应当对当事者维权方式予以正确引导；二是涉案人员年龄在 20～35 岁的居多，且无固定职业，文化程度低，法治意识淡薄；三是拘禁中多伴有暴力行为，动辄施暴的倾向十分明显。

非法拘禁不是索债手段，维护权益应走正当途径。在经济活动及日常生活中，当事人应自觉遵守诚实信用原则。当产生纠纷时，应通过协商、调解、仲裁、民事诉讼等正当途径解决，不应消极躲避或者采用非法手段强行索债，以免民事纠纷转化为刑事案件。当事人应当提高自身法治意识和自我保护意识，对经济活动中的各种原始证据注意收集和保存。万一发生人身自由受到不法侵害，应冷静应对，在确保人身安全的前提下及时报案。

# 实 践 活 动

## 课内实践——开展公民法律意识调查

### 1. 目的要求

通过此项调查，了解公民对于法律有关现象的观点和态度，对现行法律的评价和解释，对自己权利、义务的认识，对法律制度了解、掌握、运用的程度，以及对行为是否合法的评价等，使学生进一步了解社会，增强学生的法律意识和公民意识。

### 2. 实施步骤

（1）任课教师指导学生设计并印刷调查问卷。

（2）全班分成若干小组，每组 3～5 人，分别走访附近的社区，开展公民法律意识调查。

（3）每个小组撰写调研报告并在全班交流。

## 课外实践——开展校园内的法律宣传活动

### 1. 目的要求

通过组织学生在校园内进行与大学生学习生活实际相关的法律法规和案例，帮助大学生了解有关的法律知识，从而做到知法守法，不做违法犯罪的事。

### 2. 实施步骤

（1）任课教师或学生骨干一起收集与大学生学习生活实际相关的法律法规和案例。

（2）将收集到的法律法规和案例分门别类，印刷成宣传单。

（3）组织学生到校园内的教学区、生活区发放传单并进行有关法律知识的普及宣传和咨询活动。

# 复习思考题

## 一、单项选择题

1. 下列维护社会主义法律权威不包括（　　）。
   A. 树立法律信仰　　　　　　　　B. 宣传法律知识
   C. 维护社会秩序　　　　　　　　D. 敢于同违法犯罪行为作斗争

2. 在对法律问题的思考与处理上，应当坚持（　　）优先原则。
   A. 道德思维　　　B. 经济思维　　　C. 政治思维　　　D. 法律思维

3. 下列关于法治与法制的表述哪个是正确的（　　）。
   A. 法治的核心是权利保障与权力制约
   B. 法治与法制没有什么区别
   C. 实现了法制，就不会出现牺牲个案实体正义的情况
   D. 法治要求法律全面地. 全方位地介入社会生活，这意味着法律取代了其他社会调整手段

4. 下列法治思维的含义不包括（　　）。
   A. 法治思维以法治精神为指导　　B. 法治思维是一种规范性思维
   C. 法治思维是一种可靠的逻辑思维　　D. 法治思维是一种普通的法律意识

5. 法治思维与人治思维的区别不包括（　　）。
   A. 治国理政的依据不同　　　　　B. 解决矛盾的方式不同
   C. 是否坚持法律至上　　　　　　D. 处理结果是否得到公众的支持

6. 人权保障是法治思维的基本内容之一，人权保障包括四方面的内容，其中，人权保障的关键环节是（　　）。
   A. 宪法保障　　　B. 立法保障　　　C. 行政保护　　　D. 司法救济

7. 2014 年 10 月 23 日，中共十八届四中全会通过的《中共中央关于全面推进依法治国若干重大问题的决定》提出，坚持依法治国首先要坚持（　　）。
   A. 司法独立　　　B. 党的领导　　　C. 依宪治国　　　D. 建立法治政府

8. 行使国家立法权的是（　　）。
   A. 全国人民代表大会及其常务委员会
   B. 各级人民代表大会及其常务委员会
   C. 各级人民代表大会
   D. 国务院

9. 中国特色社会主义最本质的特征和社会主义法治最根本的保证是（　　）。

A．依法治国　　　B．公平正义　　　C．维护宪法权威　D．党的领导

10. 马克思说："法官是法律世界的国王，法官除了法律没有别的上司。"这句话在于强调（　　）。

A．法律至上　　　B．权力制约　　　C．人权保障　　　D．正当程序

**二、多项选择题**

1. 法治思维是指人们按照法治的理念、原则和标准判断、分析和处理问题的思维模式。法治思维的基本内容包括（　　）。

A．法律至上　　　B．权力制约　　　C．人权保障　　　D．正当程序

2. 法律至上是法治思维的基本内容之一。法律至上具体表现为（　　）。

A．法律的普遍适用性　　　　　B．法律的优先适用性

C．法律程序的公开性　　　　　D．法律的不可违抗性

3. 权力制约是指国家机关的权力必须受到法律的规制和约束，也就是要把权力关进制度的笼子里。其基本要求是（　　）。

A．权力由法定　　B．有权必有责　　C．用权受监督　　D．违法受追究

4. 人权的法律保障包括（　　）。

A．宪法保障　　　B．立法保障　　　C．行政保护　　　D．司法保障

5. 公平正义是指社会的政治利益、经济利益和其他利益在全体社会成员之间合理、公平分配和占有。一般来讲，公平正义主要包括（　　）。

A．权利公平　　　B．机会公平　　　C．规则公平　　　D．救济公平。

6. 培养法律思维的途径有（　　）。

A．学习法律知识　　　　　　　B．掌握法律方法

C．参与法律实践　　　　　　　D．养成守法习惯

7. 尊重法律权威的基本要求是（　　）。

A．信仰法律　　　B．遵守法律　　　C．服从法律　　　D．维护法律

8. 树立社会主义法治观念，要坚持（　　）。

A．人民民主专政

B．走中国特色社会主义法治道路

C．党的领导、人民当家做主与依法治国相统一

D．依法治国与以德治国相结合

9. 中国特色社会主义法治道路的核心要义包括（　　）。

A．坚持党的领导

B．坚持中国特色社会主义制度

C．坚持中国特色社会主义法治理论的引领

D．坚持三权分立制度

10. 坚持依法治国和以德治国相结合，必须正确认识法治和德治的地位、作用和实现途径。以下内容正确的是（    ）。

    A. 德治是治国理政的基本方式

    B. 法治和德治对社会成员具有约束作用的内在要求和表现形式不同

    C. 法治主要依靠制定和实施法律规范的形式来推进和实施

    D. 德治主要依靠培育和弘扬道德等途径来推进和实施

11. 法治思维是指以法治价值和法治精神为导向，运用法律原则、法律规则、法律方法思考和处理问题的思维模式。以下对法治思维理解正确的是（    ）。

    A. 以法治价值精神为指导，是一种正当性思维

    B. 以法律原则和法律规则为依据指导人们的社会行为，是一种规范性思维

    C. 以法律手段与法律方法为依托分析和处理问题、解决纠纷，是一种可靠的逻辑思维

    D. 是一种符合规律、尊重事实的科学思维

12. 培养法治思维，必须抛弃人治思维。法治思维区别于人治思维的集中体现是（    ）。

    A. 在依据上，法治思维认为国家的法律是治国理政的基本依据，处理法律问题要以事实为根据、以法律为准绳

    B. 在方式上，法治思维以一般性、普遍性的平等对待方式调节社会关系，具有稳定性和一贯性

    C. 在价值上，法治思维强调集中社会大众的意志来进行决策和判断

    D. 在标准上，法治思维以法律为最高权威

13. 法治思维主要表现为价值取向和规则意识两个方面，价值取向是指个人如何看待和对待法律，规则意识是指个人如何用法律看待和对待自己，法律至上是法治思维的基本内容之一，此外，法治思维的基本内容还包括（    ）。

    A. 权力制约    B. 公平正义    C. 人权保障    D. 正当程序

14. 公平正义主要包括权利公平、机会公平、规则公平和救济公平。权利公平包括（    ）。

    A. 权利主体平等        B. 享有的权利特别是基本权利平等

    C. 权利保护和权利救济平等    D. 发展机会和发展前景的平等

15. 公平正义主要包括权利公平、机会公平、规则公平和救济公平，机会公平是指生活在同一社会中的成员拥有相同的发展机会和发展前景，反对任何形式的歧视。机会公平包括（    ）。

    A. 国家和社会要积极为社会成员的发展创造条件，并努力创造平等的起点

    B. 社会成员的发展进步权要受到同等尊重，不断拓展社会成员的发展领域

    C. 不仅要关注当代人的平等机会，还要考虑后代人的机会平等

    D. 对所有人适用同一的规则和标准，不得因人而异

16. 法律权威是指法律在社会生活中的作用力、影响力和公信力，是法律应有的尊严和生命。法律有无权威，取决于（ ）。

    A. 法律在国家和社会治理体系中的地位和作用

    B. 法律本身的科学程度

    C. 法律在实践中的实施程度

    D. 法律被社会成员尊崇或信仰的程度

17. 我国社会主义法律具有独特的本质属性和社会作用，尊重和维护法律权威，意义更加重大，对全面依法治国更加必要。尊重和维护法律权威（ ）。

    A. 是社会主义法治观念和法治思维的核心要求，是建设社会主义法治国家的前提条件

    B. 对于推进国家治理体系和治理能力现代化、实现国家的长治久安极为重要

    C. 是实现人民意志、维护人民利益、保障人民权利的基本途径

    D. 是维护个人合法权益的根本保障

## 三、判断题

1. 中国特色社会主义法治不排除学习西方的多党制、议会制、三权分立、司法独立等政治制度。（ ）

2. 行政保护是人权保障的最后一道防线。（ ）

3. 公平正义主要包括权利公平、机会公平、规则公平和救济公平。（ ）

4. 法律必须被信仰，否则形同虚设。（ ）

5. 帮扶弱者、见义勇为只是一种道德诉求，不为我国法律所规定和保护。（ ）

## 四、简答题

1. 简述法治思维的含义与特征。

2. 简述培养法治思维的途径。

3. 简述尊重法律权威的基本要求。

4. 社会主义法治道路有哪三个方面的核心要义？它们的作用分别是什么？

## 五、论述题

1. 如何理解坚持党的领导、人民当家做主与依法治国相统一？

2. 论述尊重法律权威的重要意义。

# 专 文 赏 析

### 还是法治靠得住

—— 写在邓小平同志诞辰 110 周年之四

要法制,不要人治,是改革开放大幕初期时,中国迈向未来的出发点。在全面深化改革之际重温伟人教诲,会更深切地感到,树立起牢固的法治信仰,将是我们给予后来者的最宝贵的馈赠。

1979 年春天,一位 77 岁的老人常会在深夜步行经过天安门附近的东长安街,他就是当时牵头全国人大常委会立法工作的彭真。为了尽快改变"无法可依"的局面,彭真受命和他的立法"苦力班子"一起,披星戴月地工作,在 3 个多月时间里制定出了 7 部法律,徐徐推开了尘封已久的"法律之门"。

"中国的历史发展到今天,人治的办法恐怕已经走到了尽头。"1978 年的全国政协会议上,一位政协常委提出了一个很多人敢想不敢说的话题。刚刚过去的十年浩劫,令无数中国人倍感法制陵夷的伤痛。正因此,在这一年底的中央工作会议上,邓小平铿锵有力地宣告加强社会主义法制,让很多老同志激动得热泪盈眶:"法制的春天到了!"要法制,不要人治,成为改革中国的制度出发点。

在法制的废墟和人治的积习上起步的改革,注定不会一帆风顺。

正如法学家所言,法的诞生与人的诞生一样,一般都伴随着剧烈的阵痛。人们还记得,在江浙一带走街串巷的小贩,可能会因车筐里的几只鸡鸭被控"投机倒把";外资领域的立法欠缺,也让不少外商心存忐忑,担心投资"有去无回"。递个"条子"、打个"招呼"就能成为私营企业迈不过去的坎,让不少"闯滩者"折戟沉沙。如今,越来越多的人对邓小平的话感同身受:"搞四个现代化一定要有两手,只有一手是不行的。所谓两手,即一手抓建设,一手抓法制。"走出中国改革的新路,必须在市场与法制方面齐头并进。

"还是要靠法制,搞法制靠得住些。"1992 年春天,邓小平在深圳说出的质朴而深刻的道理,为社会主义市场经济时代定下法制基调。自此,"法治"和"市场"一起,成为中国改革开放的两大关键词。这一年,北京新注册公司以每月 2000 家的速度递增,全市库存的公司执照 8 月份即告全数发光,工商局不得不紧急从天津调运一万个执照以解燃眉之急。改革对社会的激活、法治对市场的促进,由此可见一斑。与此同时,从农村治理乱摊派、乱收费、乱罚款,到中央层面一再强调党要在法律规定范围内活动,依法限制权力滥用也成为贯穿改革历程的另一重心。

在社会主义制度与法治的关系上,我们走过了一条艰辛的探索之路。从"人治"到"法制"再到"法治",字面上的变化,昭示着由改革道路决定的制度命运。举国上下不懈奋斗几十年，来之不易的改革成果，拿什么来保护？"摸着石头过河"积累下来的宝贵治理经验，靠什么来巩固？如果公民合法财产有可能须臾成空，社会的安全感就会普遍缺乏；如果社会诚信缺失，人相害而不相帮；如果政府行为朝秦暮楚，决策过程暗箱操作，如何称得上现代国家，又怎么称得上治理的现代化？正因此，十八大以来，中央反复强调，"法治是治国理政的基本方式"。法治中国，就是让每个人的安全感得到法治的承诺，让每一份合法财产得到法律的看护，让每一项合法权益得到正义的匡扶，让每一份改革信心和改革活力都有法治呵护。

"法律必须被信仰，否则它将形同虚设。"有外媒评论，当代中国，唯一不变的东西就是变化本身。在这个充满着无限可能性同时也意味着极大不确定性的时代，必须让法律成为所有人的行为指针，从而为时代铺设前行的路标，让人们看到可预期的未来。在中国历史上从未有过的利益多元、价值多元的时代，学会运用法治思维和法治方式，确保每项改革措施都有法可依；坚持严格执法、公正司法，让人民群众在每一个司法案件中都感受到公平正义；面对不同声音、不同主张，"请用法律说服我"，不断培育人们对法治的信心……树立起牢固的法治信仰，将是我们所能给予后来者最宝贵的馈赠。

邓小平同志早就指出："制度好可以使坏人无法任意横行，制度不好可以使好人无法充分做好事，甚至会走向反面。"在全面深化改革之际重温这句教诲，不仅包含着人们对"好制度"的向往，也意味着在良法之下"做个好人"的德性之治。正如法学家拉德布鲁赫的寄语：法律秩序关注的是，人类不必像哨兵那样两眼不停地四处巡视，而是要能使他们经常无忧无虑地仰望星空和放眼繁茂的草木。

这是法治作为制度文明闪耀出的人性之光。让我们寄望于这个秋天，期待以"依法治国"为主题的十八届四中全会所能唤起的制度力量。

（资料来源：《人民日报》　2014年10月）

## 推 荐 书 目

1. 中共中央政法委员会：《社会主义法治理念读本》，中国长安出版社，2009年版。
2. 季卫东：《法治秩序的建构》，中国政法大学出版社，1999年版。
3. 刘星：《西窗法雨》，法律出版社，2008年版。

## 参 考 答 案

**一、单项选择题**

1. C　2. D　3. A　4. D　5. D　6. C　7. C　8. A　9. D　10. A

## 二、多项选择题

1．ABCD  2．ABD  3．ABCD  4．ABCD  5．ABCD  6．ABCD  7．ABCD  8．BCD  9．ABC  10．BCD  11．ABCD  12．ABCD  13．ABCD  14．ABCD  15．ABCD  16．ABCD  17．ABCD

## 三、判断题

1．×  2．×  3．√  4．√  5．×

## 四、简答题

1．要点

法治思维是指以法治价值和法治精神为导向，运用法律原则、法律规则、法律方法思考和处理问题的思维模式。

法治思维包含以下几层含义：①法治思维以法治价值精神为指导，蕴含着公正、平等、民主、人权等法治理念，是一种正当性思维；②法治思维以法律原则和法律规则为依据来指导人们的社会行为，是一种规范性思维；③法治思维以法律手段与法律方法为依托分析问题、处理问题、解决纠纷，是一种可靠的逻辑思维；④法治思维是一种符合规律、尊重事实的科学思维。因此，法治思维是一种融法律的价值属性和工具理性于一体的特殊的高级法律意识。

2．要点

培养法治思维的途径很多，大学生可以通过各种机会和途径学习法律知识、掌握法律方法、参与法律实践、养成依法办事习惯等，在学习和生活中逐渐提高法治思维能力，养成科学的法治思维方式。

（1）学习法律知识。学习和掌握基本的法律知识，是培养法治思维的前提。

（2）掌握法律方法。法律方法是法治思维的基本要素，法治思维的过程就是运用法律方法思考分析和解决法律问题的过程。

（3）参与法律实践。法治思维是在丰富的法治实践中训练、培养和应用的思维方式。

（4）养成守法习惯。法治思维是一种习惯性思维，与长期自觉养成的生活习惯又很大关系。

3．要点

①信仰法律；②遵守法律；③服从法律；④维护法律。

4．要点

社会主义法治道路包括坚持党的领导、坚持中国特色社会主义制度、贯彻中国特色社会主义法治理论三个方面的核心要义。

作用：①党的领导是中国特色社会主义最本质的特征，是社会主义法治最根本的保证；②中国特色社会主义制度是中国特色社会主义法治体系的根本制度基础，是全面依法治国的根本制度保障；③中国特色社会主义法治理论是中国特色社会主义法治体系的理论指导，是全面依法治国的行动指南。

## 五、论述题

1. 要点

坚持党的领导、人民当家做主、依法治国相统一，是我国社会主义法治建设的一条基本经验。党的领导、人民当家做主和依法治国三者是一个统一整体，不可分割，它们之间相互依存、相互作用，共同体现社会主义法治国家的中国特色、中国风格和中国气派。离开了党的领导，人民当家做主和依法治国就没有领导核心；离开了人民当家做主，党的领导和依法治国就失去了目标和内在依据；离开了依法治国，党的领导和人民当家做主就不能有序进行。党的领导是人民当家做主和依法治国的根本保证。中国共产党从成立之日起，就始终坚持工人阶级先锋队的性质。中国工人阶级是近代以来我国社会发展特别是社会化大生产发展的产物，代表中国的先进生产力和先进生产关系，具有大公无私、严格的组织纪律性和革命的坚定性、彻底性等优秀品格。中国共产党是中国工人阶级的先锋队，同时是中国人民和中华民族的先锋队。中国共产党的性质、纲领、宗旨、指导思想，中国共产党的先进性和纯洁性，决定了坚持党的领导，是人民当家做主的根本保证，也是依法治国的根本保证。

人民当家做主是党的领导和依法治国的本质要求。"立党为公，执政为民"是中国共产党的宗旨。坚持党的领导和人民当家做主的统一，就是要求党始终代表中国最广大人民的根本利益，体现人民的意志，保障人民当家做主的地位，把维护人民利益作为中国共产党执政的根本出发点和落脚点。依法治国的根本目的是实现人民幸福，尊重和保障人权；坚持人民主体地位是依法治国的基本原则，必须把人民当家做主贯彻到依法治国的全过程之中；依法治国的主体是人民，必须保证人民的广泛参与，决不搞西方国家少数人主导的精英法治。依法治国是党领导人民当家做主的治国方略。"奉法者强则国强，奉法者弱则国弱。"法治是现代文明的重要标志，也是当今世界公认的价值追求。全面依法治国是全国人民的共同期盼，也是时代的呼唤。只有把依法治国作为基本方略，把法治作为基本方式，才能用法律凝聚人民和全社会的共识，全面、持久地调动人民参与法治建设的积极性和创造力，及时、准确地反映各个群体和各个阶层的意愿和诉求，保证依法治国始终得到人民的拥护、支持和参与。要从制度和法律上始终保证党对依法治国的领导，为人民掌好权、用好权；要从制度和法律上始终保证人民在依法治国当中的主体地位，保证人民是法治国家建设的主人。

2. 要点

（1）尊重法律权威是社会主义法治观念和法治思维的核心要求，是建设社会主义法治国家的前提条件。法律与国家前途、人民命运息息相关。树立法律权威，就是树立党和人民共同意志的权威。捍卫法律尊严，就是捍卫党和人民共同意志的尊严。只要我们切实尊重和有效实施法律，人民当家做主就有保证，党和国家的事业就能顺利发展。反之，如果法律受到漠视、削弱甚至破坏，人民的权利和自由就无法保证，党和国家的事业就会遭受挫折。

（2）尊重法律权威对于推进国家治理体系和治理能力现代化。实现国家的长治久安极为重要。法律权威是国家治理的坚实基础和关键。以法安天下则天下安，依法治天下则天下治，这也是千古不易的经验之谈。由于法律是一种超越任何个人意志的普遍性规则，并且具有稳定性和连续性？因此，当国家的最高权威系于法律时，国家就不会因领导者个人的变动和更迭而变化，从而有助于保持国家政治统治与社会秩序的稳定性和连续性。

（3）尊重法律权威是实现人民意志、维护人民利益、保障人民权利的基本途径。我国法律保护和实现的是人民的根本利益。从本质上讲，尊重和维护法律权威，就是尊重和维护人民的根本利益和其他合法权益的具体实践，也是尊重和保障人权的具体实践。尊重和维护法律权威，对于弘扬社会主义法治精神，不断坚定全社会尊法、学法、守法、用法的自觉性，逐步树立对社会主义法律的信仰，让人民利益和权利得到有力保障和充分实现，具有重要意义。

（4）尊重法律权威是维护个人合法权益的根本保障。在现实生活中，我们每个人都可能会遇到个人权益受到侵害的问题，面对如人身安全与财产安全、交通安全与网络安全、生活安全与校园安全等各种风险。有人把当今社会称为风险社会，这种看法不无道理。依靠什么化解各种风险进而保障个人权益呢？在法治社会，只有依靠有权威的法律。有权威的法律能够威慑人、警示人、保护人，防范违法犯罪行为，能够保障守法公民享受安宁祥和的生活。因此，公民尊重法律权威，也是对个人幸福的最大尊重。

# 第八章
# 行使法律权利　履行法律义务

　　个人正义维护着国家正义，个人尊严组成国家尊严，国家唯一能让国人感到骄傲和安全的，就是它对每一个公民的利益所作出的承诺和保障。如果连这一点都做不到，国家还有什么尊严和荣誉可言？

——左拉

　　每个人生来就有双重的权利：第一，他的人身自由的权利；第二，同他的弟兄一起先于其他任何人继承他父亲财物的权利。

——洛克

## 学习目标

1. 通过学习本章内容，使学生了解法律权利、法律义务的含义及特征，了解法律权利与法律义务的关系。

2. 明确我国宪法和法律规定的公民政治权利与义务的主要内容，掌握我国宪法和法律规定的公民人身权利与义务，了解宪法和法律规定的公民财产权利与义务、社会经济权利与义务、宗教信仰及文化权利与义务。

3. 明确依法行使权利的基本要求，了解依法救济权利、尊重他人权利的基本规定，依法履行法律义务，能够在法律权利受到侵犯时运用法律武器依法维权。

## 学习重点

1. 法律权利和法律义务的含义及其相互关系。
2. 我国宪法和法律所规定的权利和义务。

## 学习难点

本章学习的关键在于掌握法律权利和义务的含义和特征，掌握基本的法律知识，懂得用法律知识分析和解决现实生活中的法律问题。

## 学习方法

1. 多阅读相关法学著作，培养起自己的法律思维，并将法律条文运用到实际中。

2. 同学之间就近期发生的经典案件进行讨论，了解多元化的观点，最后由老师进行总结，给出正确观点。

# 第一节　法律权利与法律义务

**案例①　妻子落水丈夫不予救助是否担责**

被告人汤某某与其妻子许某某在徐州某航运公司船队工作，负责驾驶驳船。2007年6月2日，船队沿京杭运河运输货物，在某船闸下游水域待闸。6月4日下午3时许，在该船船头左边第二个锚桩附近的甲板（无护栏）上，汤某某因琐事与许某某发生争吵，并争夺许某某手中的50元钱，致许某某失去平衡，跌落水中。许某某不会游泳，在水中挣扎，汤某某会游泳却在甲板上观望，既不下水相救，也未投扔救生物品，甚至没有呼救。等其他船员发现情况，从河底将许某某打捞上来，许某某已生命垂危，经抢救无效死亡。经鉴定，许某某系溺水死亡。

关于本案的定性存在两种观点：一种观点认为，被害人许某某掉入河里本身就可能导致死亡，而不是因为汤某某没有救人才导致死亡结果，因此被告人的行为系过失致人死亡，而非故意杀人；另一种观点认为，汤某某的行为符合故意杀人罪的主客观要件，应以故意杀人罪追究其刑事责任。

（资料来源：法邦网　http://www.fabao365.com/xingshi/144255?_k=an3da0/）

**思考讨论**

针对本案的两种观点，你同意哪一种观点？夫妻之间的权利义务关系如何？

**案例点评**

从被告人汤某某的主客观情况来看，在主观上，被告人汤某某作为船员长期在驳船上工作，应当预见到在没有护栏的甲板上相互撕扯的危险性，汤某某为了夺取妻子手中的50元钱，不顾对方安危，在甲板上撕扯其妻子许某某，造成许某某跌落水中，对其妻子因此落水有重大过错。许某某落水后，汤某某明知其妻子不会游泳，知道若自己不去救助可能会造成其溺水死亡，仍然置之不理，采取放任态度，故其对被害人许某某的死亡主观上属间接故意。在客观行为上，汤某某为夺取妻子手中的50元钱，造成许某某跌落水中。落水后许某某不会游泳，生命处于危险状态，被告人汤某某在紧急时刻却袖手旁观，既不下水相救，也未投扔救生物品，甚至没有呼救，致使许某某未能得到及时救助而溺水死亡。案发时船上放置有梯子和缆绳等，并且船队拖轮和其他驳船上有多名船员在休息，即使被告人患病没有能力下水救人，完全可以向其他船员呼救，抛递缆绳或者梯子给落水者。因此，就本案而言，救助落水者的方式不限于下水救人，被告人是否有能力下水救人不影响对其行为性质的认定。由此可见，汤某某实施的客观行为符合故意杀人罪的客观要件。

我国法律规定，夫妻之间有相互扶助的义务。据此可以推出，夫妻一方陷入危难时，另一方有义务对其进行救助，此救助义务不是道德义务，而是法律义务。汤某某未履行法律义务，应当受到法律追究。另外，我国法律还规定，因先前行为导致被害人陷入危险的，先前行为人有救助义务。不予救助的，应当承担由此产生的法律责任。根据生活经验，落水者一般不会立刻死亡，只要救助及时完全能够生还。汤某某基于上述两种法律责任应当对其妻子进行救助而不予救助，甚至不予呼救，应当承担相应的法律责任。由此可见，汤某某在本案中符合故意杀人罪的主体要件。

综合上述分析，汤某某作为一个神智健全的人，因过失导致其妻子落水后对妻子不予救助，严重侵害了其妻子许某某的生命权，其行为构成故意杀人罪。因此，第二种观点是正确的。

### 案例② 整容成明星的样子是否构成侵权

2011 年 7 月 7 日，整容后容貌极像范冰冰的女孩李思思以 100 万元的价格签约某集团公司，并为其旗下的医药、化工、服饰、食品等代言，以其形象印制了大量平面广告，进行品牌宣传。公司与其签订了为期十年的合同。

#### 思考讨论

李思思的行为是否构成侵权？如何理解其行为的权利义务关系？

#### 案例点评

《民法通则》第 100 条规定："公民享有肖像权，未经本人同意，不得以营利为目的使用公民的肖像。"由此可见，构成侵犯公民肖像权的行为通常应具备两个条件：一是未经本人同意；二是以营利为目的。

一般认为，整容成明星的样子，只要不冒名顶替，就不涉及侵犯明星的肖像权。整容是公民的一种自主权，想整成什么样是公民的自由。整容之后，在从事民事活动时，以自己的名义活动，自己承担责任就不涉及侵权。但是，如果整形成明星脸后，冒名顶替该明星，以该明星名义从事营利活动或者犯罪活动，就侵犯了明星的肖像权。本案中，李思思若以自己名义从事代言活动则不构成侵权。但是，她若以范冰冰的名义从事营利活动，则构成侵权。

## 第二节 我国宪法法律规定的权利与义务

### 案例③ 真假王娜娜

2015 年 5 月的一天，王娜娜在交通银行办理信用卡时，被银行工作人员以"个人信息不实"为由拒绝办理。仔细询问才知，原来资料上所填的高中学历与银行审查时显示的大专学历不一致。

王娜娜表示，自己上没上过大学这种事不可能会记错。当初为了供她读书，三个弟弟妹妹辍学了，母亲还跑到郑州卖菜，但她高考后迟迟等不到录取通知书，那种心痛和面对父母、弟弟妹妹时的愧疚，她永远也不会忘记。所以她猜测，可能自己的身份和教育信息被盗用了。

根据银行的工作人员所说，王娜娜找到中国高等教育学生信息网，用自己的身份证号登录后，查到的学籍信息显示：王娜娜，周口职业技术学院汉语言文学教育专业毕业，大专学历，2003 年 9 月入校，2006 年 7 月毕业。身份证号码、姓名、高考准考证号码都是自己的，但照片却不是她的。这样的结果令她大吃一惊，也证实了她的猜想：当年有人顶替自己上了大学。

后来，在机缘巧合下，王娜娜联系到了假"王娜娜"的大学同学，询问下得知顶替者用"王娜娜"的身份大学毕业，如今已经成了一名教师。王娜娜说当时她也很矛盾，"如果冒名顶替的事情查清了，那人的学历不保，她的教师工作还能保得住吗？可是现在学历不符，我连小额贷款都申请不下来，以后还会有多少麻烦事！"

虽然假"王娜娜"的父亲承认当年花了 5000 元买了"指标"，但他坚决不同意注销女儿学籍，只提出愿付 8 万元和解，而顶替者本人的态度更是强硬，声称"你这样折腾有啥用？折腾到联合国我们也不怕"。这样的态度深深刺痛了王娜娜。几次联系后，对方甚至更换了电话号码。此事一经媒体曝光，引起了社会各界的关注。中国教育科学研究院研究员储朝晖在接受央视采访时表示，仅仅校方或周口地区调查还不够，因为涉及到公安、教育等领域，应该由更高一级的公安和教育部门组成调查组，对事件进行彻查。

随着调查的进行，警方现已确定学生信息网上的身份证信息是伪造的。通过查询，初步判定，在周口市太昊路派出所辖区内，一名叫王娜娜的公民信息上的照片与中国高等教育学生信息网上王娜娜的照片为同一人。这位涉嫌顶替王娜娜的人员身份证号尾号为 1540，户籍所在地为周口市川汇区，原名为张某某，于 2004 年的 5 月变更姓名，也就是说在顶替王娜娜入学 9 个月后，她改名为王娜娜。周口职业技术学院于 2 月 25 日下午成立了调查组展开调查。经调查，假"王娜娜"冒名顶替真王娜娜上学的事实成立，学院已于 2 月 27 晚注销了假王娜娜的学历信息。

**思考讨论**

冒名顶替上大学案侵犯了受害人宪法上的什么权利？需承担什么责任？

**案例点评**

冒名顶替上大学行为，所窃取的表面上是姓名，实际上是盗用他人的身份名义，其危害性不局限于姓名，而是整个身份信息。一般认为，冒名顶替上大学是侵犯姓名权、受教育权。而这两项权利都是我国宪法规定的公民应有的权利。

我国《刑法》对于替考有"代替考试罪"，但是对越过考试直接冒名顶替上大学，却无相应罪名。然而刑法并非对此行为没有规制，虽然没有"顶替身份罪"，但其冒用手段，如涉及伪造户籍、身份证的，会定为涉嫌伪造国家公文罪、伪造居民身份证罪。

本案中，"假王娜娜"冒名顶替上大学，即使不构成刑事犯罪，该行为也构成民事侵权。被侵权人王娜娜可以向法院提起诉讼，要求赔偿损失等，冒名者所获得的各种国家许可应予以撤销。

### 案例④ 村民破坏选举，获刑两年十个月

刘仲良，男，农民，灵川县大圩镇宝介山村人。2011年7月5日中午，按照上级部门规定，大圩镇工作人员刘某志、全某等人来到宝介山村，组织村民进行县、镇人大代表选举。

接到村委通知后，刘仲良与村民刘某良、覃某等人来到该选区固定投票点参与选举。大部分村民均填好票后，刘仲良便集中收集了刘某良等人填好的130余张选票，未将选票投放至票箱内。当镇工作人员要求核对选票发放名单情况时，刘仲良又以怀疑选票数目不对，可能存在作弊行为为由，对工作人员进行纠缠。一直到当天晚上8点左右，刘仲良不顾工作人员的劝阻，强行将该选区的130余张选票、选票箱抢走自行"保管"，致使当日宝介山村选区选举无效。

灵川法院审理后认为，根据我国《刑法》第256条规定："在选举各级人民代表大会代表和国家机关领导人员时，以暴力、威胁、欺骗、贿赂、伪造选举文件、虚报选举票数等手段破坏选举或者妨碍选民和代表自由行使选举权和被选举权，情节严重的，处三年以下有期徒刑、拘役或者剥夺政治权利。"刘仲良的行为已构成破坏选举罪，遂判处有期徒刑2年10个月。

#### 思考讨论

本案中的被告人侵犯了相关村民的什么权利？什么样的行为会构成破坏选举罪？

#### 案例点评

本案中的被告人侵犯了部分村民的选举权。我国《宪法》规定了公民有选举权和被选举权，而本案中的被告人强行将该选区的130余张选票、选票箱抢走自行"保管"，致使当日宝介山村选区选举无效，阻挠了部分村民正常地行使自己的选举权，因此侵犯了这些村民的选举权。

破坏选举罪，是指在选举各级人民代表大会代表和国家机关领导人员时，以暴力、威胁、欺骗、贿赂、伪造选举文件、虚报选举票数等手段破坏选举或者妨害选民和代表自由行使选举权和被选举权，情节严重的行为。

破坏选举罪侵犯的客体是公民的选举权利和国家的选举制度。选举权利包括选举权和被选举权。选举权利是公民基本的政治权利，是我国人民当家做主，行使国家权利的重要标志。选举制度是国家的重要制度，是国家民主政治的基本保护，任何侵犯公民选

举权利的自由行使，破坏选举制度的行为，都侵犯了公民民主权利，损害了国家的政治生活，必须依法惩处。

　　破坏选举罪在客观方面表现为在选举各级人民代表大会和国家机关领导人员时，采用各种手段破坏选举或者妨碍选民和代表自由行使选举权和被选举权，属于情节严重的行为。

　　本案中，村民刘仲良不顾工作人员的劝阻，强行将该选区的 130 余张选票、选票箱抢走自行"保管"，致使当日宝介山村选区选举无效的行为，已经严重扰乱了该村正常的选举秩序，情节严重。因此，法院判决其构成破坏选举罪，依法要承担相应的刑事责任。

## 第三节　依法行使权利与履行义务

### 案例⑤　时髦的微信群旅游，且行且警惕

　　男子林某参加余某通过微信群组织的旅游活动，目的地闽侯十八重溪游玩，不幸在景区溺亡。林某家属起诉余某，要求他赔偿 375496.00 元。最终，福州市中院终审判决，余某承担 10% 的侵权责任，向林某父母赔偿 72399.20 元。

　　2014 年 9 月，余某通过电话及在微信朋友圈发布消息等方式，邀请朋友一同去闽侯十八重溪景区游玩，并表示可以自行邀请他人一同前往。

　　2014 年 9 月 21 日，余某等共计 113 人前往景区游玩。参与活动的人员进入景区后，余某提醒众人不得下水游泳，景区内部也树立多处警示标志禁止游泳。当日 14 时许，林某因在景区内游泳溺水身亡。林某父母到闽侯县法院起诉，要求余某赔偿 375496.00 元。

　　闽侯县法院审理后认为，余某虽在活动过程中尽到提醒义务，但作为非旅游从业者，贸然组织多达 113 人的群众性活动，明显超出其个人的组织管理及安全保障能力，应对林某的死亡承担一定的侵权责任。林某作为完全民事行为能力人，无视他人警告下水游泳导致溺亡，自身亦有过错。综合林某及余某各自的过错程度，闽侯县法院判决余某承担 10% 的侵权责任，向林某父母赔偿 72399.20 元。

　　判决后，林某父母不服，遂上诉到福州市中级人民法院。

　　福州市中院审理后认为，本案是一起特殊的侵权纠纷案件。本案中，余某通过微信朋友圈发布信息，组织 100 多人前往景区游玩，该旅游活动应为群众性活动。余某作为活动的组织者，对参加活动的人负有安全保障义务。根据《最高人民法院关于审理人身损害赔偿案件适用法律若干问题的解释》第六条第一款关于"从事住宿、餐饮、娱乐等经营活动或者其他社会活动的自然人、法人、其他组织，未尽合理限度范围内的安全保

障义务致使他人遭受人身损害，赔偿权利人请求其承担相应赔偿责任的，人民法院应予支持"的规定，组织者的安全保障义务应限定在"合理限度范围内"。

本案中，余某虽然尽到了提醒"禁止下水游泳"的义务，但未限制参加活动人数，作为非旅游从业者，组织活动人数多达113人，已经大大超出了个人的组织管理及安全保障能力，可以认定未尽到"合理限度范围内"的安全保障义务，应承担侵权责任。受害者不听组织者明确提醒以及违反景区警示标志擅自下水游泳，法院根据组织者与受害者的过错大小，认定受害者自身承担90%的责任，组织者承担10%的侵权责任，是合理的。

### 思考讨论

在互联网时代，个人通过朋友圈、QQ群等社交软件发起的旅游活动，一旦发生游客财产人身安全方面的损害，责任如何承担？

### 案例点评

如今，随着社交方式越来越多元化，许多户外群、QQ群、微信群、车友群等利用现代传播手段组织户外旅游活动。由于这种活动不是专业旅行社组织，一旦发生问题，索赔会非常困难。

合法旅行社接待游客出行必须签订旅游合同，对旅游行程进行翔实约定，旅游合同是判断纠纷违约方及违约责任程度的主要依据。可是户外运动俱乐部、朋友圈、QQ群等组织活动在出游前一般是微信或者网上报名召集，不会和参与者签订书面协议合同，没有约定双方的权利和义务，一旦发生安全或服务质量方面的问题和纠纷难以判断违约方责任，而且组织者常会推卸责任。另外，正规旅行社按照《旅游法》的要求，都投保旅行社责任险，用于因旅行社原因出现责任事故时保障游客的合法权益，但是"微信群旅游"没有此项保险，一旦发生事故，赔偿就比较困难。

本案中，余某通过微信朋友圈发布信息，组织100多人前往景区游玩，余某作为活动的组织者，对参加活动的人负有安全保障义务。但是由于他未尽合理限度范围内的安全保障义务（即未控制好旅游参加人员的人数）致使林某溺亡，因此应承担相应的赔偿责任。

### 案例⑥ 要求小偷下跪的做法合适吗

2008年，福州一位热心市民看到某超市门口跪着一个男青年，双手被胶带反绑着，身上还挂着一个硬纸牌，上面写着"我是老偷"。男青年旁边还放着洗面奶、洗发水等日常用品。该市民打听得知，这个男青年偷了该超市的物品，被当场抓住，超市便让他跪着"示众"。

**思考讨论**

要求小偷下跪的做法合法吗？

**案例点评**

《治安管理处罚法》第 49 条规定："盗窃、诈骗、哄抢、抢夺、敲诈勒索或者故意损毁公司财物的，处五日以上十日以下拘留，可以并处五百元以下罚款；情节较重的，处十日以上十五日以下拘留，可以并处一千元以下罚款。"同时，该法第 7 条规定："国务院公安部门负责全国的治安管理工作。县级以上地方各级人民政府公安机关负责本行政区域内的治安管理工作。"由此可见，对于小偷小摸行为，只有公安机关有处罚权，其他任何单位和个人都无权擅自对小偷进行处罚。如果偷盗的财物价值比较大，达到了《刑法》规定的最低标准，那么涉嫌的是盗窃罪，应根据《刑法》进行处罚。

在本案中，超市并没有任何的行政处罚权。在抓住小偷后，超市只能迅速把小偷扭送到公安机关，或者报警，由公安机关来做出行政处罚。即使是行政处罚，也不能罚小偷下跪，行政处罚也必须依法做出，处罚措施也不能侵犯当事人的人格尊严。小偷犯了错，并不等于说我们可以以贬损其人格尊严的方式来对其进行处罚。因此，要求小偷下跪的做法不合法。

**案例 7　幼儿不慎跌落菜窖，摔伤谁来担责**

贾刚为储存越冬的蔬菜，在自家封闭的后院墙内挖了一个菜窖，因冬储蔬菜尚未放入，所以菜窖挖好后一直没封窖口。一天，贾刚的儿子 7 岁的贾警和邻居汪某 6 岁的儿子汪强在贾家后院玩耍，汪强不慎跌下菜窖，胳膊摔成骨折，住院治疗花费 600 元。汪某以贾刚挖菜窖未封口，亦未采取安全措施，致使其子摔伤为由，要求贾刚赔偿损失。贾刚则认为汪强摔伤是自己不小心所致，与自己无关，拒绝赔偿。于是，汪某起诉到人民法院。

**思考讨论**

本案中的损害赔偿责任由谁承担？

**案例点评**

我国《民法通则》第 125 条规定："在公共场所、道旁或者通道上挖坑、修缮安装地下设施等，没有设置明显标志和采取安全措施造成他人损害的，施工人应当承担民事责任。"本案中，贾某是在自家封闭的后院墙内挖菜窖，其施工地点既非公共场所，又非道旁、通道之上，因此，贾刚没有设置明显标志和采取安全措施的义务。

汪强是 6 岁的幼童，属于无民事行为能力人，尚无判断自己行为后果的能力，无所谓法律上的过错问题。我国《民法通则》第 106 条第 3 款规定："没有过错，但法律规定应当承担民事责任的，应当承担民事责任。"《民法通则》第 132 条规定："当事人对造成损害都没有过错的，可以根据实际情况，由当事人分担民事责任。"本案中贾刚和汪强都没有过错，应当根据实际情况，由双方当事人共同分担民事责任。

### 案例 8　KTV，你侵权了

记者从广安市中级人民法院获悉，2015 年广安市 22 家 KTV 歌城被中国音像著作权集体管理协会（以下简称音集协）以著作权侵权为由告上法庭，最后判决每首音乐电视支付 260 元赔偿。据了解，这也是广安市首次涉及音乐电视作品的诉讼。

广安市中级人民法院去年对相关的 22 件案件进行了审理。广安市中院民三庭庭长成代军介绍，在 2014 年，音集协就通过公证机关公证的方式，就广安市城区 22 家 KTV 歌城在营业场所放映其经相关著作权人授权管理的音乐电视作品的行为进行了证据保全。音集协认为这些 KTV 歌城未经权利人许可，在经营的娱乐场所内营利性播放相关音乐电视作品，侵害了音集协对相关作品的放映权，要求被告立即停止侵权，从曲库中删除相关音乐电视作品，并按每首 800 元进行赔偿。

法院经审理认定，涉案音乐电视作品的著作权人与音集协签订《音像著作权授权合同》，约定原告管理相关音乐电视的放映权、复制权，且原告有权以自己的名义向侵权使用者提出诉讼，因此原告有权就相关行为主张权利。被告未经著作权人及原告许可，在经营场所向消费者提供点播系统的方式公开放映音乐电视，侵害了原告的放映权。法院判决被告停止侵权并按每首音乐电视 260 元支付赔偿。

（资料来源：《四川法制晚报》 2016 年 5 月 20 日）

### 思考讨论

这些 KTV 为何要承担侵权责任？侵犯的是著作权中的什么权利？

### 案例点评

打开电脑下载首歌曲，你可能侵权了；网上看部电影，你也可能侵权了；去 KTV 唱歌，有可能经营者侵权了。随着时代的发展，侵犯版权等知识产权的案例越来越多，人们的知识产权保护意识也越来越强。

从目前涌现出的大量 KTV 侵犯音乐作品著作权案件来看，KTV 著作权侵权案主要表现出以下特点：

一是维权主体逐渐增多。根据《著作权法》第 8 条："著作权人和与著作权有关的权利人可以授权著作权集体管理组织行使著作权或者与著作权有关的权利。著作权集体管理组织被授权后，可以以自己的名义为著作权人和与著作权有关的权利人主张权利，并可以作为当事人进行涉及著作权或者与著作权有关的权利的诉讼、仲裁活动。"过去，在我国司法实践中，该类型案件多由音乐著作权集体管理组织或其委托的著作权许可使用费收取公司代替诉讼，2012 年起各唱片公司作为权利人单独提起诉讼，维权主体增多，案件数量增加。

二是诉讼同质程度高。在批量诉讼中，原告均为同一主体，对同类型经营主体同时发起多起侵权诉讼，并且在这列案件中案情往往并不复杂，其诉讼请求、事实理由、诉讼标的、证据均高度统一。

三是KTV经营者败诉率高。在判决结案的该类案件中，KTV经营者败诉率几乎可以说是100%，均需要赔偿原告经济损失及为维权所支出的合理费用。

四是KTV经营者反复被诉概率高。因为KTV使用的曲库涉及的音乐作品非常丰富，部分KTV经营者在被诉后仍未积极采取措施防范风险，导致其多次被不同作品的著作权人以相同的理由起诉。

卡拉OK表面上看是消费者点歌唱歌的行为，实际上是KTV经营者提供播放歌曲的服务行为，该行为只要未经著作权人许可，亦未交许可使用费，就是一种侵权行为。根据《著作权法》第10条的规定，著作权主要包括人身权和财产权，上述行为主要侵犯的是音乐作品著作权人的财产权。根据《著作权法》第48条规定："KTV经营者要承担停止侵害、消除影响、赔礼道歉、赔偿损失等民事责任"。因此，本案中，22家KTV作为被告要承担相应的经济赔偿责任。

### 案例 ❸　网上侵权案的是与非

网民对自己在网络上的言行究竟要不要承担法律责任？2001年，南京市鼓楼区法院对一起网络纠纷作出一审判决：网名为"大跃进"的俞某侵权事实成立，被判向原告张某（网名为"红颜静"）在西祠网站上赔礼道歉，并赔偿其精神损害赔偿金1000元。

原告张某是一名漂亮女孩，网名"红颜静"，主持管理了"e龙"网站里的一个文学版块。被告俞某以"大跃进"为网名，在"e龙"网站上网活动。2000年11月某日，张某、俞某等网友们在南京聚会交流，并打牌娱乐到深夜。回家之后，张某打开电脑，发现刚刚还在一起玩的俞某以"大跃进"的网名在公开版块上发出侮辱她的帖子，称"红颜静"是网上的"交际花"，以及一些不堪入目的言语，内容极为低下。张某当即回帖要求对方不要乱写、侮辱他人。在此后的几个月时间里，"大跃进"在网上发表了大量的帖子，侮辱"红颜静"，并以另一网名"华容道"的名义发帖，对"红颜静"进行侮辱和诽谤。

在法庭上，原告及代理人当庭出示证据证明原、被告的网友关系和被告进行诽谤的事实。被告主张自己不是"大跃进"，并否认侵权事实；同时指出，网络是一个虚拟空间，网民与网民间的对骂乃至侮辱，与面对面的对骂、侮辱有着本质的区别，因为是虚拟的，所以不构成侵权。法官出示了证明"大跃进"和"华容道"的IP地址及使用的为被告家庭电话号码，以及上网次数、时间等证据。法庭经过合议认定，被告在明知对方网名和真实身份的前提下，在网站的公开版块发帖，对原告进行人格侮辱和诽谤，故侵权事实成立。据此，法院作出上述一审判决。

（资料来源：《中华人民共和国最高人民法院公报》 2001年05期）

**思考讨论**

网络言论是否应该受到法律的规制?

**案例点评**

从本案例中,应当看到的是,网络是虚拟的,但是网站和网民都是现实中的主体。在网络社会中,最基本的主体就是网站和网民。网站是要经过注册的实体,要由现实中的人或者公司来经营。网民也是现实中的人,并非虚幻的人物。在虚拟的空间中,虽然在一般情况下没有人或者很少有人知道某一个网民的具体身份和地位。但是,网民不是虚拟的主体,是有具体的自然人作为其根据的。一个网民可能会有几个网名,或者几个网民共用一个网名,但不论怎样,都是有人在使用这个网名,不存在没有现实社会存在的人对应的网民。正是因为如此,网站和网民就必须在网络行为中遵守国家的法律,不能因为网络是虚拟的空间而违背国家法律,侵害他人的权利。"网上的事情应该网上解决"的主张,是不现实的,因为网络只是社会的一个部分,网络没有自己的法律,没有自己的法庭,网络纠纷无法在网上解决,只能在现实社会中,用现实社会的法律予以解决。

任何自由都是相对的。自由的相对性含义就是,任何人在行使自己的自由、权利的时候,都必须尊重他人的权利,不得以行使自己的自由、权利为借口而侵害他人的权利和自由。这是维护社会秩序的基本规则,也是任何主体行使权利和自由必须遵守的准则。如果认为自由就是绝对的,就是不受限制的,这个社会的基本秩序就没有办法维持,人的基本权利也就不能得到保障。在网络社会中,很多人往往认为网络是一个自由的空间,可以任意所为,不受法律的约束,因而可以张口骂人,甚至无中生有,对其他网友进行攻击、谩骂、诽谤或侮辱等。这是网络中十分恶劣的风气,也是破坏网络秩序的一种恶劣做法。发表见解和诽谤他人是有原则区别的,正常发表见解,在任何时候都是允许的。如果以谩骂和诽谤的方式发表见解,并且针对特定的他人,就是侵权行为,应当承担侵害名誉权的民事责任。

### 案例 20 婚礼照丢失引发精神赔偿

2015 年 3 月 29 日、30 日是 21 岁的女孩小王成婚的日子,在这人生重要的一刻,小王和新郎,以及自己的亲朋好友,特别是与平时很少见面,特意从湖南赶来参加她婚礼的同学照了不少合影,幸福而美好的一瞬都留在了 4 个胶卷里。

3 月 31 日,小王迫不及待地到住家附近的某摄影工作室冲扩了 4 个胶卷,交纳了 72 元的冲扩费,当时该摄影工作室也出具了取照片的凭据,凭据上说明 4 月 1 日中午可以取胶卷。到 4 月 1 日,当小王兴冲冲地来到人像摄影工作室取照片时,却被对方告知,4 个胶卷均已丢失。自己在喜庆的日子里所留下的情影永远不再有了,而这一切都是该摄影室的过错,愤怒的小王将该人像摄影工作室告到法院,要求被告赔偿她 8 个胶卷。并且,鉴于被告的过错给她造成无法弥补的损失,她要求法院判决赔偿精神损害费 8000 元。

最终此案经法官调解,双方当事人自愿达成协议,被告像摄影工作室赔偿原告小王胶卷及冲扩费共计200元；并赔偿原告小王精神损害抚慰金共计2000元。

（资料来源：找法网 http://china.findlaw.cn/case/1660.html　2012年7月24日）

**思考讨论**

本案中为什么摄影工作室要对原告承担精神损害赔偿？

**案例点评**

本案双方争议焦点集中在了8000元的精神损失费上。"精神损害"是一个有特定法律意义的概念，精神损害赔偿不同于财产损失的赔偿。财产损害赔偿上，只要是民事权利受到侵害，符合侵权的要件，依照其情形不能恢复原状的，就应该等价赔偿其财产损失。而精神损害赔偿其目的不是为了填补受害人的财产损失，其基本功能是抚慰受害人的精神痛苦，是为了补偿、抚慰受害人受到伤害的心灵，具有象征性和安抚性，同时也在一定程度上对加害人予以惩戒。由加害人承担精神损害的赔偿责任，具有一定的惩罚性，无论是对加害人本人还是对其他社会成员都具有警戒和教育作用，侵权是要付出沉痛代价的。

人的人格尊严、生命、健康等是无法用金钱来衡量的，也不是用金钱可以交换的，但一旦侵权行为发生后，一定数额的金钱赔偿或许是依靠法律能找到的最佳救济方法。

严格说来，民法通则没有直接使用"精神损害"的概念。与精神损害赔偿制度比较接近的是第120条的规定："公民的姓名权、肖像权、名誉权、荣誉权受到侵害的，有权要求停止侵害，恢复名誉，消除影响，赔礼道歉，并可以要求赔偿损失。"最高人民法院《关于确定民事侵权精神损害赔偿责任若干问题的解释》第4条规定："具有人格象征意义的特定纪念物品，因侵权行为而永久性灭失或者毁损，物品所有人以侵权为由，向人民法院起诉请求赔偿精神损害的，人民法院应当依法予以受理。"最高人民法院《关于确定民事侵权精神损害赔偿责任若干问题的解释》是我国目前在精神损害赔偿方面最主要的法律依据，它是我国对自然人人格利益的司法保护上的一个重大进展。但是法律不是对任何情况下产生的任何程度的精神损害都予以救济，而只是对特定条件下达到一定程度的精神损害予以救济，由加害人承担赔偿责任和其他相应的民事责任。因此，"精神损害"是一个有特定法律意义的概念，而不同于医学上的精神损害或者人们在日常生活中所谈论的一般的精神方面的不快。

精神损害赔偿的基本功能是抚慰受害人的精神痛苦，对精神痛苦客观上不能作出量化评价，而且精神痛苦的个案也有差别，赔偿数额只能在个案当中斟酌确定。人们对精神损害赔偿数额的合理期待，应当符合社会的经济发展水平和一般价值取向。

随着人们人格尊严意识、权利意识的增加，人们在权利受到侵犯时，不仅会要求财产损害赔偿，也会更多地要求由于对方侵权而给自己造成的精神损害的非财产损害赔偿，这也是社会精神文明进步的一种表现。

### 案例 ① 都是免费酒水惹的祸

李某与女友元旦在某花园大酒店举行婚礼，宴请各方宾朋。肖某乘兴与同桌划拳斗酒，因拳技不佳，频频输酒，肖某只好将瓶中酒一饮而尽，他顿时觉得喉咙似有一硬物卡住，并不时有阵阵的刺痛。肖某马上到附近医院就诊，经过医生的仔细观察，诊断证明其喉咙被一细铁丝卡住。肖某当天动了手术，并在医院躺了一个星期，前后共花去各项费用 3200 元。原本乘兴而去却是心痛而回，肖某认为都是酒中铁丝惹的祸，于是就到酒店讨说法，要求赔偿损失。酒店以酒水免费为由拒绝赔偿。无奈，肖某只好诉至法院，请求法院判决酒店赔偿其损失 3200 元。

法院合议庭在审理本案时，对于肖某因免费酒水造成损害由谁承担责任存在两种不同意见。

第一种意见认为，酒店不承担赔偿责任。因为酒店虽然为肖某提供了服务，但酒水却是免费的，客户因此造成伤害，酒店不存在过错，理所当然也就不负赔偿责任。至于客户损害既成事实，是因为生产厂家提供的酒水存在瑕疵，厂家有过错，依据民法通则所规定的过错责任，该损害应由酒水的生产厂家承担赔偿责任，而不是由无过错的酒店承担责任。

第二种意见认为：酒店应当承担赔偿责任。从本案来看，肖某接受新郎李某的宴请，到某花园大酒店去喝酒，事实上就与该酒店形成了一种服务合同关系。因此该酒店作为服务一方的经营者就应当保证其提供的各种服务（不管是有偿还是无偿）都是有利于消费者，而不能危害消费者的人身或财产的安全，否则就得承担赔偿责任。另外酒水含有瑕疵（酒水中有铁丝），从而造成本案肖某的损害，酒水的生产厂家有过错，同样也要承担损害赔偿责任。但作为消费者肖某来讲，他有权按照自己的意愿选择索赔对象，既然肖某选择酒店赔偿，酒店就得承担赔偿责任。当然，该酒店在对肖某作出赔偿后，依照过错责任原则可向酒水的生产厂家进行索赔，但这属于另一民事法律关系，酒店不能据此推卸责任。

（资料来源：华律网 http://china.findlaw.cn/case/706.html 2010 年 6 月）

#### 思考讨论

免费酒水存在质量问题造成消费者人身伤害是否需要承担损害赔偿责任？

#### 案例点评

关于免费服务造成损害由谁承担赔偿责任的纠纷，根据消费者权益保护法第 11 条规定："消费者因购买、使用商品或者接受服务受到人身、财产损害的，享有依法获得赔偿的权利。"第 35 条第 3 款规定："消费者在接受服务时，其合法权益受到损害的，可以向服务者要求赔偿。"本案肖某在某花园大酒店参加李某的婚礼，并享受该大酒店酒水免费的服务，从而在他们之间就形成了事实上的服务合同。肖某在接受酒店提供的服务时因酒店提供的酒中藏有铁丝而遭到人身损害，尽管该酒店对酒水存在瑕疵没有过错，而且是免费使用，但这免费的酒水是属于酒店所提供服务的一部分，因此酒店作为服务的经营者就应当为此承担赔偿责任，而不能以免费提供服务为由拒绝赔偿。

法院合议庭在经过认真的审理之后也采纳了第二种意见，即酒店应当承担赔偿责任。遂判决某花园大酒店在限期内赔偿肖某医疗费、护理费、误工费等各项损失共计人民币 2860 元，并承担本案的诉讼费用。

**案例 ⑫　被狗咬伤，谁来担责**

张甲（20 岁）与张乙（14 岁）走到张丙家门口，见张丙家门口趴着一条大狗，张甲对张乙说，你拿一场块石头去砸狗，看它会有何反应。张乙依言照做，结果狗被打后朝张乙追去，张乙见势不妙，躲在迎面而来的张丁后面，狗于是咬伤了张丁，张丁为此花费医疗费 500 元。

**思考讨论**

该案中，如何界定责任承担问题？

**案例点评**

该案中，该笔医疗费用主要应由张甲承担，张乙的监护人承担适当部分。根据民法有关规定，饲养动物致人损害的，动物饲养人、管理人承担民事责任。但由于第三人的过错造成损害的，第三人应承担民事责任。

同时，教唆限制民事行为能力人实施侵权的人，应当承担主要民事责任。因此，张甲应承担主要责任，张乙因为是未成年人，承担次要责任，由其监护人承担该法律责任。

而张丙不是侵权行为的引发者，故不承担任何责任。

**案例 ⑬　吵架患病须赔偿，索赔过高不支持**

被告杨某与原告邓某女儿曾有纠纷。2012 年 2 月 11 日中午，被告杨某同其本村村民李某一起到原告家找原告的女儿，双方因话不投机发生争吵，致使邓某所患疾病诱发，当场晕倒在地，遂被送往医院救治。医院诊断为"糖尿病、高血压、代谢性酸中毒"。另查明，此前原告已患有糖尿病、高血压，且高血压病史已有四年。原告病情好转出院后，向陕县人民法院提起诉讼，要求赔偿医疗费等各种损失计 5486.30 元。

2012 年 4 月 29 日，法院作出判决，认为："原、被告发生争吵，被告虽没有致伤原告，但其行为致原告本来就潜藏的疾患诱发，被告的行为与原告病情的诱发有间接的因果关系，被告应对其行为所引起的后果负担相应的责任。原告因自身体质的特殊及本身就潜藏有糖尿病及高血压的病患，该病的诱发与被告的行为没有直接关系，对其造成的损害后果原告应负主要责任，原告要求被告赔偿医疗费、护理费、住院伙食补助费、交通费，于法有据，应予支持，但其要求被告赔偿经济损失 5486.30 元，与实际责任不符，且有不妥之处，本院对原告要求的合法、合理部分应予支持。"判决："一、原告邓某在治疗期间的医疗费、护理费、住院伙食补助费、交通费共计 2082.30 元，由被告杨某赔偿原告 650 元，其余损失 1432.30 元，由原告自理。款限本判决生效后十日内一次付清。二、驳回原告的其他诉讼请求。"判决后，双方当事人均未上诉。

**思 考 讨 论**

法院为何如此判决？

**案 例 点 评**

本案由于原告本身患有疾病，原被告双方之间仅因发生了争吵（无致害行为）而诱发原告所患疾病，结果判令被告承担一定民事责任。此类案例并不多见。

这是运用侵权行为法中因果关系理论而处理的案例。原告出现的晕厥，其本身的疾病是发生的直接原因；但原告与被告发生的争吵与原告晕厥存在一定的诱因，诱因属于引起损害发生的一种间接原因。间接原因对损害的发生不能直接地、单独地起作用，它往往以直接原因为基础，并与其他间接原因相结合，才能共同产生损害后果。所以，间接原因与结果之间也存在着因果关系，只不过其作用距离结果较远，或者说原因力较弱。本案原告与被告发生争吵，作为一种间接原因在原告本身就患病的情况下，才产生了诱发作用，从而出现了不可预知的结果。

诱发原告患病的间接原因，是否要承担一定的责任，一般还要考虑引起间接原因发生的人是否有过错因素，而在司法实践中，引起间接原因发生的人是否要承担责任问题上，往往采用的并不是过错原则，而是公平原则。这种案件更多地需要法官利用法律的理念和原则来做出正确的处理。本案陕县人民法院判决被告承担适当责任是正确的。

### 案例 14  违反公序良俗的民事行为无效

现年 60 岁的蒋伦芳与四川省泸州市纳溪区某厂职工黄永彬于 1963 年 5 月经恋爱登记结婚。二人收养一子（黄勇，现年 31 岁，已成家另过）。1990 年 7 月，蒋伦芳因继承父母遗产取得原泸州市市中区顺城街 67 号房屋所有权。1995 年，因城市建设，该房屋被拆迁，由拆迁单位将其 77.2m² 的住房一套作还房安置给了蒋伦芳。1996 年，黄永彬与比他小近 30 岁的张学英相识后，二人便一直在外租房公开同居生活。2000 年 9 月，黄永彬与蒋伦芳将蒋伦芳继承所得的位于泸州市江阳区新马路的房产，以 8 万元的价格出售给陈蓉。黄永彬、蒋伦芳夫妇将售房款中的 3 万元赠与其养子黄勇，用于在外购买商品房。黄永彬因患肝癌病晚期住院治疗，于 2001 年 4 月 18 日立下书面遗嘱，将其所得住房补贴金、公积金、抚恤金和卖泸州市江阳区新马路住房所获款的一半 4 万元及自己所用的手机一部，将总额 6 万元的财产赠与张学英所有。泸州市纳溪区公证处对该遗嘱出具了（2000）泸纳证字第 148 号公证书。黄永彬因病去世。黄永彬的遗体火化前，张学英公开当着配偶蒋伦芳的面宣布了黄永彬留下的遗嘱。张学英以蒋伦芳侵害其财产权为由诉讼至泸州市纳溪区人民法院。

泸州市纳溪区人民法院经审理认为，遗赠人黄永彬患肝癌病晚期立下书面遗嘱，将其财产赠与原告张学英，并经泸州市纳溪区公证处公证，该遗嘱形式上是遗赠人黄永彬的真实意思表示，但在实质赠与财产的内容上存在以下违法之处：第一，抚恤金不是个人财产，它是按照国家有关规定，死者单位对死者直系亲戚的抚慰金，不属遗赠财产的范围。第二，遗赠人黄永彬的住房补助金、公积金是黄永彬与蒋伦芳夫妻关系存续期间所得，应为夫妻共同财产，遗嘱人生前在法律的允许范围内，只能按照法律规定的方式处分其个人财产。遗嘱人黄永彬在立遗嘱时未经共有人蒋伦芳同意，单独对夫妻共同财产进行处理，其无权处分部分应属无效。第三，位于泸州市江阳区新马路住房，应为夫妻共同财产。蒋伦芳将该房以8万元的价格卖给陈蓉，该8万元售房款还应扣除房屋交易时蒋伦芳承担的税费，实际售房款不足8万元。此外，在2001年春节，黄永彬、蒋伦芳夫妇将售房款中的3万元赠与其养子黄勇在外购买商品房。泸州市纳溪区公证处在未查明事实的情况下，便对其遗嘱进行了公证显属不当，违背了《四川省公证条例》第22条"公证机构对不真实、合法的行为、事实和文书，应作出拒绝公证的决定"的规定。

法院经审理后认为遗赠人黄永彬的遗赠行为违反了法律的原则和精神，损害了社会公德，破坏了社会公共秩序，应属无效行为，据此，驳回原告张学英的诉讼请求。

一审宣判后，张学英于2001年11月向四川省泸州市中级人民法院提起上诉。

二审法院在查明本案的事实后，以与一审法院同样的理由，作出维持原判的终审判决。

（资料来源：《法律适用》国家法官学院学报 2002年03期）

**思 考 讨 论**

本案中黄永彬的遗嘱为何无效？

**案 例 点 评**

本案属遗赠纠纷。遗赠是公民以遗嘱的方式将个人合法财产的一部分或全部赠给国家、集体或法定继承人以外的其他人。遗赠行为成立的前提是遗嘱，而遗嘱是立遗嘱人生前在法律允许的范围内，按照法律的方式处分自己的财产及其他财物。

首先，本案中遗赠人黄永彬立遗嘱时虽具完全行为能力，遗嘱也系其真实意思表示，但遗嘱的内容却违反法律和社会公共利益。遗赠人黄永彬对售房款的处理违背客观事实。泸州市江阳区新马路的住房为夫妻共同财产。但该房以8万元的价格出售，黄永彬生前是明知的，且该8万元售房款还缴纳了有关税费，黄永彬与蒋伦芳共同将该售房款中的3万元赠与其子黄勇，实际上已经没有8万元。遗赠人黄永彬在立遗嘱时，仍以不存在的8万元的一半进行遗赠，显然违背了客观事实。

其次，遗赠人黄永彬的遗赠行为，剥夺了蒋伦芳一方享有的合法财产继承权。他们的婚姻关系受法律的保护。"夫妻有互相继承遗产的权利。"夫妻间的继承权，是婚姻效力的一种具体表现，但黄永彬将财产赠与其非法同居的上诉人张学英，实质上剥夺了其妻蒋伦芳的合法财产继承权。《民法通则》第7条明确规定："民事行为不得违反公共秩序和社会公德，违反者其行为无效"。本案中黄永彬与被告蒋伦芳系结婚多年的夫妻，应相互扶助、互相忠实、互相尊重。但在本案中，遗赠人从 1996 年认识原告张学英后，长期与其非法同居，是一种违法行为。遗赠人黄永彬基于与原告张学英有非法同居关系而立下的遗嘱，是一种违反公共秩序和社会公德的行为。

从另一个角度讲，本案被告蒋伦芳在遗赠人黄永彬患肝癌晚期住院直至去世期间，一直对其护理照顾，履行了夫妻扶助的义务，遗赠人黄永彬却无视法律规定，违反社会公德，漠视结发夫妻的忠实与扶助，将财产赠与其非法同居的原告张学英，实际上损害了被告蒋伦芳合法的财产继承权，破坏了社会风气。

因此，遗赠人黄永彬所立书面遗嘱，其内容和目的违反法律和社会公共利益，应属无效遗嘱。其遗赠行为自然无效。

作为现代民法的一项基本原则，"公序良俗"原则充分体现了国家、民族、社会的基本利益要求，反映了当代社会中居于统治地位的一般道德标准，是社会道德规范的法律化。"公序良俗"原则所包括的"社会公德"或"社会公共利益"，又可称作"公共秩序"和"善良风俗"，两者的概念基本一致。并非一切违反伦理道德的行为都是违反社会公德或社会公共利益的行为，但违反已从道德要求上升为具体法律禁止性规定所体现的，维持现行社会秩序所必需的社会基本道德观念的行为，则属于违反社会公德或社会公共利益的行为，应属无效民事行为。

## 案例 15  相邻关系案件

文先生与武先生同村相邻而居。武先生经村干部同意，在紧贴文先生北院墙处，用砖和石头建造了厕所、猪圈及鸭子圈，后又在文先生的北墙外侧距墙约 30 厘米处栽种一排树苗，现存活 7 棵。近日，文先生越来越不能忍受武先生家的厕所、猪圈、鸭子圈所散发出的气味，且发现武先生所栽树木距自家的房屋及北院墙过近，妨碍了自家住房的通风采光，且树木根枝延伸，危及到自家住房及北院墙的安全。为此，文先生起诉至房山区法院，要求武先生将厕所、猪圈、鸭子圈拆除，将树木移走。本案在审理中存在两种意见：

第一种意见，应判决驳回文先生的诉讼请求。武先生所建厕所、猪圈、鸭子圈是在本村干部同意的前提下，又是在集体的空闲地上建造的，所以应视为武先生取得了此地的合法使用权，其建筑设施及所栽树木都应受到法律保护，文先生无权干涉。法院应判决驳回他的诉讼请求。

第二种意见，应支持文先生的诉讼请求。武先生没有经政府批准，只在村干部同意下，就建造房屋，属于违法占地。其在违法占用的土地上，建造的各项设施，对文先生造成了损害，应当拆除。

### 思 考 讨 论
根据所学法律知识，你认为哪种意见符合法律的规定？

**案例点评**

《中华人民共和国土地管理法》第62条规定："农村村民一户只能拥有一处宅基地，其宅基地的面积不得超过省、自治区、直辖市规定的标准。农村村民建住宅，应当符合乡（镇）土地利用总体规划，并尽量使用原有的宅基地和村内空闲地。农村村民住宅用地，经乡（镇）人民政府审核，由县级人民政府批准。"本案中，村民武先生虽然建的是厕所、猪圈、鸭子圈，但仍须经政府批准，他没有经合法程序进行审批，只是在某个村干部的同意下就在集体的土地上建造厕所等生活设施，属违法占地。此外，相邻关系是指两个或两个以上相互毗邻不动产的所有权人或使用权人，在对不动产行使占有、使用、收益、处分权利时的权利义务关系。财产相邻关系从本质上讲是一方财产所有人或使用人的财产权利的延伸，同时又是对他方财产所有人或使用人财产权利的限制。这种对财产权利合理延伸的必要限制，既无损于所有人或使用人的正当权益，也不能损害相邻他方的正当权益。因此，相邻各方应遵照有利生产、方便生活的原则，在己方行使权利的同时，兼顾邻人利益。因此，武先生即使通过正当途径取得了该处土地的使用权，也应当兼顾相邻权。现在，武先生不仅违法占地，且其在违法占用的土地上建造的厕所、猪圈、鸭子圈散发的气味污染了环境，影响了文先生一家的正常生活，所栽的树木不仅妨碍文先生住房的通风采光，而且对文先生的住房构成了威胁，进而危及到文先生一家的人身安全。所以，武先生应尽快将厕所、猪圈、鸭子圈拆除，将树木砍伐或移走。因此，法院应判决武先生拆除厕所、猪圈、鸭子圈，并将树木移走。

**案例 16　不能因他人的违法行为而不尽自身义务**

段女士与前夫生有4个子女。1963年，前夫病逝后，段女士与李先生结婚，李先生搬到段女士家居住。当时，段女士的大儿子、大女儿都已成年，只有2个小女儿还都不满10岁。李先生与段女士婚后又生一女小荣。二人共同生活9年后，段女士病故。李先生带着小荣回老家居住，与段女士的4个子女断绝了来往。直至2013年，李先生起诉至法院，要求4个继子女与小荣共同尽对自己的赡养义务。庭审中，大儿子、大女儿都认为，在母亲与继父结婚时，他们已年满18周岁，从没被继父抚养过，没有赡养继父的义务。而二女儿、三女儿认为，虽然母亲与继父结婚时，她们不满18周岁，但她们没上过一天学，在母亲去世后，继父还远离她们，没有将她们抚养成人。所以，她们不应赡养继父。本案中，李先生与段女士的大儿子、大女儿没有形成抚养关系，大儿子、大女儿没有义务赡养李先生，合议庭对此没有异议。但是法院对于二女儿、三女儿拒绝赡养继父存在两种意见：

第一种观点，段女士的二女儿、三女儿应赡养继父。因为她们与李先生共同生活了9年，形成了继父女关系，且此关系没有正式解除。至于继父曾抛下她们远走的事已过去多年，难以认定是否构成遗弃。如果继子女认为继父李先生的行为构成遗弃，可以依法向法院提起自诉。同时，这也不属于本案处理的范围。

第二种观点，段女士的二女儿、三女儿不应赡养继父。因为她们没有上过学，李先生没有为她们支付过教育费，并在她们还没有成年时，就远离她们，已构成遗弃。且李先生带亲生女小荣回老家时，就已自动解除了与两个女儿的继父母子女关系，双方30年没有来往，所以，段女士的二女儿、三女儿没有赡养李先生的义务。

### 思考讨论

段女士的二女儿、三女儿是否应赡养没有完全履行抚养义务的继父？

### 案例点评

根据我国婚姻法的规定，父母子女的权利义务适用于非婚生父母子女、有抚养关系的继父母子女、养父母子女。继父母子女是拟制血亲。《中华人民共和国婚姻法》（以下称《婚姻法》）规定："继父或继母和受其抚养教育的继子女间的权利义务，适用本法对父母子女关系的有关规定。"这一规定表明，只有形成了抚养关系，继父母子女才产生父母子女间的权利义务。一般认为以下两种情况形成抚养关系：继子女与继父母长期共同生活，继父或继母负担继子女生活费和教育费一部或全部；继子女与继父母共同生活，继父或继母对继子女予以生活上的照顾、教育和保护。本案中，段女士的二女儿、三女儿与李先生共同生活了9年，虽然李先生没有负担她们的教育费用，但曾给予她们较长时间的生活照顾，由此可以认定，李先生与段女士的二女儿、三女儿之间形成了继父母子女间的抚养关系。

# 实 践 活 动

## 课内实践——举办"宪法就在我们身边"大学生论坛

### 1. 目的要求

组织学生利用课下的时间阅读《宪法》条文，总结出与大学生和大学生活密切相关的法律规定，并联系近期发生的案例予以解释说明，以提升大学生对于《宪法》的认识，使大学生能够在日后的工作学习生活中自觉地遵守宪法，维护宪法权威。

### 2. 实践步骤

（1）根据《宪法》的内容，由师生确定论坛的主题。
（2）全班分成若干小组，就所选的题目收集资料，准备论文。
（3）老师选择质量好的论文在课堂上由学生作报告。

#### 课外实践——组织学生收集整理与大学生活相关的法律、法规和条例

1. 目的要求

组织学生收集整理与大学生活相关的法律、法规和条例，可以帮助学生全面系统地了解自己享有的权利和应尽的义务，从而自觉遵守校园生活和社会生活中的法律、法规，并懂得运用法律的手段维护自己的合法权益。

2. 实施步骤

（1）提前一个月布置任务。

（2）全班分若干个小组，每组 3～5 人，确定一名召集人。以小组为单位，通过上网、去图书馆、走访学生管理部门等途径，查找相关的法律、法规和条例并分类整理。主要查找在社会公共生活、职业生活、家庭生活和学习生活领域中涉及大学生的法律、法规和案例。

（3）每个小组把收集到的资料装订成册。

（4）在收集、整理相关法律、法规和条例的基础上，每个小组归纳梳理出在大学期间享有的权利和义务。

# 复习思考题

#### 一、单项选择题

1. 我国《宪法》规定："我国公民享有广泛的权利，其中作为公民具体参加各种社会活动和实际享受其他权利"的前提的是（    ）。

    A．人身自由权            B．政治权利和自由

    C．社会经济权            D．文化教育权

2. 我国《宪法》规定："公民的住宅不受侵犯、通信自由和通信秘密受法律保护。"以上权利属于我国公民基本权利中的（    ）。

    A．平等权                B．政治权利和自由

    C．人身权利               D．社会经济权利

3. 我国公民的权利救济方式主要有四种。其中具有其他救济不可替代的终局性地位的是（    ）。

    A．司法救济               B．行政救济

    C．自力救济               D．政治救济与社会救济

4．在我国，公民人格尊严不受侵犯属于宪法权利类别中的（　　）。

  A．政治权利和自由      B．人身权利

  C．平等权         D．社会经济权利

5．下列选项中，不属于《宪法》所规定的公民的文化权利的是（　　）。

  A．科学研究自由      B．出版自由

  C．文艺创作自由      D．文艺作品欣赏自由

6．下列关于我国公民权利和义务关系的说法中，不正确的是（　　）。

  A．公民的权利和义务具有一致性

  B．公民可以多享受权利，少履行义务

  C．公民既是享受权利的主体，又是履行义务的主体

  D．没有无义务的权利，也没有无权利的义务

7．根据我国《宪法》规定，下列选项中哪一种情况不是公民获得物质帮助权的条件？（　　）

  A．公民在年老时      B．公民在疾病时

  C．公民在遭受自然灾害时    D．公民在丧失劳动能力时

8．根据我国《宪法》规定，下列关于私有财产权的表述不正确的一项是（　　）。

  A．公民合法的私有财产不受侵犯

  B．国家依照法律规定保护公民的私有财产权和继承权

  C．任何人不得剥夺公民的私有财产

  D．国家为了公共利益的需要，可以依照法律规定对公民的私有财产实行征收或者征用并给予补偿

9．下列选项中，既是公民的权利又是公民的义务的是（　　）。

  A．休息权        C．选举权和被选举权

  B．财产权        D．劳动权

10．2013 年 9 月 2 日，中央纪委监察部网站开通。这一重要网络反腐平台的推出，有利于（　　）。

  A．公民依法行使监督权    B．公民直接参与国家管理

  C．公民直接参与司法活动    D．公民依法行政

**二、多项选择题**

1．法律权利是各种权利中十分重要的权利，下面对法律权利的特征理解正确的有（　　）。

  A．法律权利的内容、种类和实现程度受社会物质生活条件的制约

  B．法律权利的内容、分配和实现方式因社会制度和国家法律的不同而存在差异

  C．法律权利不仅由法律规定或认可，而且受法律维护或保障，具有不可侵犯性

  D．法律权利必须依法行使，不能不择手段地行使法律权利

2．法律义务与法律权利相对应，是指法律规定的、以作为或者不作为的方式履行的对他人的责任。法律义务具有以下特点（　　）。

　　A．法律义务是历史的　　　　　　B．法律义务源于现实需要

　　C．法律义务必须依法设定　　　　D．法律义务可能发生变化

3．我国公民享有的基本权利有（　　）。

　　A．迁徙自由权　B．文化教育权　C．人身自由权　D．选举权与被选举权

4．人身权利是指公民的人身不受非法侵犯的权利，包括（　　）。

　　A．生命健康权　　B．人格尊严权　　C．住宅安全权　　D．通信自由权

5．我国《宪法》规定的公民的政治自由有（　　）。

　　A．人身自由　　　　　　　　　　B．言论、出版、结社自由

　　C．集会、游行、示威自由　　　　D．宗教信仰自由

6．我国《宪法》规定的公民宗教信仰自由的含义是（　　）。

　　A．公民有信教或者不信教的自由

　　B．有信仰这种宗教或者那种宗教的自由

　　C．有信仰同一宗教中的这个教派或那个教派的自由

　　D．有过去信教现在不信教或者过去不信教而现在信教的自由

7．社会经济权利以生存权为核心，具体包括生存权以及与这项权利密切相关的（　　）。

　　A．劳动权　　　　B．休息权　　　　C．社会保障权　　D．物质帮助权

8．法定继承是指由法律直接规定继承人的范围、继承顺序、遗产分配原则的财产继承制度。我国《继承法》规定的第一顺序继承人为（　　）。

　　A．配偶　　　　　B．子女　　　　　C．父母　　　　D．兄弟姐妹

9．法律权利与法律义务的关系是辩证统一的，就像一枚硬币的两面，密不可分。以下选项内容正确的是（　　）。

　　A．法律权利和法律义务是相互依存的关系

　　B．法律权利与法律义务是目的与手段的关系

　　C．法律权利和法律义务具有二重性的关系

　　D．一种行为不可能同时既是权利行为又是义务行为

**三、判断题**

1．法律权利的内容、种类和实现程度受社会物质生活条件的制约。　　　（　　）

2．《婚姻法》规定的婚姻自主权属于基本权利。　　　　　　　　　　　（　　）

3．《经济法》中的经营权属于实体权利。　　　　　　　　　　　　　　（　　）

4．法律义务是不能发生变化的。　　　　　　　　　　　　　　　　　　（　　）

5．继承权是继承人依法取得被继承人遗产的资格。　　　　　　　　　　（　　）

### 四、简答题

1. 如何理解法律权利和人权的关系？
2. 如何认识法律权利与法律义务的关系？
3. 我国宪法法律规定的公民权利有何特点？
4. 我国公民享有哪些政治权利？
5. 当权利受到侵犯时如何依法维权？

# 专 文 赏 析

## 法律信仰与情感遵守

"法律必须被信仰，否则它将形同虚设。"随着我国法治建设的发展进步，伯尔曼在《法律与宗教》中作出的这一简洁有力的论断，已经成为人们耳熟能详的经典名句。不过，这句话之所以广为流传，似乎更多的是因为它激起了人们的广泛共鸣：对完善健全的法治社会的美好期许与热切期待。有必要追问的是，为什么法律必须被信仰？为什么仅仅被动地遵守法律还是不够的？

法治已成为我国治国理政的基本方式，我们的法律体系也越来越严谨、全面，涵盖了社会生活的方方面面。不过，在日常生活中，尽管法律规定愈加严密，违法现象仍然屡见不鲜。以黄金周期间媒体上沸沸扬扬的"青岛天价虾"事件为例，除了义愤之外，我们也不禁疑惑，在《消费者权益保护法》《合同法》等法律的重重制约下，在违法可能面临的重罚面前，店家为何仍然选择宰客？在行政法和行政诉讼法规定了行政机关作为义务的情况下，为何监管机构先是互相推诿，在媒体曝光之后才开始雷厉风行地"运动式执法"？我想，其中一个重要的原因还是人们缺乏法律信仰，法治观念淡薄。

近代以来，法律越来越被作为一种贯彻特定政治、社会和经济政策的工具，立法将人们假定为经济学上的理性人，不仅趋利避害，而且可以衡量自己行为的成本和收益，理性地作出最有利于自己的选择。因此，人们之所以遵守法律，是因为害怕法律的制裁。立法所考虑的，主要是如何设置惩罚和奖励才能更好地激励人们按照某种方式行事。

在社会上的熟人中，人与人之间形成的一套规则已经被内化成了习惯，维持秩序的力量不再仅仅是外在的监督，还有内心的责任感和道义的制约。而且，在社会的熟人中违反习惯风俗规则的成本很高，一旦违反了，便被认为是丢人、可耻的事情，当事人可能再也抬不起头来。

然而，现在的城市更多的是陌生人，不存在这种制约，逃脱法律制裁的可能性也更大。尤其是在旅游的情况下，游客来到了陌生景点游玩，在某家饭店消费一般只是一次性的，即便对店家评价很差，多半会忍气吞声，很难给店家带来声誉或者收入上的影响。

在这种情况下，"青岛天价虾"的店家选择宰客，是因为宰客的成本相对很低，正是符合经济理性的。

由此可见，依照理性人的逻辑加强制度约束固然重要，但不可能一味地通过加大执法力度、设立"旅游警察"等方式来减少违法现象，最重要的还是树立人们心中对法律的信仰，而不仅仅是出于趋利避害的遵守。

伯尔曼说："真正能阻止犯罪的乃是守法的传统。这种传统又根植于一种深切而热烈的信念之中，那就是，法律不只是世俗政策的工具，它也是终极目的和生活意义的一部分。"

相比制裁和强制力而言，信任、公正等情感更有助于确保遵守规则，也即所谓的"富而好礼""克己复礼为仁"。如果人们遵守法律仅仅是因为违法成本高，那么难免在违法成本低时会选择不遵守法律，而只有培养人们对于法律超出物质利益的信仰、对正义的追求，才能真正实现法治。这才是伯尔曼强调"法律必须被信仰"的主要原因。

"信仰"法律并不是夸大其词。对法律的信仰，强调的是激发人们心中的法律情感，使得公正不再是一种抽象的价值理念，而成为一种真实的情感，比如为权利而斗争的激情、对平等对待的渴望、对违法行为的谴责等，从而人们会自觉地接受并维护规则的约束。

从信仰的角度来说，法律和宗教确实有一些相似之处，根据伯尔曼的归纳，主要体现在仪式、传统、权威和普遍性四个方面。比如，法庭的庄严布置、法官的法槌和法袍、法庭的严格流程，都是使得司法过程的参与者摒弃个人的偏见与好恶、公正地参与审判的仪式，这些仪式使得人们不自觉地服从法律程序的要求，强化了法律的权威与守法的传统。在这种意义上，信仰法律并非虚言。

对法律的信仰在我们的社会转型中尤其重要。我国缺乏法治的传统，正如费孝通先生在《乡土中国》中的总结："在乡土社会里，一说起讼师，大家都会联想起挑拨是非之类的恶行。作刀笔吏的在这种社会里是没有地位的。可在都市里律师之上还要加个'大'字，报纸的封面可能全幅是律师的题名录。而且好好的公司和个人，都会去请律师作常年顾问。在传统眼光里，都市真是个是非场，规矩人是住不得的了。讼师改称律师，更加'大'字在上；打官司改称起诉；包揽是非改称法律顾问——这套名词的改变正代表了社会性质的改变，也就是礼治社会变为法治社会。"

在这一转变中，如果不改变对法律的观念，只是移植西方的法律制度，恐怕无法避免"橘生淮南则为橘，生于淮北则为枳"的尴尬；如果不建立对法律的敬畏，可能只是会催生更多蔑视法律、破坏法律或者钻法律漏洞的小人；如果不树立对法律的信仰，法律可能沦为僵化的教条，而不是人们所忠诚的、真心维护的、活生生的法律。

当然，实现对法律的信仰不应仅仅停留在口号上。大家认同"法律应当被信仰"，不见得就会自动信仰法律，除非人们觉得法律是自己的。因此，实现对法律的信仰，首要的还是强化法律的实施：公权力机关严格执法、带头守法，"子帅以正，孰敢不正？"

形式上的权威并不能带来人们对法律的真心信仰，相反，形式上的权威反而有时会成为讥讽的对象，正如狄更斯在《荒凉山庄》中所讽刺的英国大法官一样："如果大法官开庭，那就应该像他现在这样：脑袋上有一个模模糊糊的光轮，前边的桌子上铺着红桌布，后边的墙上挂着红帷幕；……在这样一个下午，大法官应该有几十人像他们现在这样，迷迷糊糊地研究一件没完没了的案子……他们根据极不可靠的判例，彼此挑眼儿，深深地钻到一些专门术语里兜圈子。"

最关键的还是立法、司法和执法的过程可以真正反映人民的意愿，维护群众的合法权利，从而使得人们在遵守法律的过程中，逐渐养成对法律的信仰。

试想，在"青岛天价虾"事件中，在游客求助派出所和工商局时，如果两个部门没有互相推诿，而是尽职尽责妥善处理，不仅游客的合法权利可以受到保护，人们也可以从这些日常生活的事件中，培养起对法律的信仰。

总而言之，依法治国的实现需要人们对法律抱有信仰，而不仅仅是出于畏惧法律制裁的功利计算、不仅仅出于外力的强制与压迫。只有对法律有信仰，才能对法律有真正的尊重，将法律作为自己生活的理想与原则，自发地维护和改进法律，使法律充满生机。

相应地，为了培养人们对于法律和法治的信仰，在立法上，应当加强民主立法，使得法律真正反映人民的意愿，符合多数人的利益，维护人民的合法权利；在司法和执法中，应当加强行政公开和公众参与，严格守法，达到"其身正，不令而行"的效果；此外，也应当加强法治教育，培养公民守法的传统和习惯，通过法律的传统和权威，唤起人们的规则意识和对法律的信仰。

随着依法治国的逐步深化，相信我国公民对法律的信仰终将植根心底，最终实现建设社会主义法治国家的目标和中华民族伟大复兴的中国梦。

（资料来源：《人民法院报》 2016 年 3 月）

# 推 荐 书 目

1. 王泽鉴：《民法学说与判例研究》，北京大学出版社，2016 年版。
2. 熊红文：《刑法观点集成精释精解》，法律出版社，2015 年版。

# 参 考 答 案

## 一、单项选择题

1. A　2. C　3. A　4. B　5. B　6. B　7. C　8. C　9. D　10. A

二、多项选择题

　　1. ABCD　2. ABCD　3. BCD　4. ABCD　5. BC　6. ABCD　7. ABCD　8. ABC
9. ABC

三、判断题

　　1. √　2. ×　3. √　4. ×　5. √

四、简答题

　　1. 要点

　　① 人权是指人按其本质和尊严享有或应当享有的基本权利。

　　② 法律权利是指权利主体依法要求义务主体作出某种行为或者不作出某种行为的资格。

　　③ 法律权利和人权的关系密切。人权是法律权利的内容和来源，法律权利是对人权的确认和保障。法律权利只有符合人权保障的精神和要求，才具有正当性和合理性，人权只有上升为法律权利，才能得到有效的确认和保障。

　　2. 要点

　　① 法律权利和法律义务是相互依存的关系，法律权利的实现必须以相应法律义务的履行为条件；同时，法律义务的设定和履行必须也以法律权利的行使为依据。

　　② 法律权利和法律义务是目的和手段的关系，离开了法律权利，法律义务就失去了履行的价值和动力；同样，离开了法律义务，法律权利也形同虚设。

　　③ 法律权利和法律义务还具有二重性的关系，即一个行为可以同时是权利行为和义务行为。

　　④ 法律权利与法律义务是平等的。

　　3. 要点

　　① 法律权利的内容、种类和实现程度受社会物质生活条件的制约。

　　② 法律权利的内容、分配和实现方式因社会制度和国家法律的不同而存在差异。

　　③ 法律权利不仅由法律规定或认可，而且受法律维护或保障，具有不可侵犯性。

　　④ 法律权利必须依法行使，不能不择手段的行使法律权利。

　　4. 要点

　　选举权；被选举权；政治表达的自由；民主管理权；监督权等。

　　5. 要点

　　当我们的权益受到侵害时，有权向人民法院提起诉讼，要求恢复被侵害的权利，赔偿造成的损失，惩罚侵权者，讨回公道。

# 主要参考文献

傅佩荣. 2009. 哲学与人生. 上海：上海三联书店.

高鸿钧. 2013. 法缘记忆. 上海：上海三联书店.

胡锦光，韩大元. 2007. 中国宪法. 北京：法律出版社.

刘金国，蒋立山. 2006. 新编法理学. 北京：中国政法大学出版社.

卢忠萍，等. 2014. 思想政治理论课实践教程. 长春：吉林大学出版社.

毛里齐奥·维罗里. 2016. 关于爱国：论爱国主义与民族主义. 上海：上海人民出版社.

单桦. 2013. 思想道德修养与法律基础案例. 长春：东北师范大学出版社.

王泽鉴. 2016. 民法学说与判例研究. 北京：北京大学出版社.

吴军. 2015. 大学之路. 北京：人民邮电出版社.

徐曼. 2015. 思想道德修养与法律基础教学辅助用书. 天津：南开大学出版社.

张剑，姚才来. 2011. 思想道德修养与法律基础教学案例. 北京：北京理工大学出版社.

张泽玲. 2012. 思想道德修养与法律基础课案例读本. 北京：高等教育出版社.